普 通 高 等 教 育 精 品 规 划 教 材
面 向 21 世 纪 课 程 教 材
高等学校信息管理学专业系列教材

INFORMATION MANAGEMENT SCIENCE

信息分析

查先进 编著

WUHAN UNIVERSITY PRESS
武汉大学出版社

图书在版编目(CIP)数据

信息分析/查先进编著．—武汉：武汉大学出版社，2011.8(2019.6 重印)
普通高等教育精品规划教材
高等学校信息管理学专业系列教材
ISBN 978-7-307-08825-2

Ⅰ.信…　Ⅱ.查…　Ⅲ.信息—分析—高等学校—教材　Ⅳ.G202

中国版本图书馆 CIP 数据核字(2011)第 108756 号

责任编辑：詹　蜜　　责任校对：刘　欣　　版式设计：詹锦玲

出版发行：**武汉大学出版社**　(430072　武昌　珞珈山)
(电子邮箱：cbs22@whu.edu.cn　网址：www.wdp.whu.edu.cn)
印刷：荆州市鸿盛印务有限公司
开本：720×1000　1/16　印张：21.25　字数：379 千字　插页：1
版次：2011 年 8 月第 1 版　2019 年 6 月第 5 次印刷
ISBN 978-7-307-08825-2/G・2035　定价：34.00 元

前　言

信息分析是以对原生信息的内容进行整序和科学抽象为主要特征的一项信息深加工活动，目的是为了产生具有决策支持作用的增值信息，以便更好地开发和利用信息资源。在我国，信息分析已走过半个多世纪的发展历程。从初创时期的以编译报道和文献综述为己任，到注重国内外科技现状和发展对比分析的科技情报研究，再到为满足多领域用户的全方位决策需求而进行的跨学科、跨行业的综合性信息分析，直至现在为国家的战略决策提供支持，信息分析不断地得以深化和发展。随着科学技术的进步和社会的发展，信息分析的应用已经从科技领域拓展到经济、文化、社会生活等各个领域。目前，在国民经济和社会发展中，不论是宏观、微观决策活动，还是研究与开发、市场开拓活动，都离不开信息分析活动的支持。可以这么认为，在当今竞争日趋激烈的现代社会里，开展信息分析活动是增强组织机构的竞争力乃至国家竞争力的重要手段。

信息分析是一门实用性和综合性很强的学科，带有明显的软科学研究色彩。信息分析不是孤立的，而是与信息管理学、经济学、管理学、决策学、科学学、系统工程、计算机科学等诸多学科相互联系和交叉。因此，在信息分析过程中，通常需要将特定的研究对象置于科技、经济、文化、社会生活等广泛的背景下，并自觉地综合运用信息管理理论、决策理论、系统方法、计算机技术等现代科技知识和手段，对信息领域各种复杂的现象和问题，从普遍存在的内在联系入手，研究其规律性，找出解决问题的最佳方案，为发展战略、方针政策、规划设计、组织管理等提供科学的决策依据。

本书共 8 章。第 1 章是绪论，包括信息分析的概念、特点、任务和作用，信息分析的方法，信息分析的产生和发展；第 2 章是信息分析的流程和内容，包括规划与定向，信息搜集、整理与鉴别，信息分析和提炼，信息分析产品的形成，信息传递、利用及反馈；第3章是定性分析方法，包括比较、分析、综合、推理和头脑风暴法；第4章是半定量分析方法，包括德尔菲法、交叉影响分析法、层次分析法和内容分析法；第5章是定量分析方法，包括多元分析法、时间序列分析法、系统动力学方法和文献计量学方法；第6章是领域信息分析，包括科学技术信息分析、技术经济信息分析、市场信息分析和专利信息分析；第7章是竞争情报研究，包括竞争情报的概念、特点、产生和发展，竞争情报研究的内容和方法，竞争情报系统；第8章是信息分析产品的评价，包括信息分析产品评价的意义、内容和方法。本书内容丰富、重点突出，适合高等院校信息管理类各专业作教材或教学参考书，也可供信息管理部门以及其他相关行业的管理者、决策者、信息人员、研究与开发人员、市场营销人员等参考。

本书是教育部“面向21世纪课程教材”和武汉大学“十一五”规划教材，在编写和出版过程中得到了武汉大学信息资源研究中心、武汉大学信息管理学院、武汉大学教务部和武汉大学出版社的大力支持。特别是在编写过程中广泛参阅和引用了国内外许多优秀的研究文献和案例，这些研究文献和案例为本书提供了重要的基础。值本书出版之际，一并表示衷心的感谢。

由于时间仓促，加之研究水平有限，书中难免存在一些疏漏和错误，敬请读者批评指正。

查先进

2011年4月

目　　录

1 绪　论

1.1 信息分析的概念和特点

1.1.1 信息分析的概念

信息分析是当代社会重要的信息处理活动之一。早期的信息分析主要依靠直观分析和经验，借助于一些先兆信息加以推测而得。第二次世界大战以后，随着科学技术和生产力的高速发展以及新技术、新工艺、新材料的不断涌现，人类社会进入了一个崭新的发展阶段。与此同时，新的问题、新的现象、新的需求也应运而生。在这种情况下，信息分析的重要性便凸显出来了。正如恩格斯所说的，社会一旦有技术上的需要，则这种需要就会比十所大学更能把科学推向前进。在总结实践经验的基础上，信息分析逐渐成为一门实践性很强的学科，迅速发展壮大。

信息分析在各国有不同的提法。在我国，信息分析又称作情报研究，有时也称作情报分析、情报分析研究、信息研究、信息分析与预测等。富有代表性的观点主要有：

情报研究是针对用户需要或接受用户委托，制定研究课题，然后通过文献调查和实情调查，搜集与该课题有关的大量知识和信息，研究其间的相互关系和作用，经过归纳整理、去伪辨新、演绎推理、审议评价，使科技知识得以系统化、综合化、科学化、适用化，以揭示事物或过程的状态和发展(诸如背景、现状、动态、趋势、对策等)①。

---

① 蒋沁，王昌亚编著. 情报研究［M］. 武汉：武汉大学出版社，1989.

情报研究就是针对某个课题，从大量文献资料和其他各种有关情报中，经过分析、综合、研究，系统地提出有情况、有对比、有分析、有观点、有预测的情报研究产品，以提供给用户参考使用①。

情报研究是根据特定需要，对情报信息进行定向选择和科学抽象的研究活动，是情报工作和科技工作相结合的产物，是一类科学劳动的集合。所谓定向选择，就是根据特定需要进行的情报搜集和信息整序工作；所谓科学抽象，就是透过现象，揭示研究对象的本质、规律和联系的思维过程②。

情报研究是根据社会用户的特定需求，以现代的信息技术和软科学研究方法论为主要手段；以社会信息的采集、选择、评价、分析和综合等系列化加工为基本过程，以形成新的、增值的情报产品，为不同层次的科学决策服务为主要目的的一类社会化的智能活动③。

信息分析是一种环境分析和扫描工作，对那些能为某个组织（国家、机构或企业等）提供发展机会或产生威胁的外部因素进行分析④。

信息分析是根据用户的特定需求，对大量纷繁无序的信息进行有针对性的选择、分析、综合、预测，为用户提供系统的、准确的、及时的大流量知识与信息的智能活动⑤。

信息分析是指以社会用户的特定需求为依托，以定性和定量研究方法为手段，通过对文献信息的搜集、整理、鉴定、评价、分析、综合等系统化加工过程，形成新的、增值的信息产品，最终为不同层次的科学决策服务的一项具有科研性质的智能活动⑥。

信息分析是情报研究范围的扩展和社会信息化发展的结果，是针对特定的需求，对信息进行深度分析和加工，提供有用的信息和情报⑦。

信息分析在其他国家也有不同的提法。例如，在日本，信息分析一般被称作“情报调查”或“情报分析”。其中，情报调查主要是面向专门领域进行信息搜集、管理、分析、评价和提供，如科学技术领域的代理检索、技术动向调查等；情报分析主要是指信息的搜集、选择、存储、检索、评价、分

---

① 邹志仁编著. 情报研究与预测［M］. 南京：南京大学出版社，1990.

② 包昌火主编. 情报研究方法论［M］. 北京：科学技术文献出版社，1990.

③ 潘金虎. 浅谈情报研究的改革和发展［J］. 情报探索，1998（2）：280-283.

④ 谢妩扬. 信息分析的研究现状［J］. 情报理论与实践，1997，22（5）：273-276.

⑤ 卢小宾. 信息分析［M］. 北京：科学技术文献出版社，2008.

⑥ 朱庆华. 信息分析：基础、方法及应用［M］. 北京：科学出版社，2004.

⑦ 沙勇忠，牛春华，等. 信息分析［M］. 北京：科学出版社，2009.

析、综合、提供等。又如，在美国，从事信息分析工作的机构通常称为“信息分析中心”，是为了搜集、选择、存储、检索、评价、分析、综合一个明确规定的专门领域或者与特定任务相适应的大量信息而特别建立的正式组织机构，其核心职能是以最可靠、及时、有效的方式为同行和管理人员编撰、归纳、整理、重组、显示适合的信息或数据①。除了日本和美国以外，在世界各国名目繁多的信息活动中，还存在着与信息分析的性质、对象范围和内容相同或类似的其他提法，如前苏联的信息分析与综合、联合国向发展中国家推广的信息浓缩（information consolidation）、欧美国家工商企业中广泛存在的工商情报（business intelligence），以及近些年发展起来的技术跟踪（technology tracking）、数据分析（data analysis）、数据处理（data processing）、信息经纪（information brokerage）、技术监测（technology monitoring）、技术预见（technological foresight）等②。

上述观点清晰地勾画出了信息分析的基本内涵。可以看出，信息分析尽管在不同国家和不同时期有不同的提法，但实质含义是一致或基本一致的。信息分析是一项内容广泛的信息深加工处理和情报提炼活动，它以大量相关的原生信息为处理对象，通过对原生信息内容的分析、综合或评价，以提炼出对管理、决策等活动有支持作用的情报，为管理、决策等活动服务。具体来说，信息分析是根据用户的现实或潜在需求，广泛系统地搜集与之相关的各种原生信息，进行定向的筛选和整序，通过逻辑思维过程对其内容进行去伪存真的鉴定、由表及里或由此及彼的推理，运用科学的理论和方法对原生信息进行分析处理和提炼，以得出有助于解决实际问题的情报，揭示研究对象的内在变化规律及其与周围环境的联系，满足用户的信息需求。在信息分析过程中，需要充分了解特定研究对象的历史、现状，并预测其未来的发展趋势，经过分析鉴别、综合归纳、判断推理的研究加工过程，结合实际需要和工作深度，提出有依据、有分析、有评价、有预测性意见的信息分析产品，提交给用户，为管理、决策等活动服务。

为了更好地揭示信息分析的内涵，下面进一步对其加以说明：

第一，信息分析必须建立在用户及其特定的信息需求基础上。这个基础是信息分析活动得以开展的原动力。没有用户及其特定的信息需求，信息分析活动只能算是一厢情愿，是无效果可言的。但这并不是说一切信息分析活

① ［美］艾瑟顿著. 情报系统和服务机构手册［M］. 北京：科学技术文献出版社，1982.

② 查先进. 论新形势下情报研究的学科名称［J］. 图书情报工作，1998（8）.

动都只能在用户提出信息需求后才能开展。恰恰相反，在实践中，有许多由信息分析人员根据市场潜在需求挖掘出来的课题更具有意义。

第二，信息分析必须以占有大量的原生信息为前提。信息分析是对原生信息内容的分析以及在分析的基础上对未知或未来状态的预测，没有原生信息，信息分析活动便成为无源之水、无本之木。原生信息可以是文献形式的，也可以是非文献形式的，但不论是何种形式，都是从不同的角度和侧面迎合用户需要的各种信息的汇集，具有量大、面广、典型的特点，仅仅搜集少量的信息是无法进行信息分析的。

第三，信息分析是一种信息深加工活动，一般性的信息加工不能称作信息分析。在情报学发展的起步阶段，受前苏联情报学家米哈依洛夫关于情报工作不创造知识观点的影响，我国情报界普遍认为，科技情报工作是在不断强化科学技术知识传播过程中形成和发展起来的一项科学事业，其本身并不创造知识，而是体现在其他创造性活动之中。在这样的前提下，信息分析通常被理解为科技文献的“综合分析”型活动，其典型产品是建立在科技文献分析基础上的综述或述评性的研究报告。在这一背景下，信息分析这一“情报工作中最具有智慧性、挑战性的工作”，曾一度沦落为“剪刀加糨糊”的代名词①。事实上，从前面的分析可以看出，不论是国内还是国外，信息分析都是一项内容广泛的信息深加工活动，它侧重于通过对客观存在的大量甚至海量的原生信息的深入分析，揭示客观事物运动本身所固有的、本质的规律。因此，以“剪刀加糨糊”为特征的传统的“剪报服务”是不能被视为信息分析的。传统的“剪报服务”虽然也有一个信息搜集的主题范围，提供的产品也是一种信息产品，但却没有对原生信息的深入分析，更谈不上对未知或未来状态的科学预测，其产品所蕴含的信息人员的创造性劳动成分也少得多，是一种低值低价的粗加工信息产品。这类活动只能称得上是一般性的信息加工活动，是不能与需要专职人员才能进行的信息分析活动相混淆的。

第四，广泛采用现代化的信息技术手段和科学的信息分析方法是成功地进行信息分析的重要保证。例如，社会科学统计软件包 SPSS（Statistical Package for the Social Sciences）是世界上最早采用图形菜单驱动界面的统计软件，其用户分布于全球通信、医疗、银行、证券、保险、制造、商业、市

① 徐跃权，徐兆英. 从情报研究到现代咨询：理念的碰撞与整合［J］. 情报科学，2003，21（6）：568-571.

场研究、科研教育等多个领域和行业，集成了信息分析的许多常用方法，如回归分析、因子分析、聚类分析等；SAS（Statistics Analysis System）是用于决策支持的大型集成信息系统，其用户遍及金融、医药卫生、生产、运输、通信、政府和教育科研等领域。在数据处理和统计分析方面，SAS 系统被誉为国际上的标准软件系统；建构在层次分析法基础上的 Expert Choice 软件，采用图形化的操作界面，可广泛应用于社会、经济、科技、管理等方面的多目标决策问题，如信息分析产品评价、资源分配、人力资源管理、制定市场策略、成本收益分析、工程设计评估、策略分析及评估、客户反应、信息技术投资和管理、产品定价、供应链绩效评估等。

第五，完整的信息分析是一个系列化的智力活动过程，包括前后相随且密切相关的若干个环节，即规划与定向；信息搜集、整理与鉴别；信息分析和提炼；信息分析产品的形成；信息传递、利用及反馈。在这些环节中，前一个环节是后一个环节的基础，后一个环节是在前一个环节基础上的进一步拓展和深化。在信息分析过程中，需要充分调动人的信息器官，广泛摄取相关信息进行思维、分析和判断，是一个充满智慧的智力活动过程。

1.1.2 信息分析的特点

信息分析属于软科学研究的范畴。软科学是一类研究社会组织和管理的学科的总称，涉及系统科学、管理科学、科学学、未来学、技术经济学等。软科学研究以涉及科技、经济、社会协调发展中的战略、政策、规划、方法、管理等问题为研究对象，以实现决策科学化为目的，以系统分析为主要方法，同时综合运用其他学科的研究方法，其成果大多以方案、规划、对策等形式呈现①。

信息分析过程的始末，都贯穿着软科学研究的上述特点，同时还存在着自身的一些特色。例如文献②认为信息分析具有研究课题的针对性与灵活性、研究内容的综合性与系统性、研究成果的智能性与创造性、研究工作的预测性与近似性、研究方法的科学性与特殊性、研究过程的社会性等特点；文献③认为信息分析具有目标性、概率性、系统性、政策性、时效性的特

① 朱庆华. 信息分析：基础、方法及应用［M］. 北京：科学出版社，2004.
② 朱庆华. 信息分析：基础、方法及应用［M］. 北京：科学出版社，2004.
③ 卢小宾. 信息分析［M］. 北京：科学技术文献出版社，2008.

点；文献①认为信息分析具有综合性、政策性、时效性、增值性、市场性、针对性、客观性、先导性、广泛性等特点。

一般地，信息分析具有以下主要特点：

（1）针对性。信息分析的目的是为各级各类科学决策、研究与开发、市场开拓活动提供依据。不论是何种来源的信息分析课题，都必须针对上述某一既定的具体目标来进行，如针对国民经济和社会发展的宏观决策需要，针对企业生产、技术开发和营销管理的微观决策需要等。针对性是信息分析的重要特点，是其能否发挥作用，是否具有生命力的体现。

（2）系统性。信息分析最基本的一项工作是使大量有关研究课题的信息系统化，具体来说，就是使大量无序的信息有序化、分散的信息集成化，使不同时空的信息整体化。实际上，这一过程是以分析为基础的信息综合和再创造的过程。信息分析的系统性除表现为所涉及的大量相关信息的系统性外，还有其他表现，如所采用的方法和手段的系统性、所应用的学科知识的系统性、所需要研究的因素的系统性等。

（3）科学性。信息分析是以事物过去和现在的情况、经验等为依据，运用一定的程序和方法，分析研究对象及其与相关因素的相互联系，从而揭示出研究对象的特性和变化规律。在这一过程中，信息分析人员通常会自觉地以辩证唯物主义认识论为指导，并在大量搜集原生信息的基础上，运用实事求是的科学态度和严谨缜密的科学方法来分析问题和解决问题。可见，信息分析具有科学性。

（4）近似性。信息分析是在事件发生之前对其未来状态的预计和推测，或者对已发生事件的未知状态的估计和推断。这些预（估）计和推测（断），尽管有科学的依据、科学的态度和科学的方法作基础，但毕竟是简约化后对事物发展变化实际情况的一种近似反映。由于受到各种不断变化着的因素的影响，同实际情况相比，信息分析结果往往会出现一定的偏差，只是一近似值。

（5）局限性。信息分析人员对研究对象的认识，往往受到其学识、经验、观察分析能力的限制，受到所搜集到的原生信息的质和量的限制，受到信息处理方式的限制。因此，信息分析的结果往往具有一定的局限性。

---

① 陈序. 对知识经济下的信息分析研究的再认识［J］. 现代情报，2000（6）：17-18，24.

1.2 信息分析的任务和作用

1.2.1 信息分析的性质和任务

1991 年，原国家科学技术委员会以“中国科学技术蓝皮书”的形式正式公布了《国家科学技术情报发展政策》，其中简明扼要地阐述了信息分析（当时称作“情报研究”）的性质和任务。该“蓝皮书”指出：“情报研究是整个情报活动中一种创造性劳动，是一种科学研究工作，属思想库的范畴。”“加强情报研究，为决策科学化提供可靠依据，推动科学技术进步与经济发展。”① 可见，从性质上讲，信息分析既属于研究性的信息工作，又属于信息性的研究工作，它是信息工作与科学研究工作的结合。

文献②在抽象的意义上把信息分析的任务归纳为以下几个方面：从混沌的信息中萃取有用的信息，从表层信息中发现相关的隐蔽信息，从过去和现在的信息中推演出未来的信息，从部分信息中推知总体的信息，揭示相关信息的结构和变化规律。

综合上述理解，我们认为：信息分析是一种典型的信息深加工处理和情报提炼活动。其基本任务是：运用科学的理论、方法和手段，在对大量甚至海量（通常是零散且杂乱无章）的信息进行搜集、加工整理和价值评价的基础上，透过由各种关系织构而成的错综复杂的表面现象，把握其内容本质，提炼出有价值的情报，为管理、决策等活动服务。

1.2.2 信息分析的作用

实践证明，在科学决策、研究与开发、市场开拓等活动中，信息分析都发挥着非常重要的作用。例如，通过检索和分析竞争对手在某一技术领域的专利申请，并结合竞争对手的人才招聘、试验性原材料购进、战略合作伙伴关系建立等相关内容进行深入分析，便可判断出竞争对手的研究与开发方向、经营策略、产品和技术优势。又如，对某一时空范围内某一课题的大量相关信息进行综合分析和浓缩加工处理，可帮助人们在较短的时间内用较少的精力获取大量的有关该课题研究的内容、意义、历史、现状和发展趋势等

---

① 国家科学技术委员会. 国家科学技术情报发展政策（中国科学技术蓝皮书第 6 号）[M]. 北京：科学技术文献出版社，1991.

② 卢泰宏. 信息分析 [M]. 广州：中山大学出版社，1998.

方面的情报。

(1) 为科学决策服务

按照西蒙(H. A. Simon)的观点，科学决策的程序必须至少包含如下几个基本阶段，即：找到问题的症结，确定决策目标；拟定各种可能的行动方案以供选择；比较各种可能的方案并从中选优；对所选择的方案进行评价。这几个阶段又可称为参谋活动阶段、设计活动阶段、选择活动阶段和审查活动阶段，是任何一项科学决策活动都不能缺少的。

信息分析在上述各阶段都担当着重任。例如在为国民经济和社会发展远景规划的制定服务的过程中，信息分析机构必须充分调查国内外国民经济和社会发展的历史和现状，研究和对比国内外国民经济和社会发展规划制定的依据和背景；分析研究国民经济各部门的内在联系和相互作用，努力找出影响全局的关键部门和薄弱环节；研究国内的资源、资金、技术、市场、环境条件等。这些活动可直接或间接地为决策目标的确定以及行动方案的拟订、选择和评价提供参考依据。

再如，我国《国家中长期科学和技术发展规划(2006—2020)》的制定过程就是一个信息分析为科技工作提供决策支持的典型案例①。首先，要不要制定规划，什么时间制定合适，怎样制定等问题，以及规划要包括哪些内容等都是在进行了充分研究论证的基础上开展的。关于规划的内容，科技部根据党中央和国务院的决定，列出20个重大研究专题，分别成立了20个战略研究专题研究组，组织了2 000余名来自科技界、社会科学界、企业界和管理界的专家，进行重大问题的战略性研究。战略研究成果又通过中国科学院、中国工程院和社会科学院“三院”进行咨询。在充分调查研究、反复论证的基础上，根据专家对未来世界科技发展态势的研究预测，以及对我国的具体国情的准确判断制定并发布了《国家中长期科学和技术发展规划(2006—2020)》。在制定过程中，中国科学技术信息研究所的信息分析人员对我国历次科学技术发展规划进行了系统梳理与研究，同时搜集、翻译并整理了美国、俄罗斯、日本、韩国、印度等国家的科技计划、规划、政策等情况，提供了大量参阅资料和研究成果。同时，还研究了国外政府在促进创新方面的政策、措施以及具体做法。

当前，我国正在实行社会主义市场经济体制，传统的以行政手段干预和支配决策行为的做法已经越来越行不通，取而代之的是，不论是何种形式的

① 贺德方，等编著. 数字时代情报学理论与实践——从信息服务走向知识服务[M]. 北京：科学技术文献出版社，2006.

决策，人们要求决策民主化、科学化以及保持整个决策过程相对独立性的呼声正日益高涨。在这种情况下，信息分析活动的成败对决策效果的影响显得极其显著，正确的信息分析往往会导致正确的决策，使人们走向成功；而错误的信息分析则会导致错误的决策，使国家、企业或个人丧失难得的竞争取胜机遇。这样的例子不胜枚举。正因为如此，目前，信息分析工作已经普遍受到了各级各类管理者和决策者的高度重视。

历史上，由于缺乏充分的信息保障而导致决策失误的例子非常多。例如，1962 年，英法航空公司开始合作研制“协和”式超音速民航客机，其特点是快速、豪华、舒适。经过 10 多年的研制，耗资上亿英镑，终于在 1975 年研制成功。但此时情况发生了很大变化，能源危机、生态危机威胁着西方世界，乘客和航空公司都因此而改变了对在航客机的要求。乘客的要求是票价不要太贵，航空公司的要求是节省能源，多载乘客，噪音小。但“协和”式飞机却不能满足消费者的这些要求。结果，飞机生产出来后卖不出去。再如，福特公司曾认为“顾客只需黑色车”，苹果公司曾认为“顾客只需要最先进的软件和计算机”，施乐公司曾认为“企业永远需要操作复杂的大型复印机”等，这些错误的市场定位和荒谬假设，主要是由于企业缺乏对内部信息的敏感性和外部信息的察觉能力所造成的。

（2）为研究与开发服务

现代科学技术活动是以科学技术领域内的基础研究、应用研究和开发研究为核心的。按照联合国教科文组织的提议，这些活动也可用“研究与开发”来表征。当前，研究与开发活动正日益成为企业、部门、行业乃至国家经济竞争力的焦点。许多发达国家和发展中国家都不遗余力地以提高科技生产力为目标，制定适合于本国的研究与开发战略。

信息分析在研究与开发中的作用主要体现在为研究与开发提供背景性知识，使人们对某一研究与开发领域的历史、现状及发展方向有一个比较透彻的把握，帮助科研工作者寻找研究与开发的机会，避免重复研究或走弯路。例如，在为应用研究提供信息服务时，信息分析人员应提供有关该应用研究领域的历史概况、当前水平及动向、相关的基础研究进展及其走向应用的可能性、存在的问题及解决的办法等。又如，通过检索竞争对手在某一技术领域的专利申请，并对其信息内容进行深入分析，便可判断出竞争对手的研究与开发方向、经营策略、产品和技术优势。美国一家研究机构曾用这种方法对美国科宁玻璃公司、精工—埃普森公司和电话电报公司在“玻璃、陶瓷与结晶玻璃的溶胶——凝胶处理”这一新兴技术领域的专利申请情况进行了统计分析，结果发现，这三家公司在研究与开发方向上存在着明显的差异，科宁玻璃公司致力于玻璃与陶瓷化学成分方面的研究，精工—埃普森公司关注玻璃的生产，电话电报公司则追求玻璃光纤的生产与应用。这一结论与该领域专家的意见不谋而合。

（3）为市场开拓服务

成功的市场开拓活动离不开四个“适当”，即适当的地点、适当的时间、适当的价格和适当的产品。要想做到这四个“适当”，必须要有充分的市场信息保障。这些信息通常包括两方面：一是市场系统内部产生的与经济活动有关的信息，如市场供求状况、价格水平、消费者偏好等；二是市场系统外部产生的对市场营销活动有影响的信息，如政治、法律、经济、文化、金融、科技、竞争等状况。

信息分析在市场开拓中的作用主要体现在通过提供上述两类信息帮助用户寻找、识别和把握市场机会，选准市场开拓的突破口，规避潜在的市场风险。以“技术立国”的日本曾利用信息分析活动成功地实现了摩托车工业的振兴。为了在极短的时间里尽快开发出一系列驰骋全球的名牌摩托车产品，1968 年，日本集中了全国各摩托车修理厂 200 名具有丰富专业知识和研究能力的工程技术人员和情报人员，分成 12 个小组，用了一年的时间，走遍了世界上所有的重要摩托车生产厂家，对世界摩托车工业进行了有史以来最广泛的全球性情报调查。在订货、帮助建厂的幌子下，他们搜集了大量的情报，并带回了 170 多部样机。他们将每种样机分为两部分，一部分解剖，一部分作运行试验，并结合搜集到的情报，对全部厂家型号的摩托车及其零部件的质量、优缺点等进行比较、分析和综合，博采众家之长，最后设计出一种轻便耐用、性能优良、价格便宜的摩托车，并于 1972 年正式投产，该产品压倒了其他国家的摩托车，迅速占领了国际市场。

1.3 信息分析的方法

“工欲善其事，必先利其器。”（《论语·卫灵公》）信息分析方法的灵活选择和应用是发展信息分析的核心。在信息分析中，大量的原生信息正是通过方法的合理选择和应用被深加工成对科学决策、研究与开发、市场开拓等活动有支撑作用的新信息的。信息分析要作为一个专门的领域深入研究发展下去，在很大程度上依赖于其方法的发展。对方法的合理选择和应用是决定信息分析水平和效率以及信息分析质量和效益的重要因素①。同样，随着

① 朱庆华. 信息分析：基础、方法及应用［M］. 北京：科学出版社，2004.

社会的飞速发展，科学技术的不断进步，信息分析所应用的技术和手段也会发生相应的变化。

1.3.1　信息分析方法体系

方法是人类认识世界、适应世界和改造世界的思路、途径、方式和程序。信息分析方法是指信息分析过程中所采取的一切方法和技巧的总和。方法的不断积累和创造逐渐形成方法的体系，对方法的产生、演变及其性质、结构、特点等诸多方面的研究构成了方法论。从方法论的角度来讲，方法是分层次的，一般可以粗线条地依次分为哲学方法、一般方法和具体方法三个层次。上层方法对下层方法起指导作用；下层方法更专门，操作性更强。

信息分析是一门综合性很强的学科，它与自然科学、社会科学、管理科学、决策学、科学学、系统工程等诸多学科相互联系和交叉。信息分析是在吸收、移植其他学科的研究方法中不断发展起来的。可见，信息分析方法的一个显著特征就是综合性。这种综合性主要体现在方法的来源上，信息分析方法主要来源于逻辑学的方法、系统分析的方法、图书情报学的方法、社会学的方法、统计学的方法、未来学（预测学）的方法①。今天，信息分析正在进入计算机辅助的新阶段，对于计算机辅助信息分析（Computer Aided Information Analysis，CAIA）而言，软件技术及有关的计算机应用技术会使信息分析方法产生重大的变化。

信息分析在综合其他学科方法的同时，正逐步形成自己的方法体系结构。信息分析方法体系庞大，文献②提出了由相关分析技术、预测技术和评估技术构成的信息分析方法总体框架，认为信息分析方法涉及以定性为主的方法、拟定量方法和以定量为主的方法。其中，以定性为主的方法包括因素分解法、逻辑方法、历史比较法、社会调查法和德尔菲法，拟定量方法包括交叉影响分析法、关联树法、内容分析法、综合评估法和层次分析法，以定量为主的方法包括时序模型、回归模型、因子分析法、聚类分析法、引文分析法、主成分分析法和计算机辅助信息分析。

文献③提出了一种将哲学方法与一般方法、中介方法、特殊方法相并列的体系结构。其中，哲学方法包括辨证方法和唯物主义方法，一般方法包括德尔菲法、趋势外推法、灵感思维法、形象思维法、综合法、推理法、分析

---

① 朱庆华. 信息分析：基础、方法及应用［M］. 北京：科学出版社，2004.

② 卢泰宏. 信息分析［M］. 广州：中山大学出版社，1998.

③ 邹志仁. 情报研究定量方法［M］. 南京：南京大学出版社，1992.

法和对比法，中介方法包括数学方法、信息论方法、控制论方法和系统方法，特殊方法包括情景分析法、引文分析法和文献计量学法。

文献①认为信息分析方法包括定性和定量两种，其中，定性分析方法包括对比与类比、分析推理和综合抽象，定量分析方法包括因果关系类（回归分析法、时间序列分析法）、趋势外推类（回归分析法、时间序列分析法）、变量变化类（主成分分析法、因子分析法、典型相关分析法）、定性-定量转化类（德尔菲法、层次分析法、交叉影响法）以及定量-定性转化类（聚类分析法、判别分析法）五种。

可以看出，目前人们对信息分析方法体系的探讨并未形成一致的意见。不过，虽然人们对信息分析方法的认识角度不同，观点也往往有较大差异，但还是存在一些共识，即信息分析方法体系是在实践中不断积累和发展而成的，且与研究对象和研究领域的发展变化相一致，并随着研究领域的拓展而不断得以丰富和充实，信息分析方法体系总是处在一个不断进步和不断完善的过程之中。

在本书中，我们延续着学术界主流的划分方法，将信息分析方法划分为定性分析方法、半定量分析方法和定量分析方法三大类，并分别在第 3 章、第 4 章和第 5 章对它们详细地加以介绍。

需要指出的是，信息技术的发展和网络的广泛应用，使得很多定量分析方法在信息分析中加以利用成为可能，信息分析方法开始由定性分析方法向定量分析方法以及定量分析方法与定性分析方法相结合的方向转变。但与此同时，又在更高程度上出现了由定量分析方法向定性分析方法回归的趋势。定性分析方法作为信息分析的基本方法，始终保持着旺盛的生命力。当然，这种回归不是简单的倒退，而是建立在定量分析方法基础上的深层次的发展。需要指出的是，信息分析方法是一个庞大的体系，对于一个具体的信息分析课题而言，可采用的方法往往并非唯一，而是有多种现实的方案可供选择或组合，它与课题的内容、性质、研究阶段、研究目标等具体情况相关。

1.3.2 信息分析方法的演变

21 世纪，信息分析更注重手段和方法的现代化，几乎每一个成功的信息分析机构都是信息技术应用的先锋。

（1）计算机辅助信息分析

计算机辅助信息分析代表了信息分析发展的重点和未来方向。其实现及

---

① 王向斌. 情报研究的方法体系［J］. 情报理论与实践，1996，19（6）：19-22.

发展大体上可分为三个主要阶段：机助数据处理阶段、系统支持阶段和人工智能阶段①。

① 机助数据处理阶段

该阶段主要是采用通用软件开展信息分析工作，由计算机完成信息分析中的数据统计、计算、图形表达、结果输出等多种数据加工处理工作，可支持时间序列分析、回归分析、主成分分析、方差分析、因素分析、聚类分析、判别分析等信息分析中常用定量方法的数据处理、计算和结果表达。

② 系统支持阶段

该阶段主要是建立信息分析的专用数据库系统，从工作环境和工作基础上对信息分析提供支持，实现信息分析工作更高程度和更大范围的自动处理。专家系统和决策支持系统是信息分析系统支持阶段的代表性成果。

③ 人工智能阶段

该阶段是人工智能技术发展和应用的必然结果。要求信息分析不仅具有解决规范性问题的能力，而且具有分析判断、多路推理和处理模糊问题的能力。

（2）基于数据仓库的信息分析方法

数据仓库为信息分析提供了良好的平台。面对基于数据仓库的信息分析环境，信息分析方法必须有创新与提高，才能更好地利用数据仓库，提高信息分析的效果②。

基于数据仓库的信息分析方法主要有以下两种：验证型分析工具和发掘型分析工具。前者由信息分析人员首先提出自己的假设，然后利用各种工具通过反复的、递归的检索查询以验证或否定自己的假设的一种分析方法，其典型代表是联机分析处理（On-Line Analytical Processing，OLAP）。它通过对数据仓库中存储和管理的海量原始数据的快速、稳定、一致和交互式的存取，以及多层次、多阶段的分析和处理（如向上钻取、向下钻取、跨越钻取、旋转、切片和切块等），可获得高度归纳的分析结果，形成辅助决策的信息；后者主要建立在各种信息源的基础上，重在发现隐藏在海量原始数据深层中的对人们有用的模式（pattern），预测趋势和行为，其典型代表是数据挖掘（Data Mining，DM）。

（3）基于数据挖掘和知识发现的信息分析方法

---

① 沙勇忠，肖仙桃，赵波. 计算机辅助信息分析论略［J］. 情报杂志，2005（7）：74-77.

② 廖剑岚. 数据仓库环境下的信息分析［J］. 情报杂志，2003（12）：93-94.

当前，伴随着数据挖掘、知识发现（Knowledge Discovery，KD）等技术的发展，信息分析开始担负起发现知识、运用知识和提供服务的任务，即从海量原始数据中挖掘出决策所需的深层次信息，转化成知识并有效地加以运用。这些知识通常具备有效性、新颖性、潜在有用性、易于理解等特点。它们是集数据库和数据仓库技术、人工智能、机器学习、神经网络、统计学、模式识别、知识库系统、知识获取、信息提取、高性能计算和数据可视化等为一体的交叉性研究领域。

（4）其他方法

计算机技术的发展使得系统建模和仿真成为可能。文献①将系统动力学方法引入到复杂的网络信息资源共享分析领域，通过构建系统动力学模型和对模型变量的动态模拟来判断系统的变动趋势。中国国防科技信息中心的研究人员，基于先进的建模仿真理论、可视化技术手段和先进的软件设计思想，进行信息分析手段的现代化建设，曾创建了适合信息分析的分布式、跨平台、可交互、可视化的局域网虚拟视景仿真系统，提供了先进的信息分析的环境和平台，提高了分析的科学程度，并将抽象的结果以形象的方式体现出来。另外，模糊信息分析决策支持系统等新方法也得到了广泛的应用。

1.4 信息分析的产生和发展

作为一种社会现象和社会活动，信息分析有其自身的产生、形成和发展过程。回顾和分析这些过程，有助于我们更进一步理解信息分析的内涵和作用，把握其发展趋势。

1.4.1 信息分析的产生

信息分析强调对大量的原生信息进行搜集和整序，以消除其中的不确定性因素，使信息增值，为不同层次的科研、管理、决策人员提供战略支持。其基本组织形式有信息分析中心、咨询服务公司、情报研究所等。信息分析是信息工作的重要组成部分，它的产生首先体现于科技领域，是科技、经济和信息工作发展到一定阶段的产物。

科技信息分析的产生经历了从自发到自觉的发展历程。15 世纪下半叶，

① Zha Xianjin，Yan Yalan. Study on System Dynamics Model of Internet Information Resources Sharing in China [C]. Proceedings of 2004 International Conference on Management Science & Engineering，2004.

随着欧洲资本主义制度的纷纷建立，科学领域相继发生了一系列革命。哥伦布、麦哲伦的远航探险和地理大发现，对欧洲社会和科学技术产生了极大的促进作用。16 世纪，文艺复兴运动在欧洲兴起，它不仅创造了资产阶级的“古典”文学和艺术，而且孕育了近代自然科学，一些学术组织和学术期刊陆续出现，如 1561 年在意大利那不勒斯成立的世界上最早的学术团体自然奥秘学院、1645 年在英国伦敦创建的“无形的学会”、1665 年在法国巴黎成立的法国王家科学院等。这些学术组织在 18 世纪的时候已经遍及欧洲各国，对当时科技信息的传播交流起到了很好的促进作用。与此同时，一些学术期刊也陆续出现，如 1665 年由法国创办的《法国科学家杂志》以及同年由英国皇家学会创办的《皇家学会哲学汇刊》等。从传播学的角度来看，这些学术期刊的出版发行，标志着科技信息已进入大众传播交流阶段。

但总的来看，这些科技信息的传播交流基本上是自发进行的，是科技工作中微不足道的组成部分。18 世纪蒸汽机的发明使蒸汽动力替代人力，从而迎来了近代史上的第一次技术革命。这一革命有力地促进了 19 世纪自然科学的发展，密切了自然科学与生产技术间的联系，德、法、俄等国纷纷组建全国性学术团体，科技图书、科技期刊等文献日益增多，科技人员开始感觉到资料搜集的困难，文摘刊物应运而生。如 1821 年瑞典出版的《物理科学进展年报》、1830 年德国创办的《药学总览》、1857 年比利时创办的《矿业世界综述》、1858 年法国创办的《法国化学会志》、1874 年沙皇俄国创办的《医学简述》、1884 年美国创办的《工程索引》、1898 年英国创办的《科学文摘》等都是这一时期的杰作。为了全面、及时、准确地传播科技信息，许多国家都先后建立了专职的科技信息机构（与科技机构相分离），从事科技文摘的编写和出版发行工作。专职科技信息机构的产生，标志着独立的科技信息工作已经形成。但是，这些专职的科技信息机构的主要工作还是停留在初级信息的浓缩加工和编写报道上，产品形式也比较单一，主要是二次文摘刊物。对科技信息内容的深入分析仍然由科技人员来进行，并没有从科技工作中分离出来。因此，这一时期的这类科技信息工作还不能称作完全意义上的科技信息分析，但它却是一个标志，表明科技信息分析已经萌芽。

真正意义上的科技信息分析的产生是在第二次世界大战之后。随着科技的更进一步发展以及学科的微分化和积分化双重发展趋势的日益加剧，科技文献呈指数规律急速增长。据估计，在 20 世纪 50 年代前，科技文献大约每 15 年增长一倍；50 年代后大约每 10 年增长一倍，某些尖端科学（如计算机科学）甚至缩短到每 2 年到 3 年就增长一倍。这些文献除了数量多外，还存在着语种和载体多、内容分散重复等问题，文摘刊物开始难当重任，科技信息的生产与利用之间出现了严重的脱节和矛盾。为解决这些问题，一种新的以对科技信息资料的内容进行深入分析、综合、评价和预测为特色的科技信息分析工作开始脱颖而出。事实上，从世界范围来看，早期西方的科技信息事业正是以科技文献工作为基础的。1945 年，美国科学研究与开发办公室主任 V. Bush 在《大西洋月刊》上撰文“诚若所思”（As we may think），生动地描述了信息技术将在信息搜集、存储、发现和检索等方面带来的革命性变化①。科技信息分析工作的出现具有划时代的意义，它不仅体现了大科技时代的必然要求，解决了科技文献生产与利用之间的矛盾，而且标志着科技信息工作进入了一个崭新的发展阶段。

20 世纪中后期以来，随着信息技术的发展和社会环境的变革，科技、经济和社会间的联系日益紧密，信息分析课题日益综合化、复杂化。为迎合社会需要，信息服务突破了传统的科技领域的限制，向多样化方向发展，形成了包括科技信息分析在内的众多的分支领域，如技术经济信息分析、市场信息分析、竞争情报研究等。信息分析真正成为当代信息服务业的重要组成部分，各类软科学研究机构和信息咨询机构如雨后春笋般涌现。

1.4.2 信息分析的发展概况

（1）国内概况

我国的信息分析发端于科技领域，早期称作科技情报研究。自 1956 年成立中国科学院科学情报研究所以来，我国科技信息事业已经走过了半个多世纪的历程。半个多世纪以来，我国的信息分析工作伴随着国家的科技和经济建设在曲折中前进。信息分析工作为加快我国科技和经济的发展，为我国政府决策以及科技、经济和社会管理领域的各项决策作出了重要贡献。

我国信息分析工作是在学习和借鉴国外类似工作的基础上形成，它大体上经历了四个发展时期②③。

① 1956—1966 年的产生和初步发展时期

1955 年，周恩来总理在中国科学院的一次重要会议上指出：“你们工作了这么几年，连个情报机构也未建立，你们的仗是怎么打的呢？”在周恩来总理的亲切关怀下，建设科技信息机构被列为我国《十二年科技发展远景

① Vannever Bush. As We may Think [J]. *The Atlantic Monthly*, 1945 (7).

② 徐跃权，徐兆英. 从情报研究到现代咨询：理念的碰撞与整合 [J]. 情报科学, 2003, 21 (6): 568-571.

③ 潘金虎. 浅谈情报研究的改革和发展 [J]. 情报探索, 1998 (2): 280-283.

规划》的第 57 项规划。1956 年，中国科学院正式成立了我国第一个科技信息机构——中国科学院科学情报研究所。1958 年，该所更名为中国科学技术情报研究所，成为全国科技信息中心。这一机构的成立，标志着我国的科技信息工作已经正式起步。1958 年，国务院批准了《关于开展科学技术情报的工作方案（草案）》，提出了我国科技信息工作的任务，对管理体制、机构设置、建立全国科技信息体系、发展专业的和地区的科技信息机构等作了明确规定。到 20 世纪 60 年代初，全国绝大部分省市和国务院专业部(委) 先后建立了科技信息研究机构。另外，有相当一部分企业和事业单位也建立了相应的科技信息机构。我国初步有了比较完整的国家科技信息机构体系。

早在 1956 年中国科学院科学情报研究所成立之时，该所就设立情报研究部，开展科技信息分析工作。当时的中心任务是全面、及时地搜集、研究、报道和传播国外先进的科技发展情况和最新成就。后来，这种建制从中央到地方，得到普遍开展，成为我国科技信息分析活动的主要推进力量。1960 年，又在西南建立了中国科学技术情报研究所重庆分所，以促进上述各项工作的开展。20 世纪 60 年代以后，由于国际政治形势的变化，我国对科技信息分析工作提出了新的要求。1962 年我国制定的科技发展 10 年规划明确要求科技信息分析工作“首先应当针对科学技术 10 年发展规划中的重点项目，深入系统地了解国际上有关学科和专业的发展水平和趋势；同时深入了解国内的科学技术动态，结合国内情况，提供综合的和专业的技术经济情报和科学技术情报。”这一时期，科技信息分析工作为加快我国科技、经济和社会的发展，为我国政府决策和科技管理决策作出了重要贡献。新能源、新材料、新工艺、新技术、新产品、新服务的研究与开发，新型工业(如电子工业、计算机工业、激光技术、射流技术、原子能工业等）和国防工业的建设，无不留下了科技信息分析人员的汗水。

② 1966—1976 年的停滞时期

1966 年，在错误思想的指导下，一场罕见的“文化大革命”在中华大地上掀起，给我国科技、经济和社会发展带来了灾难性后果。尤其是在科技领域，因为“知识越多越反动”，许多科技界的精英被关进“牛棚”，受尽折磨。科技信息分析是科技工作的重要组成部分，自然也难逃此厄运。有关资料显示，这一时期，我国科技信息分析工作基本上处于停滞状态，有的机构拆并了，有的队伍解散了，许多科技工作本来应该在经过充分的国内外信息分析的基础上再开展的，却没有及时开展，结果走了许多弯路。这一时期一直持续到 1976 年“文化大革命”结束。

③ 1976—1992 年的恢复和重新发展时期

“十年动乱”结束后，科技信息工作开始进入恢复和重新发展时期。从中央到地方，一些科技信息机构得到恢复，科技信息分析工作也重新得到充实和加强。

1984 年，中共中央颁布了关于经济体制改革的决定；次年，又颁布了关于科技体制改革的决定，并提出“经济建设必须依靠科学技术、科学技术工作必须面向经济建设”的科技发展方针。受此影响，我国科技力量开始按照为经济建设主战场服务、开展高技术研究和促进高新技术产业发展、确保基础性研究持续发展三个层次部署，并依此实施相应的科技发展计划。科技的发展和应用已不单纯是科技问题，而是越来越多地受到科技、政治、经济、文化、国防、管理、国际关系等多种因素的综合影响与制约。这样，信息分析开始突破了科技领域的狭窄范围，进入了广泛的社会领域，成为各级各类科学决策、研究与开发、市场开拓活动的重要依据。在这个时期，各级信息机构比较普遍地参与或独立承担了有关产业部门或地方的发展战略研究、新技术革命对策研究、国土规划调查研究、重大工程项目的可行性研究等。与此同时，在改革开放形势下，一些信息机构也进行了改革，传统的全盘无偿信息服务模式被打破，一些信息分析工作在确保为领导决策服务的前提下，逐步推行有偿信息服务，积极开拓信息市场。

④ 1992 年以后的发展新时期

1992 年，我国开始推行社会主义市场经济新体制。同年，第八次全国科技情报工作会议在北京召开，会议决定将“科技情报”改为“科技信息”。以此为转折点，一些科研和教育机构纷纷改名，如中国科学技术情报研究所情报研究部更名为中国科学技术信息研究所信息分析研究中心。在这一时期，除少数从事公益型基础研究和服务的科技信息机构继续由国家稳定支持外，大多数科技信息机构开始由社会公益型向服务经营型转变。此外，一些社会化信息机构（如信息咨询公司）在这一时期也如雨后春笋般地大量涌现。这些科技信息机构和其他社会化信息机构基本上按照市场和用户的要求开展信息服务，成为现代科学决策、研究与开发、市场开拓活动的主导力量。与此同时，由于这些机构改革了自身的运行机制，主动进入了市场，因而在很大程度上增强了自身的竞争实力，信息分析开始发展成为一项经常化、社会化、规范化的信息深加工活动。进入 21 世纪以后，伴随着战略研究的兴起及在经济和社会发展中的地位日趋重要，基于信息分析的战略研究成为人们关注的重点。其典型标志是中国科学技术信息研究所的信息分析研究中心更名为战略研究中心。

纵观我国信息分析半个多世纪的发展历程，可以发现，信息分析工作本身已经或正在经历着下述几个方面根本性的变化：

第一，在服务目的上，从作为科学研究的前期工作转向直接参与科学决策、研究与开发、市场开拓活动，成为现代科学决策、研究与开发、市场开拓活动的首要环节。

第二，在服务的内容范围上，从单纯的科技领域的信息服务转向科技、经济、社会等广泛领域的信息服务，从简单的“发生了什么事”的情况研究发展到“应该怎么办”的综合性的对策研究和面向宏观决策的战略研究，从以传播国外科技信息为主转向国内与国外信息分析相结合，特别是注重国内外信息的分析和比较研究。

第三，在服务方式上，从全盘无偿服务转向以无偿服务为基础、以有偿服务为主流的服务模式。

第四，在研究方法上，从单纯的定性研究转向定性与定量方法相结合，从传统的单层次、单目标的单因素研究转向多层次、多目标的多因素及其间相互关系的综合研究。

总的来看，我国的信息分析起步于20世纪50年代，走的是文献工作和研究工作相结合的道路，以科技文献的分析加工为对象，侧重于编译报道和文献综述。60年代后，受国际政治、经济环境影响发生变化，信息分析进入了专业研究阶段，注重国内外科技发展的对比分析，强化了研究的成分，决策研究、咨询服务日益增多，被誉为科技工作的“耳目”、“尖兵”和“参谋”。到70年代末和80年代初，为管理现代化和发展经济服务的其他一些信息分析领域活跃起来。近年来，我国信息分析机构取得了较大的发展，特别是中国科学技术信息研究所战略研究中心的成立，也从一个侧面反映了信息分析对国家决策和经济建设的不可估量的作用。信息分析不再囿于科技信息界，而是走向了各行各业，科技信息分析、技术经济信息分析、市场信息分析、竞争情报研究等日益受到重视并取得较大发展，被誉为“智囊团”、“思想库”。尤其是一些企业也开始利用信息分析为自身决策服务了。信息分析人员积极主动地为企业提供分析咨询，开展竞争情报研究。分析研究手段方法也不再局限于传统的文献调查、逻辑分析和综合评述，而是开始引入定量的分析方法，定量与定性相结合，计算机和网络技术也被引入进来。

在全国范围内，信息分析机构在机构职能方面也经历了几次重大的转变。1956年中国科学院科学情报研究所及该所情报研究部的成立，标志着我国的信息分析工作正式从科技信息领域开始创业，它主要从事科技信息的分析、浓缩和综合工作，着重对科技文献的内涵进行加工；1992 年中国科学技术情报研究所情报研究部更名为中国科学技术信息研究所信息分析研究中心，标志着我国的信息分析工作开始在信息服务的目的、内容、方式、方法等方面锐意改革，突破了传统的科技信息分析的小圈子，走向更广阔的舞台；而中国科学技术信息研究所将信息分析研究中心改为战略研究中心①，以及中国科学院文献情报中心设立战略情报分析研究共享平台②，则标志着我国的信息分析机构已经开始关注如何面向国家重大决策服务。如中国科学技术信息研究所战略研究中心下设科技动态跟踪、知识管理、战略基础研究和战略应用研究 4 个专业研究室，侧重于跟踪国内外科技发展动态和发展战略，为政府部门提供决策支持；中国科学院文献情报中心战略情报分析研究共享平台是一个基于计算机系统的集成化的信息环境，侧重于协助信息分析人员将来源于各类数据源的海量信息转换为有用的知识，支持战略信息分析过程中的数据析取、数据组织、数据挖掘和知识表现。

需要指出的是，虽然我国十分重视信息分析自身的基本建设，并且已经建立了一套相当完整的信息分析体系，使其成为国家决策部门科学决策的重要依托力量，但仍然存在着不少问题，如政府宏观调控乏力，国家投入不足；信息源陈旧，时效性不强；使用不便，检索困难；占用太大的空间，保存困难；不能共用共享、效率低下；收藏范围有限，专业化不强；研究手段相对落后，方法单一；人才流失严重③。我国的信息分析工作依然任重而道远。

（2）国外概况

信息分析机构在国外体现为一些专业化的机构和团体，包括政府机构、工商部门、信息服务单位、科学研究机构、行业协会、社会团体等，如美国的兰德公司和斯坦福国际咨询研究所、日本的野村综合研究所、英国的伦敦国际战略研究所等。

① 美国的信息分析

美国的信息分析肇始于软科学研究机构，主要分为 5 种类型④：一是信

---

① http：//www. istic. ac. cn/ywjg. html#zlyj ［EB/OL］.

② http：//159. 226. 100. 20：8080/ ［EB/OL］.

③ 包昌火，刘诗章．我国情报研究工作的回顾与展望［J］. 情报学报，1996，15（5）：345-350.

④ 秦铁辉，张晶. 美国信息研究工作的源起及其特点［J］. 情报杂志，1996，15（1）：8-11.

息分析中心，主要任务是由专家就某一问题及时写出评价性的、分析性的综述；二是思想库，主要是为统治集团在各个领域进行调查研究，出谋划策，并为美国政府培训、储备和输送人才。思想库是一种稳定的相对独立的政策研究机构，其研究人员运用科学的研究方法对广泛的政策问题进行跨学科研究①。著名的代表性机构包括兰德公司、斯坦福国际咨询研究所、布鲁金斯学会②、巴特尔纪念研究所等。美国思想库的信息分析活动在世界上享有很高声誉，主要原因是它有良好的信息环境、高素质的研究人员、靠近决策层；三是咨询机构，其产品形式包括研究报告、专用数据库、可行性报告、工程分析与技术支持等。一些私营公司如 Forst & Sullivan 等均是靠有效的市场调研及信息服务而盈利的著名企业③；四是联邦信息机构，隶属于国务院；五是企业信息机构，即公司或企业的信息分析中心。

从发展阶段上看，在20世纪80年代中期以前，美国的信息分析主要侧重于政治情报研究。其典型标志是美国中央情报局及其所开展的一系列工作。美国中央情报局是世界上最庞大的情报机构，信息来源十分广泛，包括卫星、全世界的各种媒体、驻外的外交人员和武官，以及为其秘密工作的人员。每天成千上万条信息汇聚到华盛顿，然后由情报人员进行过滤、分析，再将有关分析结果分送给决策者和军事部门。这些情报和信息对决策者产生着直接而关键的影响④；20世纪80年代中期以后，美国的信息分析开始向以企业运作为核心的竞争情报研究转移。其显著标志是，为加强自身竞争能力，强化获取和分析经济信息、市场信息、商贸信息的手段和能力，美国成立了竞争情报专业人员协会（Society of Cmpetitive Intelligence Professionals，SCIP）。

美国的信息分析主要侧重于开展以下几项工作⑤：编写评价性、分析性的综述；编写动态信息；搜集其他国家潜在能力和意图的信息，并鉴别哪些国家是友好的，哪些国家是敌对的，将作出分析评价后的材料提供给政策制定者；了解情况、分析形势、出谋划策、提供对策、充当政府机构和重要财团的幕后决策机构和咨询机构；提供政策咨询、管理咨询、科技咨询、医疗

① 薛澜. 美国的思想库及对中国的借鉴［J］. 科技导报，1996（11）.

② http：//www. brookings. edu［EB/OL］.

③ 璐子. 美国咨询业发展概况［N］. 中国市场经济报，［1996-03-09］.

④ http：//www. shijie. org/article/sjzs200317/2005. html［EB/OL］.

⑤ 包昌火，等. 情报研究的国内外比较研究总报告［R］. 北京：中国兵器工业情报研究所，1994.

技术咨询、工程咨询等各种类型的咨询服务。

在信息分析过程中，美国十分重视从公开中萃取秘密。例如，2005 年 11 月，美国中央情报局成立了“公开信息中心”，该中心的主要任务就是每天在全球各个网站、论坛里搜集各种各样的信息并加以分析①。

在信息化高度发展的今天，美国的信息分析尤其注重创新性研究和开放式研究，信息分析向贴近高层决策、与战略研究相结合的方向发展，呈现出综合化发展趋势。在目前以和平与发展为主旋律的国际环境下，军事政治在国际事务中的影响逐渐减弱，而国际冲突多发生在经济、科技领域，所以美国开始重视分析经济、科技等领域的公开性信息。例如，前美国中央情报局局长盖茨（Robert M. Gates）曾提出：“中央情报局应把帮助政府确定经济方针，注意新技术的发展和应用的趋势以及经济领域的反情报战，作为自己信息工作的重点。”美国著名的信息分析机构，如兰德公司、美国海军分析中心等，组织课题均采用“小核心、大范围”的研究模式，专职研究人员与兼职研究人员相结合，建设专用信息分析数据库和数据采掘系统，支持信息分析工作的开展。美国的信息分析机构非常重视自建的专业数据库利用，如兰德公司的数据库中就有 800 种不同版本的数据汇编②。美国的信息分析机构还注重解决重大的现实问题，强调信息分析人员的创造性思维和研究成果的创见性。

② 日本的信息分析

日本的信息分析是作为经济扩张的一种手段产生的。日本的信息分析机构主要有如下几种类型：为决策服务的官方思想库、民间思想库以及进行技术、行业信息分析的情报调查机构和企业情报调查机构。日本将开展信息分析的机构统称为思想库。其典型代表有两个，即日本科学技术情报中心和日本贸易振兴会③。其中，前者是日本最大的国家级情报机构，后者是一个商业性协会，是日本重视技术经济情报的搜集和分析的典型体现。在日本，官方思想库主要为政府决策服务，民间思想库大多由民间企业设立，是一种股份制的盈利机构。日本信息分析紧密围绕技术、经济、金融等问题展开，主要包括科技政策研究、技术动向分析、国际技术跟踪以及全球性经济问题的研究。日本信息分析的主要活动有：设立海外办事处，聘请外籍情报员，就地搜集情报；出资捐助国外有关大学和科研机构的研究项目，获得正在进行

---

① http://www.knowlesys.cn/cn/articles/public_opinion/cia_forum.htm [EB/OL].

② http://www.rand.org [EB/OL].

③ http://www.jetro.go.jp [EB/OL].

中的研究资料；直接在海外设立研究所，搜集情报、学习技术、开发产品。

日本信息分析的重点领域是技术经济情报研究，强调以企业用户为核心，围绕企业经营及竞争活动的技术、产品、市场、对手等关键要素集中开展技术，对手的定向跟踪及动向分析及相应的管理、金融方面的研究，它的目的是为企业的生产和经营服务①。日本对企业信息分析的重视，主要表现在科研经费的分配和数据库的建立上。在相当长一段时间内，日本政府把科学研究的重点放在为企业竞争服务的技术和产品的开发上。充实的商业数据库、发达的情报网络、精干的信息人员和优越的信息环境，是日本企业具有较强的竞争能力的重要原因②。

日本信息分析的主要内容是了解并长期跟踪竞争对手的技术动向。1993年2月日本成立 SCIP Japan，积极开展面向国外大公司的竞争情报调查和诊断研究，以竞争对手情报调查为特征的活动相当频繁③。竞争情报已成为日本战略规划的重要部分。日本每年要花数百万美元搜集技术情报并进行研究和传递。由于日本在高技术的许多领域已走在最前列，现在更注意市场信息分析和企业运行环境的全面分析④。目前，日本还广泛地采用自动化信息分析系统，来提高企业自身的竞争力。日本企业和综合商社的情报调查和分析活动更是闻名于世。欧美国家曾经多次召开“日本科学技术商业情报国际会议”，以日本为范例，改进自己的信息分析能力⑤。

日本的情报调查机构发展之全面，在全世界都是罕见的⑥。早在1958年就成立了以调查、搜集和提供国外经济、贸易、产业和商品为主要任务的日本贸易振兴会，作为国际经济和技术的监听站；1974年，成立了半官方的被称为日本思想库总管的综合研究开发机构，以协调民间思想库的研究活动；1988年，又建立了国家科学技术政策研究所，专门从事科技政策研究，

---

① http：//www. rand. org [EB/OL].

② 秦铁辉，王国庄，高宇晶. 日本情报研究工作探微 [J]. 情报探索，1997（2）：35-38.

③ 彭靖里. 国内外竞争情报研究发展综述 [J]. 情报科学，1998，16（3）：268-271.

④ 李正中，吴伟农. 试论我国情报研究学科发展的国际化 [J]. 情报学报，1994，13（2）：132-137.

⑤ 秦铁辉，王国庄，高宇晶. 日本情报研究工作探微 [J]. 情报探索，1997（2）：35-38.

⑥ 包昌火，缪其浩，谢新洲. 对我国情报研究工作的认识和对策研究（下）[J]. 情报理论与实践，1997（4）：215-221.

是国家科技政策的官方思想库，克服了过去日本科技政策研究和决策体系分散的弊端。

日本有人把信息分析力作为国力指数的十大要素之一，说明信息分析对国家发展具有重要的战略作用，是综合国力的重要体现。

③ 其他国家的信息分析

由于信息在经济建设和社会生活中有着不可取代的作用，世界各国的信息分析工作都开展得如火如荼，但又各有千秋。

前苏联科学交流学派的代表人物米哈依洛夫认为，兰德公司等类型的思想库不属于信息分析中心的范畴。前苏联的信息分析工作强调为科学家和专业提供保障，而极少涉及经济、决策领域，按照米哈依洛夫的说法，其工作焦点集中在对“所有发表的科学情报进行筛选，从中选出在可靠性、准确性及完备性方面符合规定要求的那些情报”，以服务于科技人员①。信息分析最主要的产品是综述，具体划分为目录性、文摘性、分析性三种类型，其论述内容分为原始文献中与研究内容相关的各类政治、技术、工艺、管理方面的数据及资料汇集，研究问题的发展现状及综合分析，结合课题进行论证、对策建议方面的研究。

英国信息分析工作主要由咨询公司、软科学研究机构等承担。在英国，从事信息咨询业的人大多数是具有实际经验的信息专家和图书馆员，他们熟悉信息资源，掌握信息存储和检索技术，对系统设计和信息技术有所了解，懂得如何利用联机数据库。另一类开展信息分析的机构是软科学研究机构，如伦敦国际战略研究所和英国政策研究所，有 3 种类型：一是隶属于某级政府部门的被称为“政府智囊团”的软科学机构，它们是政府进行科学决策的辅助机构，为政府解决重大问题提供各种可行方案并进行最优化论证；二是由科研单位、高等院校和社会团体分化出来的软科学研究机构；三是相对独立、不依赖于任何政府和团体的软科学研究机构。与其他国家的信息分析工作相比，英国信息分析具有分工细密、内容专深和军事类成果比重较大等显著特点②。

法国十分重视加强信息分析的统一协调。通过成立“军事情报中心”把军事情报机构的职权集中起来，以提高信息分析的工作效率。1996 年，法国成立了直接由内阁总理掌管的国家安全与竞争情报秘书处，协调国家的

---

① 汪言炯. 苏联之行［J］. 情报理论与实践，1989（1）.

② 秦铁辉. 英国信息研究工作探微［J］. 情报探索，1996（4）：25-28.

竞争情报工作和竞争情报业的发展①。

德国已经认识到，随着国际社会的不断开放，通过报刊、书籍、文献、资料、网络等公开渠道获得信息并对其加以分析是最安全、经济和有效的方式。德国新闻情报局直接受政府总理的领导，它除接收26家通讯社、73家电台和电视台的新闻外，每天还从150余种国内外杂志以及其他各种媒体摘录近万条信息加以浓缩、综合，汇成《每日新闻简报》呈送总理、内阁部长和议会议员②。

1.4.3 信息分析的发展趋势

（1）信息分析面临的机遇和挑战

21世纪是知识经济的时代。信息分析作为一种典型的信息深加工活动，在知识经济时代将大有可为。在社会信息化的过程中，信息技术飞速进步，全球网络化趋势不断加强，经济体制改革进一步完善，这些都给信息分析带来了前所未有的机遇。主要体现在：信息技术尤其是计算机技术、远程通信技术、数据库技术和网络技术的迅速发展和广泛应用，加强了信息搜集、分析、处理、加工和存储的能力；定量分析方法应用软件的成熟为信息分析进行定量研究提供了工具；网络化发展趋势，加快了信息交流传递的速度，扩大了信息分析的来源，并为信息分析产品的发布和信息分析人员的交流建立了平台；市场经济体制的建立与完善，加快了经营市场化的进程，促使政府和企业决策由经验决策向科学决策转化，信息分析和咨询服务的社会需求不断增加③④。

知识经济时代，信息分析的发展同样也面临着严峻的挑战。一是陈旧的信息分析体制已不能满足知识经济时代的社会发展和用户需求；二是面对社会信息量的激增，必须通过提高搜集、分析、处理、加工和存储信息的能力，增加信息“吞吐量”；三是面对新旧信息更迭加快，必须提高信息分析工作的节奏，缩短从搜集信息到产生和发布信息分析产品的周期；四是必须

---

① 璐子. 美国咨询业发展概况［N］. 中国市场经济报，［1996-03-09］.

② 璐子. 美国咨询业发展概况［N］. 中国市场经济报，［1996-03-09］.

③ 孙宇军. 信息化与情报研究［J］. 情报理论与实践，1998，21（1）：37-40，64.

④ 彭靖里. 论中国情报研究的现状和发展趋势［J］. 情报杂志，1999，18（4）：26-28.

逐步提高定量分析的比重；五是需要进一步改善信息分析队伍的知识结构。①②。

面对挑战和机遇，每一个信息分析人员都有责任思考并探索应如何改变传统的信息分析工作模式和思维方法，积极地迎接挑战、把握机遇，促使信息分析顺应时代要求而得到进一步发展。

（2）信息分析的发展前景

知识经济的发展促使信息需求不断增加，信息分析工作的主体趋向多元化，主体间的竞争也日益激烈。信息分析必须在浩瀚的知识海洋中排除“伪”信息干扰，通过深加工全面准确地掌握信息，保证信息分析产品的科学性和高质量，以适应社会发展的步伐。

根据文献③④⑤⑥⑦⑧的相关内容阐述，将信息分析发展前景概括如下：

① 信息分析国际化

现代信息技术尤其是全球互联网络的出现，使信息分析领域不断扩大，为各国之间信息分析的横向联合和协作研究奠定了基础。信息分析的开放式研究环境，使其走出国门，扩大与国际信息、咨询界的学术交流，不断吸收和学习国外的先进技术和成功经验。还可以吸引外资，建立合资的信息分析或咨询服务机构，走共同发展的道路。

② 信息分析领域扩展化

以前信息分析主要是针对科技信息进行搜集和分析，为科研机构和科研人员提供服务。随着信息技术的不断涌现，计算机网络的日益普及，从网上获得信息越来越容易。同时信息和技术、经济紧密结合，使得信息分析领域

---

① 刘焕成. 21 世纪竞争情报研究的发展趋势［J］. 情报理论与实践，2002，25（3）：176-178.

② 孙宇军. 信息化与情报研究［J］. 情报理论与实践，1998，21（1）：37-40，64.

③ 包昌火，缪其浩，谢新洲. 对我国情报研究工作的认识和对策研究（下）［J］. 情报理论与实践，1997（4）.

④ 王胜利. 信息分析研究的现状和发展策略［J］. 情报杂志，2003（11）：69-70，72.

⑤ 汪言炯. 苏联之行［J］. 情报理论与实践，1989（1）.

⑥ 崔源声，吕裕清. 未来情报研究模式的发展趋势［J］. 中国信息导报，1998（12）：9.

⑦ 潘金虎. 浅谈情报研究的改革和发展［J］. 情报探索，1998（2）：280-283.

⑧ 张帆. 对知识经济时代信息分析发展方向的看法［J］. 现代情报，2000（1）：12，19.

进一步扩大。社会信息化的发展，使信息分析的领域拓展到社会各个方面，不仅是政府、企业，还包括面向个人的，诸如个人投资理财之类的咨询服务等。信息分析由单纯研究国内或国外转向国内外研究相结合，由单纯研究科技问题转向同时研究经济和社会问题，由主要面向政府部门所属机构和企业转变到面向整个市场，信息分析领域已经冲破传统框架的束缚，发展到为满足市场需求提供服务。

③ 信息分析市场化

目前，经济增长方式由原来的粗放型转向集约型，国家宏观调控的重点也由重视增长速度转变为经济增长质量、经济结构调整和增长速度并重的轨道上来，市场竞争日益激烈。信息分析不再局限于为政府服务，而是成为以市场需求为导向的现代信息分析的一部分，为市场需求服务。其市场化的基础就是拥有满足用户需求的信息商品。

④ 信息分析机构多样化

信息需求的多样性和迫切性，导致信息分析机构的多样化。大而全、小而全的信息部门和结构比较单一的信息分析机构由于不适应市场需求而被逐步分化和改组。部委、省市级的信息分析部门发展成为领导机关智囊机构之一，同时还涌现出大批面向社会的与国际接轨的信息咨询机构。

⑤ 信息分析手段现代化、网络化

信息爆炸是知识经济的显著特征。随着信息技术的迅猛发展和广泛应用，大量信息的搜集和处理工作开始依托先进的手段和研究方法。现代化的信息分析手段成为关系信息分析产品质量和效率的关键因素。信息网络是信息分析的基础，可将信息分析机构、咨询机构、决策机构及广大用户联系起来，建立专家库、项目库、成果库和工具库，使各类信息快速流通传递。信息分析的现代化和网络化，将大大提高信息分析活动的质量，促进国内外市场的开发。

⑥ 信息分析管理正规化

国家有关部门应加强对信息分析管理的宏观指导，制定合适的中长期发展规划，对信息分析项目进展做好跟踪分析，和其他部门协调好关系，对一些经论证确定的重大信息分析项目在立项和资金方面提供大力支持，使信息分析管理走上科学化、规范化、制度化轨道。

⑦ 信息分析队伍专业化

信息分析是智力高度集约的跨学科、多层次、综合性科研活动，要求从业人员必须具有很高的业务素质和研究水平，要求打造一支过硬的信息分析队伍。只有加强信息分析的合理布局和系统设计，充分利用现有人力、物力条件，努力建设一支既有分工，又有合作，结构合理，具有实力的骨干信息分析队伍，才能促进信息分析向更高层次发展。信息分析要为社会各阶层的决策服务，就必须具有新型的人才队伍。研究人员除了要有扎实的专业基础知识，善于了解用户需求，还要求有较高的外语水平、数学知识和一定的计算机应用能力，以及积极的进取精神和合作精神。

⑧ 信息分析经费体系化

信息分析要发展，需要增加投入，鼓励企业、社会团体、民间和个人支持信息分析，吸引社会资金和外资建立信息分析发展基金，更要建立和完善多渠道、多元化的社会投入体系。同时，要提高信息分析经费的使用效益，健全应用性信息分析的资金验收机制，避免重复无效的研究。

思考题

1. 简述信息分析的内涵和特点。
2. 举例说明信息分析的任务和作用。
3. 论述信息分析方法的体系及其演变。
4. 试论信息分析的产生和发展趋势。

2 信息分析的流程和内容

从流程上讲，信息分析遵循一般的科学研究工作规律，大体上沿着“规划与定向→信息搜集、整理与鉴别→信息分析和提炼→信息分析产品的形成→信息传递、利用及反馈”的脉络发展，如图 2-1 所示。具体来说，就是针对用户具体的信息需求和要求，规划和确定研究课题，制定课题研究的计划，明确研究的方向；展开信息搜集、整理、鉴别、分析和提炼活动；形成信息分析产品并对其加以评价和应用推广；通过传递和利用，搜集产品应用的反馈信息，寻找新的需求。信息分析的内容蕴含于这些流程的运作过程之中。

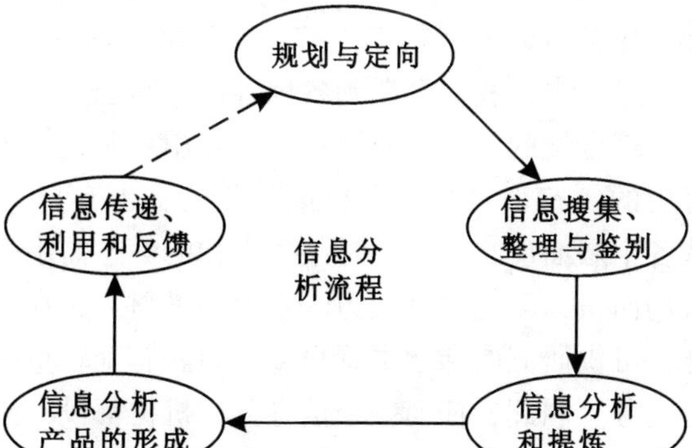

图 2-1　信息分析的流程

2.1　规划与定向

规划与定向是一个了解用户信息需求，并针对这些需求选定信息分析目标的环节。这一环节的实质性工作是课题选择和课题计划。

在信息分析过程中，规划与定向就是明确企业的信息需求，确定信息分析的方向，分清各部分工作的轻重缓急，编制工作预算，制定工作计划和要求。根据具体项目规划的原则，选择关键情报项目，使竞争情报研究与整个企业的发展战略和目标协调一致。

2.1.1 课题选择

选题是指信息分析课题的选择，即明确信息分析的对象、目标和方向。

选题是信息分析工作的起点，俗话说："好的开端是成功的一半"，选题准确、迎合了用户多样化的信息需求就等于信息分析工作成功了一半；反之，选题不恰当、定位不准确，则不仅不能满足用户的信息需求，使信息分析工作走偏方向，而且信息分析机构本身也不能取得良好的经济效益，不能在社会上树立良好的形象。正如爱因斯坦（A. Einstein）所说："提出一个问题往往比解决一个问题更重要，因为解决问题也许仅仅是一个数学上或实验的技能而已，而提出新的问题、新的可能性，从新的角度去看待旧的问题，都需要有创造性和想象力，而且标志着科学的真正进步。"①

英国科学家贝尔纳（J. D. Bernal）曾指出："课题的形成和选择……是研究工作中最复杂的一个阶段。一般来说，提出课题比解决课题更困难。如果再加上人力和设备的局限，则产生的课题之多是无法一下子解决的。所以评价和选择课题便成了研究的战略起点。"② 信息分析是一项应用性很强的工作。在实际工作过程中，我们会遇到各种各样的问题，有涉及长远的，也有涉及近期的；有综合性的，也有专业性的；有用户明显提出来的，也有潜藏在用户需求背后的；有来自管理和决策部门的，也有来自实际操作部门的。这些问题从各个层面反映着人们对某一事物的信息需求。但是，对于既定的信息分析机构而言，无论是其人力、物力还是财力，在一定的时期内总是有限的。另外，可供研究的课题尽管很多，但总有个轻重缓急之分、难易之分和效益大小之分。因此，任何一个信息分析机构都没有必要也没有可能将所有课题作为研究的对象，这样，如何发现问题、提出问题、形成课题和选择课题便成了信息分析工作十分关键的步骤。

---

① ［德］爱因斯坦，等. 物理学的进化［M］. 上海：上海科学技术出版社，1962.

② ［美］贝尔纳. 科学研究的战略［M］//科学译文集. 北京：科学出版社，1980.

(1) 选题的原则

为了使所选择的课题不仅准确、迎合用户的信息需求，而且也有研究的可能，在选题过程中，我们应当遵循一些原则，并依据这些原则确定哪些课题应当选，哪些不应当选，哪些可以缓一些时候选。

① 政策性原则

以国家宏观政策为例，政策体现了国家政府部门在一定时期内为解决客观存在的问题而制定的活动方向和行为准则，是国民经济和社会发展各领域总的规划和指南，如科学技术政策、经济政策、贸易政策、环境保护政策、文化发展政策等。信息分析是为国民经济和社会发展各领域的科学决策、研究与开发、市场开拓活动服务的，其选题必须以各项政策为依据。政策具有明显的方向性和前瞻性，在政策指导和约束下信息分析的选题也必须同样带有方向性和前瞻性，不仅要注重揭示未知的信息，而且要注重探测事物的未来状态，指明事物发展的趋势。特别是一些宏观课题的选择，更要带有战略性和预测性。而要做到这一点，信息分析人员一方面应该努力学习和掌握国家大政方针，领会和把握政策的内容实质；另一方面应该学会自觉地运用之，使各级各类选题不与政策相悖。

② 必要性原则

所谓必要，是指信息分析的选题应该是必要的，而不是重复的、可有可无的。一般来说，凡是与国民经济和社会发展需要相吻合的、与用户的信息需要相一致的新选题都是必要的。

在“按需选题”时要正确处理好战略需要与战术需要之间、长远需要与当前需要之间、现实需要与潜在需要之间的关系。要根据国民经济和社会发展的总体需要分出轻重缓急。一般来说，国民经济建设主战场上当前急需的战术性课题要抓紧时间及时安排。这些课题的研究通常费时短、耗资少，人力、物力的投入也比较少，但却能很快体现出信息分析工作对生产力的贡献，使其社会价值得到尽快实现。信息用户现实需要的课题应尽快安排，因为这些课题通常产生于用户正在进行的科研、生产和管理过程之中，如不及时安排，必会贻误战机，以后即使给予了很好的安排，也将因过时而不再具有经济和社会意义。

未来社会将是一个可持续发展的社会，不论是国家大政方针的确定，还是国民经济的发展、企业生产和科研工作的进行，都要讲求可持续性。带有方向性和预测性的信息分析工作有义务在这样一个可持续发展的社会里担当起重任。因此，在战略需要与战术需要、长远需要与当前急需、现实需要与潜在需要发生冲突时，我们要正确处理好其间的关系，必要时要牺牲战术需要、当前急需和现实需要，以确保战略性的、长远性的、有重大潜在价值的课题能及时被选择。

③ 可能性原则

由于人力、物力、财力、水平和时间方面的限制，同样一个课题，可能对某一信息分析机构适用，但却对另一信息分析机构不适用，这就涉及一个可能性问题。对于既定的课题而言，如果信息分析机构已经具备研究的条件，或者通过努力可以具备研究的条件，认为选择这样的课题是合适的，否则，不仅浪费了人力、物力、财力和时间，而且因不能如期完成任务而在服务领域树立不太良好的形象。知己知彼，方能百战百胜。信息分析机构要想在选题时把握好可能性原则，一方面要正确认识和度量自身的能力和条件，另一方面要按科学的程序正确评估待选课题，估测课题实现所必须具备的基本条件。只有权衡利弊、量力而行，才能使所选择的课题不会因自身能力和条件的限制而发生夭折。

在可能性原则的基础上，信息分析机构还应当注重扬长避短，发挥自身优势。在分析自身的优势和劣势时，一般应考虑：与课题有关的知识积累状况；信息分析队伍的知识结构、研究兴趣和创新能力；信息分析机构的物质和技术设备条件、资金储备状况等。只有选择可能有能力研究而且有利于充分发挥自身优势的课题，才能使信息分析工作充满生机和活力。

④ 效益性原则

信息分析的选题不能不讲效益。从经济角度来说，信息分析活动本身是经济活动的一部分，有量值不菲的人力、物力、财力和时间投入。如果只有投入而没有产出，或者入不敷出，长此以往，信息分析机构在激烈的市场竞争中必将无法生存。从整个社会的角度来说，信息分析是社会服务体系的重要组成部分，我们无法想象一个根本没有社会效益或者蕴含着社会负效益的选题能够在分析和研究之后为社会所承认。经济效益和社会效益是效益性原则的两个方面，在两者发生冲突时，我们应坚持社会效益优先的原则。

（2）课题的来源

在实际工作中，信息分析课题的来源是极其广泛的，从课题所属领域来划分，有来自于科研、生产第一线的微观课题，也有来自于宏观决策活动中的宏观课题；从课题所属内容范围来划分，可划分为以科技、经济、市场以及其他社会问题为内容的课题。在本书中，我们从课题提出者的角度来划分，将信息分析课题来源归结为三个方面，即上级主管部门下达的课题、信息用户委托的课题和信息分析人员自己提出的课题。相对于信息分析人员而言，前两类课题是被动性课题，一般只能按照要求的目标去展开信息分析活动；后一类课题是主动选题，是信息分析机构能动地为各级各类科学决策、研究与开发、市场开拓活动服务的重要体现。

① 上级主管部门下达的课题

国家各级政府部门、企事业单位在制定规划、作出决策前，常常会遇到各种各样的问题，其中有宏观性的、涉及全局的大问题，也有直接面向科研、生产实际的微观性的局部问题。国家各级政府部门、企业事业单位为了有效地解决这些问题，常会以课题的形式向所属的信息分析机构下达。这类课题大多系指令性和随机性任务，具有任务急、内容要求明确具体的特点。其中涉及全局的宏观性课题多关系到国家重大规划和决策的制定实施，因而要求带有战略性和先导性，具有费时长、难度大、成本高的特点。例如，为了开展核能调研，制定国家核能发展规划，原核工业部情报所曾根据上级主管部门下达的课题要求，从必要性、经济性、可行性、安全性等方面开展了核能调研，搜集了大量资料和数据，提交了调研报告，从而为我国在华东和广东缺电地区核电站建设决策提供了重要依据。相形之下，涉及局部的微观性课题则具有很强的针对性，一般是技术改造、产品品种更新、市场开拓等实际过程中产生并要求尽快予以研究的课题，具有时间紧迫的特点，多为一次性的临时任务，没有连续性，从事这类课题研究的一般以企事业单位下属的基层信息分析机构居多。例如，湖北某热电厂制粉单耗偏高，为了寻找有效的降低制粉单耗途径，该厂下属信息分析机构积极进行调研，先后组织人员到北方有 200MW 机组的兄弟单位考察学习，了解和掌握了兄弟单位制粉单耗情况、降耗措施及管理办法。根据调研情况，信息人员提交了降低制粉单耗的分析研究报告，报告结合本厂实际，提出的降耗措施用于生产中，经济效果显著。

② 信息用户委托的课题

在市场经济体制条件下，信息用户委托的课题正在逐年增多。各级各类信息用户由于科研、生产、教学、管理、营销推广的需要，常会以各种形式提出信息分析课题，委托信息分析机构予以帮助解决。在以往的计划经济体制条件下，这种委托多属无偿援助性质，信息分析机构根据自身的能力来决定是否开展研究以及将信息分析产品无偿提供给委托的信息用户。这种信息供求模式不能激发信息分析人员的积极性和创造性，也不能保证课题本身的经济意义和研究水平，因而往往不能善始善终。课题提出后，往往研究草率，很难保证信息分析产品的质量。市场经济体制的出现彻底打破了这种低效的、僵化的信息供求模式。其典型的做法是在信息供求双方之间的往来中，注入市场机制，以经济杠杆平衡供求比例、品种和质量。这种信息供求模式具备灵活性、开放性、竞争性、高效性等特点，因而广受信息用户和信息分析机构的青睐，目前已成为信息分析机构课题的主要来源渠道。

信息用户一般将这类课题以咨询委托书的形式提交给信息分析机构。咨询委托书的内容一般包括咨询内容和要求、形式、进度、经费等项。

③ 信息分析人员自己提出的课题

这类课题主要是依靠信息分析人员根据长期积累和主动调查，针对国民经济和社会发展的实际需要总结出来的。由于信息分析人员长期从事信息分析活动，不仅积累了大量的源信息，熟悉社会信息需求，而且涉猎领域广、思路开阔，能在总体上把握某一学科或领域当前的动态、存在的问题、解决的办法和发展的趋势，因而由他们替代用户超前提出信息需求并形成课题是完全可能的。实践证明，在大多数情况下，由信息分析人员慎重而大胆提出的这类课题，不仅具有很好的前瞻性，想用户所想、急用户所急，而且课题的后续研究工作也容易开展，容易取得丰硕的研究成果。

这类课题虽然是由信息分析人员提出来的，但目的没有改变，仍然是为了满足用户的需要，而不是为了自己消费。因此，提出此类课题的基本出发点依然要面向用户，一切从用户的实际（但一般是潜在的）信息需要出发，诚心诚意为用户服务。从实践上看，信息分析人员要想恰到好处地提出课题，必须具备这样一些条件：崇高的敬业精神、强烈的信息意识、坚实的信息业务素质、宽广的相关领域知识、丰富的实践经验以及灵活的大脑和聪慧的智力。一个优秀的信息分析人员在工作过程中应学会眼观六路、耳听八方，要手勤、脚勤、大脑勤，要对周围的事物勤于观察，勤于思考，即身体力行，做一个实实在在的有心人。只有这样，信息分析人员才有可能捕捉到好的课题。

一个恰到好处的由信息分析人员自己提出的课题应该是建立在充分而细致的用户信息需求调研基础之上的。用户信息需求调查的方法很多，如直接访问法、间接访问法（主要是调查表法）、观察法、实验法、信息资料调查法等。只要调查结果真实可靠，对调查结果的统计、分析和研究正确、合理，所揭示的用户信息需求一般是准确和有深度的。由于这些调研工作都是在用户信息需求意识产生之前进行的，因而往往难度比较大，有时甚至无法得到用户的积极配合。这就对信息分析人员提出了更高的素质要求。

对于不同的信息分析机构以及处于不同的用户和其他社会环境下的同一

信息分析机构而言，上述各类课题来源并无固定的比例。有的上级主管部门下达的课题多一些，有的信息用户委托的课题多一些，有的信息分析人员自己提出的课题多一些。但从我国半个多世纪的信息分析工作实践来看，其课题来源构成还是呈现出某些规律，例如，从机构性质来看，各级政府部门、企事业单位下属的信息分析机构一般接受上级主管部门下达的课题多一些；具有独立的法人地位的信息分析机构承担的课题绝大多数为用户委托的课题；规模庞大、系统性强、人员素质较高的信息分析机构自己选择的课题多一些。再如，从经济体制和社会环境来看，在市场经济比较发达、用户信息意识比较高涨、社会信息化程度较高的地区，各级各类信息分析机构承担的用户委托类课题要多一些；从课题内容范围来看，为重大战略决策服务的宏观战略性课题多为上级主管部门所下达，为社会各类经济活动部门生产、经营和管理活动服务的微观课题多为用户所委托。由于不同来源的课题有不同的特点和要求，各级各类信息分析机构在制定课题来源策略时，应注意扬长避短，充分结合自身的特点、用户和社会环境予以合理地把握。

（3）选题的程序

不论是哪种类型的课题，选择并对其加以分析研究的目的都是为了满足用户的需要。选题不能凭空进行，也不能轻易地受个人情感、外界压力或诱惑力所左右。选题应该严格遵循科学研究和社会实践活动的规律，按科学的程序进行。

① 课题提出

提出课题是选题的起点，其过程实际上是一个发现矛盾和揭示矛盾的过程。不论是哪种类型的课题，在提出的时候都一定要务求目标明确、任务范围具体，否则，既费工费时，又难以奏效。对于上级主管部门下达的课题和用户委托的课题，信息分析人员在这一阶段里要做的工作不太多，主要是对所提出课题进行形式上的整理、归纳和粗略的分析研究，以使课题明确化，如初步明确其目的、意义、要求、内容、难度、费用、完成期限等，必要时还应该与上级主管人员进行洽谈，达成初步的意向性协议。这一阶段的工作难点在于信息分析人员自己提出的课题，这类课题通常没有用户的积极主动配合，并在很大程度上取决于信息分析人员的思路、知识、经验、风险意识和创新精神，取决于信息分析人员是否有“打破砂锅问到底”的求知欲和探奇心、能否从别人认为平淡无奇的现象中发现问题并以适当的方式揭示出来。一般来说，信息分析人员自选的课题要特别注意联系实际，重视面向国民经济建设主战场，这样才有可能在研究过程中得到有关部门在经济上的支持，或者在研究成果出来后取得一定的经济效益。但是，也不能忽视经济效益虽然不太好，但社会效益却很好的选题，因为在现代文明社会里，经济效益最终要服从社会效益，人与人之间、组织与组织之间和谐关系的实现不仅体现在经济上的和平往来，而且更重要地体现在社会的可持续发展上。

② 课题分析与论证

课题分析与论证的主要任务是进一步明确课题目的、范围、对象、意义、要求、难度、费用、完成期限，并对课题实施的政策性、必要性、可能性、效益性等进行初步论证。这一阶段以大量占有翔实的相关资料为前提。为此，信息分析人员应首先围绕课题展开调查，采集信息资料和样本。有了大量翔实的信息资料和样本，信息分析人员就可以进行分析研究了。例如，如果分析研究结果表明该课题对国民经济和社会发展有意义、有贡献，则认为是必要的，甚至是紧迫的；反之则可以考虑将该课题淘汰。在必要性的基础上，如果分析研究结果还进一步表明该课题的材料太多、范围太宽泛，则需要考虑是否应在选题范围或完成期限、费用上作出相应的改变，如缩小选题范围、延长完成期限、开展联合攻关、提高收费额度等；倘若材料极少或国内已经有人选择并研究过这方面的课题，则应当考虑是否放弃该课题或调整该课题的研究方向和角度。

③ 课题选定

经过分析研究和论证，符合政策性、必要性、可能性、效益性等原则的课题一般不会只有一个，这就需要进行筛选和确定。这一阶段的实质是在多种可选课题中选择一个最恰当的课题。

由于每一候选课题涉及的因素都非常多，这些因素之间的关系也往往异常复杂，因此，课题选定并不是一件很容易的事，它既有横的比较，也有纵的分析，所需要考虑的问题远远超过课题分析和论证阶段，带有强烈的综合性。为慎重起见，一般要邀请相关的用户、专家、领导一起协商讨论，必要时还要重新进行分析研究和论证，以防止所选课题的一般化。

经过选定的课题一般要以开题报告的形式反映出来。开题报告是预研究的成果，通常以书面形式体现选题的目的、意义、依据、初步拟定的实施方案等，包括课题提出的理由和意义、研究概况和发展趋势、研究内容、预期目标、研究方法和手段、实施方案、已有条件和存在的主要问题、课题日程安排、课题组成员及分工、拟邀请协作单位和协作人员情况、用户单位基本情况、课题经费预算表、论证意见（选题的必要性、目标的先进性和现实性、方案实施的可能性、课题组成员组成的合理性、经费预算的经济性）、论证结论、相关部门审查意见、论证组成员名单等。开题报告经确认后，如果是被动选题，甲方（信息分析机构）与乙方（上级主管部门或信息用户）之间一般还应当就课题有关事项签订书面合同（即课题合同书）。由于课题合同书具有法律约束效力，其中任何一方不遵守合同，都要被追究法律责任，所以课题合同书只有在对甲乙双方各方面有关情况都清楚且有把握时才能签订。在合同书上，该写明的一定要写明，不可含糊其辞或草率拟就。为保证合同书具有法律效力，可寻求公证部门予以公证。课题合同书的内容通常包括合同编号、课题名称、课题内容、质量要求、成果提供形式、进度要求与完成期限、经费数额与支付方式、甲乙双方承担的责任和义务、成果权的归属及转让、奖惩办法等。

开题报告和课题合同书并不是对每一课题都是必需的，有些课题，如专利查新、小范围的市场行情调研等，因为耗资不太多、费时不太长、工作量不太大，可以不用提交开题报告和签订课题合同书，仅凭上级主管部门下达的课题任务书、信息用户提交的咨询委托书和书面承诺就可以展开课题研究工作。但是，如果课题耗资多、费时长、工作量大，特别是当课题是信息用户委托课题的时候，信息分析机构还是应当提交开题报告并同需方签订课题合同为妥。

选题的一般程序见图 2-2。

2.1.2 课题计划

信息分析课题选定之后就要拟定课题计划。课题计划是行动的指南和纲领，是课题任务全面而系统的筹划和安排。有了课题计划，就有了工作目标，就可以把整个研究过程有机地组织起来，使课题组成员以及其他相关人员都能明确各自的任务及其与其他研究任务之间的协调关系，保证研究工作有条不紊地顺利进行。一般来说，课题越大、时间越长、参加的单位和人员越多，就越需要一个周密而详细的计划。

（1）课题计划的内容

① 课题目的

为了使课题组成员准确把握研究工作的目标和努力方向，课题计划应以简洁而清晰的文字阐明课题的目的，如课题的来源和意义、课题提出的背景、课题拟解决的主要问题、课题服务的对象、研究成果可能取得的效益等。

② 调查大纲

在明确课题目的的基础上，课题计划应制定详细的调查大纲。有了调查大纲，课题组每一个成员就可以明确先干什么、后干什么、哪些工作只需要

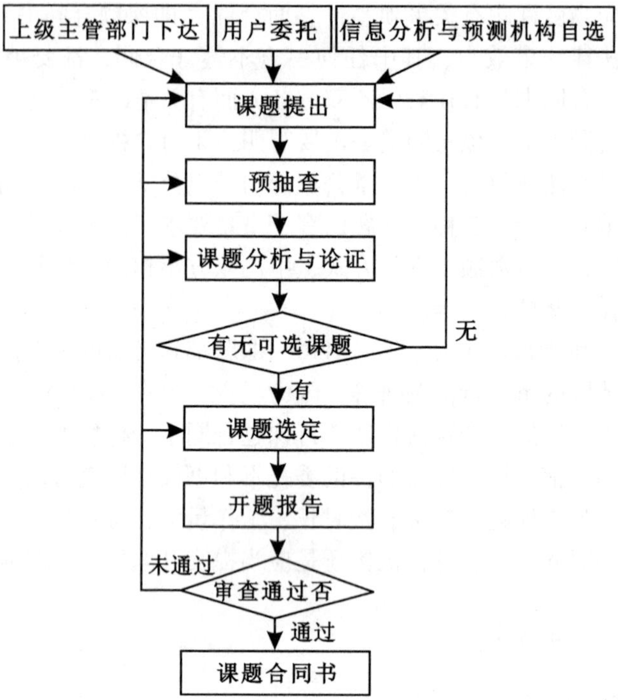

图 2-2　选题的一般程序

一个人干、哪些工作需要多方合作，从而防止了调查过程中走弯路、错路和重复路，使信息分析人员有条不紊地搜寻到所需要的信息资料。调查大纲内容一般包括：

1）调查方式。如是选择文献调查方式还是选择实际调查方式；是选择网上信息调查方式还是选择实地信息采访方式。

2）调查范围。包括内容范围和地域范围，前者明确了信息搜寻的对象，解决了搜寻什么的问题，如需要弄清哪些情况、需要排除哪些无关信息和不良信息的干扰等；后者预计了可以从哪里搜寻到所需的信息资料，如调查哪些单位和个人、是面向国内调查还是面向国内外调查等。

3）调查的步骤。如是一气呵成式完成调查还是分阶段调查。

4）调查的广度和深度。

由于资金、技术、人员、时间、课题任务要求等因素的影响，调查大纲的具体内容往往因具体的课题和环境条件要求而异。

③ 研究方法和技术路线

信息加工整理、分析的方法很多，不同的方法有不同的特点，对信息采集有不同的要求。因此，应根据课题的性质和研究条件在课题计划中预计课题研究可能采用的研究方法和技术路线。这样有助于减少弯路，提高信息加工整理、分析阶段的工作效率。

④ 产品形式及其表现角度和提交方式

在现代信息技术支撑下，信息分析产品的表现形式是多样化的。除传统的书面印刷形式外，其他各种形式包括图、文、声并茂的多媒体形式，也可广泛用于信息分析产品的制作。这些形式及其表现角度和提交方式的选择均因课题研究条件和用户的要求而异。粗略估计一下成果形式及其表现角度和提交方式，对于合理使用人力、物力、财力和科学安排时间都是有好处的。

⑤ 组织分工

课题组应根据自身的特点和课题研究的需要对课题任务进行具体的分工。分工一般先按单位分工，如主要承担单位应完成什么、协作单位应完成什么。这种分工不仅直接影响到日后的利益分成，而且关系到单位之间的合作关系能否实现。在单位分工的基础上，还应当将分工进一步深入到每一课题组成员，具体来说就是根据每一课题组成员的能力和知识结构（如语种、专业、兴趣爱好、特长等），给每一课题组成员分配一些合适的、具体的工作任务，如谁是课题组组长、谁负责对外联络、谁负责翻译外文资料、谁采集数据、谁对数据进行分析处理、谁撰写课题成果报告等。只有责任清、任务明、分工细，才不会在以后的操作过程中发生扯皮现象。同时应注意，分工并不是分家，所有的课题组成员都应自觉地统一到课题组大旗下，服从组织调度，加强各成员之间的联系和合作。

⑥ 完成时间和实施步骤

为了便于检查计划执行情况，一般按照信息分析工作的程序将整个课题研究活动分为几个阶段，并提出各个阶段预计完成的时间和拟实施的步骤。这几个阶段包括：信息资料的搜集和摸底阶段，信息资料的整理、评价和分析阶段，信息分析产品的制作、评价和利用阶段。

⑦ 其他

如完成课题任务所需要的人员、经费、技术、设备等条件。

在具体实践中，一些信息分析机构除了要求提交文字材料外，还要求提交一张格式化的课题计划表。课题计划表实际上是前述课题计划的一种变换形式，目的是使课题计划的相关内容醒目、清晰，以便于管理。计划表一般由各信息分析机构预制，需要时再领取和填写。表格内容是前述课题计划内容的全部或大部分，即一般包括：课题名称、课题来源及目的、主要内容、完成期限及进度安排、研究条件、研究方法和技术路线、经费预算、预期产品及其表现角度和提交方式、课题负责单位或负责人、协作单位或协作人、组织分工等。

拟出的课题计划一般要几易其稿，目的是为了使计划真正科学、可行、实用。在很多情况下，这样的计划还要由课题组负责人签字后申报信息分析机构或其上级主管部门领导审核批准和备案，以利于信息分析机构或其上级主管部门从总体上对各级各类课题的研究予以管理，防止重复研究或者将没有什么价值的课题纳为研究对象。但尽管如此，课题计划仍然会出现一些不尽如人意的地方，因此，课题计划并不是一经拟定就一成不变的。随着研究工作的进展和课题研究环境的发展变化，原有的计划可能会被修改、补充，特殊情况下还有可能被废止。

（2）课题计划的组织实施与检查

① 课题计划的组织实施

课题计划拟定完毕后，就应该积极地组织实施。具体地说，就是根据人力、物力、财力和时间状况以及课题的特点和课题计划的要求合理调配各类资源，以保证课题研究按进度安排保质保量、有条不紊地进行。

课题计划的组织实施工作应该由课题组组长亲自挂帅。课题组组长必须对课题研究的各种约束条件尤其是课题组及协作单位相关人员的专业、外语、业务能力、性格爱好、特长、缺点等情况有比较透彻的把握。除此以外，课题组组长还应具有较强的业务能力和组织领导才能，善于关心人、组织人和引导人，能够从全局的角度把握课题研究的方向。

除了课题组组长外，课题组其他成员以及协作单位的成员也应该尽职尽责，一方面要按照课题计划的安排和课题组组长的要求不折不扣地完成自己应该完成的任务，另一方面要注意沟通与课题组组长以及其他成员间的信息往来，控制好研究工作的节奏，既要防止一哄而上、杂乱无序，又要防止办事拖拉、影响计划进度。

② 课题计划实施情况的检查和调整

对课题计划的实施情况进行检查和调整是促进和保证计划顺利实现的有效手段。通过检查，可以随时掌握情况，及时发现问题，并加以解决，从而推动课题计划和目标的实现。

课题计划的检查主要是按照课题计划写明的项目逐一对照进行，内容一般包括：

A. 是否按进度实施计划。

B. 是否按课题的目的、内容和质量要求有条不紊地进行。

C. 各类资源调配是否恰当，有无资源浪费现象。

D. 经费使用是否有阶段性超支行为。

E. 课题研究中是否有新情况新问题出现。

F. 课题计划是否需要进行适当的调整和改进。

课题计划检查的周期一般因课题量的大小和完成期限的长短而异，有的实行月度检查制，有的实行季度或年度检查制。但不管是哪种类型的检查制，都应该注意在检查完后及时地进行小结，并将主要情况向有关部门通报。对于检查过程中发现的新情况、新问题应积极协商解决，如果是计划制定方面的问题，可在征得有关部门同意后对计划进行调整和改进；如果不是计划制定方面的问题，应该从计划的组织实施角度入手，改进组织方式、调整实施策略。

2.2 信息搜集、整理与鉴别

此阶段的主要任务是结合信息分析选题，通过文献调查或社会调查的方式，全面、系统地搜集与选题相关的各种信息，并利用合适的方法对这些信息进行处理。

2.2.1 信息源的类型和特点

信息源是指人们在科学决策、研究与开发、市场开拓等社会实践活动中借以获取信息的来源。它包含了两层含义，一是指信息及其发生源，包括各类信息及其产生和持有机构，如科研院所、生产企业、市场营销部门、政府机构、高校、图书馆、信息中心、电视台等；二是指信息及其赖以传播的各种物质载体或传输通道，如图书、期刊、产品样本、展销会等。

信息分析是建立在大量甚至是海量信息的搜集基础上的，没有强大的信息源的支持，信息分析犹如无源之水、无本之木。信息分析人员在开展信息搜集之前，必须对信息源的分布情况和特点、信息源的质量和规模、信息获取的难易程度、信息内容与用户需求之间的切合程度等进行深入、系统的调查。

信息源是整个信息分析活动的前提和基础。按照目前比较流行的观点，一般将其划分为文献信息源和非文献信息源。图书、期刊、报纸、电子出版物等是典型的文献信息源，讨论会、产品样本等则是非文献信息源的典型代表。

2.2.1.1 文献信息源

文献信息源又称记录信息源，其特点是，信息内容借助某种物质载体记录下来，并通过对物质载体的保管、拷贝、传播和开发利用而达到对所荷载信息内容的保管、拷贝、传播和开发利用的目的。荷载信息的方法很多，古人就发明了将文字、图案等信息刻在甲骨和青铜器上、焙烧在陶瓷制品上以及书写在泥胶、贝叶、竹简上的办法。蔡伦发明造纸术后，纸张便成为信息的主要载体，直到今天，我们所能见到的，也主要是这种信息源。现代科学技术特别是信息技术的发展使记录信息的物质载体产生了重大变革，除沿用已久的纸张载体外，磁性载体（如磁带、磁盘）、光学载体（如光盘）等新型载体层出不穷。随着因特网的普及，人们更是广泛地将信息存储到互联网络上，通过网络传输达到信息传播的目的。

(1) 根据载体的不同，文献信息源可分为下面四种类型：

① 印刷型文献

这是以纸张为主要载体，以手写、印刷为记录手段的传统文献信息源，包括手写、油印、铅印、胶印、木版印刷等几种形式。印刷型文献信息源的优点是阅读、携带、利用方便，是迄今为止人们最普遍、最乐于接受的一种信息源；缺点是信息存储密度小、体积大、分量重、收藏和管理困难。

② 缩微型文献

缩微技术起源于英国，是一种涉及多学科、多部门、综合性强且技术成熟的现代化信息处理技术。这类信息源一般以感光材料为载体，利用照相设备和其他缩微设备将印刷型文献源按照一定的缩小比例摄录在胶卷或胶片上，其产品称缩微品或缩微复制品，包括缩微胶卷、缩微胶片（平片）、缩微卡片等几种形式。其特色在于：存储密度大、寿命长、易于还原拷贝和多功能使用、可作为法律凭证。但存在信息衰减、不能直接阅读（需要配备专用的显示还原设备）等缺点。

③ 机读型文献

这是以磁性材料、光学材料或网络为载体的信息源，其特点是在存储时要将相关信息转换成计算机可以识别、理解和处理的二进制代码，输出时需要还原这些代码的原貌，即需要将“机读信息”还原成“人读信息”。其优点是信息存储密度高、存取速度快，可借助于高速信息网络实现远距离传输。

④ 声像型文献

这是运用录音、录像、摄影等技术将声音和图像直接记录在磁性或光学材料上的信息源，如唱片、录音带、录像带、电影拷贝、幻灯片等。其记录的对象主要不是文字，而是富有动感的声音和图像。这类信息源能给人以直观形象的感觉，因而用途广泛。其优点是可以逼真地再现事物和现象，在某些难以用文字描述和反映的场合有着独特的作用。

上述四种类型的文献信息源各具特色。印刷型文献信息源是最基本、最广泛采用的信息源；机读型文献信息源所占的比例将逐年增加，并在某种程度上代表着文献信息源的演变方向；缩微型和声像型文献信息源在一定时期的某些特殊场合内仍存在着难以替代的作用。

（2）根据发售途径和获取难易程度的不同，文献信息源可分为下面三种类型：

① 白色文献

白色文献是通过正式渠道出版发行的文献，具备内容的公开性、发行范围的广泛性等特点。如图书一般经由出版社出版并通过新华书店系统发行、期刊常由杂志社出版并通过各地报刊发行部门向国内外公开发行。其优越性在于信息获取容易，用户可以很方便地通过书店、书摊、邮局购得，因而是一种非常重要的信息源。但因信息的经济价值通常只在非对称的信息环境里显现出来，而白色文献很容易获取，所以在很多情况下其经济价值要大打折扣。但这并不意味着白色文献没有利用价值。事实上，通过从白色文献中萃取有价值情报的活动屡见不鲜。例如，第二次世界大战期间，侨居瑞士的德国新闻记者伯尔托尔德·雅各布通过公开的报纸等资料，编写出一本极具价值的反映德军168位军事指挥官简历的172页的小册子；20世纪80年代，美国未来学家奈斯比特（John Naisbitt）通过连续12年对美国6 000种公开出版的地方报纸的监视和分析，揭示出美国结构重组的方向；美国中央情报局“公开信息中心”每天在全球各个网站、论坛里搜集各种各样的信息，并加以对比和分析。它们在信息搜集手段上使用十分先进的网络技术，对信息资料进行过滤；还使用十分复杂的软件来对比信息的来源和历史，以确定信息的可靠性。

② 黑色文献

黑色文献是指不正式出版、发行范围狭窄、内容保密的文献，如军事情报资料、技术机密资料、个人隐私材料等。这些黑色文献受法律保护，只对负有保密义务的人开放，一般不允许复制。其缺点是保密程度高，非负有保密义务的人无法获取。所以信息分析活动一般不以黑色文献为信息源。但是，按照各国法律规定，黑色文献迟早会被解密。从实践上看，有不少黑色文献虽然被解密了，但仍然可以作为信息分析活动的信息源。

③ 灰色文献

灰色文献是介于白色文献和黑色文献之间的一类文献，其名称来自英语的“grey literature”，出现于20世纪70年代。1997年，在卢森堡召开的第三次国际灰色文献会议提出，灰色文献是指不由盈利出版者控制，而由各级政府、学术单位、工商业界所制作的各类印刷或电子形式的资料。

灰色文献的特点是不正式出版，也非秘密文献，常见的类型有研究报告、学位论文、会议录、技术规范与标准、企业内部出版物（厂报、厂刊等）、经济函件和商务通信、非官方公布的统计资料以及工商行会、学会、协会、政治和贸易团体的出版物等。另外，一部分黑色文献在解密之后也可以转化为灰色文献。按照《科学引文索引》（SCI）所进行的研究以及诸如美国国家航空航天局（NASA）、德国卡尔斯鲁厄专业信息中心和意大利高级卫生研究所编辑部等组织所作的估计，灰色文献的比例现在可能已超过文献信息源的20%。

灰色文献所含信息通常是非常珍贵的原生信息，而且往往具备新颖性，因而是信息分析特别是竞争情报活动很有价值的信息源。但这类文献复本少，且不公开发行，因而获取较难，一般除在专门的图书馆或信息中心可以查到外，只有与作者本人联系才有可能获取。与白色文献相比，信息分析人员获取灰色文献通常要付出更大的代价。

此外，根据编辑出版形式的不同，文献信息源还可分为图书、期刊、报纸、研究报告、会议文献、政府出版物、数据库、商品资料（如商品广告资料、使用说明书、合格证书）、政府管理机构对外公开的档案（如工商企业注册登记通告、专利文献、标准文献、统计资料）、上市公司文件等。

2.2.1.2　非文献信息源

非文献信息源是指信息以非记录形式存在的信息源，主要提供口头信息、实物信息等，具有直接、简便、迅速、新颖和生动形象的特点，是信息分析人员普遍感兴趣的活的信息源。但由于非文献信息一般直接来自实验室、生产现场、展销会等社会实践场所，而且没有被记录下来，因而在搜集、保管、传播等方面都相当困难。

(1) 口头信息源

口头信息实际上是一种零次信息，它源自各种讨论会、观摩会、展销会、座谈会、参观访问乃至个人之间的接触或电话交谈。1965年，卡尔森对美国国防部工程师3 400人次的信息查询进行了调查，结果发现有31%的信息来自口头信息源。俗话“听君一席话，胜读十年书”，十分形象地说明了口头信息的作用。口头信息有以下优点：

① 内容新颖、传递迅速。据统计，口头传递的信息约有80%是刚刚发

生或将要发生的事情。特别是参加一些重大会议、与在某一领域有很深造诣的专家交谈，往往能及时获取有关领域的前沿动态信息。这些信息大部分以面对面或电话的方式直接传递，省略了累积、深思熟虑、编辑出版和发行的时间延迟，具有无与伦比的信息传递高速度。

② 含有文献信息源所没有的信息。通过口头信息源，人们可以获得许多在文献信息源中找不到的信息，这有三种情形：第一，信息是容易记录的，但却暂时来不及记录或不适合记录；第二，信息是难以记录的，如发言者说话时的语气以及面对面方式中发言者的手势、面部表情、其他听者的反应等；第三，信息是临时生成的。发言者受当时语言环境、听众反应的影响，往往能临场发挥，产生出许多有用的信息，有些甚至是智慧的火花，能够导致伟大的发现和天才的创造。如头脑风暴法就是一种行之有效的生成这类信息的方法。

口头信息的缺点是：

① 信息容易失真。口头信息在传递过程中，或多或少地都要经过几次语义和语用的转换。原因在于听者通常不是被动的听众，他（她）会自觉或不自觉地察言观色并对发言者传递来的信息进行改进（如加入一些由动作或语境传递的信息、减去一些自认为是无用或错误的信息、加上一些自认为应该加入的信息），然后再将改进后的信息又传给其他听众。美国一位社会学家曾做过这样的实验，让一组被试人员一传一地将一句口语进行传递，当最后一名被试者说出所听到的信息时，竟与最初发出的信息完全不同。

② 信息搜集困难。口头信息是非记录信息，其搜集至少具备两个要件：一是发言者必须正在发言；二是信息搜集者必须是听众，要亲临口头信息交流现场。然而，由于时空以及其他物理障碍的限制，信息搜集者很难做到事必躬亲。口头信息搜集一般只能就近或顺便搜集，电话等现代通信工具的使用在某种程度上拓展了信息搜集空间，但它仍改变不了信息搜集困难的局面。

③ 信息保管困难。非记录性决定了口头信息是难以保管的。中国古代灿烂的文化中，就有许多文化信息因为没有记录而消失了。弥补的办法只能是设法利用纸和笔、录音机、录像机等辅助工具将这些口头信息记录下来。

④ 信息传递范围小。面对面方式的口头信息传递范围是很小的，通常只能在 10 米以内有效。远距离的传递不得不依靠众多的“传信者”支持，这不仅会增加负担，而且会造成信息失真。电话等现代通信工具的使用使口头信息传递范围有所扩大，但仍无法与文献信息源相提并论。

（2）实物信息源

实物信息是指以实物为载体的信息。这里的“载体”与一般意义上的载体有所不同。一般意义上的载体，如纸张、磁盘、光盘等，其使用价值主要体现于承载信息上，其价值是通过信息消费实现的。作为实物信息载体的实物有双重使用价值，一是体现于承载信息上，二是可以直接用于消费，满足人们的物质需求；其价值的实现，因消费者消费偏好和目的的不同而异，通常情况下，有一部分可以通过信息消费实现，另一部分可以通过对实物本身的消费而实现。可以看出，能够成为这类载体的实物主要是一些值得开发、仿制和使用的机器、仪表、零部件、元器件、标本、种子、苗木、试剂等。

实物信息之所以能成为信息分析活动的信息源，是因为其加工、制作凝聚了人类的思想、知识和智慧。通过对实物材质、造型、规格、色彩、传动原理、运动规律等方面的分析研究，利用反求工程，人们可以猜度出研制、加工者原先的构思和加工制作方法，达到仿制或在其基础上进一步改进的目的。

实物信息源主要有以下优点：

① 信息成熟、可靠。实物所承载的信息本身已经经受实践的检验，而不是人们头脑中的一种设想或实验室里的产物。因此，只要条件相似，人们至少可以达到按此信息仿制实物的目的。

② 信息内容丰富。实物所承载的信息是多方面的，有时同样是一件实物，科研人员可以从中挖掘出一个科学的原理或理论，技术人员可以从中琢磨出加工、制作的技术和诀窍，艺术家可以从中发现美感，市场营销专家可以探测出市场的走势，经济分析学家可以分析出研制、加工者在加工、制作过程中对经济性的深思熟虑……这些信息可以满足人们不同的需要。

实物信息源也有许多缺陷：

① 信息挖掘困难。一般来说，实物信息有显在和潜在之分，显在的信息容易获取，如实物的色泽、外部造型、外包装等；但潜在的信息通常难以挖掘，如实物的制作工艺、技术要求和指标以及其他一些十分关键的技术诀窍，这些信息本身都具有隐蔽性特点。在市场竞争条件下，出于贸易保护的需要，研制者们还往往人为地加大隐蔽力度，这对信息分析人员而言无疑是雪上加霜。然而，从实践上看，潜在的信息往往又更有意义。

② 信息搜集、保管、传递困难。实物载体（如一台机器）在体积、重量上一般要比文献信息载体（如纸张、磁盘、光盘）大得多，而且形态、性质、寿命、特点各异，无统一的规格，因此其搜集、保管、传递都是相当困难的。

③ 容易引起知识产权纠纷。实物本身也是一种物质产品，其中蕴含着

外观设计信息和技术信息。按照各国知识产权法的规定，外观设计信息（有些国家除外）以及具备新颖性、创造性和实用性的技术信息是可以成为专利法保护的对象的，因此，如果实物产品所蕴含的外观设计信息或技术信息恰好处于专利法的保护期和保护域内，就会引起知识产权纠纷。克服的办法是设法对实物进行分析研究，在吸取原外观设计信息或技术信息长处的基础上进行改进和创新，使之绕过专利法的限制。如浙江某厂生产供出口的汽车万向节，性能先进，质量可靠，起初就是以实物样品为基础研制出来的。

实物信息源虽然具有以上缺陷，但因其直观、形象等特点，还是很受信息分析人员的欢迎，具有非常广泛的应用前景。如日本摩托车工业的振兴就是从搜集世界各地摩托车实物信息起家的。中国科学技术情报研究所早在1966年和1980年也分别进行过两次规模较大的实物信息的搜集、分析研究和开发利用活动，取得了很好的经济效益和社会效益。改革开放初期，我国许多乡镇企业和城市中小企业也开展过声势浩大的“仿大厂产品产小厂产品”、“仿国外产品产本国产品”的活动，使一部分地区和企业经济迅速发展起来，其实质也是实物信息的搜集、分析研究和开发利用。由此可见，实物信息对发展中国家有着特别重要的意义。

2.2.2 信息搜集的原则

马克思指出：研究必须充分地占有材料，分析它的各种发展形式，探寻这些形式的内在联系。只有在这项工作完成以后，现实的运动才能适当地叙述出来。可见，信息搜集是信息分析活动的依据和基础，不论是何种类型的信息分析活动，都必须充分地占有信息“原料”。

信息搜集一般包括文献调查和社会调查两种途径。不论是哪种途径，在信息搜集过程中都存在着一对最基本的信息供求矛盾，即一方面，新的信息供给层出不穷，庞杂的信息甚至形成了“信息汪洋”；另一方面，信息分析人员的信息需求又是特定和专门的，它因课题的目的、要求不同而异。在市场经济条件下，这种供求关系通常会在市场上体现出来，形成市场关系。毋庸置疑，在这种市场关系的约束下，信息分析人员不可能不讲求信息搜集的成本和收益。为了提高信息搜集效果，信息分析人员应遵循下述搜集原则。

（1）全面性

在多数情况下，信息分析活动需要搜集的信息是十分广泛和复杂的。例如，一项企业技术方案的评估通常要考虑技术上的先进性、经济上的合理性、生产上的可行性和社会环境的可容性，因此围绕企业技术方案评估所开展的信息分析活动应全面搜集企业内部和外部的各种信息，包括科技、经济、管理、法律等广泛领域。这里的“全面”有三层意思：第一，所搜集的信息不仅要有强相关的，而且要有一般性相关的，如果这些还不能充分地解决问题，某些弱相关的信息也可以考虑搜集。第二，在信息搜集过程中，不能为了迎合他人的观点或自己的主观愿望而仅仅搜集正相关的信息，一些负相关的信息只要有可能被证明是真实可靠的，就应该积极地搜集，并在后续工序中加强跟踪分析和研究。第三，所搜集的信息不仅要有国内的，也要有国外的；不仅要有本地区、本部门、本单位的，也要有相关地区、相关部门和相关单位（包括竞争对手）的。从全面性考虑，信息采集入库一般从宽，即对那些不能确定有用但很可能有用的信息，应考虑采集入库，或者至少应记下搜寻的线索，以防今后在需要时找不到。

（2）系统性

即要求所搜集的信息能够反映特定的研究领域国内外发展的基本状况，特别是对一些关键性的、连续性较强的信息，要组织专人长期跟踪搜集积累。一般来说，带宏观性和战略性的课题对信息搜集的系统性要求比较高。这是因为，这类课题的研究对象通常十分复杂，涉及科技、经济、政治、文化、社会、生态环境等多种因素，需要系统而深刻地分析总结历史和现实信息。如果没有系统而完备的信息保障，其预测成果就很难与将来的实践相拟合，因而也就谈不上对实践的指导。

（3）针对性

随着科技、经济和社会的发展，信息的品种类型呈现出爆炸式增长的局面，并且形成了庞杂无序的信息汪洋，任何个人和组织都不会有精力涉足其全部。另一方面，对于某一既定的信息分析机构或课题而言，真正相关（特别是强相关）的信息又往往只是沧海一粟。因此，任何一项信息分析活动都没有可能、也没有必要以人类实践的全部信息成果为搜集对象，这就牵涉信息的选择问题。选择的标准只有两个，即看它是否针对信息分析机构的性质、任务和服务对象，是否针对所选择的课题的实际需要。原则上，缺乏针对性的信息应被视作“信息垃圾”，是不应采集入库的，原因是它扰乱人们的视线，浪费人们的人力、物力、财力和时间，甚至伪化信息分析产品。

（4）新颖性

信息分析是一项应用性很强的工作，其成果应具备前瞻性，即对未来的实践有指导意义。为此，在信息搜集过程中应当特别注意信息内容的新颖性，要想方设法取得课题所归属领域最先进的研究成果，包括新理论、新动态、新技术成就等。只有这样，才能达到加快信息分析进程，提高研究水平的目的。新颖的信息内容有两层理解，一是指在当时所处的领域里是最新的；二是指相对于特定课题所涉及的特定用户及特定需求而言是新颖的。

（5）可靠性

即所搜集的信息内容应该是客观的、真实的、准确的，是没有夹杂信息搜集人员主观意志和个人情感因素的。信息内容一旦失去了可靠性，信息分析活动便无法正确地揭示事物发展过程中所固有的本质规律，更无法预测事物的未知状态或事物发展的未来趋势，因而也就失去了实践意义。

（6）科学性

信息搜集应采用科学的方法。对文献信息源，应在充分了解各种信息源的信息分布和变化规律的基础上根据实际需要进行恰当的选择。一般来说，信息密度大、权威程度高、获取成本低、信息价值高的信息源是首选的对象；对非文献信息源，应当按照齐普夫“省力法则”来设计信息搜集的路线、对象。一般来说，在成本相同的情况下，我们应优先考虑从名人那里获取口头信息，从驰名的厂家那里获取实物信息；在信息源质量相近或相同的情况下，我们应优先考虑选取成本最小（如路径最短、收费最低、获取最容易等）的搜集路线。

（7）计划性

信息搜集是一项艰苦、细致甚至规模庞大的工作，需要投入相当大的人力、物力、财力和时间才能完成，因此必须事先制订一个比较周密和详尽的计划。有了计划就有了工作目标、工作效率和质量保证。信息搜集计划一般要考虑“4W1H”，即为什么（Why）搜集、谁（Who）搜集、搜集什么（What）、何时（When）搜集以及怎样（How）搜集，其具体项目通常包括搜集目的、内容范围和重点、经费预算、搜集方式、搜集对象、搜集步骤、搜集程度、组织分工、奖惩措施等。这种计划一般应留有充分的余地，以便随着形势的变化而及时地调整。

2.2.3 文献调查

文献调查主要用于文献信息的搜集。文献信息源是我们借以进行文献调查的依据。然而，现代社会文献类型多样、数量浩如烟海，如果一篇一篇地去找，则不仅工作量大、成本高，而且也无法搜集齐全，因此，学会采用科学的搜集方法是十分必要的。当前，文献调查的主要方法是：首先进行课题分析，即通过课题内容分析进一步明确课题研究的内容概貌、所涉及的学科和领域、所需信息的内容范围和重点，通过文献普查、地域分析和时域分析，确定文献信息源搜集的重点、大致范围和方位；其次，要根据文献信息源的特点和自身的条件选取一种（或几种）比较合适的文献信息或文献线索查找方法，以获取较全面的文献信息或文献线索；最后，如果是文献线索，则还应依据这些线索的轻重缓急有计划地通过采购、交换、复制、索取等途径搜集原始文献。

文献调查一般有系统检索、追溯检索、浏览检索等几种方法。其中，系统检索法以描述文献内容特征或外部特征的检索标识为检索突破口，以检索工具的利用为检索手段，具有较强的系统性和较高的检索效率，是文献调查的主要方法。系统检索的步骤因采用的检索系统不同而有不同的表现，但基本上可分为需求分析、检索策略制订和文献信息或文献线索的查找三个步骤。

(1) 需求分析。需求分析是制订检索策略的前提和基础，包括检索的目的、语种、范围、类型、数量等方面。明确了需求，就能在检索过程中做到心中有数。

(2) 检索策略构造。检索策略是为实现检索目标而制订的全盘计划或方案，是对整个检索过程的谋划和指导。一般包括检索工具、检索途径和检索标识的选择，检索表达式的拟定，具体查找程序的编排等过程。检索策略的构造技巧性很强，其成功与否是影响系统检索效率的关键。

(3) 文献信息或文献线索的查找。即根据所构造的检索策略从检索工具中查找文献信息或文献线索。由于检索策略通常不能一次性构造成功，所以此步骤一般是先作试验性检索，然后根据检索效果调整检索策略，最后才作正规的检索。

从发展历程来看，系统检索经历了手工检索、脱机检索、联机检索、光盘检索和网络检索几个阶段。当前，基于搜索引擎的网络检索代表着系统检索的发展方向。

典型的搜索引擎包括主题目录式和索引式两类。主题目录式搜索引擎所强调的是从“哪里”到“什么”，即已知自己所在的数据库地点，希望知道那儿有什么①。其基本做法是：先按照某种事先确定的概念体系结构建立等级式主题目录，然后以超文本链接的方式将不同学科、专业、行业或区域的信息按照主题目录的分类要求逐级组织起来。这种方式提供了一种较为友好的界面，用户在主题目录的指引下，通过逐层浏览，可找到与自己的需求有关的信息。这种主题目录究竟分多少层、每一层分多少类，并无统一规定，一般可根据网上信息的初步筛选和整理情况以及因特网信息内

① 曾蕾，等. 信息检索技术及应用［M］//张力治主编. 情报学进展（第一卷）. 北京：中国国防科学技术信息学会，1995.

容提供商的服务宗旨和目标灵活设计。索引式搜索引擎所强调的是从“什么”到“哪里”，即已知自己要什么，希望在网上找到所需文献的地址。它提供对关键词、主题词或自然语言的查询，用户在搜索框中输入检索词或表达式，搜索引擎会返回一组指向相关站点的超级链接。大多数网站在组织网上信息时，除了提供主题目录式搜索引擎外，也同时提供索引式搜索引擎。

文献调查最大的困难是灰色文献的调查。对于信息分析人员而言，一方面很难获取灰色文献的线索，另一方面即使掌握了线索，也很难取得原始文献。20 世纪 80 年代以来，特别是进入 90 年代之后，世界各国为改善灰色文献获取环境而作了很大的努力。在法国，总理办公室联合科学研究部曾责成政府机关文献工作协调委员会（CCAD）组织一个系统，该系统负责非商业性报告的搜集、描述和出版；在英国，英国图书馆文献提供中心（BLDSC）拥有世界上规模最大的非常规文献的馆藏，可提供美国和欧洲报告 400 万件、会议文献 31.5 万件、英国和美国博士论文 50 万件。这些灰色文献已数据库化，并通过联机系统对外服务；在意大利文化部和大学与科研部的协助下，全国图书馆服务社和高级卫生研究所进行合作，建立了生物医学领域的数据库，把白色文献和灰色文献合并成一个库；日本对灰色文献的跟踪很紧，日本科学技术情报中心、国立国会图书馆、野村综合研究所、电子通信政策综合研究所、能源协会综合研究所等都是很著名的灰色文献研究、利用组织；美国较少使用“灰色文献”这一概念，但国家技术信息局（NTIS）、教育资源信息中心（ERIC）、国家航空航天局（NASA）、能源部技术信息中心（DOETIC）、国防技术信息中心（DTIC）、政府出版局（GPO）等机构实际上都在各自主管的领域从事灰色文献工作，并发挥了应有的作用。在信息分析活动中，信息分析人员应及时把握这些动向，可重点关注这些机构出版的数据库或网站，必要时可直接与这些机构联系，寻求商业合作事宜。

文献调查主要用于文献信息的搜集，但有时也能意外地获取有价值的非文献信息。例如在调查过程中，我们要与各个方面的人员打交道，而他们可能会成为某些有用的口头信息的来源。另外，我们在文献调查中，可能会发现有关专家或某件实物的信息，以此为线索，我们可以找到这些专家，并通过与之交流获取口头信息；可以向有关组织索取（或购买）实物，以获取实物信息。可见，文献调查在信息搜集中有着很重要的地位，信息分析人员必须精于此道。

2.2.4 社会调查

社会调查又称实际情况调查，是一切以信息搜集为目的的社会实践活动的总称。它既包括对人的访问，也包括对实物、现场的实地考察，如现场调查、访问、发放调查表、样品搜集等。社会调查是提高信息分析活动效果的一项有力措施，是搜集非文献信息的主要途径。

2.2.4.1 现场调查

现场调查是信息分析人员深入现场参观考察或参加局内活动而进行的社会调查方法，如实地参观、参加会议（如学术报告会、经验交流会、学术研讨会、座谈会、贸易洽谈会、博览会)、出国考察、演唱会等。

通过现场调查可以及时捕捉到一些难以明确表达或难以传递的信息。例如通过现场调查，可以观察到文献资料上无法看到的现象（如现场表演、靶场试验、生产过程、辩论场面、实物展览等)，可以直接目睹国外动态。另外，通过现场获取的信息大部分是第一手信息，具有直观、形象、真实、生动、可靠的特点。例如，可以通过直接测量获取生产车间生产流水线的立体布置，它比技术档案部门提供的平面布置图要有价值得多；可以通过直接观察记录获取生产现场工作仪表动态显示的数据，这些数据是生产实践过程中客观产生的，不会含有任何人为伪造的隐患；可以通过直接购买某物而体验其价格之高昂；可以通过亲自操作和使用某设备或技术而体验其使用价值之可贵。

2.2.4.2 访问调查

访问调查是通过向受访者询问以获取所需信息的方法。访问调查的传统方式是直接面谈（又称访谈)，即信息分析人员与受访者直接作面对面的交谈。这种访问调查形式的优点是灵活性好、信息交流和反馈直接迅速，可以捕捉到其他方式难以捕捉到的由动作、表情等体形语言传递的信息，适用于讨论复杂的问题；缺点是费用高、受时空的约束和影响作用大。根据调查方和被调查方人数的多寡，直接面谈一般可分为“一对一”、“一对多”、“多对一”和“多对多”四种形式。

访问调查的另一种方式是电话采访法。这种方式不需要信息分析人员和受访者直接见面，而是通过电话线路系统建立联系。其优点是受时空约束和影响作用小，可以避免直接面谈时可能出现的尴尬局面，交谈双方也不容易怯场，因而是一种既快捷又省钱的有效方式；缺点是不能捕捉由动作、表情等体形语言传递的信息，信息吸收率低。可视电话系统在某种程度上弥补了这种缺陷，使信息吸收率有所提高，但仍难以与直接面谈相媲美。

随着网络的发展，诸如“聊天室”之类的软件开始流行于网络上，从而访问调查被搬到了互联网上。这些新型访问调查方式的出现，极大地提升了访问调查的质量和效率。

上述各种访问调查方式各有特点，在实际操作中应灵活把握和选择。一般来说，如果所要讨论的问题比较复杂，需要双方反复交流，甚至还需要出示相关的文献资料或实物，则以直接面谈为妥；如果仅仅是想询问一些简单的问题，或者离受访者较远，则可以首先考虑选择电话采访或网络“聊天”的方式。

不论采用哪种方式的访问调查都应该注意计划性。一般要事先拟定好调查提纲、选好采访对象、约定采访时间，并对提问方式和应对措施有一个粗略的心理准备，以防临阵时不知所措。为了提高采访的效果，在采访过程中应注意掌握一定的采访技巧，如设法引导对方谈话、热情友好而又不装腔作势等。作为采访者，信息分析人员应当首先学会当听众，而不是学习如何使自己成为口若悬河者。

2.2.4.3 样品调查

样品调查是搜集实物信息常用的方法。这种调查的被调查对象不是人，也不是场所，而是某件实物样品，如机器、零部件、试剂、种子、标本、文物、乐器等。样品调查内容包括：样品存放线索的调查；样品的获取。一般有购买、接受馈赠、租借、互换等几种形式；样品实物信息的挖掘。一般来说，显在实物信息可通过拆卸、重组、观察、测量、实验分析方式获取，潜在实物信息的挖掘则要借助于反求工程技术的帮助。不同的实物样品，其显在实物信息与潜在实物信息的比例是不一样的，例如服装样品以显在实物信息居多，可通过直接观察其款式、花色、面料、辅料等获取；仪器设备样品以潜在实物信息居多，需要请技术专家或技术人员对其进行拆卸测量和剖析才能了解其设计、结构、用材、尺寸、成分、造型等信息。样品调查是获取实物信息最主要的方法，在商品市场信息分析、竞争情报研究中有着极其广泛的应用。

2.2.4.4 问卷调查

问卷调查是社会调查的主要方法。它是指信息分析人员向被调查者发放格式统一的调查表并由被调查者填写，通过调查表的回收获取所需要的信息。问卷调查的质量和效果主要取决于调查表的设计质量和效果。调查表是以信息搜集为目的、由信息分析机构设计的格式统一并具有明确的调查内容和要求的一种预制表格。在纸质问卷调查中，调查表需要大量印刷，并被有计划地分发给有关单位和个人。在网络问卷调查中，调查表通过电子邮件、网站等渠道大量分发给特定或非特定的被调查群体。

问卷调查是一项专业性很强的信息搜集活动，包含一系列步骤：确定研究题目及研究目的、根据研究目的详细列举所要知道的问题、确定样本及如何产生样本、撰拟问卷、预试、问卷发放、问卷回收和催复、统计和分析、解释结果、撰写调查报告。下面我们重点介绍一下调查表的设计、发放和回收问题。

（1）调查表的设计

调查表是以提问的方式搜集所需要的信息的。提问什么、如何提问是影响调查目的的重要方面。在实际调查中，为了取得良好的调查效果、达到预期的目的，通常要慎重地处理好这两个问题，以取得被调查者的合作。

① 提问的内容

一份比较完整的调查表的提问大致包括三部分内容：

1）基本信息。即关于被调查者基本情况的信息，如被调查者个人的性别、年龄、职业、教育程度、民族、婚姻及城乡状况等，被调查者所在的社会群体和组织的规模、结构等。

2）行为信息。即关于被调查者社会行为的信息，如被调查者在购物、旅游、服务、生产实践、科学研究等具体活动中反映出来的一些行为信息。

3）态度信息。即关于被调查者对本人或他人（或事件）能力、兴趣、意见、评价、情感、动机等方面的态度，如科研人员对科研条件的评价、消费者对计算机产品捆绑销售的看法、网络用户对因特网安全的感受、体育迷对足球明星的态度等。

② 提问的方式

如何提问是调查表设计中其次要考虑的问题。根据调查者的需要，提问可以采取下述几种方式中的一种或几种组合：

1）自由式提问。这种提问方式的问卷上没有事先拟好的答案，被调查者可以自由地阐述个人的意见和观点，例如，“应用因特网的主要困难和障碍是什么？”

这种提问方式的优点是：被调查者可以从不同的角度自由地回答问题，有利于搜集到一些为调查者忽视的问题或建议；有利于形成轻松的调查气氛。缺点是：得到的答案可能五花八门，角度、措词各异，整理起来费时、费力；对问题的理解和回答程度与被调查者的素质密切相关。素质较高的人回答问题全面、系统、深刻，而素质较低的人回答问题往往肤浅且没有条理。

2）封闭式提问。这种提问方式与自由式提问恰好相反，其答案已事先由调查者拟定，被调查者只能从中选择，例如“您使用高校图书馆电子资源的经验？A. 小于1年　B. 1~2年　C. 2~3年　D. 3~4年　E. 大于4年”。

封闭式提问的优点是：答案是现成的，被调查者只需在候选答案中选择（如打“√”）就可以了，省时省力；调查结果的统计分析和处理方便。这种选择，可以单项选择，也可以多项选择。缺点是：被调查者缺乏自发性表达，因而所选择的答案可能并不是被调查者真正想回答的。

3）综合式提问。这种提问方式实际上是介于自由式和封闭式之间的一种折中方式，也称半封闭式提问。考虑到封闭式提问中列举的候选答案可能会出现遗漏的现象，综合式提问在列举若干个最有可能出现的候选答案之后，增加了一项候选答案“其他（请填写）____”。与封闭式提问相比，综合式提问更具有优越性，因而应用更加普遍。例如“您至今未买空调器的原因是什么？A. 价格不满意　B. 用途不太大　C. 电力供给条件受限制　D. 其他（请填写）____”。

4）事实性提问。这种提问方式要求被调查者回答一些有关的事实，主要是被调查者的个人资料，包括职业、年龄、家庭状况、教育程度、居住条件、兴趣爱好等。它们是被调查者的背景资料，可用于对被调查者分类。

5）态度测量式提问。这种提问方式要求被调查者表示出某种态度。例如“您喜不喜欢穿旅游鞋？”“您认为在销售计算机硬件产品的同时捆绑销售相关的软件产品好不好？”这种提问方式在设计时，不仅要考虑如何使被调查者愿意表明其真正态度，而且还要考虑如何从答案中反映出态度的强弱程度。

态度测量表主要分为类别量表、顺序量表、差距量表和等比量表。这些量表反映了不同的被调查者对某一问题的看法和态度。类别量表测量被调查者对不同性质问题态度的分类，如满意、不满意，喜欢、不喜欢等；顺序量表测量被调查者对类别之间的次序关系，如5、4、3、2、1，对所调查某种产品很喜欢的给5分，较喜欢的给4分，无所谓的给3分，不喜欢的给2分，很不喜欢的给1分（见图2-3）；差距量表用于测量不同类别态度次序之间的差异和距离，如4分同3分的差距等于3分同2分的差距；等比量表用于表明次序关系中数量比例关系，如4分为2分的两倍。在社会调查特别是市场调查中，等比量表一般用得较少，因为测量被调查者态度属于顺序的概念，态度差别单纯用数量比例关系表示是缺乏科学依据的。例如对甲、乙两种商品，消费者的态度是给甲商品判5分，给乙商品判2分，但这只是表明消费者喜欢甲商品的程度超过了乙商品，而不能断定消费者喜欢甲商品的程度是乙商品的2.5倍。

1	2	3	4	5
很不喜欢	不喜欢	无所谓	较喜欢	很喜欢

图 2-3　顺序量表示例

上述几种提问方式各有特点，其选择主要依赖于所提问题的性质以及调查者的调查目的。如基本资料一般采用事实性提问，态度资料主要采用态度测量式提问，行为资料可根据调查目的的不同具体情况具体分析。

③ 提问的顺序

实践证明，提问的顺序直接影响到调查表应答和回收效果。在具体操作时，一般遵循“漏斗形”原则安排所提问题的先后次序。所谓“漏斗形”原则，是指把调查者所提的所有问题按下列原则编排，使之形成“形状”酷似“漏斗”的调查表的方法。

1）“先大后小”原则。例如可以先问：“您的家庭拥有计算机吗?”接下来再问：“如果有，您主要将其用于（只选一项）：A. 家庭理财　B. 家庭娱乐　C. 文字处理　D. 软件开发　E. 其他（请填写____）”。

2）“先易后难”原则。例如可以先问基本信息，再问行为和态度信息；先问综合式、封闭式问题，再问自由式问题；先问比较浅显的、被调查者比较熟悉的、不需要深入思索就能回答的问题，再问比较深刻的、被调查者比较生疏的或需要通过努力才能回答的问题。这样做有利于树立被调查者答题的信心。

3）“先一般后敏感”原则。敏感性问题是指涉及私人生活、使被调查者感到困窘或反感的问题，这类问题一般尽量不问。如果无法回避，应安排到后面。

4）“先趣味性后实质性”原则。例如可以先问：“您喜欢看什么类型的影片? A. 科幻片　B. 故事片　C. 纪录片　D. 其他（请填写）____。”接下来再问：“您认为当前中国电影业的主要困惑是什么? A. 经费投入不足　B. 导演水平低　C. 演员素质低　D. 观众欣赏水平有限　E. 其他（请填写）____。”

5）时间性原则。即按时间顺序（由近及远或由远及近）安排提问次序，不宜远近交叉。

6）相关性原则。即当一份调查表涉及几个方面的问题时，应在先安排完一个方面的问题之后再安排另一个方面的问题，不要把同类或密切相关的几个问题分散。

④ 调查表设计应注意的问题

1）用语准确、含义清楚，避免模糊或双关词汇。例如提问“您通常喜欢买什么样的股票?”用语就不准确，其中“通常”一词不同的人有不同的界定标准。类似的边界不清的词还有“大致上”、“普遍”、“基本上”、“经常”等。“什么样”一词也是如此，被调查者可以从多种角度回答，以我国内地股市为例，股票从价格上可分为高价股、中价股和低价股，从发行和购买特点上可分为A股、B股和H股，从业绩上可分为绩优股和绩差股，从所归属的发行交易所可分为上证股票和深证股票等。这样的调查结果，离散程度大，其统计处理不仅繁杂，而且价值也不大。

2）考虑提问的必要性。可以问、也可以不问的提问应该不问；实质内容是重复的，或者通过某一个或某些提问可以推导出来的提问也不应该问。这样做，一方面减少信息冗余，使调查结果处理起来方便些，另一方面也减少了被调查者的填写量。

3）考虑提问的可能性。一方面，提问应该是凭被调查者的能力和经验能够回答的。例如面向管理层的提问就不应该放在交由操作层回答的调查表中；另一方面，要尽量避免困窘性的、个人隐私方面的、容易引起被调查者反感的提问。例如一般不提问“您有多少存款?”更不提问“您的存款都是劳动所得吗?”如果因课题研究需要无法回避，则应学会提问的技巧性。例如上述第一个问题可以考虑改成：“您估计现在的家庭存款是多少?”从而使被调查者由当事人的位置换到旁观者的位置。

4）把握所提问题的数量和难易程度。所提问题数量过多、难度过大多会使答题时间变长，使被调查者失去回答兴趣，因此，把握所提问题的数量和难易程度是十分必要的。一般来说，整个问卷的答题时间最好控制在半小时以内（特殊情况下可以适当延长），问题数量也不宜太多。另外，所提问题应是被调查者凭经验、记忆稍加思考就能回答的，我们不应该将推演、检索、统计等工作交给被调查者。

5）避免引导性或一般化的提问。引导性提问是指在所提问题中向被调查者提示答案方向或者暗示调查者自己的观点，例如：“现在××牌计算机很受用户欢迎，您也喜欢吗?”就有引导被调查者回答“喜欢”的倾向，这是不妥当的。

所提问题应注意针对某个特定的具体的方面，一般化的提问对被调查者来说难以表达其具体的意见，而对调查者来说，也不能得到有价值的信息。例如：“您对××商场是否感到满意?”这样的提问就过于一般，顾客（被调查者）可以评价其商品品种类型、价格、质量，也可以评价其销售服务、结构和空间布局，这样搜集到的信息是没有什么意义的。

6）避免双重提问。即不要把两个或两个以上的问题合成一个问题。例如："您对期货和股票交易是否感兴趣？A. 是　B. 否。"对这一问题，有些人只对期货交易感兴趣，有些人只对股票交易感兴趣，有些人对期货和股票交易都感兴趣，还有些人对期货和股票交易都不感兴趣。毫无疑问，前两种人很难做出肯定或否定的回答。此时，可以考虑以矩阵的形式展示所提问题的各个候选答案。

7）尽量避免假设性提问。假设性提问是指先假设一种情况，然后要求被调查者回答在假设的情况下将采取何种行动。例如："如果熊市出现，您还愿意入市炒股吗？A. 愿意　B. 不愿意。"对于这类假设性问题，被调查者一般不会去认真回答。

8）避免学术专用名词和冷僻的专用术语。除非是面向特定专业领域的问卷，一般情况下，不要使用学术专用名词和冷僻的专用术语，以免产生歧义。

9）使用说明词。使用说明词的目的是使被调查者能消除顾虑，积极合作，正确填写调查表。说明词一般置于调查提问的前面，有时也将部分说明词置于调查提问的后面。内容主要包括：

- 说明调查人（或组织）的身份，使被调查者认为该项研究是合理合法的。例如："本问卷是××单位××项目小组进行的一项研究。"
- 说明该项研究的目的。例如："本问卷调查的目的在于了解我国科研工作者对图书馆电子信息资源的接受和利用情况。"
- 说明被调查者回答问题的重要性，即被调查者是由专家推荐或按科学的抽样程序抽选的，回答与否对本问卷调查成功与否有重要影响。例如："您填写的问卷对我们非常重要！"
- 声明为回答者及回答结果保密。例如："本问卷仅用于学术研究，不会用于任何商业目的。"
- 说明结果反馈事宜。例如："如果您对我们的研究感兴趣，请和我们联系，我们会将本问卷调查的分析结果反馈给您。"
- 举例说明如何填写调查表。例如："请根据您的理解对以下的每个陈述句问题进行判断，并在问题下面的相应数字（1，2，3，4，5，6或7）处选择。"
- 表示希望被调查者能以客观的态度填写调查表。例如："由于调查数据对研究结果极为重要，您为我们提供的信息的可靠性将直接影响到本项调查的质量和意义，因此，请您仔细阅读问卷，并理解问题的要求。"又如：

“您的回答反映的是您对问题的判断，答案不存在正确或错误之分。请不要遗漏任何一个问题，如果您感觉对某个问题难以做出完全准确的判断，请提供最接近您看法的判断。”

• 对被调查者的合作表示感谢。这种感谢可以出现在调查的问题之前，也可以出现在调查的问题之后，还可以在调查的问题前、后都出现。例如：“首先衷心地感谢您能够从百忙之中抽出宝贵的时间填写本问卷。”又如：“感谢您抽出宝贵的时间填写了本问卷！”

• 准确提供调查人（或组织）的联系地址。一般包括联系人的姓名、通信地址、邮政编码、电话、电子邮箱等。

有时，为了防止被调查者错误地理解调查的问题，也可以适当地使用说明词，以增强被调查者的背景知识。例如，在高校图书馆纸质资源和电子资源使用行为的调查问卷中，可以使用如下说明词：“高校图书馆是存储信息资源的主要场所，为广大师生提供信息服务和支持。随着因特网的发展，各高校图书馆在采购和储存大量的书籍、期刊、工具书等纸质信息资源的同时，开始购买在线电子信息资源，如 SCI（科学引文索引）、SSCI（社会科学引用索引）、EI（工程索引）、CSSCI（中文社会科学引文索引）等二次文献库，以及中国知网、维普、万方、Elsevier、Wiley、Sage、IEEE、Springer、Emerald 等全文数据库。本问卷旨在了解高校图书馆用户使用信息资源的行为。”

10）其他。为了给被调查者留下一个良好的印象，还可以从其他方面精雕细琢。以纸质调查问卷为例，调查表应正规打印，纸张质地良好，留作填写的空白处要大，问题要依次编号等。

（2）调查表的发放和回收

调查表设计完成后，就要及时将其发放到被调查者手中，并在被调查者填写完后及时回收。调查表的发放和回收，通常采用面候、函寄、留置或网络的方式。这些回收方式各有利弊。

① 面候方式

适合于纸质调查中的问卷发放和回收。面候方式是将调查表直接呈送给被调查者，并当面等候其填写完后取回。其优点是回收率高，可以当面对一些不清楚的问题作出口头解释；缺点是调查范围小，费用开支大，耗时，通常需要与被调查者事先约定见面时间。

② 函寄方式

适合于纸质调查中的问卷发放和回收。函寄方式是将调查表通过邮局寄给被调查者，由其填写完后寄回。其优点是不受人数限制，样本可大可小，弹性大；节省调查的时间和经费；回答匿名，答者可充分表达思想，无拘束；被调查者可在方便的时间回答，并有充分的时间考虑；调查地区较辽阔，得到的资料比较广泛和周全；缺点是回收率低，项目通常答复不全，无法掌握被调查者答题时的心理状态，无法肯定被调查人是否理解了所问的问题。

③ 留置方式

留置方式是介于面候方式和函寄方式之间的一种调查表回收方式，适合于纸质调查中的问卷发放和回收。调查者将调查表当面交给被调查者，说明填写的要求和其他事项，并留下调查表，由被调查者自行安排填写的时间。调查表填完后有三种具体的回收方式，即由调查者上门收取、由被调查者送来或通过邮局寄来。该方法的优点是调查表回收率有所提高，调查者可以当面解释有关事宜，被调查者有充分的考虑时间；缺点是费用高，调查范围有限。

④ 网络方式

适合于网络调查中的问卷发放和回收。网络方式是伴随着网络技术的发展而出现的一种问卷发放和回收方式。与其他的问卷发放和回收方式相比，网络方式充分利用了日益发达的互联网络的优势，因而在综合性能上具有明显的优越性。

2.2.5 网络调查

网络调查形式多样，可通过电子邮件、Web 站点、网上讨论、网上视讯会议、网上实验观察、服务器日志统计、用户注册信息调查等进行。其中，通过电子邮件、Web 站点等进行的问卷调查是网络调查的主流形式，是传统的纸质问卷调查在互联网络环境下的拓展。以下的介绍主要是针对网络问卷调查而言的。

（1）网络调查的优点和缺陷

伴随着互联网络的发展和应用，现在越来越多的信息分析活动依托网络调查的方式来搜集信息。与传统的问卷调查方式相比，网络调查的优点主要体现在：

① 费用低。与传统的问卷调查方式相比，网络调查以电子问卷替代了传统的印刷型问卷，发放和回收也是通过互联网络进行的，从而有效地节省了人力、物力和财力，降低了总体调查费用。

② 调查范围极其广泛。传统的问卷调查方式明显地受到地理因素和时间因素的限制，网络调查以超越时空限制的互联网络替代了传统的问卷传输

通道，因而可以轻而易举地将分散在全球范围内的被调查者集聚在一起。调查者与被调查者可以通过网络实时“对话”，时间也可以自由地被控制。

③ 网络调查通常能够产生较高的问卷回收率。当前，互联网络的使用成本低廉、操作方便、网点遍布全球，已经成为人与人之间最基本的信息联系方式之一。在这样的环境里，网络调查通常能够产生较高的问卷回收率。

④ 效率高。与传统的调查方式相比，网络调查的结果一般比较规范，且在一开始就以数字化形式存在，因而可以十分方便和迅速地导入到统计分析系统中。在统计分析系统的支持下，这些结果可以迅速进入处理环节，并产生相应的结论。

目前，互联网络上已经有不少专业性的在线问卷调查平台在运行，如“问卷星”①、“问道”②、“知己知彼”③ 等。这些平台提供了免费版、企业版、专业版等不同形式的版本。其灵活多样的管理模式和运营机制在一定程度上满足不同类型的用户需要，促进了网络调查的普及和应用。

这些专业性的在线问卷调查平台功能强大。以“问卷星”为例，它提供了设计问卷、发送问卷、统计分析、查看和下载等功能。在设计问卷方面，该平台提供了列表单选题、组合单选题、多选题、量表题、矩阵题、排序题等 20 种不同风格的基本题型和高级题型，满足多样化的提问需要；在发送问卷方面，除了可以将问卷直接在平台上展示外，还可以将问卷链接通过 MSN、QQ、Email 等方式直接发送给被调查者，或者发布到公司的网站或个人博客中；在统计分析方面，可以对答卷进行分类统计、交叉分析，以及根据填写问卷所用时间、来源地区和来源渠道等筛选出符合条件的答卷集合，并且能以数据表格、饼状图、柱状图、折线图等形式来呈现；在查看和下载方面，可以查看每一份答卷的详细内容以及答卷来源 IP 及地理位置、来源渠道、填写所用时间等附加信息，还可以将原始答卷数据以 Excel 或 CSV 文档格式下载到本地，以便导入到 SPSS 中进一步分析。

当然，网络调查也有一些缺陷，例如，网络调查要求被调查者必须是网络用户，但实际上，尽管世界各国网络用户的增长速度很快，但占现有人口总数的比例仍然很小，而在这些用户中，从年龄、性别、婚姻状况、文化程度、行业、职业、地域分布等方面上看，又都存在明显的结构上的不均匀

---

① http://www.sojump.com/ [EB/OL].

② http://www.askform.cn/ [EB/OL].

③ http://www.zhijizhibi.com/ [EB/OL].

性。结果，对于某一特定的调查活动来说，在应该被锁定的被调查对象中，往往只有极少一部分可以成为实际被锁定的被调查对象，调查结果的典型性和代表性显然是不能令人满意的。正因为如此，人们在进行网络调查时，往往会同时辅以传统的调查，以弥补网络调查的上述不足，使调查结果具有典型性和代表性。此外，网络调查还存在着自荐偏差（很难对样本的真实性进行验证）、多文化因素（由全球性特点所决定）、担心泄露个人信息、短暂的注意力集中时间、缺少人与人交流的“明察秋毫”、重复作答、应答率会越来越低（新鲜感消失）等缺陷。

一些专业性的在线问卷调查平台在问卷调查的质量控制方面也付出了不少努力。仍以“问卷星”为例，该平台通过设置答题时间控制、添加无效答卷筛选规则（如填写问卷最少时间规则、地区限制规则、职业类别限制规则、年龄限制规则）、设置配额、甄别页等，在一定程度上保证回收的答卷质量。

尽管网络调查存在一些缺陷，但作为一种新型调查方式，网络调查的出现还是为网络信息的搜集开辟了新的渠道。1994 年美国印第安纳（Indiana）大学图书馆与信息科学系尝试了通过商业性讨论小组向网络用户发放旨在了解企业界在竞争情报工作中应用互联网络的现状的网络调查表的做法。此后，网络调查作为网络信息搜集的一种工具就一直没有停止使用过。

（2）网络调查的实施

网络调查的实施在程序上和一般的问卷调查相似。相比较而言，网络调查由于是在网络环境下实施，因而更显得方便、经济和有效率。

网络调查表的设计原则上同一般的纸质问卷调查表的设计相似，但它毕竟是通过互联网络进行的，所以在实际设计时，应充分发挥互联网络的优越性，采取特殊的表达方式，如被调查者应能直接用鼠标点击来勾选所要选择的项目（文本信息的填写除外）、提供“重新填写”和“提交”按钮等。

在信息分析中，信息分析人员应注重提高网络调查的质量和效率。采取一些措施是十分必要的，如选择合理的调查方式、建立有效的激励机制、与传统调查方法相结合、保持调查研究的连续性、促进调查研究方法科学化、对调查结果进行深入分析等。在网络调查的具体实施中，需要充分体现互联网络本身特点和要求，如建立和遵守恰当的网络规范、进行不扰民的问卷调查、尊重个人隐私、对问卷进行个性化设计、关心应答者的眼睛、问卷调查要短小和活泼一些、设置时间限制、给出合适的电子邮件标题、选择合适的抽样方法。

2.2.6 信息整理和鉴别

经过搜集而获取的原生信息通常繁杂无序且真假混合，因此需要进行整理和鉴别。

信息整理的主要任务是对所搜集的信息进行初步加工，目的是使之由无序变为有序，成为便于利用的形式。例如将搜集来的信息按某个标准进行计算机分类、排序以及建立有关竞争对手的文件档案系统等。这一环节包含着对某些明显重复或不符合要求的信息加以淘汰。信息价值鉴别则是对整理出来的原生信息进行价值评判的过程，目的是筛选出有用信息，淘汰掉无用或不良信息。

信息整理和信息价值鉴别这两个过程通常交替进行，没有明显的先后之分，而且随着一个过程的深入，另一个过程也进入到更深的层次。其共同作用的结果是使所搜集到的信息成为有序且有用的信息。

2.2.6.1 信息整理

从各种渠道搜集回来的原生信息材料往往是真伪共存、杂乱无章，如果把这样一些无序的原生信息资料直接应用于信息分析活动，那只会是浪费时间，贻误决策时机。因此，完整的信息分析流程要求信息分析人员必须首先对这些原生信息材料进行分类集中和系统整理，使之实现条理化、层次化、有序化。其具体的工作内容包括分类、合并查重、格式转换、同类集中、按类排序等。

以分类为例，分类的目的，一是为了便于信息管理和信息检索，二是为了信息利用上的方便。分类时通常用类号来标引各种信息概念，将信息内容一一予以揭示，并分门别类地将其组织起来，形成信息分类目录。信息经过分类整理，便能有效地显示出各类信息的性质及其相互之间的关系，性质相同的可以聚类，相近的可以建立关联。在信息的分类整理过程中，一方面要遵循科学规律，依照科学分类法进行，另一方面要兼顾信息需求者的利用要求和使用习惯，根据不同的使用要求和信息类型，对原生信息分门别类地整合和整序。信息的分类整理大体上包括形式整理和内容整理两个方面。

形式整理基本上不涉及信息的具体内容，而是凭借某一外在依据或特征对原生信息进行分门别类处理。这种整理工作对人的素质没有太高的要求，通常可由一般的信息人员来承担。形式整理的方式因人而异，但从实践上看，按承载信息的载体分类整理、按使用方向分类整理、按内容线索或部分要点分类整理是三种最基本的形式整理方式。

内容整理是在形式整理基础上的进一步深化，是从内容角度对信息的再处理，通常包括信息内容的理解、信息内容的揭示和按内容细分归类三阶段。内容整理过程的实质是对原生信息的消化和吸收的过程。在这一过程中，要特别注意各种观点或事实的比较，包括矛盾的观点或事实的剖析、不同观点或事实的列举、相近观点或事实的归并、相同观点或事实的去重等。此外，在内容整理过程中，一些重要的特别是连续性数据最好在进行比较、鉴别、换算、订正和补遗之后制成相应的统计表和图形，以便于直观地观察和分析其变化特征。可供选择的统计表和图形类型很多，如方格表、多因素表、饼状图、柱状图、折线图等。

2.2.6.2 信息价值鉴别

在信息整理过程中，信息人员总会自觉或不自觉地对原生信息的价值进行鉴别。例如，在形式整理阶段要对明显重复的信息去重、对明显陈旧的信息剔旧；在内容整理阶段要根据信息内容圈定重点、剖析矛盾等。这样做，不仅关系到原生信息是否有用，而且直接影响到信息分析产品的质量。信息价值的鉴别主要是对所搜集到的信息进行可靠性鉴别、新颖性鉴别和适用性鉴别。

（1）可靠性鉴别

原生信息的可靠性一般包括下面四个方面的含义：一是真实性。例如所搜集的原生信息是如实的调查所得，还是道听途说或添油加醋的结果，有无夸大或缩小的现象等；二是完整性。即所反映的问题是否全面，是否抓住了事物的本质；三是科学性。主要是指信息的内容是否科学；四是典型性。即原生信息是否具有代表性和典型意义。信息分析人员可以通过考察以下方面来判断信息源的可靠程度：

第一，该渠道过去所提供的信息是否可靠。

第二，该渠道提供信息的基本动机是否良好。

第三，通过对已有正确答案的问题向对方提问，如果对方提供的信息存在明显差异，则该渠道提供的信息可能不可信。

第四，该渠道有无可能提供该信息。

在信息内容的可靠性方面，可以通过其他信息源来进行反向佐证。如对来自因特网的信息，可通过印刷媒体或电话询问等方式进行查证。一般而言，经过两个或几个信息源证实的信息可被视为是可靠的，但来自单一的信息源且不能被其他信息源所证实的信息则应视为不可靠，应继续搜集以辨真伪。

为了更好地鉴别信息，信息机构可建立专门的系统来完成这项工作，以提高工作效率和信息鉴别的科学性。

在具体鉴别时，有一些经验可以参考。以文献信息价值的鉴别为例，有人将其价值鉴别归结为“十看”，即通过对作者、出版机构、文献类型、来源、被引用率、引文、程度、密级、内容和实践情况的考察，鉴别文献信息的价值①。具体来说：

① 看作者。如知名专家、学者撰写的文献一般比实业、商业、新闻界人士撰写的文献准确、可靠。

② 看出版机构。如著名高校、权威出版机构出版的文献可靠性较强。

③ 看文献类型。如专利、标准文献比一般书刊可靠性强，产品说明书比产品广告可靠性强。

④ 看来源。如官方来源的文献比私人来源的文献可靠，专业机构来源的文献比一般社会团体来源的文献可靠。

⑤ 看被引用率。反复被他人引用的文献可靠性要强。

⑥ 看引文。引用（或参考）的文献权威性越强，则可靠性也越强。

⑦ 看程度。如最终报告比进展报告可靠，正式标准比试行标准或标准草案可靠，分红配股方案比分红配股预案可靠。

⑧ 看密级。机密信息可靠性强于公开信息，但弱于绝密信息。

⑨ 看内容。文献本身论点鲜明、论据充分、数据翔实、逻辑结构严谨，则可靠性强。

⑩ 看实践。已实际采用或被实践检验证明能达到预期目的的信息可靠性强。

（2）新颖性鉴别

原生信息的新颖性是指该信息所反映的内容是否在某一领域原有基础上提出了新的理论、新的观点、新的假说、新的发现，或者对原有的理论、原理、方法或技术加以创造性地开发和利用。原则上，只要是反映人们各项社会实践的新进展、新突破的信息，都可以认为具备新颖性。

新颖性是一个相对的概念，是与原有的基础相比较而言的，通常可以用时间、空间、内容三个矢量合成的结果来衡量。但在具体实践中，人们更倾向于采用一些易操作的指标。例如，对于文献信息的新颖性，可借助于文献的外部特征（如类型、出版机构、发表时间）、计量特征、内容特征、信息发生源、实践效果等指标加以考察。以文献信息为例，可进行如下考察：

① 文献外部特征

1）看文献类型。正在进行中的项目的试验小结、刚刚更新的数据库以

① 邹志仁编著. 情报研究与预测［M］. 南京：南京大学出版社，1990.

及新近出版的专利文献、研究报告、上市公司文件、会议文献等所含信息的新颖性强。

2）看出版机构。权威出版机构出版的文献水平较高，所含信息的新颖性强。

3）看发表时间。最近发表的文献信息的新颖性强。

② 文献计量学特征

根据文献数量的变化所反映出来的某一领域发展的阶段和水平以及文献半衰期的变化所体现出来的文献信息老化规律，可判断信息是否新颖。

③ 文献内容特征

根据文献内容在理论上是否提出了新的理论、新的观点、新的假说、新的发现，在应用上是否提出了新的原理、新的设计、新的方法或者开创了应用新领域等判断信息是否新颖。

④ 信息发生源

各地区或部门的基础条件、文化传统、宗教习惯、社会政治制度、生产力发展水平等方面的差异性，决定了反映这些地区或部门现实状况和水平的文献信息的新颖性也参差不一。例如澳大利亚的畜牧业和毛纺业、日本的造船业和海洋养殖业、美国的网络技术和市场经济实践、中国的民间制作工艺等都是比较先进的，相应地，反映这些国家的相关文献信息一般也是新颖的。

⑤ 实践效果

根据文献信息对实践的贴近程度和超前水平以及信息使用后所产生的经济效益、社会效益和环境效益的大小可判断信息是否新颖。

（3）适用性鉴别

适用性是指原生信息对于信息接收者而言可资利用的程度。一般来说，原生信息的适用性取决于特定研究课题和信息用户两大因素，如特定研究课题的背景、内容、难易程度、研究条件以及信息用户的信息吸收能力、条件、要求等。

原生信息的适用性鉴别通常是在可靠性和新颖性鉴别的基础上进行的，即对可靠而新颖的信息按照适用性的要求作进一步的筛选。通常可通过考察信息发生源和信息吸收者吸收条件的相似性、实践效果和战略需要来加以鉴别。

① 看信息发生源和信息吸收者吸收条件的相似性

任何信息都是在一定的条件下发生的。评价原生信息是否适用于信息分析课题和信息用户的需要，可以看其是否具有相似的条件。一般来说，具备发生源或吸收者吸收条件相似性的原生信息是适用的；反之，是不适用的。例如在评价围绕研究与开发信息分析课题搜集的国外原生信息是否适用于我国时，就应对照比较我国现时以及该信息发生的当时和当地的资源、技术、管理、经济、政治等条件，看两者是否相似。只有条件相似，才能保证有消化吸收和创新能力。

② 看实践效果

某原生信息是否适用于信息分析课题和信息用户的需要可以从其利用实践中得到印证。一般来说，实践证明具有良好的经济效益、社会效益和环境效益的信息是适用的；反之是不适用的。

③ 看战略需要

信息分析课题多带有前瞻性，它不仅要解决当时、当地存在的问题，而且要服从国民经济和社会发展的长远需要，因此，某原生信息是否适用，除了要考察其是否适应当时、当地的需要外，还应当考察其是否在未来适用。一般来说，符合战略需要的原生信息有时也是适用的。例如，美国根据有关信息，制定了“星球大战计划”，该计划预算经费投入达600万美元，从当时的“冷战”环境需要来说是适用的，但从战略需要来看，却是不适用的。因为在当代世界，和平与发展正在成为两大主题，而战争尽管在局部地区难免会发生，但不会像第一次世界大战、第二次世界大战那样在全球爆发。“星球大战计划”后来被“砍掉”的事实证明，在进行信息适用性评价时，应当把战略需要考虑在内。

战略需要从时间角度来划分，可分为近期未来需要和远期未来需要。一般地，近期未来在时间上相隔不远，因此，符合近期未来需要的原生信息可以认为是适用的。但符合远期未来需要的原生信息则要具体问题具体分析。如果课题本身是宏观性、战略性和预测性的课题，则可以认为该信息是适用的；反之则不应盲目地断定其适用。

上面所讨论的信息价值鉴别的角度、方法和内容仅仅是我国信息分析工作者在长期的信息实践中摸索和提炼出来的经验的一部分概括。在具体操作时，可以此为参考依据，但还需要适度补充。特别值得一提的是，所列举的项目有时会出现相悖的情况，例如有些文献受作者表达能力的影响，可能在突出论点、保持逻辑结构的严谨性方面有欠缺，但提供的信息却相当可靠；有些信息在已有的实践中证明是不太可靠的，但随着实践的发展变化，一部分不太可靠的信息会转化为可靠的信息，另外一部分则转化为不可靠甚至是错误的信息；有些信息发生源与信息吸收者存在着相似的条件，但并不适用。因此，在具体评价时要注意具体问题具体分析。

2.3 信息分析和提炼

2.3.1 信息分析和提炼的本质

“铁须砺以成利器。”（孔安国《尚书·说命》）从实践上看，原生信息通常不会天生就是财富。绝大多数原生信息只有通过加工处理和分析才能成为组织机构财富之源。

信息分析和提炼环节侧重于对原生信息进行精加工。该环节带有浓厚的软科学研究色彩，通常要涉及科技、经济、政治、文化、管理、社会生活等广泛领域，具有综合性研究的特点。信息分析和提炼是一项综合性很强的思维活动，它直接或间接调用人脑的思维功能，采用科学的方法、手段和工具，以揭示、总结、提炼和运用研究对象本身固有的本质的规律。例如，在运用分析与综合的方法进行信息分析时，一方面要借助于思维的分析活动，把研究对象的整体分解成各个能反映整体特征的部分，从中舍弃掉偶然的、非本质的东西，抽取出必然的、本质的东西，并对其分别进行深入细致的考察；另一方面要运用综合的方法，超越时空的限制，将分解出来的无序、零散的各个部分的本质的认识进行重新的组合，研究其间的关系，并将蕴含于其中的各种隐含信息和关联关系揭示出来，达到重现整体、推断未知或预测未来的目的。

关联性是一切信息分析和提炼活动的基础。联系的观点和发展的观点是辩证唯物主义认识论两个基本的观点。世界是普遍联系和永恒发展的，不同的事物以及同一事物在不同的发展阶段和发展过程中通常并非毫无联系。事物的发展是连续动态过程，某一事物的进展是继承了其他事物的精华而发展起来的，具有继承性；事物的发展是内、外因素共同作用的结果，某一事物的发展状态可类似于另一事物状态，具有相似性。

从普遍联系的角度来看，信息分析和提炼对象所涉及的内容通常是多因素、多角度、多层面的，信息分析和提炼就是要从大量搜集来的表面上看来不相关的散乱信息中发现其内在的本质的必然的联系。

从继承性和相似性的角度来看，信息分析追求的是从已知世界到未知世界、从当前世界到未来世界的跳跃，但这种跳跃又并非无科学道理的，其基本依据是事物发展的继承性和相似性。正是借助于这种思想，信息分析和提炼人员才能触类旁通，通过由近及远、由此及彼、由表及里的研究，达到类推未来和未知境界的目的。

2.3.2 信息分析和提炼的内容

信息分析和提炼环节的具体内容，既与研究对象有关，又与研究目标和任务相连。研究对象以及研究目标和任务的广泛性和多样性，决定着信息分析和提炼内容的丰富性和复杂性。信息分析和提炼是一项无止境的工作。

从研究对象看，信息分析和提炼包含着许多具体而实在的内容，大体上涉及科技、经济、军事、政治、文化、市场等社会广泛领域的一切竞争性和非竞争性的信息分析和提炼，由于信息分析和提炼的核心内容可为科学决策、研究与开发、市场开拓活动提供的依据，其涉及范围比一般的科学研究要广泛得多，因此，它不像一般的科学研究那样可以根据研究对象进行严格的分类，而是出现了许多内容交叉和相互渗透的现象，如竞争情报研究本身包含了竞争环境-市场-分析，科技信息分析和提炼离不开对经济和市场的考虑和把握。

从研究目标和任务看，信息分析和提炼的目标和任务可分解为两个：一是中间目标和任务，即揭示研究对象本身所固有的、本质的规律。要做到这一点，就要运用辩证唯物主义的基本哲学观点和其他科学方法分析研究对象的本质特点及其发展变化的规律性。因此，经过整理和评价而产生的一切与研究对象相关的信息都是信息分析和提炼阶段所要研究的内容。例如，某电器集团制定企业发展战略的信息分析课题就曾把一切与企业制定发展战略有关的内部条件信息和外部环境信息纳为信息分析和提炼的内容。这一内容是十分丰富的，如前者涉及企业的管理、营销、财务、生产、研究与开发等领域，后者涉及经济、社会、文化、技术、政治、法律以及股东、政府、供应商、经销商、工会组织、特殊利益集团、顾客、债权人、竞争者、贸易机构、行业协会、企业所处社会等广泛范围（具体内容还可以进一步分解）；二是最终目标和任务，即利用所揭示的本质的规律为用户服务。要做到这一点，就要进一步运用辩证唯物主义的基本哲学观点和其他科学方法综合各种与研究对象相关的本质的规律之间的内在的有机联系。因此，经过分析而产生的一切与研究对象相关的本质的规律或联系也是信息分析和提炼所要综合的内容。仍以某电器集团制定企业发展战略的信息分析课题为例，在分析了上述内部条件信息和外部环境信息后，可以采用 SWOT（Strengths，Weaknesses，Opportunities & Threats，即优势、弱势、机会和威胁）分析方法，分离出优势、弱势、机会和威胁四个因素，并根据实际情况对各种战略信息加以对应配对，进行综合评估和预测，最后得出 SO、WO、ST、WT 等几种可供选择的战略。

2.4 信息分析产品的形成

2.4.1 信息分析产品的类型

信息分析工作范围和可采用的方法的广泛性以及用户信息需求的多样性和多变性，决定了信息分析产品的类型也呈现出多样化的特征。目前国内对信息分析产品类型划分的角度很多，尚未达成共识，如有的学者将其分为综述、述评、专题报告、学科总结、情况反映类产品和系统资料类产品，有的学者将其分为综述性研究报告、述评性研究报告、预测性研究报告和数据性资料，还有的学者将其分为动态简报、水平动向报告、综述、述评、预测报告、可行性研究报告、专题调研报告、背景报告、专用数据集或数据库以及建议、对策与构想报告等。这里，我们根据产品的内容及其制作特点，将信息分析产品划分为消息类产品、数据类产品和研究报告类产品。

(1) 消息类产品

这是最简单的一种信息分析产品，主要任务是负责跟踪监视和及时报道特定领域的国内外发展的最新水平、动向和趋势，具有明显的推荐性质，颇受各级领导部门的欢迎。这类产品的特点是：内容简洁、新颖，报道迅速及时。如中国科学技术信息研究所 1977 年 7 月创刊的《快报》，基本上每年 158 期，每期一题，每题约 2 500 字，专送党中央、国务院、各部委和各省市的领导以及有关方面的知名专家，重点报道世界最新科技信息，并旁及社会经济各领域，如《日本的环保高技术》、《世界农业政策亟待改革》等。

又如，中国科学信息研究所编写的《科技参考》内刊是报送党中央和国务院领导、科技部系统和各省、市、自治区领导的重要内部刊物。它主要跟踪和及时报道全球科技发展与创新的最新动向，主要国家和地区政府促进科学发展的重大举措（包括战略计划、政策法规、规划、经费、人力、研究开发计划等），与科技发展相关的新见解、新观念和新思想，以及其他重大的科技信息。通过开展上述内容的信息分析，为科技主管部门及科技相关部门提供决策参考。《科技参考》以其对前瞻性、趋势性、战略性情报的关注和跟踪，为中央和科技部领导的决策提供了有益的支持，赢得了中央领导和科技部的重视和好评。

由于这类产品的报道内容和方式与一般的新闻报道内容和方式有些类似，所以它常常被人们忽视，而不被看成是信息分析产品，这是极不公正的。我们之所以将其强调为信息分析产品，是因为从这类产品制作的过程来看，它是经过了信息分析人员的仔细搜集、整理和分析研究的，具有极强的针对性和实用性。其内在的价值通常也要远远高于一般的新闻报道的价值。

消息类产品常见的形式有快报和动态两种。其中快报主要报道需要迅速向有关方面反映的动向性消息，如《快报》、《高技术新材料快报》、《(863) 信息技术快报》、《(863) 能源技术快报》等，有定期和不定期两种报道方式；动态与快报基本上类似，但偏重于综合性和专业性，而且分析加工的程度也比较深，如《国外科技动态》、《黄金科技动态》、《环境科学动态》等，以定期报道居多。

(2) 数据类产品

这是以有关课题的各种系统的资料或数据（含机读数据）为主要对象，经过加工整理和分析研究所形成的一种信息分析产品。这类产品类型很多，如“手册”、“汇编”、“指南”、“要览”、“年鉴”、“数据库”、“数据集”、“数据图表”等。

数据类产品一般是信息分析人员在日常积累和全面调查的基础上完成的。它没有长篇大论，但却拥有密度高、系统性强、完整性和准确性好的资料或数据，用户通过使用这类产品，可以方便、清楚地了解有关课题的基本情况、水平、动向和趋势，是其他产品所不能替代的。

(3) 研究报告类产品

这是信息分析产品的主力军。我们通常所说的信息分析产品主要是指这类产品（以下简称研究报告）。它以数据统计和分析、归纳提炼、论证推测等为宗旨，具有结构严谨、分析深刻、结论明确等特点。研究报告主要有以下几种常见的类型。

① 综述性研究报告

综述性研究报告是在一定的时空范围内对某一课题的大量相关信息进行综合分析和浓缩加工后所形成的一种产品。在信息分析实践中，综述性研究报告一般包括“综述”、“学科总结”、“专题总结”、“年度总结”、“年度进展”等。不论何种形式，综述性研究报告的基本任务都是以简洁的形式对某一时空范围内的某一课题做出概括性的描述，以便于人们能够在较短的时间内用较少的精力获取大量的有关课题的内容、意义、历史、现状和发展趋势方面的信息。在研究和撰写过程中，由于蕴含了信息分析人员在原生信息的深加工、综合、提炼等方面的创造性的劳动，所以综述性研究报告虽然属于三次文献的性质，但仍具有较强的创造性，尤其是对于决策者而言，有助于其获取众多关于全局的信息，以便于高屋建瓴，统揽全局。综述性研究报告的研究和撰写经历了由厚到薄、由散到序的过程，体现出信息分析是现代社会的信息“炼金术”。

综述性研究报告有以下特点：

第一，叙述性。综述性研究报告一般只对大量相关的信息作客观的归纳整理和叙述，信息分析人员基本上不发表个人的评论，也不提出观点和建议，不掺杂个人主观色彩，即所谓的“千人一面，述而不评”。当然，信息分析人员还是可以通过对内容的取舍来间接达到体现自己的主观倾向和分析判断的目的的。这也正是导致不同的信息分析人员所作出的综述性研究报告在质量和水平上不完全一样的原因。

第二，综合性。综述性研究报告对于所综述的与课题有关的信息，特别是涉及该课题的重要的、最新的、有典型意义的信息，都尽量搜集齐全，并得到概括性反映。综述的过程是一个使大量相关信息从无序到有序的过程，反映这一过程的标志就是对这些信息进行全面、系统的叙述。这需要有深厚的底蕴。在研究和撰写过程中，要求“纵横交错，综而不乱”，防止以偏概全的倾向，即不论是熟悉的还是不熟悉的，也不论是赞成的还是不赞成的，只要是课题需要的原生信息，都应该如实采纳，并客观、公正地加以综述。所以，一个课题的最高档次的综述性研究报告通常都是由该课题所属专业领域的权威人士来撰写的。

第三，浓缩性。根据研究，每写成一篇综述性研究报告，通常要参考50~250篇具有代表性的原始文献。参考文献覆盖面广、数量众多是综述性研究报告的重要特征，也是评价其质量的基本标准之一。综述性研究报告的浓缩性并非表现为对原始文献信息的简单缩减，而是表现为通过剔除冗余信息使精髓信息密集化、集成化，是对原生信息反复提炼和加工后的产物。

第四，具体性。综述性研究报告的题目通常比较具体、明确，所论及的问题也比较集中。因为题目大了，会让信息分析人员无所适从，很难综述全面和透彻。

② 述评性研究报告

述评性研究报告是在综述的基础上的进一步发展，是在对一定的时空范围内的某一课题的大量相关信息进行综合分析和浓缩加工的基础上，对课题的内容、质量、水平、应用情况进行综合评价，并提出有关评论、观点或建议的一种信息分析产品。在信息分析实践中，述评性研究报告一般包括“述评”、“评述”、“考察报告”、“专题报告”、“水平调查”等，如美国的《信息科学与技术年度评论》。

述评性研究报告在本质上与综述性研究报告并没有太大的差别，但它在综述的基础上增加了“评”，即包含了信息分析人员个人的评论、观点或建议，带有明显的个人色彩或主观色彩。信息分析人员的创造性也往往在“评”这一部分里体现出来。正因为如此，述评性研究报告在某种程度上带有一次文献的性质，是一种比综述性研究报告更高级的信息分析产品。高质量的述评性研究报告具有相当大的权威性、可靠性和战略性，是各种类型的科学决策、研究与开发、市场开拓活动的重要依据。

③ 预测性研究报告

这里所说的预测是指“鉴往知来”。预测性研究报告是根据有关课题的大量原生信息，运用一定的科学方法（如建立数学模型）和现代技术工具，对课题的发展前景及其对国民经济和社会发展的各种可能的影响进行分析研究和预测所形成的一种信息分析产品。这类产品的具体表现形式有“预测”、“展望”、“趋向”等，如“能源资源预测”、“世界人口展望”等。

预测性研究报告重在由原生信息推出事物发展变化的未来状态，因此，有关课题历史和现状的原生信息的描述和分析都只是铺垫，预测的结果才是最重要的，应该重点阐述，直至用户可以理解和吸收。

④ 评估性研究报告

这是在掌握有关课题的大量原生信息的基础上，运用现代评估技术，对课题的水平、方案、能力、效益等进行分析研究和评估所形成的一种信息分析产品。这类产品类型很多，如水平评估、方案评估、能力评估、效益评估、可行性研究、实力比较等。

评估性研究报告的目的不在于由原生信息推出事物发展变化的未来状态，而是为了方案（项目、人才等）选优，或为了准确地把握现状。因此，这类产品在对原生信息作出必要的阐述后，应将重点放在比较上，只有比较才能得出结论。

⑤ 背景性研究报告

这是针对某项具体的专门任务而展开的相关背景信息的分析研究所形成的一种信息分析产品。背景性研究报告在国外（如日本）比较流行和受到重视，主要目的是为了使任务的顺利完成有一个宽广的、全面的参考基础，常用于规划与战略的制定、出访、外交谈判等重大活动之中。

背景性研究报告的信息源一般难以获取，例如在为商务谈判活动准备背景性研究报告时，不仅要搜集谈判对手所在的公司内部的生产、经营、管理状况，而且要搜集谈判对手所在的环境信息和内、外部的信息联系，如政策法规信息、用户信息、伙伴公司信息、经济信息、政治信息、宗教信息等。特别地，为了能在谈判桌上更好地施展谈判技巧，还应该搜集谈判对手（包括随从人员）及其亲朋好友的一些个人信息，如谈判对手的喜怒好恶、习惯偏好、宗教信仰、性格、素养、特长、缺点等。

顺便指出，信息分析产品类型很多，上面我们所列举的仅仅是目前信息分析实践中常见的一些类型。随着实践的发展变化，新的产品类型还会涌现，一些不再有生命力的产品类型也将会逐渐隐去。对于既定的信息用户和信息分析课题而言，信息分析产品究竟应该以何种形式提交才能最大限度地发挥其效用、满足用户的信息需要，通常需要考虑下列几项因素：

① 信息用户的类型及其信息需求特点。

② 课题的性质、内容及其信息分析结果的特点。

③ 信息分析机构的硬件和软件条件。

另外，传统的信息分析产品主要表现为以文字为主的文本形式，这种状况已不能适应迅速发展的现代信息社会的需要。在信息技术的支撑下，目前信息分析产品已经突破了单一的文本形式的框框，一些集图、文、声于一体的多媒体形式的产品和网络产品正在不断涌现，并主导着信息分析工作的发展方向。信息分析产品提交的载体形式也正在由传统的印刷型载体向机读型载体方向发展。

2.4.2 信息分析产品的制作

信息分析产品的制作是对信息分析结果的全面总结。产品质量的高低，一方面依赖于整个信息分析过程及其产生的结果，另一方面也同信息分析人员在产品制作过程中对制作方法和技巧的把握情况有关。不同的产品有不同的制作方法和技巧，这里，我们仅从撰写的角度按消息、数据和研究报告三种基本类型对其作一般性的介绍。至于其进一步的深加工制作，如制作成多媒体产品和网络产品，因其本质上与其他多媒体产品和网络产品的制作没有什么区别，限于篇幅，本书不作介绍，有兴趣的读者可以参考其他相关资料。

2.4.2.1 消息类产品的制作

消息类产品的内容简洁、新颖和报道迅速、及时特点决定了其制作应注意选材新颖、主题集中、篇幅短小和结构具有完整性。因此，在制作之前，应注意整体上的谋篇布局和考虑。一般来说，完整的消息类产品由导语、主体、结尾和背景四部分组成。但并非每一消息类产品都必须有这四个部分，根据内容需要，可以有的没有导语，有的没有结尾，有的没有背景。特别是快报，更不要求这种结构形式的完整性。

(1) 导语

导语是消息类产品的第一段或第一句话。它要求用简洁的文字把某一事实中最重要、最新鲜、最能引起读者兴趣的内容展现出来，使读者脑子里先得出一个总概念，产生不得不继续看下去的念头。

写导语没有固定的模式可循，但从实践效果看，好的导语应能同时起到揭示内容和吸引读者两方面的作用。因此，在撰写导语时，应注意内容的写实性和语言的形象性。写实，就是要写出所要揭示的内容的实质，而不是着眼于事实的表面；形象，就是要求将所揭示的内容用生动形象的描绘表现出来。一般来说，写导语有四忌，即一忌空洞抽象，使人摸不着头脑；二忌枯燥无味，令人望而生厌；三忌冗长繁琐和晦涩难懂，让人脑子发胀；四忌脱离主体，给人“两张皮”的感觉。

(2) 主体

主体是消息类产品的主要部分。它要求用简洁的文字解释导语，并展开某一事实的内容。

根据内容的不同，撰写主体可按照逻辑顺序，根据事物内部的内在逻辑联系来安排；也可以按时间顺序，根据事件发生的先后顺序来安排。在按逻辑顺序撰写时，应注意阐明事物内部的主次、因果、并列、点面关系，不可混作一团。但在具体操作上，可以灵活把握，例如在揭示事物内部的点面关系时，可以先“点”后“面”、以“点”带“面”，也可以先概括“面”的情况，再具体落实到“点”上；在按时间顺序撰写时，可以由远及近，也可以由近及远，但切忌写成流水账。不论采取哪种方式，都要注意主题突出、条理清楚、层次分明，不可空泛议论。

(3) 结尾

为了使所报道的事实更加全面和充实，有些消息类产品有结尾（但不一定自成段落）。精彩的结尾可以深化主题，起到画龙点睛的作用。

结尾一般要注意和导语相呼应，它可以是小结式的，将前面所揭示的内容归纳一下，以加深读者印象；可以是清音有余式的，给读者留下思考的余地；可以是号召性的，唤起读者的响应；也可以是预示性的，指出事物可能的发展方向。不论采用什么方法结尾，都要力求新鲜、自然，避免画蛇添足。

(4) 背景材料

背景材料是指与本体事实有关的附属材料，如对比性材料、说明性材料、注释性材料等，目的是借以介绍本体事实发生的历史条件、环境和原因。提供背景材料可以使主题更加鲜明、突出，容易为读者理解和掌握。

运用背景材料要注意简明扼要、恰到好处，不能喧宾夺主。背景材料可放在导语之后，也可以见缝插针、巧妙安排，只要自然就可以了。

2.4.2.2 数据类产品的制作

数据类产品以信息密度高见长，但这些信息又不是杂乱无序的堆积，而是按照某种事先设计好的结构组成的信息链。在制作这类产品时应注意这种链接关系。数据类产品的制作因类型不同而异。这里，我们仅对年鉴和数据库产品的制作作一简要介绍。

(1) 年鉴的制作

年鉴是一种按年刊行的产品，汇集着大量的最新事实和数据，如1909年开始出版的《詹氏世界飞机》，侧重于介绍世界各国军用飞机、民用飞机、飞船、遥控飞行器、航天器、卫星、航空发动机、机载导弹、火箭等当年的最新发展变化信息。

年鉴的编写制作在结构上包括前言、主体和便览三部分。

① 前言

前言主要说明年鉴的性质、目的、意义、服务对象、编写过程、当年的年鉴与上年相比有哪些内容的增加或改变等。

好的前言在于其能开宗明义，使读者对年鉴有个大致的了解。前言一定要力求简明扼要、突出重点。

② 主体

主体是年鉴的主要部分，反映一年来年鉴编写对象所属领域取得的主要成就和基本进展情况、统计数字等实质内容。它提供现时信息，以满足人们对近期信息的需要；因为按年刊行，所以也能直接或间接指明事物的发展、停滞或倒退趋势。主体通常没有太多的描述性文字，而是提供大量详细的数据和具体的事实等信息，具有高度的浓缩性和简明性。主体可以按专业的分支进行编排，也可以按年内的月份顺序编排。

③ 便览

便览记载与年鉴内容有关的参考信息，具有索引的功能。利用便览，读者可以查找到原生信息（特别是某些政府统计数据）的来源出处，从而可以方便地核对信息或获取更多的背景信息。

(2) 数据库的制作

目前，数据库技术已广泛应用于信息分析产品的制作。按照所含信息内容特点的不同，数据类产品中常见的数据库类型主要有数值数据库、事实数据库和图像数据库。其中数值数据库是以自然数值形式表示、计算机可读的数据集合，事实数据库是有关某些客体（如机构、人物等）的各种关联数据的集合，图像数据库存储的数据主要不是自然数值或文字（字符），而是图形或图像信息（也包含少量文字说明）。

数据库类型多种多样，但其制作均大致包括系统分析、结构设计、数据装入与校核、系统试运行、成品“包装”几个阶段。

① 系统分析

在搜集到一定量的数据并进行整理鉴别和分析研究后，首先要进行系统分析。系统分析阶段的基本任务是要回答“建什么样的数据库”、“能不能这样建”、“需要具备哪些条件”等问题，为此，信息分析人员必须进行数据库制作的选题、需求和可行性的分析。

② 结构设计

数据库中大量关联数据实现有序化排列的基础是拥有合理的数据库结构。数据库的结构设计因类型、内容、操作目的的不同而异，一般包括文档、记录和字段三个不同层次。

③ 数据装入与校核

在所设计的数据库结构的约束下，信息分析人员利用相关的数据管理软件和计算机系统就可以进行数据的装入了。数据装入没有太多的技巧可言，一般只需要按系统提示逐一装入就可以了。但这项工作却量大、繁琐而枯燥，很容易出现差错，因而必须注意抓好质量控制，要对装入的数据进行反复的校核，确保万无一失。

④ 系统试运行

初建成的数据库类似论文的初稿，问题和错误一般在所难免，而且也不一定与系统软件匹配，因此进行系统试运行、发现并纠正错误是十分必要的。这项工作一般在组织小批量的典型数据装入后就进行（一次或几次），并在大批量的数据全部装入后再次进行。

⑤ 成品“包装”

包含全部数据的数据库试运行成功后，一般应及时“包装”，制成成品（如制作成光盘），以便于进行评价、传递和开发利用。

2.4.2.3 研究报告的制作

研究报告类型及表现手法的多样性决定了其制作的具体方法和表现形态的差异性，目前还没有形成一个普遍可循的模式。但从总体上看，其产品结构和制作程序还是有相似之处的。

(1) 研究报告的体系结构

结构与功能相对应，不合理的结构会直接影响到研究报告功能的发挥和主题的表现。因此，撰写研究报告需要从结构上下大力气。一般来说，研究报告的体系结构包括题目、绪言、主体、结论或建议、附录、参考或引用文献六大部分，是典型的“块”状结构。

① 题目

研究报告的题目通常由标题、内容简介、目录等几部分组成。

标题是对研究报告内容的高度概括和提炼，是研究报告给予读者的第一视觉印象，是不可缺省的。因此标题在力求反映主题的前提下应注意简洁、醒目、新颖和引人入胜。根据需要，标题有单标题、主副标题和冒号并列标题三种形式可供选择。其中单标题主要用于一些内容不太复杂、主题容易被揭示的研究报告；主副标题和冒号并列标题适用于内容复杂、综合性强的研究报告，以揭示报告研究的范围、重点或角度。不论哪一种标题，都应注意字字斟酌、反复推敲。

内容简介和目录是对标题的更进一步补充和说明，如果不必要，可以省去。内容简介主要以简洁的文字说明研究报告的主要内容、制作目的、读者对象、主要结论或建议等。目录是由标注了页码的研究报告各章节的大小标题组成的，反映了研究报告的基本内容和主要观点。大型研究报告一般都编有目录，且放置于内容简介之后。

② 绪言

绪言主要交代研究报告制作的原因、目的、意义、背景、方法、特殊约定或说明；阐明课题的基本情况，如目前的研究状况与水平、可能会遇到的困难和限制条件、值得关注的发展方向和趋势以及与课题相关的其他情况。一般来说，绪言是为分析和论证主题作铺垫的，因此，应注意简明扼要，不要把与该研究报告无关的内容强塞进来。

③ 主体

主体是研究报告的核心部分，反映了研究报告的主要内容。一般是按课题的需要，对所搜集到的信息进行归纳、整理、对比、分析、综合、论证、评价或预测。主体的具体内容因研究报告类型而异。例如，综述性研究报告的主体主要叙述课题的历史、目前的状况和成就（或问题）、将来的发展趋势；述评性研究报告的主体要先进行叙述，再进行恰如其分的评价；预测性研究报告的主体在分析研究大量原生信息的基础上，要重点阐明预测的依据、方法（或模型）、过程和结果。

④ 结论或建议

这是对研究报告主要内容的总结，包括以简洁的方式提出该课题研究中的主要观点、结论、建议、方案、措施、存在问题及趋势展望等。

结论或建议是从主体中提炼出来的，因此一定要注意与主体内容的论述紧密呼应，既要防止拼凑或者提出没有充分的理由和根据的结论或建议，也要避免轻易放弃应该坚持的观点或有必要提出的建议。

⑤ 附录

为了使主体对问题的阐述和论证更加紧凑、严密，在研究报告中，通常将一些经常引用或篇幅过大的图表、数据、公式、符号说明等集中放在结论或建议之后，构成附录。附录不是必不可少的。是否用附录要根据实际情况而定。

⑥ 参考和引用文献

在研究报告的最后，必须详细列出撰写研究报告过程中所参考和引用的文献。列出参考和引用文献有三种目的：一是为读者的进一步研究提供线索，二是提高研究报告的可信赖程度，三是向参考和引用文献的作者表示感谢。

参考和引用文献是不可缺省的，特别是综述性研究报告和述评性研究报告，参考和引用文献甚至是研究报告的主要部分。缺省了这一部分，研究报告就变得残缺不全了。

参考和引用文献可以按文献在研究报告中出现的先后顺序排列，也可以按文献对研究报告所起的参考作用的大小程度排列。撰写者可根据实际需要选择其中的一种。参考和引用文献的著录格式和内容应当严格执行中华人民共和国国家标准《文后参考文献著录规则》（GB/T 7714-2005）。

（2）研究报告的语言要求

研究报告尽管形式多样、内容结构迥异，但总的来看，都属于科学研究的产物。研究报告的语言必须是科学语言，这与文艺作品的语言相比是有着许多本质的不同的。归纳起来，研究报告的语言有三个方面的要求。

① 准确性

准确性是就语言所反映的客观事物的精确程度而言的。准确的语言必须最大限度地同客观事物的实际情况相一致。语言要准确，首先思路要清晰，只有对所研究的对象有了全面深刻的认识，才能写出准确的语言；其次要仔细推敲，要精选最恰当的词语准确地再现事物原貌或贴切地表达自己的观点、建议。具体来说，就是造句要符合语法规则，推理要符合逻辑，术语要恰当使用，数量要精确表达，比喻要限制运用，副词的使用要把握分寸。

② 简明性

简明性是就语言怎样更经济有效地反映客观事物而言的。简明，就是言简意赅，深入浅出，不晦涩难懂，不含糊其辞，不拖沓冗长。简明的实质就是以最少的语言数量体现出最高的语言表达效果，避免“绕弯子”。为此，可有可无、华而不实以及无必要重复的词语要坚决删去；晦涩难懂、含而不露以及容易引起误解的句子要坚决改正。

③ 规范性

研究报告要传递和交流，其语言就必须标准化、统一化。尤其是研究报告中的术语、缩写、符号、计量单位、参考或引用文献著录格式等都应按国家（国际）规定的标准使用。没有标准规定的，应采用约定俗成的提法。如果没有统一的使用规定，各行其是，写出的研究报告相互不易理解，就会有损于其信息传递和交流功能的发挥。

（3）研究报告的制作程序

研究报告的制作一般分构思、撰写初稿和修改与定稿三个阶段。

① 构思

构思是在撰写初稿前对整个研究报告的通盘考虑和酝酿。具体来说，就是要考虑选择何种产品制作形式，如何确定主题，如何选择材料，如何安排结构，如何驾驭语言，如何修改等。构思的目的是为了理清思路，使观点、建议、思想等能够准确、清晰、完整地表达出来。构思工作做好了，可以使思路畅通，顺理成章；否则，心中无数，边想边写，是难以制作出质量符合要求的研究报告的。

在构思过程中要反复思考下面三个问题：

1）主题要明确、单一

主题是灵魂，是一份研究报告所要体现的总的意图或基本观点。衡量一份研究报告质量的高低、价值的大小、作用的强弱，最主要的是看它的主题怎样。主题不好，结构再精巧、论证再严密、材料再丰富，也不是一份好的研究报告。

主题不能自然萌生，需要精心提炼。提炼主题是整个构思过程的中心环节，一般要在大量占有材料之后，经过去粗取精和反复锤炼才能提炼出来。

在提炼过程中，可能会有一些连带的观点或看法产生，但必须学会忍痛割爱。因为对一份研究报告而言，其主题应该是明确而唯一的。包罗万象、想把什么问题都说清楚的研究报告，势必会导致枝蔓丛生、主次不明，什么也说不清。

2）要精心组织论据，严密论证

主题仅仅是一个粗纲，构思还要寻找表现主题的角度，给所要表现的事物选择一个最理想的着眼点和突破口。这就需要注意精心组织论据，并选择恰当的揭示主题的途径。

论据是借以证明主题（论点）的理由和根据。人们常说的“观点和材料要统一”就是指在组织论据时要围绕主题精心筛选，要遵循必要而充分、真实而准确、典型而新颖的原则。

论证是论点与论据之间的逻辑关系，是运用论据证实论点的过程和方法。对研究报告而言，论证的方法主要是逻辑推理，具体又包括归纳法、演绎法、类比法等。归纳法强调由特殊到一般，演绎法强调由一般到特殊，类比法强调由特殊到特殊。但不论采用哪种方法，论证的过程都要注意严密性，不要漏洞百出。

3）结构要完整统一

结构是研究报告各组成部分的总体布局和全部材料的具体安排，包括分为几大部分，各部分写些什么内容，相互之间如何衔接，如何开头和结尾等。结构的任务就是要有效地表现主题。主题是一个完整的思想，因此要求研究报告也必须有一个完整的结构。所谓完整，就是研究报告各组成部分应齐全、没有残缺。要很好地表现主题，结构还应该协调统一、衔接连贯，为此在构思时要注意以下问题：

第一，要合理安排好各部分的先后次序和篇幅比例，特别是要安排好开头和结尾，做到头尾清楚、前后呼应。

第二，要保持段落和层次之间的相互衔接和贯通一气，必要时可使用承转照应的句子或段落。

构思的结果一般要形成一份比较详细的写作提纲。提纲应按照一定的逻辑关系逐层展开，具体来说就是先粗后细、由纲到目，先分出几个大部分再在各大部分中分节、分段。为了使层次分明，一般要使用标题，并在级别不同的标题前标上序号，如一级标题为“1”、二级标题为“1.1”、三级标题为“1.1.1”等。这是一种典型的“块”状结构。

提纲对层次的安排，有时间、空间和内容三种顺序，分别将材料按事物的发生和发展的先后顺序、物理空间位置（上下、左右、内外等）和内容本身的内在关联关系（因果关系、属种关系等）进行编排。但这种划分不是绝对的，在很多情况下，三种顺序可以同时体现于一份研究报告的提纲中。例如一份预测性研究报告的提纲，可以考虑以空间（国内外、省内外等）为主线，构成提纲的第一层次，以时间（过去、现在和未来）为辅线构成提纲的第二层次，以内容（因果、属种等）为次辅线构成提纲的第三层次。这样的写作顺序在大型研究报告中是司空见惯的。

提纲是研究报告的骨架，通过拟定提纲，可以使内容条理化、主题明确化，防止杂乱无序、重复、遗漏等弊端，特别是对多人分头制作的大型研究报告，有了提纲就相当于有了一幅蓝图，可以防止因信息不充分、不对称而产生的各种问题。可见，拟定提纲对提高研究报告的质量是很有好处的。

② 撰写初稿

提纲拟定后，便可动手撰写初稿。初稿是提纲进一步具体化的结果，是研究报告的雏形。它可以由一人单独完成，也可以由多人合作完成。但不论哪种形式，撰写者在撰写前都应该认真地研读提纲，并自觉接受提纲的约束。当然，提纲毕竟只是提纲，随着撰写和认识过程的深化，原有的提纲难免会暴露出一些问题，如思路不清晰、结构不合理、内容有遗漏或交叉重复等，这就需要对提纲进行修改，并按修改后的提纲继续撰写初稿。如果是由多人合作的大型研究报告，这种修改应先由具体的撰写人（或课题组负责人、课题组其他成员）提出，再提交课题组讨论，取得一致意见后应由课题组负责人签字。

在撰写初稿时，应围绕主题展开，并注意材料取舍的合理性和论证过程的严密性，做到既无重大遗漏，也无明显的交叉重复。对于多人合作的大型研究报告，还应注意前后协调，术语、观点和提法不要出现严重的分歧和矛盾。

图 2-4 是撰写综述性研究报告的一般程序①。

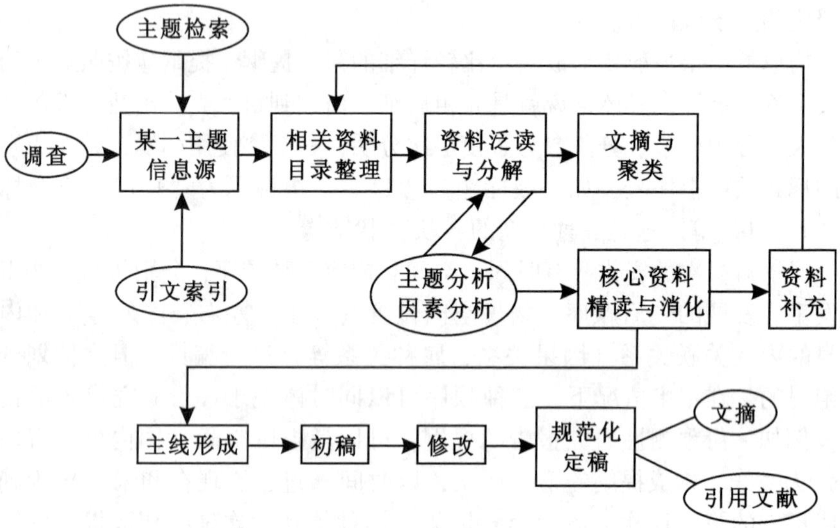

图 2-4　撰写综述性研究报告的一般程序

③ 修改与定稿

初稿毕竟还只是"毛坯"，从形式到内容都是十分粗糙的，这就需要修改。修改的过程实际上是纠正错误和毛病，充实和完善不足的过程。秦铁辉

① 卢泰宏著. 信息分析［M］. 广州：中山大学出版社，1998.

教授将初稿中存在的这些问题归纳为10个方面，即题目不贴切，结构不合理；概念不清楚，论点不明确；数据不准确，运算有错误；推理不严密，论证无逻辑；分析不客观，考虑欠全面；评价不恰当，机密不保守；修辞不讲究，语言不精练；符号不统一，图表不美观；字迹不清晰，标点不正确；款式不规则，引文项不全①。这些问题尽管在表现形式、出现概率上不一样，但都有可能导致某种严重的后果，因此必须予以修改。

修改是通过反复推敲进行的。初稿形成后，一般先由撰稿人自己修改，如调整不合理的结构，使之能恰到好处地反映主题内容；删重补漏，使语言既洗练又完整；改正错误，使内容正确。初稿由撰写人自己修改后，还应提交课题组讨论，通过集思广益达到进一步完善的目的。如果必要，这种工作还可以扩展到课题组之外，如呈送专家审阅、征求同行意见、召开学术报告会等。初稿经过反复的修改并经课题组负责人确认后，就可最后定稿，即形成修改好了的研究报告。

2.5 信息传递、利用及反馈

2.5.1 信息传递

原生信息在经过一系列的深加工并制作成产品后，还要按照用户的需求将其传递给用户。产品通过市场从信息分析机构走向用户的过程，本质上是其中所蕴含的有价值的信息通过信道从信源传递到信宿的过程。这些信息只有进行有效的传递，才能为用户所利用，信息分析产品本身的社会价值和可使用价值才能得以实现。可见，信息传递是信息分析活动必不可少的环节。

信息分析产品所蕴含的信息是科学决策、研究与开发、市场开拓的重要依据，信息分析功能和作用的实现必须以这些信息的有效传递为前提。所谓信息的有效传递，是指信息从信源发出，通过适当的媒介和信息传递通道，到达合适的信宿的运动过程。这一过程通常涉及信源、信宿、信道、信息内容、信息符号、信息保障条件等几个方面。其中，信源是指信息的传递者，即信息分析机构；信宿是指信息的接收者，即各级各类科学决策、研究与开发、市场开拓等活动中需要利用信息的主体（如科技人员、管理者、决策者）；信道是指信息在传递过程中经由的物理通道；信息内容是信息传递的

① 秦铁辉编著. 情报研究概论［M］. 北京：北京大学出版社，1991.

对象；信息符号是信息内容借以依附的载体（如语言、文字、图形、表格、图像、公式、编码），是为表达信息的内容而存在的；信息保障条件主要是指信息传递的技术保障和社会保障，包括通信技术、网络技术、数据仓库技术以及经济条件、法律条件、伦理和道德条件等。

众所周知，信息传递一般可分为单向主动传递、单向被动传递、多向主动传递和多向被动传递四种形式。在信息分析中，我们所说的信息传递主要是指单向被动传递，如上级主管部门下达的课题、信息用户委托的课题基本上属于这种性质。此外，单向主动传递也是一种很有生命力的形式，这种形式主要出现于信息分析人员自己提出的课题之中。由于信息分析产品是一种深加工产品，是为满足特定的用户需要而生产的，因此一般极少出现多向主动传递或多向被动传递的情形。换而言之，信息分析产品在某种程度上带有“定制”的色彩，自始至终具有明确的目的性。

2.5.2 信息利用和反馈

信息的利用，就是为了达到提高科技效益、经济效益或社会效益的目的而运用信息的导向功能和催化功能解决科学决策、研究与开发、市场开拓中的具体问题的过程。信息的利用是一切组织和个人对外进行信息交流、对内进行管理和决策的必要手段。没有信息的利用，信息分析产品对社会生产力的间接贡献就无法实现。

信息的利用是一个极其复杂的过程。信息从信息分析机构（信源）传递过来以后，信息用户（信宿）首先要考虑的是如何理解、消化和吸收信息的内容，在此基础上还要进一步考虑如何将其利用于科学决策、研究与开发、市场开拓的社会实践中去。在信息分析产品应用过程中，用户本身已有的知识结构、经验、情报意识、消费心理、习惯偏好、经济承受力以及对信息内容的理解、消化和吸收能力等都会对利用的效果产生影响。

考虑到信息传递过程和社会环境的复杂性以及用户信息消费状态的多变性，信息分析产品利用的效果往往不尽如人意，如信息用户在利用信息过程中常常会对价格水平和支付方式、风险选择方式、市场转让范围、商品包装方式以及信息的内容、质量和提交方式等提出建议和意见。这一过程就是信息的反馈。搜集信息分析产品利用的反馈信息是间接控制信息传递和利用效果的有效的途径，信息分析活动中的许多修正、调整和改进工作，以及新需求的搜寻均是以信息用户的反馈信息为依据的。

思 考 题

1. 论述信息分析的流程。
2. 试述选题的原则和程序。
3. 信息分析中的课题计划包括哪些内容?
4. 简述信息源的类型、特点以及信息搜集的原则。
5. 文献调查包括哪些途径?
6. 什么是社会调查?请列举常见的社会调查方法。
7. 在问卷调查表的设计时应当注意哪些问题?网络调查有哪些优点和缺点?
8. 信息整理分为哪两个层次?在信息整理过程中,一般从哪些方面鉴别信息的价值?
9. 试述信息分析和提炼的本质。
10. 信息分析产品包括哪些类型?各有何特点?

3 定性分析方法

定性分析方法是信息分析的基本方法。它以认识论和思维科学领域的有关理论为基础，根据有关课题的原生信息及其各种相关关系，对研究对象进行比较、评价、判断、推理、分析、综合，从而揭示出研究对象本身所固有的、本质的规律。定性分析方法具有定性分析、推论严密、直感性强等特点，在信息分析中，对于那些不需要、不容易或不能够用定量数据进行分析的研究对象，定性分析方法具有无与伦比的优越性。这种方法的缺点在于其推论虽严密但不够精确、分析问题虽深刻但不够具体，特别是所得出的结论仅仅是一种定性的认识或描述，没有强劲的说服力。在信息分析中，定性分析方法主要应用于这样几种场合：一是为定量分析做准备，二是对定量分析的结果进行验证或评价，三是在缺乏定量分析条件或不需要进行定量分析的情况下独立使用。

本章重点介绍比较、分析、综合、推理 4 种定性分析方法。这些方法在认识和把握事物的本质和规律时，需要在感觉和知觉的基础上，更多地借助于逻辑思维活动和创造性思维活动才能完成。

3.1 比较

比较就是对照各个事物，以确定其间差异点和共同点的逻辑方法。事物间的差异性和同一性是进行比较的客观基础。完全相同或完全不同的事物均无法进行比较。比较是人类认识客观事物、揭示客观事物发展变化规律的一种基本方法。有比较才能有鉴别，有鉴别才能有选择和发展。

比较通常有时间上的比较和空间上的比较两种类型。时间上的比较是一种纵向比较，即将同一事物在不同时期的某一（或某些）指标（如产品的质量、品种、产量、性能、成本、价格等）进行对比，以动态地认识和把握该事物发展变化的历史、现状和走势。空间上的比较是一种横向比较，即将某一时期不同国家、不同地区、不同部门的同类事物进行对比，以找出差距，判明优劣。在实际工作中，时间上和空间上的比较往往是彼此结合的。

在比较时，应注意以下几点：

第一，要注意可比性。所谓可比性，是指进行比较的各个对象具有共同的基础。它包括时间上的可比性、空间上的可比性和内容上的可比性三层含义。时间上的可比性是指所比较的对象必须是同期的，例如国内外软件市场发展规模的比较应该是同一年份的比较；空间上的可比性是指在比较时要注意国家、地区、行业、部门等的差异，例如在进行世界各地微机销量比较时，就不能简单地将西欧与美国、中国台湾进行比较；内容上的可比性是指在比较时要注意所比较的对象内容范畴的一致性。例如在进行企业技术经济指标比较时，就不能把合格率与成材率、全员劳动生产率与生产工人劳动生产率等混为一谈。

第二，要确立一个比较的标准。比较必须要有一个客观可行的标准，没有标准就无法比较，即使比较了，也是表面的、非本质的、不可靠的。例如将规模很小的乡镇企业与规模庞大的跨国企业集团进行比较，其间的差异点远多于共同点，比较的结果很难用于企业的实际决策。

第三，要注意比较方式的选择。不同的比较方式会产生不同的结果，并可用于不同的目的。例如时间上的比较可反映某一事物在时间轴上的动态变化趋势，可用于预测未来；空间上的比较可找到不同比较对象之间的水平和差距，可帮助人们在科学决策、研究与开发、市场开拓时注意扬长避短、学习借鉴。

第四，要注意比较内容的深度。在比较时，应注意不要被所比较对象的表面现象所迷惑，而应该深入到其内在的本质深处。深入的程度越深，比较的结果就越精确、越有价值。例如在进行某一时期各国自然资源占有情况的比较时，就不能简单地运用资源总储量这一指标，因为不同的国家人口数量是不一样的。比如，我国地大物博，不少资源的总储量名列世界前茅，但这些资源的绝对数量若和庞大的人口总数相比，则人均资源占有量排位就名落孙山。民谣“张家有财一千万，九个邻居穷光蛋，平均起来算一算，个个都是张百万”十分形象地说明了正确地运用比较方法的重要性。

在信息分析中，比较的应用是非常广泛的，如政策、规划的比较，科学技术发展历史、现状和走势的比较，科学技术发展条件的比较，企业技术经济指标的比较，技术经济方案的比较，市场营销状况的比较，人口、教育、城市化、生态环境、社会基本结构等的比较，竞争态势的比较，竞争潜力的比较等。这些比较既可以是在时间上的动态、纵向比较，也可以是在空间上的静态、横向比较；既可以是宏观上的比较，也可以是微观上的比较；既可以是定性的描述性比较，也可以是定量化色彩较浓的数据比较或图表比较。总之，在信息分析中，只要符合比较的基本规范，比较方法就可以以各种形式在各种场合应用。

比较在信息分析中的作用主要体现在：

第一，揭示事物的水平和差距。通过比较，可以发现事物间本质上的异同，揭示国家、地区、行业、部门等当前的水平和差距，以便于扬长避短、相互借鉴或明确赶超目标。

例如，通过对某一时期国内、国外专利申请总量（见表 3-1）的对比，可以看出，在三类专利申请量中，国内发明专利申请占专利申请总量的24%，而国外发明专利申请则占其申请总量的 85%，即与国外普遍重视发明专利的申请相比，我国企业还存在较大的差距。因此，国内企业要保持在市场竞争中的优势，必须继续大力支持发明创造活动，尤其是要提高发明专利在整个专利申请量构成中的比例。

表 3-1　**某一时期国内、国外专利申请总量对比**　（单位：件）

专利类别	发明	实用新型	外观设计
国内	602 206	964 418	903 580
国外	494 100	8 746	72 128

再如，图 3-1 显示的是某年度发明专利国内申请量和国外申请量按技术领域分布的情况。从国内发明专利所属技术领域的分布看，在 8 个技术领域中，该年度“固定建筑物”类的申请量最多，其次是“人类生活需要”类，再次是“化学、冶金”类，“纺织、造纸”类的申请量位居第四。反观国外发明专利的技术领域分布，排名前四位的分别是“物理”、“作业、运输”、“电学”、“机械工程、照明、加热、武器、爆破”。这表明国外企业重视在技术含量高的领域的专利申请。

第二，认识事物发展的过程和规律。通过对事物不同时期发展状况和水平的比较，可以认识事物的过去和现在，了解其发展轨迹，揭示其发展规律，判明其发展方向，以便于总结经验、吸取教训。

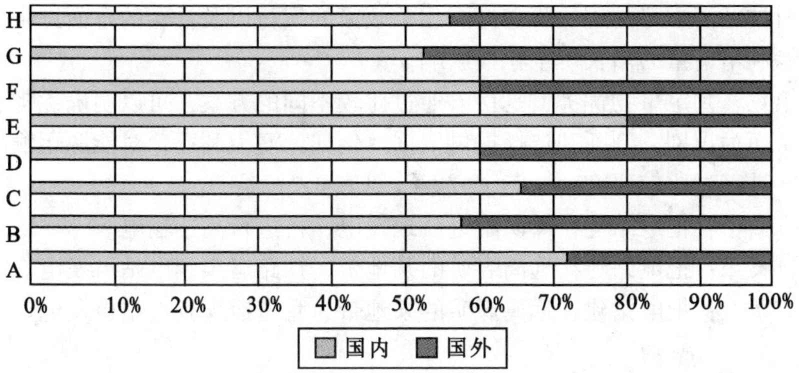

图 3-1　某年度发明专利国内申请量和国外申请量按技术领域分布图

（注：A：人类生活需要；B：作业、运输；C：化学、冶金；D：纺织、造纸；E：固定建筑物；F：机械工程、照明、加热、武器、爆破；G：物理；H：电学）

例如，图 3-2 给出了某一时期专利申请中国内、国外专利年成长率的百分数和变化曲线图。

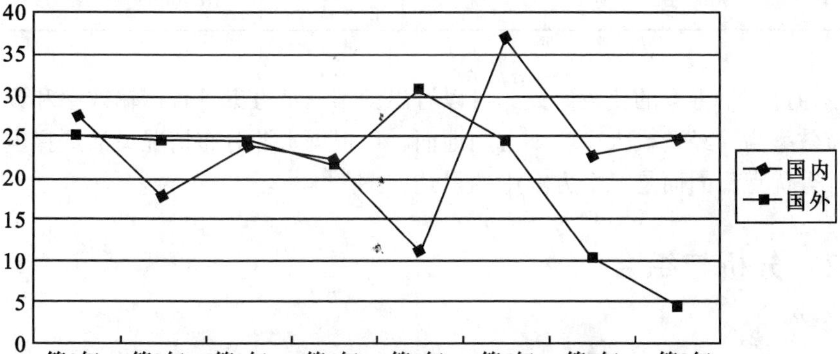

图 3-2　某一时期国内、国外专利年成长率曲线图

从图中可以看到，在考察期内，国内、国外的专利申请量都没有出现负增长的情况，这表明国内、国外企业技术发展是在加速前进的。在第 1 年到第 4 年间，国内专利成长率的技术发展波动较大，与国内相比，国外在第 1 年到第 4 年间专利年成长率相对要平缓一些，从第 5 年到第 6 年，国内专利

年成长率大幅度增长，而国外年成长率从第5年开始逐渐降低，这表明我国宏观科技经济形势的进一步趋好、相关政策的实行以及社会的全面进步，对企业专利申请量的增长产生积极影响。

第三，判定事物优劣、真伪。通过比较不同的方案，可以明确优劣、真伪，从而为识别、判断和选择提供依据。例如，澳大利亚曾对能源运输的三个方案进行过比较研究。这三个方案（见表3-2）是①：

方案一：把电站建在煤矿附近就地发电，再进行高压输电。

方案二：把电站建在远离煤矿的某地带，铁路运煤到电站再发电。

方案三：把电站建在远离煤矿的某地带，管道运煤到电站再发电。

表3-2　三种能源运输方案比较

方案	运输效率（%）	用水	土地利用	设备运转效率	经费投入（万美元）	
					基本投资	大（维）修经费
方案一	90	难	无	高	15 100	2 596
方案二	94	易	有	低	14 200	3 197
方案三	96	易	无	高	10 700	2 035

通过三个方案的比较研究，可以看出，第三个方案具备运输效率和设备运转效率高、经费投入少、不占用地面、可根据水源分布情况灵活选择电站站址等优点，因而是三个方案中的最佳方案。

3.2　分析与综合

3.2.1　分析

客观事物是复杂多样、普遍联系的。一方面，某一事物的存在不是孤立的，它总会以各种各样的方式与其他事物发生这样或那样的联系；另一方面，对于某一事物本身，其各组成要素（部分、侧面或属性）也并非彼此孤立，而是相互联系、相互影响的。分析就是把客观事物整体按照研究目的

① 蒋沁，王昌亚．情报研究［M］．武汉：武汉大学出版社，1989.

的需要逻辑地分解为各个要素及其关系，并根据事物之间或事物内部各要素之间的特定关系，通过由此及彼、由表及里的研究，达到认识事物目的的一种逻辑方法。

在分析某一事物时，常常要将事物逻辑地分解为各个要素。只有通过分解，才能找到这些要素，才能通过研究找出这些要素中影响客观事物发展变化的主要要素或关键要素。但是，光有这些简单的分解、罗列和研究还远远不够，因为在客观事物中，构成整体的各个要素本来是相互连接、不可分割的。例如，化学研究工作者对蛋白质进行分解，找出它的组成元素是碳、氢、氧、氮。但对蛋白质的认识停留在这几种孤立元素的阶段显然仍未达到对蛋白质本质的认识。可见，科学的分析必须在此基础上进行各要素的地位、作用和相互关系的研究，具体来说，就是把构成客观事物整体的各个要素放到矛盾的诸方面的相互联系中去，放到事物的矛盾运动中去。

从实践上看，事物之间以及构成事物整体的各要素之间的关系是错综复杂、形式多样的，如因果关系、表象和本质关系、一般和特殊关系、主要矛盾和次要矛盾关系、目标和途径关系以及其他相关关系等。正如恩格斯所指出的："当我们深思熟虑地考察自然界或人类历史或我们自己的精神活动的时候，首先呈现在我们面前的，是一幅由种种联系和相互作用无穷无尽地交织起来的画面。"① 分析就是透过由上述各种关系织构而成的错综复杂的表面现象，把握其本质的规律或联系的一种研究方法。

分析的基本步骤是：

（1）明确分析的目的。

（2）将事物整体逻辑地分解为若干个相对独立的要素。

（3）分别考察和研究各个事物以及构成事物整体的各个要素的特点。

（4）探明各个事物以及构成事物整体的各个要素之间的相互关系，进而研究这些关系的性质、表现形式、在事物发展变化中的地位和作用等。

分析通常不能一次完成，而是要经历若干次由此及彼、由表及里、由浅入深的分析。在每深入一层进行分析时，通常要重新对事物进行分解。可见，将事物分解成各个要素并不是分析的最终目的，而只是认识的一种手段。在分析过程中，每次分解出来的要素可能不同，分解的方法也可能不一样，但最终目的都是为了透过现象把握本质的规律或联系。

在科学史上，人们对原子内部结构的认识就是一个通过实验不断分析的过程。19 世纪下半叶，真空管的发明以及阴极射线的研究，使科学家们首

① ［德］恩格斯．反杜林论［M］．北京：人民出版社，1970.

先从原子中“分割”出电子；1886年，“极隧射线”的发现，使科学家们进一步认证出了质子；1896年，铀的放射性的发现，第一次表明原子可以碎裂；1930年，科学家们用放射性元素爆发出的α粒子轰击铍和硼，得到贯穿本领非常高的辐射，并在两年后被认证为是一种具有差不多和质子相同质量却又不带电子的粒子——中子。

分析在信息分析中的应用十分广泛，如研究影响某项科学技术发展的主要因素及其关系，研究某个行业或企业的兴衰背景、发展历程和发展趋势，研究技术开发、引进或改造的适用性，研究企业在市场竞争中的优势、劣势、机会和威胁，研究市场供需状况和市场潜力，研究人口分布、构成和教育素质，研究科技、经济、市场、环境等政策实施和管理的效应等。前苏联曾于1954年至1958年期间大力开垦哈萨克、伏尔加和北高加索地区。在垦荒初期，开垦取得了一定的效果，粮食总产量曾一度有所增长。但没过几年，这些垦区便出现了人力、物力不足的问题，粮食总产量急转直下。20世纪60年代初，垦区发生了三次罕见的黑风暴。风暴夹带着垦区的沃土，向西北方向拔地而起，席卷整个俄罗斯大平原，使整个莫斯科城陷于黄色灰雾之中。头两次风暴使垦区损失沃土分别达到19.6亿吨和12.8亿吨，第三次使20万公顷的垦地成为一片荒野。其情其景不亚于20世纪30年代初美国因开发西部干旱地区而造成的震惊世界的黑风暴事件。为了吸取教训、防止历史悲剧再演，信息分析人员曾用分析的方法对这一事件做了研究，结果发现：这次垦荒失败的主要原因在于决策者不懂农业、滥用土地，结果破坏了生态平衡。经过进一步研究，信息分析人员从前苏联垦荒事件的失败中总结出以下三点教训和经验：第一，不能违反客观规律任意毁林烧荒，应立即停止与此类似的违反客观规律的扩大耕地面积的活动（如围湖造田、开山造田、填河造田等），以避免破坏生态环境。应因地制宜地发展农林牧渔，实行多种经营。第二，对已开垦的农业区必须根据具体条件进行多种作物（特别是豆科作物）轮作，避免单一种植所导致的土壤肥力下降，应多施用有机肥改良土壤。第三，合理采用保持水土的措施。上述结论和建议为我国农业耕地规划和决策提供了重要参考依据。

在信息分析中，常用的分析方法主要有因果分析、表象和本质分析、相关分析和典型分析。

（1）因果分析

因果分析是客观事物各种现象之间的一种普遍的联系形式。例如自然界的生态平衡遭到破坏，会引起气候异常、水土流失、农作物生长不好等后果。这里，引起某种现象出现的现象就是原因，由原因的作用而产生的现象就是结果。也就是说，只要当某一种现象出现时，另一种现象必定会接着出现，我们就认为这两个现象具备因果关系。其中，先行现象称作原因，后续现象称作结果。从客观事物的这种因果关系出发，由原因推导出结果，或者由结果探究出原因的分析方法，就是因果分析。通过因果分析，可以找出事物发展变化的原因，认识和把握事物发展的规律和方向。在信息分析中，因果分析主要有求同法、求异法、共变法和剩余法四种形式。

① 求同法。如果在不同的场合观察到相同的现象，这些不同的场合各有若干原因，但其中只有一个原因相同，则可初步确定这个共同的原因就是产生该现象的共同原因。

② 求异法。如果所观察的现象在第一种场合出现，在第二种场合不出现，而这两种场合只有一个原因不同，则可初步确定这个不同的原因就是引发该现象的原因。

③ 共变法。如果在所观察的现象发生变化的各种场合里，其他原因都没有变化，只有一个原因发生了变化，则可初步确定该发生变化了的原因是使所观察的现象发生变化的原因。

④ 剩余法。如果已知某一现象是所观察的现象的原因，并且又知先行现象的某一部分是后续现象某一部分的原因，则可初步确定先行现象中的其余部分是后续现象中的其余部分的原因。

（2）表象和本质分析

表象和本质是揭示客观事物的外部表现和内部联系相互关系的一对范畴。表象是事物的表面特征以及这些特征之间的外部联系；本质是事物的根本性质，是构成事物的各种必不可少的要素的内在联系。由于本质是通过表象以某种方式表现出来的，因此，两者之间存在着一定的关系。利用事物的表象和本质之间的这种关系进行分析的方法，就是表象和本质分析。

利用表象和本质分析，可以达到由表及里、透过事物表象把握其本质的目的。例如，20 世纪 60 年代初，我国大庆油田的位置、规模是保密的。日本人为了摸清其真实情况，以便在贸易洽谈时取得有利地位，专门进行了针对中国大庆油田的表象和本质分析。1964 年，日本人从《人民日报》上看到“大庆精神大庆人”的字句，断定我国大庆油田确实存在。随后，在 1966 年的《中国画报》上，日本人看到了一张大庆油田工人的照片，根据工人头戴大皮帽，分析出大庆油田可能是在冬季气温为-30℃的我国东北部。后来，到中国来的日本人在坐火车时发现，来往的油罐车上有一层厚土，从土的颜色和厚度来看，大庆油田确实在东北部，从而证实了前面的假设，但具体方位还不太清楚。1966 年 10 月，日本人又从《人民中国》杂志上发现了一篇介绍油田工人先进事迹的文章。通过分析王进喜到马家窑后的言论以及钻井设备的运输条件，日本人终于摸清了油田的方位和规模。为了进一步弄清大庆油田的加工能力，日本人在1966年出版的一期《中国画报》上又找到了一张炼油厂反应塔的照片。他们根据反应塔扶手栏杆旁站着的人的一般高度，估计出扶手栏杆的高度为1米多，从扶手栏杆与反应塔直径和高度的特定的规格比例，得知反应塔的内径约为5米，由反应塔的容量和数量估计出油田的日加工能力为600吨，年加工能力约为22万吨。日本人通过其他途径得知当时大庆油田年产原油360万吨，估计到1971年达到1 200万吨。由此，日本人通过分析发现大庆油田的原油加工能力远远落后于原油生产能力。换而言之，中国在未来的几年里急需进口炼油设备，因而，向中国出售一定规模和数量的日本轻油裂解设备是完全可能的。

（3）相关分析

除了因果关系、表象与本质关系以外，客观事物之间以及构成事物整体的各个要素之间还有许多其他相关关系，如科技和经济的增长与人口、技术开发与引进、成本与利润、市场供给与需求、股票价格与业绩、市场风险与收益、社会伦理与经济发展等，均具有或亲或疏、形式及性质不一的相关关系。在信息分析中，我们把利用事物的这些相关关系进行由此及彼、由表及里的分析方法统称为相关分析。

例如，专利申请情况与企业技术开发之间存在着相关关系。20世纪80年代，上海市科技情报研究所使用日本公开特许、公开实用新案年度索引中的分类索引，共检索到日本民用电扇工业的有关专利1 000篇（其中公开特许240篇、公开实用新案760篇）。经过有序化处理和专利信息分析，该所了解到了日本民用电扇技术专利的现状，并对今后的工业发展趋势进行了评价和预测。这些为当时我国电扇企业制订符合国际潮流的高起点的发展规划提供了决策依据。

（4）典型分析

典型分析是对一个或几个具有代表性的典型事例，就其核心问题进行深入分析和研究的方法。这种方法涉及面不宽，但却能使人们产生很深的印象，并能从中获得经验或教训。例如，中国科学技术情报研究所曾对“日本钢铁工业为什么发展快”进行过典型分析。日本钢铁工业在第二次世界大战结束时几乎处于瘫痪状况，其产量从战前的年产1 000多万吨降到1945年的55万吨。但在随后20年的发展过程中，日本在钢铁产量的增长速度、生产技术水平的提高、钢铁产品质量的改善、全员劳动生产率的提高、各种原材料消耗的降低以及在国际市场上的竞争力方面都居于世界领先地位。日本钢铁产量 1959 年时超过了法国，1961 年超过了英国，1964 年超过了原联邦德国，1982 年超过了美国。究其原因，主要是日本政府采取了“倾斜钢铁”的方针。在这一方针的鼓励和影响下，日本钢铁工业广泛引进国外先进生产技术、建设沿海钢铁厂、采用合理的生产流程、新建超大型的生产设备，从而使日本的钢铁产品质量和产量提高、生产成本降低、效益增长，并在世界钢铁强国竞争中保持了优势。这一结论为我国钢铁工业的发展提供了重要的参考依据。

3.2.2 综合

综合是同分析相对立的一种方法。它是指人们在思维过程中将与研究对象有关的片面、分散、众多的各个要素（情况、数据、素材等）联系起来考虑，以从错综复杂的现象中，探索它们之间的相互关系，达到从整体的角度把握事物的本质和规律，通观事物发展的全貌和全过程，获得新的知识、新的结论的一种逻辑方法。综合把对研究对象的各个要素之间的认识统一为整体的认识，是从整体上把握事物的本质和规律。它不是主观地、任意地把研究对象的各个要素简单地综合在一起，而是按照各个要素在研究对象内部的有机联系从总体上去把握事物。它不是抽象地、从外部现象的联系上来理解事物，而是抓住事物的本质，即抓住事物在总体上相互联结的矛盾特殊性，研究这一矛盾怎样制约事物丰富多彩的属性，怎样在事物的运动中展现出整体的特征。

综合的基本步骤是：

（1）明确综合的目的。

（2）把握研究对象的各个要素。

（3）确定各个要素的有机联系形式。

（4）从事物整体的角度把握事物的本质和规律，从而获得新的知识的结论。

在信息分析中，综合是一种行之有效的方法。综合可以将各种来源的分散、片面、内容各异的有关信息（情况、数据、素材等）按特定的目的汇集、整理、归纳和提炼，从而形成系统、全面、新颖的知识和结论。从时间发展的连续性角度考察，通过综合，可以总结有关课题的历史、现状，并探索其发展的规律和趋势；从空间分布的整体性角度研究，通过综合，可以掌握各个国家、地区或部门的有关情况及其变化规律；从内容范畴的内在逻辑联系角度研究，通过综合，可以恢复和揭示出内容范畴之间本质的固有的联系，概括、提炼出其中的共性或特性，从而获得新的思想、新的观念、新的结论。此外，还可以将时间、空间和内容范畴三个角度结合起来综合研究，以使管理者、决策者或其他信息用户对有关课题的各个时期、各个国家(地区或部门)、各个方面内容的有关信息有一个总体的全貌的了解，掌握事物发展的规律和趋势，从而为管理者、决策者或其他信息用户提供经验教训方面的信息。例如，可持续发展是当今世界各国经济和社会发展过程中普遍关心的问题。可持续发展通常涉及资源、环境、人口、资本和技术等方面。综合研究各个国家在各个历史发展时期的资源、环境、人口、资本和技术等方面的有关情况，就会发现，在人类历史上，资源的永续利用、生态环境平衡的维持、“适度”人口的控制、资本和技术的投入在总体上是相互联系，共同影响可持续发展的状况和水平的。这一结论为人类正确制订和实施21世纪议程，实现社会可持续发展提供重要的参考依据。

在信息分析中，常用的综合方法主要有简单综合、系统综合和分析综合。

(1) 简单综合

简单综合是对与研究课题有关的信息（情况、数据、素材等）进行汇集、归纳和整理。例如，将当前世界各国有关“三废”物质污染、噪声污染、水资源枯竭、土地沙漠化、温室效应、大气臭氧层破坏、核污染等方面的有关情况集中起来，进行归纳整理，就可形成当前全球生态环境正在遭受严重破坏，并直接威胁到人类生存和社会经济发展的结论。

(2) 系统综合

系统综合是从系统论的观点出发，对与研究课题有关的大量信息进行时间与空间、纵向与横向等方面的结合研究。系统综合不是简单的信息搜集、归纳和整理，而是一个创造性的深入研究的过程。例如，在进行企业竞争情报研究时，既要从纵的方面综合企业自身、竞争对手、竞争环境、竞争战略等因素的历史、现状和未来趋势，又要从横的方面对与企业竞争有关的这些因素之间的相互关系进行通盘的研究和把握。只有这样，才能为企业竞争战略的制订和实施提供可靠的依据。

(3) 分析综合

分析综合是对所搜集到的与研究课题有关的原生信息，在进行对比、分析和推理的基础上进行综合，以认识课题的本质、全貌和动向，获得新的知识和结论。在进行具体分析综合时，有三种类型的方法可供选择：存优、浓缩或化合。所谓存优，就是将各种信息进行对比分析，去伪存真，去粗取精，然后将“真”、“精”等优质内容综合起来；所谓浓缩或化合，是借用化学上的名字，表示在思维活动中将各种信息进行浓缩或化合形成新的知识或结论。分析综合在信息分析中应用广泛。例如，在为新产品开发提供服务时，信息人员可以在大量搜集同类产品、可替代产品以及其他有启迪作用的相关产品的性能、结构、规格、质量、用途、开发和生产条件、市场前景、效益等信息的基础上，通过对比、分析和推理，博采众家之长，提出最优的综合性的新产品设计方案。

3.2.3 分析与综合的关系

分析与综合是辩证统一的关系。具体体现在：一方面，两者既相互矛盾又相互联系。分析是把原本是一个整体的复杂事物分解为各个简单要素及其联系，即“化整为零”；综合与此相反，是将各个要素按照其间本质的固有的联系重新综合为一个整体，即“积零为整”。综合必须以分析为基础，没有分析，认识就不能深入，对事物整体的认识只能是抽象的、空洞的；只有分析而没有综合，认识就可能囿于枝节之见，不能统观全局。事实上，任何分析总要从某种整体性出发，离不开关于研究对象整体性认识的指导，否则分析就会有很大的盲目性；同样，任何综合离开了分析这个基础，就无法进行概括和提炼。只有将分析和综合这两种方法结合起来使用，才能达到较全面的认识。另一方面，两者在一定的条件下可以相互转化。人们对事物的认识是一个由现象到本质、由局部到全局、由个别到一般的过程。这里，现象与本质、局部与全局、个别与一般本身是相对的。就某一层次来说，对该层次事物的认识，相对其上一层次而言，是现象、局部、个别，但相对其下一层次却又是本质、全局和一般。可见，人们对某一层次的研究，相对其上一层次来说是分析，但相对其下一层次来说却又是综合。这种转化关系体现了人们对客观事物的认识是一个不断深化和提高的过程。在信息分析中，分析与综合总是结合在一起使用的。没有分析的综合，或者没有综合的分析，都很难保证信息分析产品的高质量。

3.3 推理

推理是由一个或几个已知的判断推出一个新判断的思维形式。具体来说，就是在掌握一定的已知事实、数据或因素相关性的基础上，通过因果关系或其他相关关系顺次、逐步地推论，最终得出新结论的一种逻辑方法。任何推理都包含三个要素：一是前提，即推理所依据的那一个或几个判断。二是结论，即由已知判断推出的那个新判断。三是逻辑过程，即由前提到结论的逻辑关系形式。推理的语言形式就是由前提、结论以及逻辑过程三个要素构成的句组或复合句。

推理是一种由此及彼、由已知到未知或未来的研究方法。通过推理，可以认识客观事物，获得新的知识。在推理时，要想获得正确的结论，必须注意两点，即：推理的前提必须是准确无误的，推理的过程必须是合乎逻辑思维规律的。

推理类型的划分角度很多，例如根据前提的数量，推理分为直接推理和间接推理。其中，由一个判断推出结论的推理称直接推理，由两个或两个以上的判断推出结论的推理称间接推理；根据组成推理的判断的类别，推理分为直言推理、假言推理、选言推理、联言推理、关系判断推理和模态判断推理。它们分别以直言、假言、选言、联言、关系和模态判断为基础；根据推理的思维方向，推理分为演绎推理、归纳推理和类比推理。它们分别是由一般到个别、由特殊到一般以及由个别到个别或由一般到一般的逻辑思维方向。

推理是一种重要的逻辑思维方法，在信息分析中有着广泛的应用。例如，通过推理，可以把与设想或假说有关的事物联系起来，从而达到证实或证伪设想或假说的目的；通过对某些已知事实或数据及其相关性的严密推理，可以获得一些未知的事实或数据，如科技发展的动向、技术优势和缺陷、市场机会和威胁、人口素质、教育水平等；通过对科技、技术经济、市场等的历史、现状的逐步的推理，可以顺势推测出其未来发展趋势。

在信息分析中，常规推理、归纳推理和假言推理的运用非常普遍，下面重点介绍这三种推理方法。

3.3.1 常规推理

常规推理是借助于一个共同的概念把两个直言判断联系起来，从而推出一个新结论的演绎推理。常规推理是由一般到个别的推理方法。它以普遍性的事实或数据为前提，通过一定程式的严密推论，最后得出新的、个别的结论，因而是一种典型的必然性推理。这种推理只要前提准确无误，推理过程严格合乎逻辑，所推出的结论必然是正确、可信的。

常规推理由大前提（一般原理或原则）、小前提（个别对象）和结论组成，其基本的推理程式为：

大前提：$M \rightarrow P$

小前提：$S \rightarrow M$

结论：　$S \rightarrow P$

例如，人类社会发展的大量事实表明，控制人口增长，保持“适度”

人口规模是实现社会可持续发展的重要条件。根据常规推理，实行计划生育和优生优育的政策有利于控制人口增长、保持“适度”人口规模，因而也有利于实现社会可持续发展。其推理程式为：

大前提：控制人口增长、保持“适度”人口有利于实现社会可持续发展。

小前提：实行计划生育和优生优育政策有利于控制人口增长、保持“适度”人口规模。

结论：实行计划生育和优生优育政策有利于实现社会可持续发展。

3.3.2 归纳推理

归纳推理是由个别到一般的推理，即由关于特殊对象的知识得出一般性的知识。在信息分析中，简单枚举推理是最常见的一种推理形式。它是通过简单枚举某类事物的部分对象的某种情况，在枚举中又没有遇到与此相矛盾的情况，从而得出这类事物的所有对象都具有此种情况的归纳推理。其基本的推理程式为：

$$S\begin{cases} S_1 \text{ 是（或不是）} P \\ S_2 \text{ 是（或不是）} P \\ S_3 \text{ 是（或不是）} P \\ \cdots\cdots \end{cases}\text{未发现相矛盾的情况}$$

所以，S 是（或不是）P。

例如，我国耕地资源目前已处于相当紧张的供求状态，我国森林资源目前已处于相当紧张的供求状态，我国草地资源目前已处于相当紧张的供求状态，我国水资源目前已处于相当紧张的供求状态……且未发现相矛盾的情况。所以，我国主要自然资源目前已处于相当紧张的供求状态。

简单枚举归纳推理是一种或然性推理，推理形式的正确性并不一定能保证由真的前提得出真的结论。它只能肯定由真的前提得出的结论有一定程度的可靠性。在运用这种推理形式时，要注意不能有矛盾的情况。只要发现有一个矛盾的情况，结论“S 是（或不是）P”就不能成立了。由此可见，用简单枚举归纳推理得出的结论，其可靠性是薄弱的，必须不断经受实践的检验。但尽管如此，这种方法在信息分析实践中还是经常地被使用，而且常常发挥重要的作用。在信息分析中，特别是在开始阶段，由于人们往往并不能立即找到全部的根据，因此很难采用其他推理方式。但是，借助简单枚举归纳推理，人们可以在已有的材料的基础上做出初步的概括或推论。这些初步的概括或推论尽管带有或然性，但却可以作为进一步研究的出发点，给人们提供方向和线索。20 世纪 70 年代初期，当人们对公害的严重性还缺乏认识的时候，中国科学技术情报研究所及时发表了一份关于环境污染公害的研究报告。该报告分析列举了国外几大公害典型事件，如 1951 年美国多诺拉地区和 1952 年比利时马斯河谷工业生产中二氧化硫排放引起人员中毒的烟害事件、1952 年伦敦燃煤污染导致 4 000 人死亡的烟雾事件、1960 年日本富士山镉中毒造成的人员患骨痛病事件、1960 年日本汞污染造成的人员患水俣病事件、1962 年日本多氯联苯污染造成的米糖油事件等，并得出了“工业发展会带来环境污染，必须及早防治”的结论。该结论就是运用简单枚举归纳推理从上述公害事件中归纳出来的。该报告引起了有关部门和厂矿企业的重视，一些部门和厂矿企业在生产经营和管理决策时，开始把环保影响考虑在内。

由于简单枚举归纳推理是一种或然性推理，前提和结论之间没有必然性联系，因此正确估计结论的可靠程度，并设法增强结论的可靠性具有非常重要的意义。常用的办法有：尽可能多地枚举某类事物的单个对象的数量；注意所枚举的某类事物的各个对象的典型性和代表性；仔细观察和分析研究对象的各种可能的情况，防止矛盾情况的出现。

3.3.3 假言推理

假言推理是从一个假言判断的结论出发，顺次推出其后件或逆向推出其前件，进而通过肯定它的后件或前件，来论证、检验原先假言判断结论的正确性的一种推理方法。例如：

假言判断：某竞争对手正在推行专利竞争战略。

大前提：推行专利竞争战略与加强研究与开发、专利申请活动有关。

小前提：大量调查发现上述事实确凿。

肯定原先假言判断：所以，该竞争对手正在推行专利竞争战略是确凿的。

这种推理方法中所说的“结论”，实际上并非真正的结论，而是一种设想或假说，并且有待于推理者通过调查研究和推理予以证实或证伪。在信息分析中，这种方法有着非常广泛的应用，特别是一些捉摸不定、含义不清、边界不明的论断，利用此方法，皆可十分方便地判断其真伪。

3.4 头脑风暴法

头脑风暴（brain storming）法是借助专家的创造性思维来探索事物发展变化的未知或未来状态的一种直观预测方法。这种方法的原意是指精神病患者在精神错乱时的胡言乱语，后转用来指无拘无束、自由奔放地思考问题。头脑风暴法早在20世纪50年代就在国外得到普及，甚至被看做是一种万能的方法。20世纪60年代后，随着运筹学和决策学的发展，这种方法开始从作为“找到决策捷径的最重要思想和方法来源”①，变为分析和决策时的一种辅助工具。但尽管如此，在20世纪70年代，这种方法仍然在预测方法中占有8.1%的比例（德尔菲法为5.5%）。

头脑风暴法一般用于对战略性问题的探索，例如，美国国防部曾邀请50名专家，就美国制定长远科技规划的工作文件，举行了为期两周的头脑风暴会议。其任务是首先向与会专家分发事先准备好的工作文件，然后由专家进行质疑和提出建议，最后通过讨论将工作文件变为协调一致的报告。通过这次会议，原有文件中的结论只有1/4左右被认为仍然有效，其他结论都被修改了。再如，罗马俱乐部经常对世界新技术革命和重大学术问题进行探索。其间许多有价值的思想火花是在俱乐部成员喝咖啡、闲谈时迸发出来的。由此可见，头脑风暴法是一种非常有价值的方法。

3.4.1 头脑风暴法的类型

按智能结构划分，头脑风暴法可分为个人头脑风暴法和集团头脑风暴法。其中，个人头脑风暴法通过专家个人的创造性思维来探索事物发展变化的未知或未来状态。它一般是在一个偶然的场合，某专家由于受到外界的刺激而萌发出一种富有创见的想法，或者找到了解决某一问题的办法；集团头脑风暴法通过专家集体（即头脑风暴会议）的创造性思维来探索事物发展变化的未知或未来状态。这种方法的优点是：通过信息交流和相互启发，使专家们的思维产生“共振”和“组合效应”，从而达到相互补充的效果。

按性质划分，头脑风暴法可分为直接头脑风暴法和质疑头脑风暴法。其中，直接头脑风暴法就是组织专家对所要预测的课题，各持己见地进行对话，以便集思广益；质疑头脑风暴法又称破坏头脑风暴法，它以头脑风暴会议的方式来进行，主要用来对过去已制定的计划、方案或工作文件提出异议

① 顾镜清编著. 未来学概论［M］. 贵州：贵州人民出版社，1985.

或评论，如论证其无法实现的理由，指出限制其实现的因素，提出排除这些限制性因素的措施等。其常用句式为："这样是不可能的，因为……如果要使其可行，必须利用……"经过专家质疑，往往可以有效地去掉不合理或不科学的部分，补充不具体或不全面的部分，使计划、方案或工作文件趋于完善。前面提到的由美国国防部主持的头脑风暴会议，所采用的就是质疑头脑风暴法。

3.4.2 头脑风暴会议的组织原则

除了偶发性的个人头脑风暴外，我们在绝大多数场合里所说的头脑风暴法是指以头脑风暴会议为基础的集团头脑风暴法。根据国外经验，为了在头脑风暴会议上创造一种无拘无束、自由奔放的环境，激发专家的创造性思维，达到预期的效果，组织头脑风暴会议时应注意遵守以下原则。

（1）会议的组织领导工作

会议的组织领导工作一般由熟悉研究对象和头脑风暴法的信息分析人员来承担。这些人员可以在会上引导与会专家迅速进入自由讨论的活泼氛围，围绕主题开展讨论，激发创造性思维灵感。在会后也可以迅速、熟练地进行数据处理。

（2）专家的选择

经验表明，专家的人数一般以 5 至 15 人为宜。人数少了，难以形成必要的头脑风暴气氛；人数多了，组织者难以控制会议局面。

专家的选择要与预测的对象相一致，通常由方法论专家（如信息分析专家）、专业领域专家、专业领域高级分析专家和具有较高推断思维能力的演绎专家共同组成。这些专家最好是互不认识的；如果是彼此认识的，则应从同一职称或级别中挑选。在会议上不公布专家的单位、年龄、职称或职务等信息。

（3）会议讨论的时间

会议讨论的时间一般以 20 至 60 分钟为宜。如果要讨论的问题较多，可以多召集几次会议。

（4）会议的氛围

组织者应在会议的一开始就要注意创造一种良好的、使专家能够真正自由发挥的环境。为此，会议一般采用"圆桌会议"，组织者要事先说明有关事项，使专家消除思想上的顾虑，做到知无不言、言无不尽。

为了保证有上述会议氛围，会议一般事前约法三章：一是思想自由奔放，想到什么说什么，不要求全面系统；二是讨论中各说各的，不评论别人的意见，不互相争论；三是联系别人的思路，结合或改善别人的意见，多提方案或者建议①。

3.4.3 头脑风暴法的优点和缺点

头脑风暴法是一种即兴的直观预测方法，我们仍以集团头脑风暴法为例介绍其优点和缺点。

集团头脑风暴法的优点表现在：

（1）通过信息交流，有利于捕捉瞬间的思路，激发创造性思维，产生富有创见性的思想“火花”。

（2）通过头脑风暴会议，获取的信息量大，考虑的因素多，所提供的计划、方案等也比较全面和广泛。

集团头脑风暴法的缺点表现在：

（1）它是专家会议调查的一种类型，因而具备专家会议调查法的一些缺陷，如专家缺乏代表性，易受“权威”、会议“气氛”和“潮流”等因素的影响，易受表达能力的限制等。

（2）由于是即兴发言，因而普遍存在着逻辑不严密、意见不全面、论证不充分等问题。

由于集团头脑风暴法具有以上缺点，因此在实际应用时要注意扬长避短，如在组织头脑风暴会议时严格遵循有关原则、严格做好专家的遴选工作、提交必要的背景性材料、会后再走访专家了解详情等。此外，也可以将集团头脑风暴法同其他信息分析方法结合起来使用，这样可以达到相互印证的目的。

思 考 题

1. 比较在信息分析中有哪些作用？
2. 在信息分析中，因果分析主要有哪几种形式？
3. 试述假言推理在信息分析中的应用。
4. 分析头脑风暴法的组织原则、优点和缺点。

---

① 秦铁辉编著. 情报研究概论［M］. 北京：北京大学出版社，1991.

4 半定量分析方法

半定量分析方法是一种定性和定量相结合的方法。其主要做法是在定性分析方法中引入数学手段，将定性问题（如专家的评估意见和分析结论）按人为标准打分并做出定量化处理，具有数理统计的特征。在信息分析中经常采用的半定量分析方法主要有德尔菲法、层次分析法、交叉影响分析法等。例如，利用层次分析模型可对经济、管理、研究与开发等领域的方案或产品进行评估。从使用效果上来看，半定量分析方法比定性分析方法更具有可操作性，又不像定量分析方法那样烦琐、仿真性差。正因为如此，半定量分析方法一经引入信息分析领域便很快得到了推广应用。半定量分析方法的缺陷在于：它不像定性分析那样推论严密，也不像定量分析那样可以利用数学曲线、模型或公式来定量求解。特别是专家选择、调查表设计和数据处理的技巧性以及专家的评估意见和打分标准的主观性都很强，有时甚至缺乏科学的依据。因而，同定性分析方法一样，半定量分析方法在信息分析中的使用也是有条件限制的，目前主要用于原始数据不足或不易获取、课题所涉及的相关因素过多等不易或不宜采用定量分析方法的场合。

4.1 德尔菲法

德尔菲（Delphi）法是美国兰德公司于1964年发明并首先将其应用于技术预测的。德尔菲是古希腊传说中的一座城堡，城堡中有一座阿波罗（Apollo）神殿，传说众神每年都要来这里聚会，以占卜未来。德尔菲法由此得名。

德尔菲法是一种广为适用的预测方法，除用于技术预测外，它还广泛应用于政策制定、经营管理、方案评估等。

德尔菲法是在专家个人判断和专家会议调查的基础上发展起来的。专家个人判断法仅仅依靠专家个人的分析和判断进行预测，容易受到专家个人的经历、知识面、时间和所占有的资料的限制，因此片面性和误差较大；专家会议调查法在某种程度上弥补了专家个人判断的不足，但仍存在如下缺陷：召集的会议代表可能缺乏代表性，专家发表个人意见时易受心理因素的影响（如屈服于“权威”、受会议“气氛”和“潮流”的影响），由于自尊心的影响而不愿公开修正已发表的意见，缺乏足够的时间和资料来考虑和佐证自己的发言等。德尔菲法针对这些缺陷作了重大改进，它是一种按规定程序向专家进行调查的方法，能够比较精确地反映出专家的主观判断能力。

德尔菲法本质上是建立在诸多专家的专业知识、经验和主观判断能力的基础上的，因而特别适用于缺少原始资料和历史数据，而又较多地受到社会的、政治的、人为的因素影响的信息分析课题。实践证明，采用德尔菲法进行信息分析，可以较好地揭示出研究对象本身所固有的规律，并可据以对研究对象的未来发展作出概率估计。

归纳起来，德尔菲法主要有以下五个方面的用途①：

（1）对达到某一目标的条件、途径、手段及它们的相对重要程度作出估计。

（2）对未来事件实现的时间作出概率估计。

（3）对某一方案（技术、产品等）在总体方案（技术、产品等）中所占的最佳比重作出概率估计。

（4）对研究对象的动向和在未来某个时间所能达到的状况、性能等作出估计。

（5）对方案（技术、产品等）作出评价，或对若干个备选方案（技术、产品等）评价出相对名次，选出最优者。

4.1.1 德尔菲法的特点

（1）匿名性

为了消除专家会议调查法中专家易受权威、会议气氛和潮流等因素影响的缺陷，德尔菲法采用匿名征询的方式征求专家意见。受邀参加预测的专家之间互不见面和联系，可以不受任何干扰独立地对调查表所提问题发表自己的意见，或者参考前一轮的预测结果修改自己的意见。由于采取匿名的方式，专家们根本不必担心这会有损于自己的威望。

---

① 邹志仁编著. 情报研究与预测［M］. 南京：南京大学出版社，1990.

（2）反馈性

由于采用匿名的方式，受邀专家之间互不见面和联系，因此，仅靠一轮调查，专家意见往往比较分散，且不能相互启发，共同提高。为了克服这一缺陷，经典的德尔菲法要进行四轮的专家意见征询。组织者对每一轮的专家意见（包括有关专家提供的论证依据和资料）进行汇总整理和统计分析，并在下一轮征询中将这些材料匿名反馈给每位受邀专家，以便专家们在预测时参考。由于除第一轮外，专家们都能在每一轮预测过程中了解到上一轮征询的汇总情况以及其他专家的意见，因此可进行比较分析，相互启迪，使预测结果的准确度大大提高。

（3）统计性

为了科学地综合专家们的预测意见和定量地表示预测的结果，德尔菲法采用统计方法对专家意见进行处理，其结果往往以概率的形式出现。这些结果既可反映专家意见的集中程度，又可反映专家意见的离散程度。

为了便于对专家意见进行统计处理，在调查表设计时一般采用表格化、符号化、数字化的设计方法。

除了上述特点外，由于通常采用函询的方式征求专家意见，因而比较容易通过控制调查面使受邀专家具有代表性。此外，专家也有充分的时间思考和进行调查研究，以保证专家意见充分、可靠。

4.1.2 德尔菲法预测征询的过程

（1）成立预测领导小组

这个小组的主要任务是对预测工作进行组织和指导，包括明确预测目标，选择参加预测的专家，编制调查表进行反馈调查，对各轮回收的专家意见进行汇总整理、统计分析与预测，编写和提交预测报告。该小组的成员主要由信息分析人员构成。

（2）明确预测目标

德尔菲法的预测目标通常是在实践中涌现出来的大家普遍关心且意见分歧较大的课题。此阶段的主要任务是选择和规划预测课题，明确预测项目。

（3）选择参加预测的专家

专家是指具有（或被认为具有）专业化的训练，并足以在认识上理解某一专业领域的目标、方法和结果的人。专家的任务是对预测课题提出正确的意见和有价值的判断。专家的选择是否恰当直接关系到德尔菲法应用的成败。选择专家应注意以下原则：

① 专家的代表面应广泛。除信息分析专家外，还应包括主管部门负责

人、用户、对预测目标比较了解并有丰富的实践经验或较高理论水平的理论研究、系统设计、生产、管理和高层决策人员以及相关领域和边缘学科的有关专家。此外，考虑到专家意见的全面性，还应注意兼顾不同学派的专家。

② 专家的权威程度要高。但这里的“权威”并不是指其高职称或高职务，而是指其熟知预测目标，并有独到的见解。例如富有 10 年以上营销经验的企业营销人员，亦可能成为专家。

③ 专家应有足够的时间和耐心填写调查表。经典的德尔菲法要进行四轮征询，其间还包含着大量的信息反馈，因此，要求受邀的专家应有足够的时间和耐心接受征询。

④ 专家的范围应有所限制。例如，当被征询的问题涉及本部门的机密时，应注意从本部门内部挑选专家；当被征询的问题涉及广泛的社会现象时，应注意同时从部门内外挑选专家。

⑤ 专家的人数一般控制在 15~50 人。人数太少了缺乏代表性，起不到集思广益的作用；人数太多了难以组织，意见难集中，专家意见的处理复杂。如果课题很大，15~50 人仍缺乏代表性，起不到集思广益的作用，可以考虑分成若干个专家小组，但每个小组的人数仍保持在 15~50 人。

⑥ 应事先约请专家不要向外透露参与征询调查这件事，以免相互商量，答案雷同，起不到德尔菲法应起到的作用。

选择专家的方法很多，常见的有：由熟悉的专家推荐、从报纸杂志上视研究成果的大小和多少筛选、由上级部门介绍和推荐、查询专家档案数据库等。为了提高德尔菲法的效果，在很多情况下还可考虑将上述各种方法结合起来使用。

专家的大脑里通常沉淀了很多的专业知识，这是德尔菲法活的信息源，因此加强专家知识资源的开发利用是十分必要的。专家知识资源的开发利用，从流程上看，大体上可分为知识分解与专家招聘、专家评估和过滤、专家选定、专家知识组合与试用、专家知识的正式使用等几个方面，如图 4-1 所示。

（4）编制调查表

调查表是获取专家意见的工具，它是进行信息分析的基础。调查表设计的好坏，直接关系到预测的效果。我们在前面已经对一般调查表的设计作了介绍，其结论原则上适用于德尔菲法中的调查表设计。但德尔菲法的调查表也有自己的特殊之处，如问题排列的“漏斗法”不太明显、多张问卷前后相接并逐步优化、第一轮通常不是规范的问卷、问卷的回收率通常比较高(因为事先与专家有沟通)、自由式提问比较多、发放问卷的份数较少等。

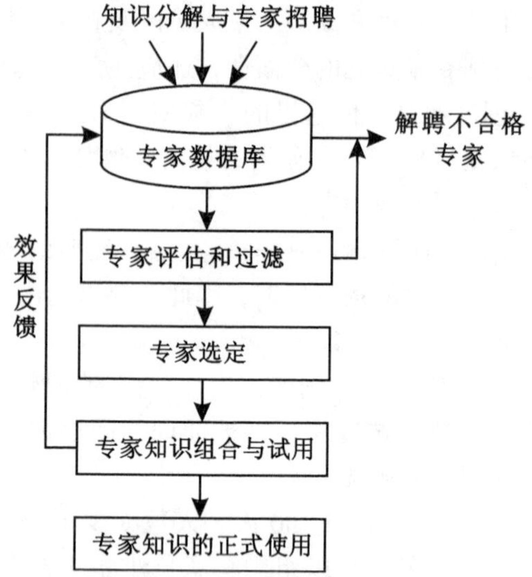

图 4-1　专家知识资源的开发利用流程

在制表前，设计人员应对课题及其相关背景情况进行调查，以保证提问的针对性和有效性。常见的调查表类型有：

① 目标-手段调查表。即调查表设计者在分析研究已掌握的情况的基础上，确定预测对象的目标（含总目标及其分解而成的若干子目标），并提出达到这些目标所可能采取的各种措施和方案。将目标列入调查表的横栏，措施和方案列入纵栏，就构成了目标-手段的调查表。专家对这种表的回答很简单，只需在相应的目标和手段重合处打“√”，或者对所提出的手段在达到目标过程中的地位打分（一般采用百分制）。

② 由专家简要回答的调查表。即由调查表设计者根据预测目标提出一些问题，然后由专家简要回答。回答的内容因问题而异，如某一事件完成的时间、技术参数值、实现条件、各种因素间的相互影响、原因分析、对策措施、实施效果等。

③ 由专家详细回答的调查表。这类调查表一般问题很少，但却要求专家对提问作出充分的论证、详细的说明或提出充足的依据。例如“知识经济离我们有多远？请提出论证。”

（5）进行反馈调查和专家意见的汇总整理、统计分析与预测

经典的德尔菲法一般包含以下四轮的征询调查，且在调查过程中包含着轮间反馈。

第一轮调查：发给专家的调查表不带任何框框，只提出要预测的问题。专家可以各种形式回答有关提问，提出应预测的事件。组织者要对回收的调查表进行汇总整理，归并相同的事件、剔除次要的、分散的事件，并用准确的术语制定出事件一览表。该表可在第二轮调查时作为调查表反馈给专家。

第二轮调查：请专家对第一轮提出的各种事件发生的时间、空间、规模大小等作出具体的预测，并说明理由。组织者要对这一轮回收的调查表进行汇总整理，统计出专家总体意见的概率分布。

第三轮调查：将第二轮的统计结果连同据此修订了的调查表再发给专家，请专家再次作出具体预测，并充分陈述理由。组织者同样要对这一轮回收的调查表进行汇总整理、统计分析与预测，以备作第四轮的反馈材料。

第四轮调查：将第三轮的统计结果连同据此修订了的调查表再发给专家，请专家再次作出具体预测，并在必要时作出详细、充分的论证。在第四轮调查结束后，组织者依然要将回收的调查表进行汇总整理、统计分析与预测，并寻找出收敛程度较高的专家意见。

上述四轮调查不是简单的重复，而是一种螺旋上升的过程。每循环和反馈一次，专家都吸收了新的信息，并对预测对象有了更深刻、更全面的认识，预测结果的精确性也逐轮提高。

一般来说，德尔菲法经过四轮调查就可以较好地使专家意见收敛。例如，美国兰德公司曾就科学的突破、人口的增长、自动化技术、航天技术、战争的可能与防止、新的武器系统 6 个问题共 49 个事件进行了长达 50 年的预测。经过四轮调查后发现，有 31 个事件很好地收敛了。

（6）编写和提交预测报告

专家意见收敛后，组织者应将最终的统计分析与预测结果进行进一步的加工，形成正式的预测报告，并通过适当的信息传递渠道将其提交给有关部门。

4.1.3 预测结果的数据处理与表达

德尔菲法的一项主要工作是在每轮调查之后对众多的专家意见进行分析和处理，将定性的预测结果量化。常见有以下几种数据处理与表达方式。

（1）对方案相对重要性预测结果的数据处理与表达

德尔菲法经常要对事件实现的先后、事物质量的优劣以及实现特定目标过程中的一些条件、手段或途径的地位的主次进行预测。这类结果一般以评分值（按百分制打分或等级排队）来表示方案的相对重要性，通常用专家意见的集中程度、专家意见的协调程度、专家积极性系数等指标来衡量。

① 专家意见的集中程度

专家意见的集中程度可以方案评分值的算术平均值、满分频率和评价等级和来衡量。

1）算术平均值

首先将全部专家对所有方案的评分值用表列出（见表4-1）。

表4-1　**方案相对重要性评分表**

专家	方案					
	1	2	…	j	…	n
1	C_{11}	C_{12}	…	C_{1j}	…	C_{1n}
2	C_{21}	C_{22}	…	C_{2j}	…	C_{2n}
…	…	…	…	…	…	…
i	C_{i1}	C_{i2}	…	C_{ij}	…	C_{in}
…	…	…	…	…	…	…
m	C_{m1}	C_{m2}	…	C_{mj}	…	C_{mn}

由表4-1，各方案评分值的算术平均值可按下式求出：

$$M_j = \frac{1}{m_j}\sum_{i=1}^{m} C_{ij} \tag{4-1}$$

式中，M_j为对j（$j=1, 2, \cdots, n$）方案全部评价的算术平均值，m_j为参加j方案评价的专家数，C_{ij}为第i（$i=1, 2, \cdots, m$）个专家对第j个方案的评分值。

M_j的值为0~100分。M_j值越大，则方案的相对重要性越大。

2）满分频率

方案的满分频率是指对某方案给满分（100分）的专家数与对该方案做出评价的专家总数之比。计算公式为：

$$K_j' = \frac{m_j'}{m_j} \tag{4-2}$$

式中，K_j'为j方案的满分频率，m_j'为对j方案给满分的专家数，m_j的含义同前。

K_j'的值为0~1，K_j'值越大，表明对j方案给满分的专家人数越多，即方案的相对重要性越大。

3）评价等级和

评价等级即名次，一般用自然数 1，2，3，…来表示。这里，1 等级最高，2 等级次之，3 等级更次之……以此类推。方案的评价等级和就是专家对某方案做出评价的评价等级的算术和。

首先将全部专家对所有方案的评价等级用表列出（见表 4-2）。

表 4-2 **方案相对重要性评价等级表**

专家	方案					
	1	2	…	j	…	n
1	R_{11}	R_{12}	…	R_{1j}	…	R_{1n}
2	R_{21}	R_{22}	…	R_{2j}	…	R_{2n}
…	…	…	…	…	…	…
i	R_{i1}	R_{i2}	…	R_{ij}	…	R_{in}
…	…	…	…	…	…	…
m	R_{m1}	R_{m2}	…	R_{mj}	…	R_{mn}

由表 4-2，各方案评价的等级和可按下式求出：

$$S_j = \sum_{i=1}^{m_j} R_{ij} \tag{4-3}$$

式中，S_j为对 j 方案的评价等级和，R_{ij}为第 i 个专家对第 j 个方案的评价等级，m_j的含义同前。

S_j的值越小，方案的相对重要性越大。

② 专家意见的协调程度

专家意见的协调程度反映专家意见的收敛情况，通常用变异系数来表示。变异系数的计算方法如下：

1）计算全部专家对 j 方案评价的均方差

均方差代表了专家评价的离散程度，计算公式为：

$$D_j = \frac{1}{m_j} \sum_{i=1}^{m_j} (C_{ij} - M_j)^2 \tag{4-4}$$

式中，D_j为全部专家对 j 方案评价的均方差，C_{ij}、m_j、M_j的含义同前。

2）计算全部专家对 j 方案评价的标准差

标准差代表了专家评价的变异程度，计算公式为：

$$\sigma_j = \sqrt{\frac{1}{m_j} \sum_{i=1}^{m_j} (C_{ij} - M_j)^2} \tag{4-5}$$

式中，σ_j为全部专家对 j 方案评价的标准差，C_{ij}、m_j、M_j的含义同前。

3）计算全部专家对 j 方案评价的变异系数

变异系数反映了全部专家对 j 方案相对重要性评价的相对离散程度，亦即协调程度，计算公式为：

$$V_j = \frac{\sigma_j}{M_j} \tag{4-6}$$

V_j值越小，表明专家意见的协调程度越高，收敛性越好。

③ 专家积极性系数

专家积极性系数用以表示专家对某方案的关心程度，一般用参与某方案评价的专家人数与专家总数的比值来表示，即：

$$C_{aj} = \frac{m_j}{m} \tag{4-7}$$

式中，C_{aj}为 j 方案的专家积极性系数，m_j、m 的含义同前。

C_{aj}的值越大，方案的相对重要性越大。

（2）对事件实现时间预测结果的数据处理与表达

对这类预测结果进行处理时，一般以中位数代表专家意见的协调程度，以上、下四分点代表专家意见的分散程度。

预测结果的中位数和上、下四分点的确定是这样的：将专家们对事件实现时间的预测结果在数轴上按由小到大顺序排列，并平分成四等分。其中，处于中间位置的中分点称为中位数，表示有 50%的专家认为该时间能实现此事件；先于中位数的四分点称为下四分点，表示有 25%的专家认为该事件实现的时间早于下四分点时间；后于中位数的四分点称为上四分点，表示有 25%的专家认为该事件实现的时间晚于上四分点时间。上下四分点之间的区域称为四分位区间或 50%置信区间。

对事件实现时间的预测结果通常要标明中位数和上、下四分点，常见表达形式为：中位数（下四分点—上四分点）。此外，也可用全楔形图（见图 4-2（a））或截角楔形图（见图 4-2（b））来表达。全楔形图的顶点表示预测时间的中位数，而两个端点分别表示预测时间的最近点和最远点。截角楔形图是从全楔形图中截去上、下四分点以外的部分后所形成的图形，其顶点表示预测时间的中位数，两个端点分别表示上、下四分点。

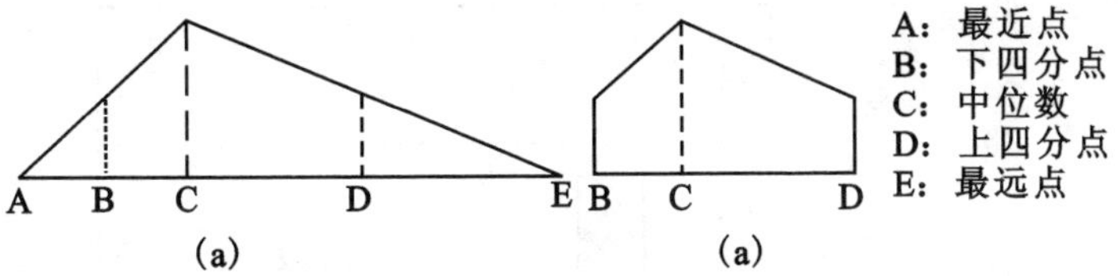

图 4-2　预测结果全楔形图和截角楔形图

美国著名预测学家杨奇（E. Jantsch）通过大量的数理统计，总结出了中位数与上、下四分点之间近似的数学关系。即，如果设 x 是中位数时间与进行预测的时间之间的距离，则下四分点位于进行预测的时间加 $2x/3$ 处，上四分点位于进行预测的时间加 $5x/3$ 处。例如，若 2011 年进行某事件实现时间的预测时得出的中位数是 2050 年，那么，$x=2050-2011=39$（年），于是，下四分点为 $2011+2x/3=2036$（年），上四分点为 $2011+5x/3=2075$（年）。其预测结果表达为 2050 年（2036—2075 年）。

（3）对某方案在总体方案中所占最佳比重预测结果的数据处理与表达

这类预测结果一般为百分制形式。在处理这类预测结果时，一般首先将可能的预测结果（0%~100%）分成若干个间距相等的区段，然后将各个专家的实际预测结果分别向对应的区段归类。在此基础上，分别统计属于各个区段的专家数，并计算该专家数与参加预测的专家总数的比值。

为了更直观、形象地反映某方案在总体方案中所占的最佳比重，还可用柱状图来表示。柱状图的横坐标表示专家对该方案应占最佳比重的评价值，横坐标分成若干个间距相等的区段；纵坐标表示给出属于某一区段的最佳比重预测结果的专家数与参加预测的专家总数的比值。

需要指出的是，在计算给出属于某一区段的最佳比重预测结果的专家数及参加预测的专家总数的比值时，如果要考虑专家的权威程度，则应进行加权处理。

图 4-3 展示的是某方案在总体方案中所占最佳比重预测结果的柱状图。由图可见，该最佳比重很可能为 40%~60%。

（4）从若干方案中选择最佳方案预测结果的数据处理和表达

从若干方案中选择最佳方案的预测结果也可用柱状图来表示。柱状图的横坐标用以排列若干个备选方案，纵坐标表示选择某方案的专家数与参与预测的专家总数的比值。一般来说，该比值越大，则所对应的方案最佳的可能

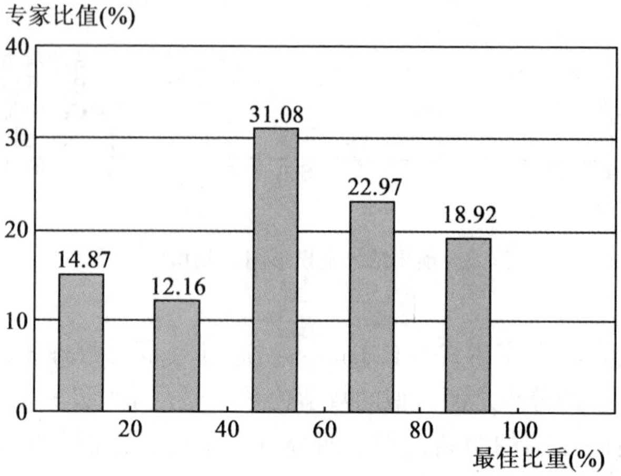

图 4-3　某方案在总体方案中所占最佳比重预测结果的柱状图

性也越大。

需要指出的是，在计算选择某方案的专家数与参与预测的专家总数的比值时，如果要考虑专家的权威程度，亦应进行加权处理。

图 4-4 展示的是从五个备选方案中选择最佳方案的预测结果的柱状图。

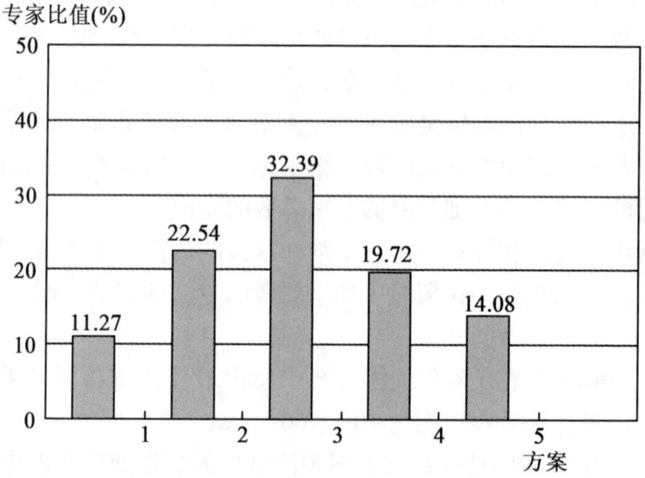

图 4-4　从五个方案中选择最佳方案的预测结果的柱状图

由图可见，方案3为最佳方案的可能性最大。

4.1.4 派生的德尔菲法

德尔菲法是一种广为适用的预测方法，克服了专家个人判断和专家会议调查的许多缺陷，但随着实践的发展，其本身的缺陷也开始暴露出来，如缺乏严格的论证，容易在有限的范围内进行习惯思维，受专家的学识、评价尺度、心理状态及兴趣程度等主观因素的制约等。预测学家在对经典的德尔菲法进行广泛的研究后，进行了改进，并开发出一些派生的德尔菲法。这些派生的德尔菲法大体上可分为两大类，一类是保持德尔菲法基本特点的派生德尔菲法，一类是部分地改变德尔菲法基本特点的派生德尔菲法。

（1）保持德尔菲法基本特点的派生德尔菲法

这类派生德尔菲法在保持经典方法的匿名性、反馈性和统计性特点不变的前提下作了某些改进，以克服经典方法中的某些缺陷。

① 列出预测事件一览表

经典方法的第一轮调查只提供空白的预测事件一览表，由专家填写应预测的事件。但某些专家由于对德尔菲法了解甚少或其他原因，往往不知从哪里入手。即使提供了预测事件，也往往条理不清，难以归纳；或者太专深，使其他专家难以接受。为了克服这些缺陷，组织者可根据已掌握的资料或征求专家的意见，预先拟定一份预测事件一览表，在第一轮调查时提供给专家。专家可以在第一轮调查时对该表进行补充或提出修改意见。

② 向专家提供背景材料

在很多情况下，参加预测的专家的专业面并不是很宽广，即他们对所在的专业领域往往知之甚多，而对影响预测结果的其他因素（如政治、经济、科技、文化、环境、心理等）知之甚少。为克服这一缺陷，组织者可根据预测对象和参加预测的专家特点提供必要的背景性资料。这些资料在第一轮调查时就提供给专家，供专家应答时参考。

③ 减少应答轮数

经典的方法一般规定为四轮（有时甚至为五轮）。但这样的预测大多要耗费一年以上的时间，拖得太长了。派生的德尔菲法对此作了改进，即认为如果在第四轮之前专家的意见就已经协调、一致或者趋向稳定，就可以在第三轮或第二轮时停止调查，不再反馈。这样做，可以显著地加快速度、提高效率。

④ 对预测结果进行自我评价

在征询专家意见时，组织者要求专家自己评估自己对调查表中每一问题的专长程度或熟悉程度，专家的自我评价越高，说明专家的自信程度越高，对问题的回答越有把握。组织者分析这些专家的自我评价，进行有关的统计处理，有利于提高预测的精确度。

⑤ 给出事件的多个可能实现时间的日期

经典的方法只要求专家提供一个事件实现时间的日期，而在派生的德尔菲法中，可以要求专家就事件实现的时间提供多个概率不同的日期。例如，给出概率分别为10%（未必可能发生）、50%（等量可能发生）和90%（几乎肯定发生）的三个日期。组织者在进行数据处理时，可获得三个不同日期的中位数，可以概率为50%的日期的中位数为预测日期，以其他两个日期的中位数为可供参考的波动范围。

（2）部分地改变德尔菲法基本特点的派生德尔菲法

① 部分取消匿名性

匿名性有助于发挥专家个人的长处，不受他人的直接影响。但在某些情况下，部分取消匿名性也能保持经典方法的这一优点，而且可以加快预测进程。具体做法是：先匿名征询，再进行口头讨论或辩论；或者先进行口头讨论或辩论，再匿名征询。

② 部分取消反馈

反馈是德尔菲法的核心，具有重要的作用。但在某些情况下，为了提高预测效果，可以考虑部分取消反馈。部分取消反馈的方法主要有两种：第一种方法是只向专家反馈前一轮预测结果的上下四分点，而不提供中位数。这样做有助于防止有些专家只简单地向中位数靠近，有意回避提出与众不同的新预测意见的倾向；第二种方法是在第一轮调查中，应预测事件由专家自由提出；在第二轮调查时，每个专家要对每个事件给出3种不同概率（如10%、50%、90%）的日期，并作出自我评价。组织者在进行数据处理时要分别计算三种不同概率日期的中位数；在第三轮调查时，反馈意见仅发给两种人，即本领域的权威专家以及预测的以50%概率发生的日期未处于小组的10%概率日期的中位数和90%概率日期的中位数之间的专家。这样做，可以保护权威专家和持不同看法的专家的不同意见。

4.2 交叉影响分析法

4.2.1 交叉影响分析法的基本思想

1968年，美国学者戈登（T. J. Gordon）和海沃德（H. Hayward）系统

地提出了基于蒙特卡罗（Monte Carlo）模拟的交叉影响分析模式，交叉影响分析（cross-impact analysis）法由此成为一种充分考虑事件之间相互影响的分析方法①。

提出交叉影响分析法的最初目的是为了弥补德尔菲法的不足，因为在应用德尔菲法对未来事件进行预测时，通常只是简单地要求专家估计各个事件在未来某个时间发生的概率或在规定的概率下事件发生的时间，而并没有考虑到各个事件之间可能发生的相互交叉影响。德尔菲法的这一不足限制了其在实际预测中的推广应用。因为从实践上看，经常会出现这样的情形，即在若干个相互联系的事件中，当其中的某一事件发生后，其他事件往往会受到程度不同的影响。例如，大气污染的扩大促进了无污染燃料的研制、廉价的电力供应使海水淡化易于实现、高速公路的兴建延缓了铁路和航空的普及、居民货币收入的增加对人们公共文化娱乐生活的提高起到了促进作用等。可见，当求某事件发生的概率时，不能仅仅考虑该事件本身，还要考虑其他一些已经发生或者尚未发生的事件可能造成的影响。

所谓交叉影响分析法，就是根据若干个事件之间的相互影响关系，分析当某一事件发生时，其他事件因受到影响而发生何种形式变化的一种方法。由于事件之间的相互影响关系通常用矩阵的形式来表达，而各个事件的变化程度又是用概率值来描述的，故这种方法又可称为交叉影响矩阵法或交叉影响概率法。

若干个事件之间的相互影响关系通常分为有影响和无影响。对于有影响，又可进一步分为正影响（促进影响）和负影响（阻碍影响）。这里，有影响表示某一事件的发生会引起另一事件发生的概率产生变化，无影响表示某一事件的发生不引起另一事件发生的概率产生变化（或者是极小的影响，可以忽略不计）；正影响表示某一事件的发生会使受影响的另一事件发生的概率提高，负影响表示某一事件的发生会使受影响的另一事件发生的概率降低。

交叉影响分析法除了要定性地研究事件之间有影响或无影响、正影响或负影响外，还要定量地研究事件之间影响的程度。具体来说，假设若干个相互联系的事件为 D_i（D_1，D_2，…，D_m，…，D_n），在未考虑交叉影响时，

---

① T. J. Gordon，H. Hayward. Initial Experiment with the Cross Impact Matrix Method of Forecasting [J]. *Futures*，1968 (1)：100-116.

其原估计发生的概率为 P_i（P_1，P_2，…，P_m，…，P_n）。现在考虑事件之间的交叉影响，例如假设已知 D_m 发生（即 $P_m=100\%$），且它的发生会对事件 D_i 产生影响，那么，D_i 的发生概率必定会产生变化，假设 P_i 变为 P_i'，则 P_i' 就是 P_i 的修正概率。当 $P_i'>P_i$ 时，表示正的影响；$P_i'<P_i$ 时，表示负的影响；$P_i'=P_i$ 时，表示无影响。交叉影响分析法要确定 D_m 发生后 P_i 与 P_i' 之间的定量变化关系。

在研究过程中，一般用“+”表示正影响，用“-”表示负影响，用“0”表示没有影响。而影响程度的大小则用一系列数值来表示，例如“+0.5”表示较小的正影响，“-1”表示较大的负影响。

4.2.2 交叉影响分析法的作用

在信息分析中，通常会遇到被研究的若干个事件之间存在某种影响关系的情形。例如，大规模的技术引进制约了技术开发的进程、商品供过于求时价格下降、科技的发展促进了生产和经济的发展、突发事件诱发了政府信任危机、竞争情报行为的实施提升了企业的市场竞争力等。将交叉影响分析法引入信息分析领域，可以定量地考察被研究的各个事件之间的相互影响关系。从实践上看，主要在以下几个方面发挥作用：

第一，对历史事件进行验证。例如，美国曾利用交叉影响分析法对研制民兵式导弹的发生概率做了研究。根据当时的知识，人们认为在不考虑交叉影响时，该事件发生的概率仅为 0.20，是其他一系列相关事件的影响把这一低数值提高到 0.729。这一结论与客观事实大致相符①。

第二，对未来事件进行预测。例如，国内有人将交叉影响分析法应用于电镀含铬废水处理技术发展方向的预测，得出以回收物料、回收用水和不排放废水的闭路循环技术为今后上海电镀含铬废水预处理控制技术政策的结论②。

第三，方案（技术、产品等）评价。例如，将研究与开发的投资重点放在某一方案上后对其他方案可能产生的影响的评价；开发、引进或改造某种技术后对社会上各种因素和其他技术可能产生的影响的评估。

---

① 顾镜清编著. 未来学概论［M］. 贵州：贵州人民出版社，1985：257-259.

② 徐鸿德. 用交叉影响分析法预测废水处理技术的发展方向［J］. 贵州环保科技，1988（1）：8-12.

第四，战略规划与决策。例如，将交叉影响分析法应用于城市发展战略规划与决策领域，有助于判断现有发展政策与现有目标是否协调一致，是否具有有效推动作用；有助于明确不同战略对于不同目标的影响效果；有助于战略决策过程清晰而理性①。

4.2.3 交叉影响分析法的程序

应用交叉影响分析法进行信息分析的大致程序包括：确定事件之间的影响关系，评定影响的程度，计算影响值，分析并得出预测结果。

（1）确定影响关系

在应用交叉影响分析法解决问题时，需要首先掌握事件集合、事件的原估计发生的概率这两个方面的原始数据。其中，事件集合包含了与特定研究对象相关的各个具体事件。例如在研究能源政策时，通常涉及用煤炭代替石油、降低石油价格、控制空气和水源的质量标准等一系列相关事件；原估计发生的概率是指未考虑事件之间的相互影响时各事件独立发生的概率，一般采用德尔菲法对各个事件独立地进行预测，此时不必考虑事件之间的相互作用。原估计发生的概率值存在于 0 和 1 之间，其中，“0”代表事件在未来不会发生，“1”代表事件在未来肯定会发生。显然，这一组数据在考虑事件之间的交叉影响后要发生变化。

事件集合中各个事件之间的影响关系一般用交叉影响矩阵表来表示(见表 4-3)。

表 4-3 **交叉影响矩阵表**

事件	原估计发生的概率	对其他事件的影响			
		D_1	D_2	…	D_n
D_1	P_1	–	P'_{12}	…	P'_{1n}
D_2	P_2	P'_{21}	–	…	P'_{2n}
…	…	…	…	–	…
D_n	P_n	P'_{n1}	P'_{n2}	…	–

① 钱欣，王德，孙烨. 交叉影响分析在战略规划决策研究中的应用［J］. 城市规划学刊，2009（2）：69-74.

矩阵表中，P'_{ij}(i，j=1，2，…，n，$i \neq j$，n 为事件个数）表示事件 D_i 发生时对其他事件 D_j 产生影响，使事件 D_j 发生的概率由 P_j 变为 P'_{ij}。

（2）评定影响的程度

在评定事件之间的影响程度时，一般要预先制定一个影响程度分档表，然后确定具体的影响程度。

① 制定影响程度分档表

一般采用七个档次的影响程度分档表，见表 4-4。

表 4-4 **影响程度分档表**

序号	影响程度档次	影响程度 S
1	无影响	0
2	较小负影响	−0.5
3	较小正影响	+0.5
4	较强负影响	−0.8
5	较强正影响	+0.8
6	极强负影响	−1.0
7	极强正影响	+1.0

② 影响程度调查

影响程度的调查同样可以采用德尔菲法。在调查时，一般设计如表 4-5 所示的调查表。

表 4-5 **影响程度调查表**

事件	原估计发生的概率	对其他事件的影响程度			
		D_1	D_2	…	D_n
D_1	P_1	–	S_{12}	…	S_{1n}
D_2	P_2	S_{21}	–	…	S_{2n}
…	…	…	…	–	…
D_n	P_n	S_{n1}	S_{n2}	…	–

表中 S_{ij}（i，j=1，2，…，n，$i \neq j$）表示事件 D_i 发生时对其他事件 D_j 的影响程度。例如，S_{12} 表示 D_1 发生时对 D_2 的影响程度。S_{ij} 的值由专家根据自己对 D_i 与 D_j 之间定性影响程度的分析从表 4-4 所给出的分档标度中择一填写。

③ 影响程度汇总

邀请一批专家（假设专家人数为 m）填写表 4-5，则可按表 4-6 将专家意见汇总，并将结果反馈给每位专家，反复征求意见四轮，使意见收敛。

表 4-6　**影响程度汇总表**

专家编号	D_1 的影响				D_2 影响				…				D_n 影响			
	S_{12}	S_{13}	…	S_{1n}	S_{21}	S_{23}	…	S_{2n}	…	…	…	…	S_{n1}	S_{n2}	…	S_{nn-1}
1																
2																
…																
m																
平均值																

（3）计算影响值

当 D_i 发生并对 D_j 产生影响后，假设 D_j 的概率由 P_j 变为 P'_{ij}，则其间的关系可由戈登（T. J. Gordon）提出的下列经验公式来表示：

$$P'_{ij}=P_j+S_{ij}P_j\ (1-P_j) \tag{4-8}$$

式中，P_j 为 D_j 的原估计发生的概率，P'_{ij} 为考虑交叉影响后的修正概率，S_{ij} 为影响程度。

式（4-8）所体现的 P'_{ij} 与 P_j 之间的函数关系可用图 4-5 反映出来。显然，P'_{ij} 的取值范围介于 $S_{ij}=1$ 和 $S_{ij}=-1$ 时的两条曲线之间的区域。

假设表 4-6 中提供的数据是德尔菲法收敛后的最终专家意见，则可考虑取该表中的平均值为 S_{ij} 的值。于是，可以由式（4-8）逐一计算出 P'_{ij} 的值。

（4）分析并得出预测结果

上面的影响值是根据专家评定的影响程度计算的，而向专家调查并获取影响程度的前提是假定某一事件肯定发生。可是，从实践上看，该事件还存

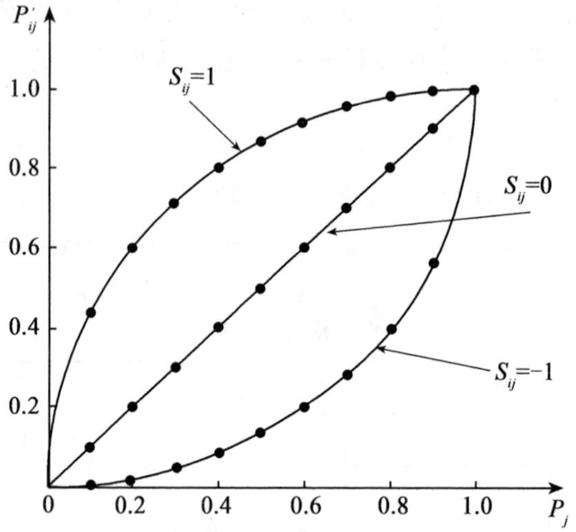

图 4-5　P'_{ij}与 P_j的关系

在着可能不发生或不完全发生的情形。因此还需要结合经验和其他信息进行综合分析，对上述影响程度和影响值作进一步的分析和修正。例如 P'_{ij}的值是在假设事件 D_i肯定发生的前提下得出的事件 D_j的修正概率。如果经过认真分析，认为事件 D_i发生的可能性不大，则应否定掉 P'_{ij}这个修正概率。又如，假如通过计算，得出事件 D_i对事件 D_j是很小的负影响（即 P'_{ij}的值很小），而从经验来看，事件 D_i对事件 D_j的影响是无影响（或可以忽略不计的极小影响），因此，可以考虑忽略掉事件 D_i对事件 D_j的影响。

综合考虑多个事件之间的相互影响关系，最终的预测结果往往是一个区间值，而不是一个点值。

需要指出的是，由于在计算过程中涉及的两组数据 P_j和 S_{ij}均是通过主观估计由专家给定的，因此交叉影响分析法主要还是一种依靠经验和直观判断进行分析预测的方法，多用于数据掌握不多的情形。

4.3　层次分析法

层次分析法（Analytic Hierarchy Process，简称 AHP）是美国运筹学家、匹兹堡大学教授萨蒂（T. L. Saaty）于 20 世纪 70 年代中期提出来的一种实用的多准则评价方法。该方法是一种系统化、层次化的分析方法，体现了人类思维活动的基本特征和发展过程（即分解、判断、排序和综合）。

层次分析法是一种具有新意的专门方法，特别是在解决多目标决策问题方面占有优势，目前已广为世界各国所采用。在信息分析中，层次分析法正呈现出勃勃生机，具有非常广阔的应用领域和应用前景。

4.3.1 层次分析法的原理

层次分析法是一种定性与定量完美结合的半定量方法。它根据人类的辩证思维过程，先将一个复杂的研究对象划分为递阶层次结构，同一层的各元素具有大致相等的地位，不同层次元素间具有某种联系；再对单层次的元素构造判断矩阵以得出层次单排序，并进行一致性检验；最后，为了计算层次总排序，采用逐层叠加的方法，从最高层次开始，由高向低逐层进行计算，推算出所有层次对最高层次的层次总排序值。对每一层的递推，都必须作相应的层次总排序的一致性检验。

层次分析法的实施程序如图 4-6 所示①。

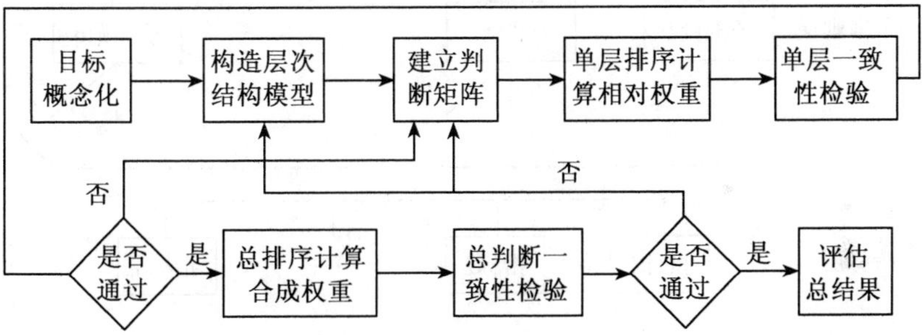

图 4-6 层次分析法的操作程序

层次分析法的独特性在于递阶层次结构、判断矩阵的构成和一致性检验三方面。

(1) 递阶层次结构

当人们对某个复杂现象的结构进行分析时，常常发现该结构中的各因素

① 卢泰宏著. 信息分析 [M]. 广州：中山大学出版社，1998.

的数目及相互联系非常庞杂，超出了人们对全部信息清晰理解的能力。在这种情况下，人们往往将大系统分解为一些相互关联的子系统。递阶层次就是一种特殊形式的系统。它模仿了人脑的思维方式，即将一个复杂的问题划分为多层次的结构，每个层次中的因素具有大致相等的地位，不同层次的因素间具有某种联系。

递阶层次结构模型如图4-7表示。其中，最高的目标层体现了系统的最终目标；目标层之下的准则层和子准则层是为了实现最终目标而建立起来的一套判断准则；指标层又称方案层或操作层，是在准则层的基础上分解出来的各种可操作、可测量的因素。某一层次的因素作为准则对下一层次的某些因素起支配作用，同时又受到上一层次因素的支配。

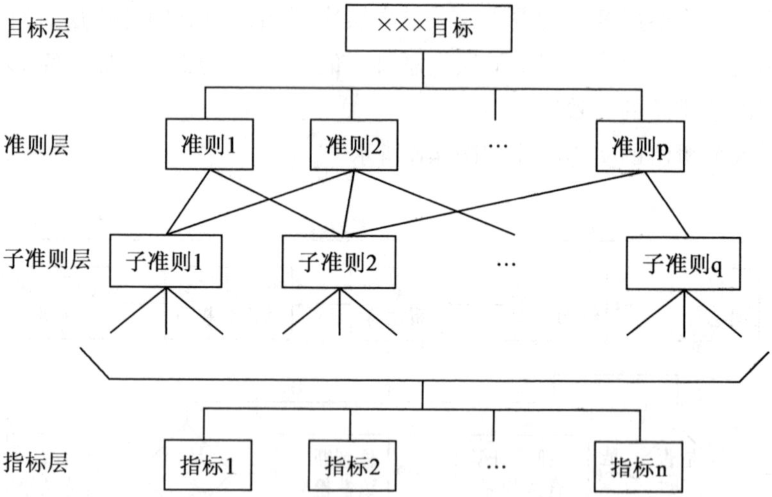

图 4-7　递阶层次结构模型

递阶层次结构按分层组合来处理系统问题，这比采用其他方法要迅速、有效得多。它既可以用来描述高层次中因素排序变化对低层次中因素排序的影响，也可以在较低层次中提供关于系统的结构和功能的详细信息，并在较高层次上使人们对目标有一个整体性的了解。人们在构造递阶层次结构模型时首先考虑的是方便，各层次间的联系是自然的，必要时还可以将不合理的层次进行分解或完全取消。

图 4-8 所示的就是某信息分析产品评价的递阶层次结构模型①。

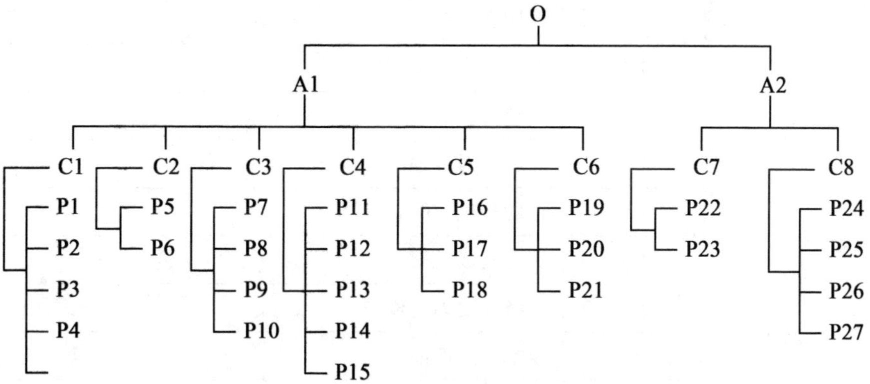

图 4-8　某信息分析产品评价的递阶层次模型

图中各符号含义见表 4-7。

表 4-7　**符号含义**

层次	符号	符号含义
目标层	O	产品评价
准则层Ⅰ	A1	产品的潜在价值
	A2	产品的直接价值
准则层Ⅱ	C1	先进性
	C2	及时性
	C3	可行性
	C4	完整性
	C5	逻辑性
	C6	预测性
	C7	适用性（适用程度和范围）
	C8	实效性（用户反应和实际结果）

① 包昌火主编. 情报研究方法论［M］. 北京：科学技术文献出版社，1990.

续表

层次	符号	符号含义
指标层	P1	课题新颖
	P2	所用事实、数据新
	P3	观点有新意
	P4	课题针对性强
	P5	选题准确及时
	P6	课题完成及时
	P7	经济、财力、资源
	P8	技术、生产能力
	P9	与政策一致
	P10	环境生态影响
	P11	信息搜集量
	P12	时间跨度
	P13	国内外情况掌握
	P14	建议的参考价值
	P15	估算方法的正确性
	P16	行文通顺程度
	P17	结论推导严密性
	P18	取材是否恰当
	P19	短期（5年内）
	P20	中期（5~10年）
	P21	长期（10年以上）
	P22	适用范围
	P23	适用程度
	P24	直接经济效果
	P25	对方针、政策的影响
	P26	学术理论价值
	P27	效益成本比

有了这个递阶层结构模型，我们就可以按照层次分析法解决问题的具体过程，对该信息分析产品进行评价了。

(2) 判断矩阵的构成

在一般的分析评估中，构造判断矩阵的方法是：先给定一个尺度，然后将每一个因素与该尺度对照，从而得出评价量值（作为判断矩阵的元素）。

若对 m 个因素进行综合评估，判断集元素的个数为 n，则其结果是一个 m 行 n 列的矩阵，从而构成判断矩阵 R，即：

$$R = \begin{bmatrix} r_{11} & r_{12} & \cdots & r_{1n} \\ r_{21} & r_{22} & \cdots & r_{2n} \\ & \cdots & \cdots & \\ r_{m1} & r_{m2} & \cdots & r_{mn} \end{bmatrix} = (r_{ij})_{m \times n} \tag{4-9}$$

式中，行数 i $(i=1, 2, \cdots, m)$ 是评估因素的个数，列数 j $(j=1, 2, \cdots, n)$ 是判断集的元素个数。

但是，涉及社会、经济、人文等因素的决策问题的主要困难在于，这些因素复杂多样，几乎找不到可以用以统一度量的尺度，因而不易定量地量测。而当因素较多时，人们凭借自己的经验和知识进行判断，给出的结果往往是不全面和不准确的。

萨蒂改进了传统的做法：一是不把所有因素放在一起比较，而是两两相互对比；二是对比时采用相对尺度，以尽可能地减少性质不同的诸因素相互比较的困难，提高准确度。也就是说，层次分析法充分利用人类善于进行分析比较的优势，将各种因素之间的成对比较值作为判断矩阵的元素。显然，这对分析目前尚无统一度量尺度的经济、科技、人的行为以及科学管理等复杂问题显得直观明了。判断矩阵的一般表达式可用图 4-9 表示。

a_k	B_1	B_2	$\cdots$	B_n
B_1	b_{11}	b_{12}	$\cdots$	b_{1n}
B_2	b_{21}	b_{22}	$\cdots$	b_{2n}
$\cdots$			$\cdots$	
B_n	b_{n1}	b_{n2}	$\cdots$	b_{nn}

图 4-9　判断矩阵的一般表达式

其中，a_k 表示 A 层次中的第 k 个因素，B_1，B_2，$\cdots$，B_n 表示与 a_k 因素有

关的下一层次因素，b_{ij}表示与 a_k 因素有关的下一层次因素 B_i 和 B_j 的两两对比值（显然，对 B_1，B_2，…，B_n 各因素，需要进行 C_n^2 次成对比较）。b_{ij} 值由专家依据萨蒂专门设计的 1～9 尺度法从表 4-8 中选取。

表 4-8 **判断矩阵尺度及其含义**

标度	含义
1	表示两个因素相比，具有同样重要性
3	表示两个因素相比，一个因素比另一个因素稍微重要
5	表示两个因素相比，一个因素比另一个因素明显重要
7	表示两个因素相比，一个因素比另一个因素强烈重要
9	表示两个因素相比，一个因素比另一个因素极端重要
2，4，6，8	上述两相邻判断的中值
1，$\frac{1}{2}$，…，$\frac{1}{9}$	因素 i 与 j 比较得判断 a_{ij}，则因素 j 与 i 比较得判断 $a_{ji}=1/a_{ij}$

在萨蒂设计的 1～9 尺度法中，b_{ij}的取值范围是 1，2，…，9 及其互反数 1，$\frac{1}{2}$，…，$\frac{1}{9}$。萨蒂这样做的理由是：

① 在进行定性的成对比较时，人们头脑中通常有 5 种明显的等级。

② 心理学家认为，进行成对比较的尺度太多，将超出人的判断能力，最多大致在 7±2 范围。如以 9 个为限，用 1～9 尺度表示它们之间的差别正合适。

③ 萨蒂曾仔细对比了 1～3，1～5，…，1～17，…，（d+0.1）～（d+0.9）（d=1，2，3，4），1^p～9^p（p=2，3，4，5）等 27 种尺度，通过对比发现，1～9 尺度不仅在较简单的尺度中最好，而且结果并不劣于较复杂的尺度。

在图 4-9 中，由萨蒂 1～9 尺度法得到的判断矩阵具有以下特点：

$$B=(b_{ij})_{n\times n}\ ,\ b_{ij}>0\ ,\ b_{ij}=\frac{1}{b_{ji}}\ ,\ b_{ii}=1 \tag{4-10}$$

（3）一致性检验

在矩阵理论中，人们将具有式（4-10）特点的矩阵称为正互反矩阵。在层次分析法中，这个正互反矩阵除了具有式（4-10）显示的特点外，还具有这样的独特性，即任何一个专家在对复杂系统按层次分析法中判断矩阵的构成进行逐对判断时，其结果原则上应满足式（4-11）：

$$b_{ij} = \frac{b_{ik}}{b_{jk}} \tag{4-11}$$

例如，对于判断矩阵

$$B = \begin{bmatrix} 1 & \frac{1}{3} & \frac{1}{8} \\ 3 & 1 & \frac{1}{3} \\ 8 & 3 & 1 \end{bmatrix}$$

可以看出，$b_{12} = \frac{1}{3}$，$b_{13} = \frac{1}{8}$，$b_{23} = \frac{1}{3}$。即专家判断的结果是：因素B_1与B_2之比为1∶3，B_1与B_3之比为1∶8，B_2与B_3之比为1∶3。显然，这里的$b_{23} = \frac{1}{3}$与我们由$b_{12} = \frac{1}{3}$和$b_{13} = \frac{1}{8}$推出的$b_{23} = \frac{3}{8}$相矛盾。也就是说，专家在进行因素间的两两比较和判断时，前后发生了矛盾，出现了不一致的情况。

事实上，由于客观事物的复杂性和人们认识能力的局限性，人们在对客观事物进行判断时，难免会出现一些或大或小的差错。在实践中，上述不一致现象几乎是无法避免的。专家的判断严格符合式（4-11），只能理解成一种理想状态，要求专家在实践中真正做到这一点，未免显得太苛刻了。萨蒂认为，若不一致性很小并且在允许的范围之内，则可以考虑接受所得到的结论；但是，如果不一致性太大，超出了允许的范围，则所得到的结论不能被接受，专家的判断是无效的。这就引入了这样一个问题：“什么是不一致性的允许范围?”一致性检验正是解决这个问题的。为了保证利用层次分析法得到的结论基本合理，必须对专家对客观事物的定性分析判断进行严格的“是否一致”的定量检验。

我们先举一个专家判断完全一致的例子。设有一块大石头A，其重量为w。现将该石头砸成n块小石头B_1，B_2，…，B_n，其重量分别为w_1，w_2，…，w_n。我们把这些小石头的重量互相逐对比较，可得到由重量比值作为元素构成的判断矩阵B：

$$B = \begin{bmatrix} \frac{w_1}{w_1} & \frac{w_1}{w_2} & \frac{w_1}{w_3} & \cdots & \frac{w_1}{w_n} \\ \frac{w_2}{w_1} & \frac{w_2}{w_2} & \frac{w_2}{w_3} & \cdots & \frac{w_2}{w_n} \\ & \cdots & & \cdots & \\ \frac{w_n}{w_1} & \frac{w_n}{w_2} & \frac{w_n}{w_3} & \cdots & \frac{w_n}{w_n} \end{bmatrix} = (b_{ij})_{n \times n} \tag{4-12}$$

显然，上述判断矩阵符合式（4-10）和式（4-11），具有完全一致性。此时，我们将 B 称为 n 阶一致性矩阵。n 块小石头对大石头的权重可用向量 $w=(w_1, w_2, \cdots, w_n)^T$ 表示。若大石头的重量为单位重量，则有 $\sum_{i=1}^{n} w_i = 1$。

在矩阵理论中，可以证明，n 阶一致性矩阵具有如下性质：

① B 的秩为 1，B 的唯一非零特征根为 n。

② B 的任一列（行）向量都是对应于特征根 n 的特征向量。

如果得到的判断矩阵是一致性矩阵，就应取对应于特征根 n 的、归一化后的特征向量表示各因素 B_1，B_2，…，B_n（小石头）对上层因素 A（大石头）的权重。这个向量称为权向量。

如果得到的判断矩阵不是一致性矩阵，但在不一致性允许的范围内，萨蒂建议用对应于 B 最大特征根（λ_{max}）的、归一化后的特征向量作为权向量 w。

在实际的一致性检验中，要先计算出最大特征根 λ_{max} 的近似值，λ_{max} 的值越接近 n（判断矩阵的阶数），则判断矩阵的一致性就越好。有了 λ_{max} 值，就可以用一致性指标 CI 来表示一致性偏差。CI 的计算公式为：

$$CI = \frac{\lambda_{max} - n}{n - 1} \tag{4-13}$$

矩阵的阶数越大，完全一致性就越难达到。为测量不同阶数的判断矩阵的一致性程度的允许范围，萨蒂又引入阶数为 n 的判断矩阵平均随机一致性指标 RI。它是用随机方法构造出 500 个样本矩阵，然后计算得到的平均值。RI 值可由表 4-9 查出。

表 4-9　　**RI 取值表**

n	1	2	3	4	5	6	7	8	9	10	11	12	13	14	15
RI	0.00	0.00	0.58	0.90	1.12	1.24	1.32	1.41	1.45	1.49	1.52	1.54	1.56	1.58	1.59

表中 $n=1$，2 时，$RI=0$，是因为阶数为 1，2 的判断矩阵总是具有完全一致性。

对于 $n \geqslant 3$ 的判断矩阵，将其一致性指标 CI 与同阶（指 n 相同）平均随

机一致性指标 RI 之比称为随机一致性比率 CR。当式（4-14）成立时，即认为判断矩阵具有满意的一致性（即判断矩阵的一致性程度在允许范围之内）。否则应重新进行成对比较，调整判断矩阵的元素，使之达到满意的一致性为止。

$$CR = \frac{CI}{RI} \leqslant 0.10 \tag{4-14}$$

4.3.2 层次分析法的计算

（1）层次单排序

层次单排序可归结为如何计算判断矩阵的最大特征根及其对应的特征向量。特征向量反映了某层次因素相对于上一层次某因素的相对重要性。严格的计算方法是幂法。在计算机的支持下，利用这种方法可以得到任意精确度的最大特征根及其对应的特征向量。简易算法主要是方根法与和积法。

方根法的计算步骤如下：

① 计算判断矩阵每一行元素的乘积 M_i

$$M_i = \prod_{j=1}^{n} b_{ij} \qquad (i = 1, 2, \cdots, n)$$

② 计算 M_i 的 n 次方根 $\bar{w}_i$

$$\bar{w}_i = \sqrt[n]{M_i}$$

③ 对向量 $\bar{w} = (\bar{w}_1, \bar{w}_2, \cdots, \bar{w}_n)^{\mathrm{T}}$ 进行归一化处理，即使

$$w_i = \frac{\bar{w}_i}{\sum_{i=1}^{n} \bar{w}_i} \qquad (i = 1, 2, \cdots, n)$$

$w = (w_1, w_2, \cdots, w_n)^{\mathrm{T}}$ 就是判断矩阵的特征向量。

④ 计算判断矩阵的最大特征根 $\lambda_{\max}$

$$\lambda_{\max} = \sum_{i=1}^{n} \frac{(Bw)_i}{nw_i}$$

式中 $(Bw)_i$ 表示向量 Bw 的第 i 个元素。

⑤ 一致性检验

先计算出 $CI = \dfrac{\lambda_{\max} - n}{n - 1}$，再计算出随机一致性比率 $CR = \dfrac{CI}{RI}$。当 $CR \leqslant 0.10$ 时，则认为该判断具有满意的一致性。

和积法的计算步骤如下：

① 将判断矩阵每一列元素进行归一化处理

$$\bar{b}_{ij}=\frac{b_{ij}}{\sum_{i=1}^{n}b_{ij}}\qquad(i,\ j=1,\ 2,\ \cdots,\ n)$$

② 将归一化后的判断矩阵按行相加

$$\bar{w}_i=\sum_{j=1}^{n}\bar{b}_{ij}\qquad(i=1,\ 2,\ \cdots,\ n)$$

③ 对向量 $\bar{w}=(\bar{w}_1,\ \bar{w}_2,\ \cdots,\ \bar{w}_n)^{\mathrm{T}}$ 进行归一化处理

$$w_i=\frac{\bar{w}_i}{\sum_{i=1}^{n}\bar{w}_i}\qquad(i=1,\ 2,\ \cdots,\ n)$$

$w=(w_1,\ w_2,\ \cdots,\ w_n)^{\mathrm{T}}$ 就是判断矩阵的特征向量。

④ 计算判断矩阵的最大特征根 $\lambda_{\max}$

$$\lambda_{\max}=\sum_{i=1}^{n}\frac{(Bw)_i}{nw_i}$$

式中 $(Bw)_i$ 表示向量 Bw 的第 i 个元素。

⑤ 一致性检验

先计算出 $CI=\dfrac{\lambda_{\max}-n}{n-1}$，再计算出随机一致性比率 $CR=\dfrac{CI}{RI}$。当 $CR\leqslant 0.10$ 时，则认为该判断具有满意的一致性。

(2) 层次总排序

如果考虑到上一层次某个因素在其层次中的相对重要性，然后和下一层次的因素加权，就可得到下一层次因素相对于上一层次的整个层次的组合权值，这就是层次总排序。为了求出最低层次所有因素对于最高层的相对重要性的权重向量，可采用逐层叠加的方法，从最高层次开始，由高向低逐层进行计算。假定总目标下的第一层次 A 有 m 个因素 A_1，A_2，$\cdots$，A_m，相邻的下一层次 B 有 n 个因素 B_1，B_2，$\cdots$，B_n，通过单层次的计算，已得出 A 层的单层排序权值 a_1，a_2，$\cdots$，a_m，以及 B 层因素 B_1，B_2，$\cdots$，B_n对于 A_j的单层排序权值 b_{1j}，b_{2j}，$\cdots$，b_{nj}（当某一因素 B_k与 A_j无联系时，$b_{kj}=0$），则 B 层次对总目标的层次总排序值可由表 4-10 给出。

如此类推，可以推算出所有层次对总目标的层次总排序值。

表 4-10 层次总排序计算表

层次 \ 层次	A_1 A_2 … A_m	B 层次总排序权值
	a_1 a_2 … a_m	
B_1	b_{11} b_{12} … b_{1m}	$\sum_{j=1}^{m} a_j b_{1j}$
B_2	b_{21} b_{22} … b_{2m}	$\sum_{j=1}^{m} a_j b_{2j}$
…	…	…
B_n	b_{n1} b_{n2} … b_{nm}	$\sum_{j=1}^{m} a_j b_{nj}$

与单层次排序一致性检验相同，每进行一层的递推，都必须作相应的层次总排序的一致性检验。假定 B 层次因素对于 A_j 单排序的一致性指标为 CI_j，相应的平均随机一致性指标为 RI_j，则 B 层次总排序的随机一致性比率为：

$$CR = \frac{\sum_{j=1}^{m} a_j CI_j}{\sum_{j=1}^{m} a_j RI_j} \tag{4-15}$$

当求出的 $CR \leqslant 0.10$ 时，表明该层次总排序的结果具有满意的一致性。

层次分析法的计算比较复杂，目前已有一些软件支持层次分析法的运作，如 Expert Choice、yaahp 等。其中 Expert Choice 颇具代表性。Expert Choice 是建构在层次分析法上的软件，采用图形化的操作界面。Expert Choice 集成了网络功能，通过因特网，Expert Choice 可以把决策活动带到世界各地。它允许在世界任何地方的小组成员通过因特网一起解决问题，在决策活动中，能够包含每一个参与者并直到作出最后决策，这不仅联系了所有成员，而且节省了旅行时间和费用成本。Expert Choice 提供的 keypad 功能能够创造小组成员集体研讨和征询意见的空间，讨论结果能够放到决策层次里。使用这个电子 keypads，可邀请多达 150 个专家参与判断或决定关于一个问题的目标或者子目标。Expert Choice 的优点还体现在：建构决策模型的方式浅显易懂；在模型视图中包含了 TreeView 和 ClusterView，以表现决策的层次（如目标、子目标）；在 TreeView 或 ClusterView 中可以使用拖曳的方式去操作目标或子目标；对层次没有限制，可以构建复杂的架构。Expert Choice 可广泛应用于社会、经济、科技、管理等方面的多目标决策问题，如情报研究成果评价、资源分配、人力资源管理、制定市场策略、成本收益分析、工程设计评估、策略分析及评估、客户反应、信息技术投资管理、产品定价、供应链绩效评估等。

4.4 内容分析法

20世纪初，人们提出在常规性阅读文献以获得理解之外，还可采用量化的统计学方法对文献的内容进行系统、客观的分析和解释。这导致了内容分析法（content analysis）的提出。

4.4.1 内容分析法及其特征

内容分析法是一种对研究对象的内容进行分析，透过现象看本质的科学方法。学术界有许多关于内容分析法的定义，如贝雷尔森（B. Berelson）、韦伯（R. P. Weber）、克里本道夫（K. Krippendorff）等人将内容分析法定义成一种基于清晰的编码规则，将文本中的众多词语压缩成少量内容种类的系统的、重复进行的技术①②③；霍尔斯蒂（O. R. Holsti）认为内容分析法是一种通过客观、系统地识别消息中的特征来进行推理的一种技术④。根据大多数专家的意见，“统计”、“系统”和“客观”被认为是内容分析法的主要特征。内容分析法是对文献内容进行系统的量化统计和分析的一种专门方法，其目的一般是弄清或测度文献中本质性的事实或趋势。

内容分析法具有以下特征：

（1）统计性。内容分析法是对大量样本进行特征识别的系统方法，具有统计性。在内容分析法操作过程中，需要运用各种统计学方法和工具对所设计和定义的分析单元出现的频次进行统计分析。通过规范性的频数统计，反映统计意义上的相关性。由于统计分析和处理过程的复杂性，目前，一般借用专用软件（如WordStat、DIMAP、Concordance等）来进行统计分析和处理，这导致了当前的内容分析法具有鲜明的计算机辅助分析的发展趋向。

（2）系统性。内容分析法是一种对大量样本进行特征识别的系统方法。

---

① B. Berelson. *Content Analysis in Communication Research* [M]. Glencoe, Ill: Free Press, 1952.

② K. Krippendorff. *Content Analysis: An Introduction to Its Methodology* [M]. Newbury Park, CA: Sage, 1980.

③ R. P. Weber. Basic Content Analysis [J]. *Newbury Park*, CA. 1990.

④ O. R. Holsti. *Content Analysis for the Social Sciences and Humanities* [M]. Reading, MA: Addison-Wesley, 1969.

在分析过程中，要求按照科学的抽样规则对所分析的对象进行抽样，制定合理的分析框架，尽量做到全面性、体系性、连续性和代表性相结合。一般情况下，少量的、零散的资料不能作为分析的依据。

(3) 客观性。内容分析法强调用事实和数据说话。为此，一旦分析目的和范围确定，就必须按照严格的程序进行，避免人为因素的干扰，做到客观、公正。内容分析必须基于明确和一致的规则进行。

内容分析法虽然是一种卓有成效的研究方法，但也存在一些局限性，主要体现在①：

(1) 被研究的文献需具备形式化和统计性两个条件。其中，前者是指能从文献中抽出便于可靠统计的、具有语义特征的分析单元，后者是指要有一定数量的具备统计意义的文献。

(2) 该方法运用的背景是归纳法。即研究工作不可能超越和脱离所分析的文献。该方法不是一种发挥想象力的开放式方法。

(3) 该方法实施的工作量大，投入时间较长，一般需要采用计算机辅助分析工具。

4.4.2 内容分析法的流程

内容分析法是一种从公开资料中萃取秘密信息的方法，可以揭示出隐性的、具有重要利用价值的信息内容。就内容分析法所采用的原始素材而言，既可以是文字形式的，也可以是非文字形式的（如电视和广播节目、影片、演讲录音或录像等）。事实上，在内容分析法中，一些不起眼的信件、日记、报纸文章、会议记录、实况新闻报道、影片、电视广播节目、网上资料等公开资料，都可以作为分析的对象②。

从研究思路来看，内容分析法大体上沿着“确定目的→选择样本→定义分析单元→制定分析框架→频数统计→结论汇总”的流程展开，在这一流程中，通常还隐含着建立假设和检验假设的环节，如图 4-10 所示。

(1) 确定目的

内容分析的首要环节是明确分析的目的，这是后续各环节实施的基础。

(2) 选择样本

样本一般通过抽样的方式获得。样本力求信息量大，连续性强，与分析目的对应性好，便于统计分析，并尽可能是分析人员所熟悉和方便获取的。

---

① 卢泰宏著. 信息分析 [M]. 广州：中山大学出版社，1998.

② http：//w2. laes. tp. edu. tw/rebecca/old_ index/U4/u4122. htm [EB/OL].

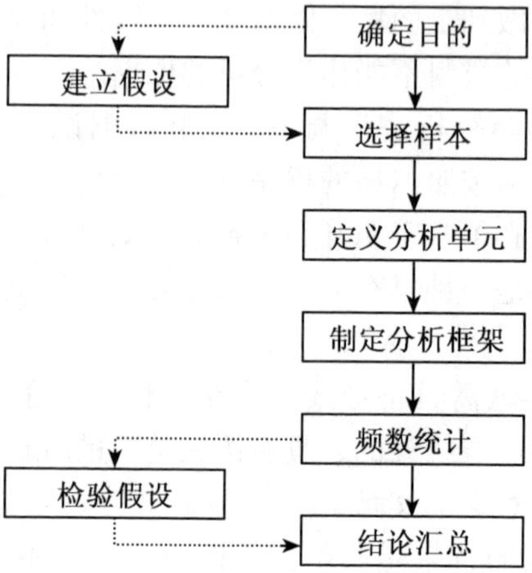

图 4-10　内容分析法的流程

（3）定义分析单元

分析单元是内容的“指示器”。一般先依据目的确定分析范畴，即确定符合目的要求的最一般的关键性概念。确定范畴时应避免两个极端：过大的范畴可能使分析结果表面化和简单化；过细的范畴造成几乎重复原文。范畴选择之后，再明确相对应的分析单元。在工作量许可的情况下，分析单元应尽量细化。分析单元是不再细分的测度单位。例如文献中的词以及意义独立的词组、简单句、段、意群、篇等，均可视作分析单元。其中，词是最小的分析单元。在复杂的内容分析中，可同时采用多种分析单元。

（4）制定分析框架

该环节是内容分析法取得成功的关键。要求分析人员根据分析目的和分析单元，确定有意义的逻辑结构。其基本出发点是使分析单元的测度结果能反映和说明实质性的问题。例如，用图书馆中通用的主题词表作词频分析有时意义不大，原因在于通用的主题词表并不是为分析专门问题而设计的。

（5）频数统计

频数统计是一种规范性、烦琐性的操作，包括计数和数据处理，需要通过大数量的统计反映统计意义上的相关性。这一环节通常需要计算机辅助。在内容分析中，词频统计最具有代表性。

（6）结论汇总

在统计处理和分析的基础上得出结论，对结论的可靠性、适用性进行评价，并做出必要的说明。

因研究对象不同，各环节在操作时，应注意具体问题具体分析。

4.4.3 内容分析法的应用

内容分析法具有极其广阔的应用领域和应用前景。

第二次世界大战中，美国传播学家拉斯韦尔（H. D. Lasswell）等人在进行战时军事情报研究中，组织了一项名为"战时通信研究"的工作，以德国公开出版的报纸为分析对象，分析获取法西斯政权重要军政机密情报，取得了巨大的成功。这项工作使内容分析法彰显出实际效果，并且形成了一整套模式。

第二次世界大战结束后，社会科学研究呈现出面向应用的变革趋势，量化研究成为社会科学研究的新潮流。在这种情况下，内容分析法的应用开始从初创时期的传播学领域向更广泛的政治、经济、社会等领域扩展，并逐渐发展成为"几乎遍及社会科学的所有领域"的科学研究方法。通过持续改进，内容分析法也得到了信息分析领域的认同，成为信息分析方法体系的重要成员。

通过应用内容分析法取得成功的例子不胜枚举。20 世纪 50 年代，美国学者贝雷尔森（B. Berelson）出版《传播研究的内容分析》一书，正式从科学研究的角度确立了内容分析法的地位。20 世纪 70 年代，有学者选择前苏联的莫斯科、列宁格勒和 14 个加盟共和国的 16 位地方党的领导人为分析对象，通过从这些政界人物在公开演说或著作中对领袖的称呼和提法中抽取指示词，借助词频统计和分析来推测地方领导人对勃列日涅夫的支持程度。并结合前苏联问题专家的意见，对分析结果的有效性和可靠性进行进一步的判定。2005 年，美国中央情报局成立了"公开信息中心"，每天在全球各个网站、论坛里搜集各种各样的军事信息。通过分析，美国不仅能发现别的国家最新的军事动向，而且连该国某些机密的武器发展计划，也可能由于网友的无意识透露而被美国情报机构掌握①。

在我国，内容分析法也在图书情报、中医药、旅游、食品安全、危机事件、教育、网络隐私、收入分配等各种研究中不断得到尝试和应用。例如，有人以"三鹿奶粉事件"为个案，通过选择目标媒体、时间范围和分析单元，统计分析这一危机事件中我国报纸媒体的报道，研究报纸媒体在危机事件中的角色定位②。又如，有人采用内容分析法，从 20 个方面考察 5 类包括门户网站、旅游预订、网上招聘、网上购物、网上支付共计 51 个有代表

---

① http://www.knowlesys.cn/cn/articles/public_opinion/cia_forum.htm [EB/OL].

② http://www.govyi.com/lunwen/2009/200907/326108_6.shtml [EB/OL].

性网站的隐私声明，发现国内网站的隐私声明存在很大差异，多数网站的隐私声明并不规范，隐私保护的一些重要方面尚未得到网站重视①。

在内容分析法的发展史中，美国未来学家约翰·奈斯比特（John Naisbitt）是不能不提及的人物。20世纪80年代初，约翰·奈斯比特出版了具有开创性的《大趋势——改变我们生活的十个新方向》(*Megatrends: Ten New Directions Transforming Our Lives*)② 一书。该书以美国为研究背景，通过深入观察地方上发生的事件和行为来了解美国的真实情况，探寻美国社会发展的未来趋势。该书提出了一些令人振奋的观点，如“虽然我们仍然认为我们是生活在工业社会里，但是事实上我们已经进入了一个以创造和分配信息为基础的经济社会”。该书全球发行量超过1 400万册，并与美国另一位著名未来学家阿尔文·托夫勒（Alvin Toffler）的《第三次浪潮》并称为“能够准确把握时代发展脉搏”的作品。约翰·奈斯比特也因此成了许多人心目中的全球未来学首席大师。该书预言的未来社会的十大趋势后来大部分变成了现实，尤其是其所预测的“信息化”、“网络化”和“全球化”已真正意义上变成了当代社会发展的潮流。约翰·奈斯比特在这一研究中，所采用的方法正是内容分析法。

近几年来，约翰·奈斯比特又相继出版了《世界大趋势：正确观察世界的11个思维模式》③ 和《中国大趋势：新社会的八大支柱》④ 两部作品，在世界范围内（尤其是在中国）引起了强烈的社会反响，再次成为内容分析法应用领域的杰作。

尽管在研究的细节上存在一些差异，但这三本书在研究的整体思路上几乎如出一辙，正如约翰·奈斯比特在《世界大趋势：正确观察世界的11个思维模式》导言中所说的：“搜集了大量信息，阅读了许多报纸，还与世界各地不同文化背景的人交流思想与观念，所有这一切都帮助我明了世界发展的趋势。”

---

① 周涛. 基于内容分析法的网站隐私声明研究［J］. 杭州电子科技大学学报（社科版），2009（3）.

② ［美］约翰·奈斯比特著. 大趋势——改变我们生活的十个新方向［M］. 北京：科学普及出版社，1985.

③ ［美］约翰·奈斯比特著. 世界大趋势：正确观察世界的11个思维模式［M］. 魏平，译. 北京：中信出版社，2010.

④ ［美］约翰·奈斯比特，［德］多丽丝·奈斯比特著. 中国大趋势：新社会的八大支柱［M］. 魏平，译. 吉林：吉林出版集团，中华工商联合出版社，2009.

运用内容分析法是一项艰苦细致的工作，需要“自下而上”地搜集大量的信息并加以客观和深入的量化分析。特别是对研究者而言，不仅需要对研究工作精心设计，而且在研究过程中需要有深邃的眼光和敏锐的洞察事物的能力。

例如，在《大趋势——改变我们生活的十个新方向》一书中，作为其基础的《趋势报告》大致是按下述方式完成的：

（1）样本选择。以美国地方报纸为分析对象，凡人口 10 万以上的城市及不足 10 万人口的州首府的报纸均入选，并考虑报纸质量，适当照顾左右翼平衡和少数民族。每月扫描约 6 000 种报纸。

（2）分析框架确定。根据分析社会动态的目标，采用四层次的分析框架：一级主题共 10 个，反映了美国社会问题的 10 个主要方面，即教育、就业、环境、政府和政策、健康、住房、人际关系和经济联系、法律和正义、交通、福利和贫困。这些一级主题再分解为二级、三级和四级主题。每一个一级主题大致分为 8 至 16 个小主题，总共有 117 个小主题。

（3）内容单元编码建库。以单篇报道作为分析单元，按主题框架将每篇报道归类编码，建立可供多途径检索的全文数据库，并完成各内容单元的篇幅指数统计。

（4）定性和定量分析。利用所建的数据库可以实现多方面的内容分析。如通过某一时点的剖面分析，可反映出各类主题的比例结构，发现社会关注的焦点问题；通过某个主题的篇幅变动分析，可以反映出某一主题篇幅的变化速度，追踪事物的发展趋势。

大批的《趋势报告》工作人员正是经过长达 12 年的时间每月不断地监视 6 000 种地方报纸，才成功地预测了未来社会的十大趋势。

思 考 题

1. 试述德尔菲法的特点及预测征询的过程。
2. 试述派生的德尔菲法的类型及特点。
3. 试述交叉影响分析法的原理。
4. 试述层次分析法的基本原理。
5. 利用层次分析法时为什么要进行一致性检验？
6. 试述内容分析的特征、流程及在信息分析领域的应用。

5 定量分析方法

定量分析方法以基础数学、数理统计、应用数学以及其他数学处理手段为基础，通过分析研究揭示出研究对象本身所固有的、内在的数量规律性。定量分析方法具有定量分析、结论具体、高度抽象等特点，在信息分析中有十分广泛的应用，例如利用文献增长模型判断文献内容的新颖性和适用性，利用投入产出模型进行经济分析、经济预测和经济政策模拟，利用马尔科夫链对产品或服务的市场占有率和利润期望值进行预测等。这种方法的缺点在于其不能完全替代人脑进行创造性思维。此外，定量分析方法所构造的曲线、模型或公式仅仅是客观事物抽象化和理想化的结果，与复杂的、多参量的、动态变化的客观事物本身相比，仅仅是一种近似的、简单的、静态的描述，因此，其结论在许多情况下仅具有参照意义。在具体实践中，人们往往根据课题的条件和要求交叉使用定性分析方法和定量分析方法，以达到相互补充、相互完善的效果。

5.1 多元分析法

5.1.1 回归分析

回归分析是处理两个或两个以上变量之间依赖关系的一种数学方法。它不仅提供了建立变量之间依赖关系的数学表达式（通常称为经验公式）的一般途径，而且通过计算对所建立的经验公式的有效性进行分析，使之能有效地用于预测和控制。目前，这一方法已在信息分析领域获得广泛的应用。

5.1.1.1 一元线性回归分析

(1) 一元线性回归方程参数的求解

信息分析的对象及其影响因素通常牵涉许多变量，这些变量之间常常存在各种各样的相关关系，如价格与需求、收入与支出、投资与收益等。一元线性回归分析法主要用于研究两个变量之间的线性相关关系。

对于有一定联系的两个变量 x 和 y，若通过观测或实验得到 n 组样本数据：

$$(x_1, y_1), (x_2, y_2), \cdots, (x_n, y_n)$$

将以上各对数据在同一平面上画散点图，若发现这些点虽然是散乱的，但大体上散布在某条直线的周围（见图 5-1），则表明这两个变量之间大致呈线性关系。可用数学公式表示为：

$$\hat{y} = a + bx$$

它代表平面上任意一条直线 l。

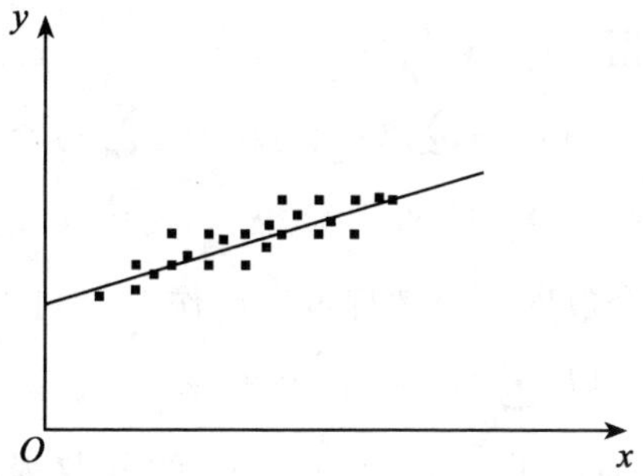

图 5-1 一元线性回归示意图

设 $Q(a, b) = \sum_{t=1}^{n} [y_t - (a + bx_t)]^2$。为了书写方便，把“$\sum_{t=1}^{n}$”简化为“$\Sigma$”。

$Q(a, b)$ 定量地描述了直线 l 跟以上 n 个点的总的远近程度，它随不同的 a 与 b 而变化，是 a、b 的二元函数。

$$\frac{\partial Q}{\partial a} = -2\sum [y_t - (a + bx_t)] = 0 \tag{5-1}$$

$$\frac{\partial Q}{\partial b} = -2\sum [y_t - (a + bx_t)] \cdot x_t = 0 \tag{5-2}$$

求解得：

$$a=\bar{y}-b\bar{x} \tag{5-3}$$

$$b=\frac{\sum(x_t-\bar{x})(y_t-\bar{y})}{\sum(x_t-\bar{x})^2}=\frac{l_{xy}}{l_{xx}} \tag{5-4}$$

数学上可以证明，式（5-3）和式（5-4）确定的 a、b 确实使 $Q(a, b)$ 达到最小。由于 $Q(a, b)$ 是 n 个平方之和，所以"使 $Q(a, b)$ 最小"的方法称为最小二乘法。

求出了 a、b，也就求出了直线 l：$\hat{y}=a+bx$，这便是 x，y 之间的经验公式即回归方程，b 为回归系数。

（2）回归方程效果的检验

在求出回归方程之后，是不是就可用它来进行预测和控制了呢？要注意的是，我们从任意一组数据 (x_1, y_1)，(x_2, y_2)，…，(x_n, y_n) 出发，按式（5-3）和式（5-4）都可建立起上述回归方程，但 y 与 x 是否真的有近似的线性相关关系？这还有待进一步检验和判明。

① 平方和分解公式

对于任意 n 组数据 (x_1, y_1)，(x_2, y_2)，…，(x_n, y_n)，可以证明：

$$\sum(y_t-\bar{y})^2=\sum(y_t-\hat{y}_t)^2+\sum(\hat{y}_t-\bar{y})^2 \tag{5-5}$$

在上式中，$\sum(y_t-\bar{y})^2$ 是 y_1，y_2，…，y_n 这 n 个数据的偏差平方和，它的大小描述了这 n 个数据的分散程度，记作 l_{yy}。可以证明，$\hat{y}_1$，$\hat{y}_2$，…，$\hat{y}_n$ 的平均数也是 $\bar{y}$，所以 $\sum(\hat{y}_t-\bar{y})^2$ 就是 $\hat{y}_1$，$\hat{y}_2$，…，$\hat{y}_n$ 这 n 个数的偏差平方和，记作 U，它描述了 $\hat{y}_1$，$\hat{y}_2$，…，$\hat{y}_n$ 的分散程度。$\sum(y_t-\hat{y}_t)^2$ 是 $Q(a, b)$ 的最小值，记作 Q。Q 是除了 x 对 y 的线性影响之外的剩余因素对 y 的分散性作用，这些剩余因素包括 x 对 y 的非线性影响及试验误差等，所以 Q 又称为剩余平方和。

通过以上分析，式（5-5）可表示为：

$$l_{yy}=Q+U$$

其具体含义为，y_1，y_2，…，y_n 的分散程度（l_{yy}）可以分解为两部分，一部分是（来源于 x_1，x_2，…，x_n 的分散性）通过 x 对 y 的线性相关关系而引起的分散性（U），另一部分是剩余部分引起的 y 的分散性（Q）。

② F 检验

在一般的分析中，通常选用量 F 进行回归方程效果的检验。F 为：

$$F=\frac{U}{Q/(n-2)}$$

F 体现了 x 与 y 的线性相关关系的相对大小：如果 F 值相当大，则表明 x 对 y 的线性影响较大，就可以认为 x 与 y 有线性相关关系；反之，若 F 的值较小，则没有理由认为 x 与 y 间有线性相关关系。

F 值究竟多大，才认为 x 与 y 间具有线性相关关系呢？

数学上可证明，在假设 H_0：$b=0$ 的前提下，F 服从自由度为 1，$n-2$ 的 F 分布。这样，我们就可以得到关于 F 检验的一般程序：

1）计算 U，Q，从而得 F 值。

2）对于给定的检验标准 α，查自由度为 1，$n-2$ 的 F 分布临界值表①，得临界值 λ：$P(F>\lambda)=\alpha$。

3）比较 F 值与 λ 值的大小。如 $F>\lambda$，则否定假设 H_0，可认为 x，y 间存在线性相关关系；否则，没有理由认为 x，y 间存在线性相关关系。

③ t 检验

$$t=\frac{b\sqrt{l_{xx}}}{\sqrt{Q/(n-2)}}$$

t 服从自由度为 $n-2$ 的 t 分布。t 检验的一般程序如下：

1）计算 t 值。

2）对于给定的检验标准 α，查自由度为 $n-2$ 的 t 分布临界值表，得临界值 λ：$P(t>\lambda)=\alpha$。

3）比较 t 值与 λ 值的大小。如果 $t>\lambda$，则认为 x，y 间存在线性相关关系；否则，没有理由认为 x，y 间存在线性相关关系。

（3）可线性化的非线性回归

对于回归方程的模式是线性的情况，可直接根据式（5-3）和式（5-4）求得 a、b。然而，大量的实际情况并不总是属于线性的模式，怎么办呢？一个常用而简便的方法是尽可能地将它们变为线性的模式。现将可线性化的几类非线性回归问题分述如下：

① 指数函数模式

$$\hat{y}=ae^{bx} \tag{5-6}$$

线性化的方法是对式（5-6）两边取对数，并令

$$\hat{y}'=\ln\hat{y} \quad a'=\ln a \quad b'=b$$

则式（5-6）可化为：

---

① F 分布临界值表以及后面将要涉及的 t 分布临界值表可参看数理统计学方面的书籍。

$$\hat{y}' = a' + b'x$$

② 幂函数模式

$$\hat{y} = ax^{b} \tag{5-7}$$

将式（5-7）两边取对数，并令

$$\hat{y}' = \ln\hat{y} \quad a' = \ln a \quad x' = \ln x$$

则式（5-7）可化为：

$$\hat{y}' = a' + bx'$$

③ 双曲线模式

$$\frac{1}{\hat{y}} = a + \frac{b}{x} \tag{5-8}$$

令 $\hat{y}' = \frac{1}{\hat{y}} \qquad x' = \frac{1}{x}$

则式（5-8）可化为：

$$\hat{y}' = a + bx'$$

④ 对数函数模式

$$\hat{y} = a + b\ln x \tag{5-9}$$

令 $x' = \ln x$

则式（5-9）可化为：

$$\hat{y} = a + bx'$$

5.1.1.2 多元线性回归分析

在信息分析中，由于客观事物的复杂性，在很多情况下，要采用多元回归方法。就方法的实质来说，多元回归与一元回归在很多方面是相同的，只是多元回归涉及的变量更多，方法更复杂，且计算量相当大。

（1）多元线性回归方程参数的求解

设 y 与 x_1，x_2，…，x_k 有线性关系，通过观测或实验得到 n 组数据：

$$(x_{11},\ x_{21},\ \cdots,\ x_{k1},\ y_1)$$
$$(x_{12},\ x_{22},\ \cdots,\ x_{k2},\ y_2)$$
$$\cdots\cdots\cdots\cdots$$
$$(x_{1n},\ x_{2n},\ \cdots,\ x_{kn},\ y_n)$$

则它们之间的线性关系可表示为：

$$\hat{y} = b_0 + b_1x_1 + \cdots + b_kx_k \tag{5-10}$$

对于某些非线性的关系，可通过适当的变换化为形式上的线性模式。例如，对于一元多项式回归问题：$\hat{y}=b_0+b_1x+b_2x^2+\cdots+b_kx^k$，可通过变换化为多元线性回归问题（令 $x_1=x$，$x_2=x^2$，…，$x_k=x^k$）：$\hat{y}=b_0+b_1x_1+\cdots+b_kx_k$。

设 $Q(b_0, b_1, \cdots, b_k)=\sum[y_t-(b_0+b_1x_{1t}+\cdots+b_kx_{kt})]^2$

为了使 Q 达到最小值，应满足：

$$\begin{cases}\dfrac{\partial Q}{\partial b_0}=0\\ \dfrac{\partial Q}{\partial b_1}=0\\ \cdots\cdots\\ \dfrac{\partial Q}{\partial b_k}=0\end{cases} \tag{5-11}$$

由式（5-11）可进一步推得：

$$\begin{cases}l_{11}b_1+l_{12}b_2+\cdots+l_{1k}b_k=l_{1y}\\ l_{21}b_1+l_{22}b_2+\cdots+l_{2k}b_k=l_{2y}\\ \cdots\cdots\cdots\cdots\\ l_{k1}b_1+l_{k2}b_2+\cdots+l_{kk}b_k=l_{ky}\\ b_0=\bar{y}-b_1\bar{x}_1-\cdots-b_k\bar{x}_k\end{cases} \tag{5-12}$$

其中，

$$\bar{y}=\frac{1}{n}\sum y_t$$

$$\bar{x}_i=\frac{1}{n}\sum x_{it} \qquad (i=1, 2, \cdots, k)$$

$$l_{ij}=l_{ji}=\sum(x_{it}-\bar{x}_i)(x_{jt}-\bar{x}_j) \qquad (i, j, =1, 2, \cdots, k)$$

$$l_{iy}=\sum(x_{it}-\bar{x}_i)(y_t-\bar{y}) \qquad (i=1, 2, \cdots, k)$$

数学上可证明，由式（5-12）确定的 b_0，b_1，…，b_k 确实使 Q 达到最小。

（2）回归方程效果的检验

① 平方和分解公式

跟一元的情形类似，平方和分解公式为：

$$l_{yy}=Q+U \tag{5-13}$$

其中，

$$l_{yy} = \sum (y_t - \bar{y})^2$$

$$Q = \sum (y_t - \hat{y}_t)^2$$

$$U = \sum (\hat{y}_t - \bar{y})^2$$

② F 检验

在多元回归中

$$F = \frac{U/k}{Q/(n-k-1)}$$

F 服从自由度为 k，$n-k-1$ 的 F 分布。F 检验的一般程序如下：

1）计算 F 值。

2）对于给定的检验标准 α，查自由度为 k，$n-k-1$ 的 F 分布临界值表，得临界值 λ：$P(F>\lambda)=\alpha$。

3）比较 F 值与 λ 值的大小。如果 $F>\lambda$，则认为线性回归方程效果是显著的；反之，则认为是不显著的。

③ 各自变量影响程度大小的判别

在实际的信息分析工作中，我们还经常会关心在 y 对 x_1，x_2，…，x_k 的线性回归中，哪些因素很重要，哪些因素不太重要。这就需要对回归方程的每个自变量都进行显著性检验。其所选用的统计量为：

$$t_i = \frac{b_i}{\sqrt{c_{ii}[Q/(n-k-1)]}}$$

服从自由度为 $n-k-1$ 的 t 分布。这里，c_{ii} 为矩阵

$$L = \begin{bmatrix} l_{11} & l_{12} & \cdots & l_{1k} \\ l_{21} & l_{22} & \cdots & l_{2k} \\ & \cdots & \cdots & \\ l_{k1} & l_{k2} & \cdots & l_{kk} \end{bmatrix}$$

的逆矩阵 L^{-1} 的对角线上的第 i 个元素。

于是可以得到关于 x_i 变量显著性检验的一般程序：

1）计算 t_i 值。

2）对于给定的检验标准 α，查自由度为 $n-k-1$ 的 t 分布临界值表，得临界值 λ：$P(t>\lambda)=\alpha$。

3）比较 t_i 值与 λ 值的大小。如果 $t_i>\lambda$，则说明 x_i 对 y 的影响显著，必须保留 x_i 在回归方程中；否则，应去掉 x_i 重新建立回归方程。

5.1.1.3 回归分析的实际应用

回归分析在信息分析中应用广泛。以一元回归分析为例，对于两个变量

x 和 y，若通过观测或实验可得到 n 组样本数据，则可将回归分析应用于如下两种情形：一是这两个变量本身就具有某种相关关系（如线性关系），但由于存在各种观测或实验误差使之不具备这种关系，通过回归分析的应用，可使该关系得到恢复和体现，从而用于预测和控制；二是这两个变量本身不具有某种相关关系，此时，可尝试着借助回归分析的应用，通过抓主要矛盾和矛盾的主要方面的做法，使这两个变量近似地具有某种关系，以便于进行预测和控制（当然，对于任意两个变量，并非总能尝试成功）。下面，我们以某年中国各地区城镇居民平均每人全年可支配收入和消费性支出（见表5-1）两个变量为例，说明回归分析的实际应用。

表 5-1 **某年各地区城镇居民平均每人全年可支配收入和消费性支出**

地 区	可支配收入 x_i	消费性支出 y_i
北 京	9 182.76	7 498.48
天 津	7 649.83	5 851.53
河 北	5 365.03	4 026.30
山 西	4 342.61	3 492.98
内蒙古	4 770.53	3 468.99
辽 宁	4 898.61	3 989.93
吉 林	4 480.01	3 661.68
黑龙江	4 595.14	3 481.74
上 海	10 931.64	8 247.69
江 苏	6 538.20	5 010.91
浙 江	8 427.95	6 521.54
安 徽	5 064.60	3 901.81
福 建	6 859.81	5 266.69
江 西	4 720.58	3 482.33
山 东	5 808.96	4 515.05
河 南	4 532.36	3 497.53
湖 北	5 212.82	4 340.55
湖 南	5 815.37	4 799.51

续表

地　区	可支配收入 x_i	消费性支出 y_i
广　东	9 125.92	7 517.81
广　西	5 619.54	4 587.22
海　南	5 338.31	4 017.75
重　庆	5 895.97	5 444.23
四　川	5 477.89	4 499.19
贵　州	4 934.02	3 964.35
云　南	6 178.68	4 941.26
西　藏	6 908.67	5 309.12
陕　西	4 654.06	3 953.25
甘　肃	4 475.23	3 681.50
青　海	4 703.44	3 903.76
宁　夏	4 472.91	3 547.99
新　疆	5 319.76	4 163.98

下面利用社会科学统计分析软件 SPSS 对上表中的数据进行回归分析，结果如下。

（1）作散点图

先通过散点图（见图 5-2）对变量进行观察，从图中易知，可支配收入与消费性支出间可能存在线性关系。

（2）方差分析

方差分析的结果见表 5-2。

表 5-2　**方差分析 SPSS 输出结果**

方差来源	平方和	自由度	均方	*F* 值
回归 剩余 总和	47 887 289 1 610 122 49 497 411	1 29 30	47 887 288.98 55 521.451	862.501

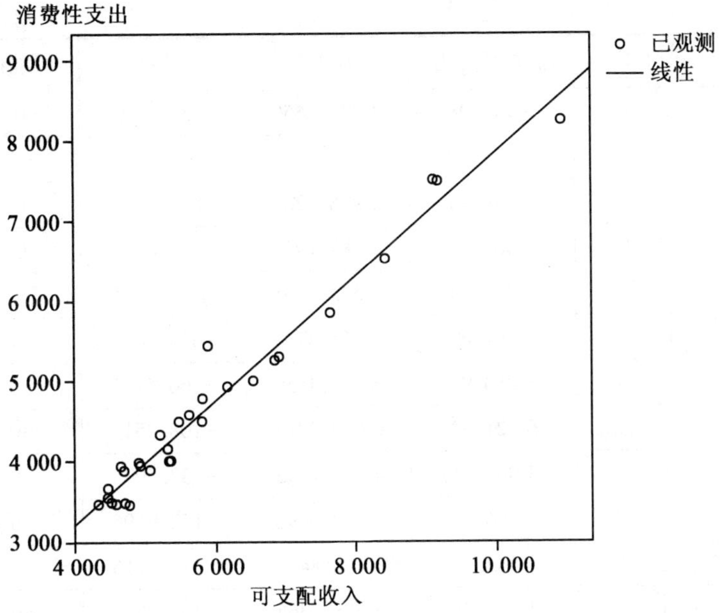

图 5-2 散点图

查自由度为 1，29 的 F 分布临界值表得：

$\lambda=7.60$（$\alpha=0.01$）

$F=862.501>7.60$，所以可支配收入与消费性支出之间具有强线性相关关系。

回归方程为：

消费性支出 = 0.772×可支配收入+126.005

（3）预测值与残差

通过 SPSS，可以按要求输出消费性支出的预测值、残差和标准化残差，见表 5-3。其中，标准化残差 = 残差/ $\sqrt{55\ 521.451}$ 。

表 5-3 **消费性支出的预测值及残差**

编号	地区	消费性支出	预测值	残差	标准化残差
1	北 京	7 498.48	7 212.2730	286.2070	1.215
2	天 津	5 851.53	6 029.3223	−177.7923	−0.755
3	河 北	4 026.30	4 266.1589	−239.8589	−1.018

续表

编号	地区	消费性支出	预测值	残差	标准化残差
4	山　西	3 492.98	3 477.1650	15.8150	0.067
5	内蒙古	3 468.99	3 807.3877	−338.3977	−1.436
6	辽　宁	3 989.93	3 906.2261	83.7039	0.355
7	吉　林	3 661.68	3 583.1955	78.4845	0.333
8	黑龙江	3 481.74	3 672.0405	−190.3005	−0.808
9	上　海	8 247.69	8 561.8708	−314.1808	−1.333
10	江　苏	5 010.91	5 171.4856	−160.5756	−0.681
11	浙　江	6 521.54	6 629.7917	−108.2517	−0.459
12	安　徽	3 901.81	4 034.3193	−132.5093	−0.562
13	福　建	5 266.69	5 419.6696	−152.9796	−0.649
14	江　西	3 482.33	3 768.8416	−286.5116	−1.216
15	山　东	4 515.05	4 608.7365	−93.6865	−0.398
16	河　南	3 497.53	3 623.5937	−126.0637	−0.535
17	湖　北	4 340.55	4 148.6996	191.8504	0.814
18	湖　南	4 799.51	4 613.6830	185.8270	0.789
19	广　东	7 517.81	7 168.4100	349.4000	1.483
20	广　西	4 587.22	4 462.5624	124.6576	0.529
21	海　南	4017.75	4 245.5393	−227.7893	−0.967
22	重　庆	5 444.23	4 675.8814	768.3486	3.261
23	四　川	4 499.19	4 353.2522	145.9378	0.619
24	贵　州	3 964.35	3 933.5517	30.7983	0.131
25	云　南	4 941.26	4 894.0466	47.2134	0.200
26	西　藏	5 309.12	5 457.3745	−148.2545	−0.629
27	陕　西	3 953.25	3 717.5086	235.7414	1.000
28	甘　肃	3 681.50	3 579.5069	101.9931	0.433
29	青　海	3 903.76	3 755.6148	148.1452	0.629
30	宁　夏	3 547.99	3 577.7165	−29.7265	−0.126
31	新　疆	4 163.98	4 231.2244	−67.2444	−0.285

5.1.2 聚类分析

5.1.2.1 聚类分析概述

人类有一种本能的分类倾向，能够根据相似的特征而对事物进行分组。人类的大脑在处理一个复杂的问题时，往往首先对被认识的对象进行分类，通过将问题分解为大量的小问题而使问题容易解决。举一个简单直观的例子，当人们利用计算机组织信息的时候，会事先建立不同的文件夹，并利用分类能力将不同的信息存放在不同的文件夹中。通过分类对信息进行组织，极大地提高了信息的检索和利用效率。但是，尽管分类是人类的本能，且人类具有较强的基于综合分析的分类能力，面对错综复杂的现实世界，面对庞大的变量和数据量，人们还是会感到束手无策。随着人类社会的发展与科学技术的进步，对分类学的要求也越来越高，只凭经验或专业知识对研究对象进行定性分类，已远远落后于人们在处理问题时的需求。为了进行确切的分类，为了揭示客观事物内在本质的分类规律，数学被引进分类学中，形成了数值分类学。随着多元数据分析方法研究的拓展和深入，在数值分类学中又形成了聚类分析这一分支，聚类分析日益成为多元数据分析的重要组成部分。

聚类是把一组个体按照相似性归成若干个类别，即物以类聚。其目的是使得属于同一类别的个体之间的距离尽可能地小，而不同类别上的个体间的距离尽可能地大。表 5-4 是多元数据形成的数据矩阵。在表中，共有 n 个样品 x_1，x_2，…，x_n，p 个指标（变量），聚类分析有两种类型，即按样品聚类和按变量聚类。

表 5-4　　**数据矩阵**

指标 \ 样品	x_1	x_2	…	x_j	…	x_n
x_1	x_{11}	x_{21}	…	x_{j1}	…	x_{n1}
x_2	x_{12}	x_{22}	…	x_{j2}	…	x_{n2}
⋮	⋮	⋮		⋮		⋮
x_p	x_{1p}	x_{2p}	…	x_{jp}	…	x_{np}

聚类分析的基本思想是在样品之间定义距离，在变量之间定义相似系

数。距离或相似系数代表样品或变量之间的相似程度。例如，在分层聚类中，按相似程度的大小，将样品或变量逐一归类，关系密切的样品或变量聚集到一个小的分类单位，然后逐步扩大，使得关系疏远的样品或变量聚集到一个大的分类单位，直到所有的样品或变量都聚集完毕，形成一个表示亲疏关系的谱系图（dendrogram，又称树状图），再对谱系图进行分析，并按照要求对样品或变量进行分类。

聚类分析并不是直观地使用独立的变量去得到指定的输出。在进行聚类分析以前，对总体到底有几个类并不知道；聚类分析中具体的计算方法很多，不同问题下的数据对象应该采取哪种方法需要根据计算和分析进行不断的探索和调整。在计算机等技术协助下，聚类分析看起来只是简单地将所有的数据提交给系统并让其“魔术”般地将数据进行整齐的堆积，但事实上，聚类分析是一个复杂的过程，它具有完备的理论基础，旨在寻求现实世界中客观的分类规律。本节介绍分层聚类法（Hierarchical clustering）和快速聚类法。

5.1.2.2　相似性度量

在聚类分析时，可以利用 n 维“空间”概念，该空间用来定义聚类中所涉及的相似性度量。相似性程度是聚类所依据的标准，样品间的相似性通常用距离进行度量，而变量间的相似性通常用相似系数进行度量。下面分别介绍这两类度量。

（1）距离

设有 n 个样品的多元观测数据：

$$x_i=(x_{i1},x_{i2},\cdots,x_{ip})^T,\ i=1,2,\cdots,n$$

这时，每个样品可看成 p 维空间的一个点，n 个样品组成 p 维空间的 n 个点。设 $d(x_i,x_j)$ 是样品 x_i 和 x_j 之间的距离，一般要求它满足下列条件：

① $d(x_i,x_j)\geqslant 0$，当且仅当 $x_i=x_j$ 时，$d(x_i,x_j)=0$。

② $d(x_i,x_j)=d(x_j,x_i)$。

③ $d(x_i,x_j)\leqslant d(x_i,x_k)+d(x_k,x_j)$。

下面给出几种距离的定义。

令 $d(x_i,x_j)=(|x_{i1}-x_{j1}|^m+|x_{i2}-x_{j2}|^m+\cdots+|x_{ip}-x_{jp}|^m)^{1/m}$

式中，$m\geqslant 1$，$d(x_i,x_j)$ 即为明考夫斯基（Minkowski）距离，简称明氏距离，又称 L_m 距离。它有两种特殊形式：

当 $m=2$ 时，$d(x_i,x_j)$ 称为欧氏（Euclidean）距离，又称 L_2 距离；

当 $m=1$ 时，$d(x_i,x_j)$ 称为绝对值距离，又称 L_1 距离。

（2）相似系数

当对 p 个指标变量进行聚类时，用相似系数（coefficient of similarity）

来衡量变量之间的相似性程度。一般情况下，若 c_{jk} 表示变量 x_j，x_k 之间的相似系数，应满足下列条件：

① $|c_{jk}| \leqslant 1$ 且 $c_{jj}=1$。

② 当且仅当 $x_j=bx_k$（$b\neq 0$）时，$c_{jk}=\pm 1$。

③ $c_{jk}=c_{kj}$。

c_{jk} 的绝对值越接近于 1，说明变量 x_j，x_k 的关联性越大。相似系数中最常用的是相关系数和夹角余弦。

① 相关系数

基于样品 x_1，x_2，…，x_n，计算 p 个指标变量的协方差矩阵 S 和相关矩阵 R。设

$$S=(s_{jk})_{p\times p}, \qquad R=(r_{jk})_{p\times p}$$

则变量 x_j，x_k 的相关系数为

$$r_{jk}=\frac{s_{jk}}{\sqrt{s_{jj}s_{kk}}}=\frac{\sum_{i=1}^{n}(x_{ij}-\bar{x}_j)(x_{ik}-\bar{x}_k)}{\sqrt{\sum_{i=1}^{n}(x_{ij}-\bar{x}_j)^2\sum_{i=1}^{n}(x_{ik}-\bar{x}_k)^2}}$$

② 夹角余弦

设变量 x_j，x_k 的观测值各为（x_{1j}，x_{2j}，…，x_{nj}）与（x_{1k}，x_{2k}，…，x_{nk}），其夹角余弦为：

$$c_{jk}=\frac{\sum_{i=1}^{n}x_{ij}x_{ik}}{\sqrt{\sum_{i=1}^{n}x_{ij}^2\sum_{i=1}^{n}x_{ik}^2}}$$

c_{jk} 越大，表明变量 x_j，x_k 的夹角越小，则关联性越强。

5.1.2.3 分层聚类

分层聚类又称系统聚类。分层聚类一开始将每个样品看成是一类或一簇（cluster），然后从低到高创建一个聚类的层次。其中，最低层次的簇合并在一起创建下一个较高层次的簇；这一层次的簇再合并在一起，进一步创建更高层次的簇。聚类时存在一种极端情况，以样品聚类为例，聚类后可能形成与样品数量一样多的簇，在这种情况下，簇内的样品之间极为相似，并且一个簇确实不同于其他的簇。然而，这种聚类没有任何意义，因为聚类的目的就是要发现样品中有用的模式并对这个模式进行概括，使分析对象更容易理解。任何形成与样品数一样多的簇的聚类算法对解决问题没有任何帮助，关于聚类的重要一点就是应该形成比原先样品数量更少的簇。在分层聚类中，

采用不同的类间距离对同样的样品对象进行聚类会形成不同的聚类效果；应当恰好形成多少簇还依赖于对分层聚类图（谱系图）的分析和解释，这是一个主观的过程。分层聚类适合样品或变量较少的环境，其优势在于它们允许最终用户从许多簇或某些簇中做出选择，形成对分析问题有益的模式。

这里重点讨论样品的聚类，即 Q 型聚类，关于变量的分层聚类可类似讨论。对于 Q 型聚类，是按照类间距离从小到大进行聚类，因此，Q 型聚类的关键是要定义类与类间的距离。

（1）类间距离

为简单起见，以 i，j 分别表示样品 x_i，x_j，以 d_{ij} 代表距离 $d(x_i, x_j)$。G_p，G_q 分别表示两个类，设它们分别含有 n_p，n_q 个样品。若类 G_p 中有样品 x_1，x_2，…，x_{n_p}，则其均值为：

$$\bar{x}_p = \frac{1}{n_p}\sum_{i=1}^{n_p} x_i$$

称为类 G_p 的重心。

类的形式与形状多种多样，因而类与类间的距离比样品间的距离复杂。下面分别介绍几种类间距离的定义与计算方法。类 G_p 与 G_q 之间的距离记为 D_{pq}。

① 最短距离

$$D_{pq} = \min_{i \in G_P,\ j \in G_q} d_{ij}$$

即用两类中样品之间的距离最短者作为两类距离。

② 最长距离

$$D_{pq} = \max_{i \in G_P,\ j \in G_q} d_{ij}$$

即用两类中样品之间的距离最长者作为两类距离。

③ 类平均距离

$$D_{pq} = \frac{1}{n_p n_q}\sum_{i \in G_p}\sum_{j \in G_q} d_{ij}$$

即用两类中所有两两样品之间的距离平均作为两类之间的距离。

类平均距离还可用下式定义：

$$D_{pq}^2 = \frac{1}{n_p n_q}\sum_{i \in G_p}\sum_{j \in G_q} d_{ij}^2$$

即用两类中所有两两样品之间的平方距离的平均作为两类之间的平方距离。

④ 重心距离

$$D_{pq} = d(\bar{x}_p, \bar{x}_q),$$

其中 $\bar{x}_p$，$\bar{x}_q$ 分别是 G_p，G_q 的重心，这是用两类的重心之间的距离作为两类距离。

⑤ 离差平方和距离

$$D_{pq}^2 = \frac{n_p n_q}{n_p + n_q}(\bar{x}_p - \bar{x}_q)^{\mathrm{T}}(\bar{x}_p - \bar{x}_q)$$

离差平方和距离是由 Ward 提出的，其思想来源于方差分析。

（2）分层聚类法的步骤

① 各样品单独自成一类，则 n 个样品开始时作为 n 个类，计算两两之间的距离，构成一个对称距离矩阵

$$D_{(0)} = \begin{bmatrix} 0 & d_{12} & \cdots & d_{1n} \\ d_{21} & 0 & \cdots & d_{2n} \\ \vdots & \vdots & & \vdots \\ d_{n1} & d_{n2} & \cdots & 0 \end{bmatrix}$$

此时，$D_{pq} = d_{pq}$.

② 选择 $D_{(0)}$ 中的非对角线上的最小元素，设这个最小元素是 D_{pq} 。此时，$G_p = \{x_p\}$，$G_q = \{x_q\}$。将 G_p，G_q 合并成一个新类 $G_r = \{G_p, G_q\}$。在 $D_{(0)}$ 中消去 G_p，G_q 所对应的行与列，并加入由新类 G_r 与剩下的其他未聚合的类间的距离所组成的一行和一列，得到一个新的距离矩阵 $D_{(1)}$ ，这是一个 $n-1$ 阶方阵。

③ 从 $D_{(1)}$ 出发重复步骤② 得 $D_{(2)}$ 。此时，可能存在两种情况：或者是第三个样品加入到已有两个样品的类中，或者是另两个样品合并成一个新类。

④ 再由 $D_{(2)}$ 出发重复上述步骤。在这期间的每个步骤中，或者是一个样品加入到已存在的类中，或者是两个样品合并成一个新类，或者是两个已存在的类合并成一个新类。一旦一个类形成，不能再划分而只能与其他类合并，直到 n 个样品聚为 1 个大类为止。

⑤ 在合并过程中要记下合并样品的编号及两类合并时的水平（即距离）并绘制分层聚类图。

（3）分层聚类法应用分析

用分层聚类法聚类时，聚多少类为合适是一个很实际的问题。一个较好的聚类应该在类内各样品尽可能相似的前提下，使得类的个数尽可能少。对于相同的样品对象，分层聚类在具体操作中，可采取不同的类间距离进行计算，并得到不同的分类结果。哪个结果更能反映样品对象本身的客观分类，这种判断的正确与错误将直接决定分层聚类法在实际应用中的价值。下面举一个实际应用的例子。

表 5-5 是某年度 20 个代表性地区农村居民家庭平均每人生活消费现金支出情况。

表 5-5　**某年度 20 个地区农村居民家庭平均每人生活消费现金支出**

地区＼指标	食品	衣着	居住	家庭设备及服务	医疗保健	交通和通信	文教娱乐用品及服务	其他商品及服务
北　京	1 048. 05	228. 33	425. 74	249. 35	228. 91	215. 58	467. 89	73. 21
天　津	653. 76	167. 35	228. 45	101. 13	118. 69	80. 12	203. 80	80. 86
河　北	325. 34	105. 44	261. 70	61. 17	68. 72	72. 37	136. 10	27. 43
内蒙古	320. 29	108. 10	161. 83	64. 54	95. 19	68. 03	170. 35	23. 60
辽　宁	450. 50	144. 87	168. 79	71. 76	81. 12	81. 23	172. 65	37. 71
上　海	1 294. 85	202. 44	674. 21	388. 64	160. 00	196. 98	474. 46	94. 47
江　苏	601. 40	119. 43	425. 99	153. 07	107. 78	130. 34	252. 69	51. 21
浙　江	928. 75	151. 98	436. 35	166. 98	160. 84	198. 34	288. 49	97. 87
安　徽	350. 10	69. 15	143. 79	64. 72	51. 65	38. 10	146. 33	30. 12
福　建	726. 40	111. 76	267. 49	102. 71	61. 30	128. 29	217. 51	63. 21
山　东	439. 23	111. 92	242. 90	106. 71	89. 64	90. 33	182. 09	24. 06
湖　北	338. 84	72. 83	149. 81	74. 76	55. 38	69. 10	212. 88	24. 71
湖　南	532. 17	78. 75	247. 44	76. 26	61. 90	57. 87	204. 66	36. 37
广　东	860. 42	98. 70	389. 89	153. 10	98. 68	147. 58	317. 29	73. 65
重　庆	282. 83	62. 61	134. 42	61. 54	47. 82	37. 16	111. 05	15. 37
贵　州	211. 06	48. 55	95. 37	44. 97	23. 62	24. 69	83. 81	15. 31
西　藏	311. 76	99. 27	26. 47	52. 54	17. 02	10. 24	7. 78	11. 70
陕　西	278. 96	77. 84	151. 85	58. 81	64. 93	36. 18	171. 04	24. 93
甘　肃	150. 53	45. 82	82. 98	39. 85	41. 22	25. 69	97. 83	17. 27
青　海	214. 86	97. 63	81. 93	46. 01	56. 94	35. 38	50. 17	23. 50

为了分析这个多变量问题，下面利用 SPSS 的聚类分析对各地区进行聚类。在层次聚类的参数选择中，选择按样品聚类；聚类指标为食品、衣着、居住、家庭设备及服务、医疗保健、交通和通信、文教娱乐用品及服务、其他商品及服务；样品间的距离采用欧式距离；类间距离分别采用最短距离、最长距离和重心距离，不同的类间距离算法适合不同的聚类形状，在不了解聚类形状之前，可尝试多种类间距离算法并对不同的分类效果进行比较分析。

① 最短距离法

图 5-3 是聚类谱系图。

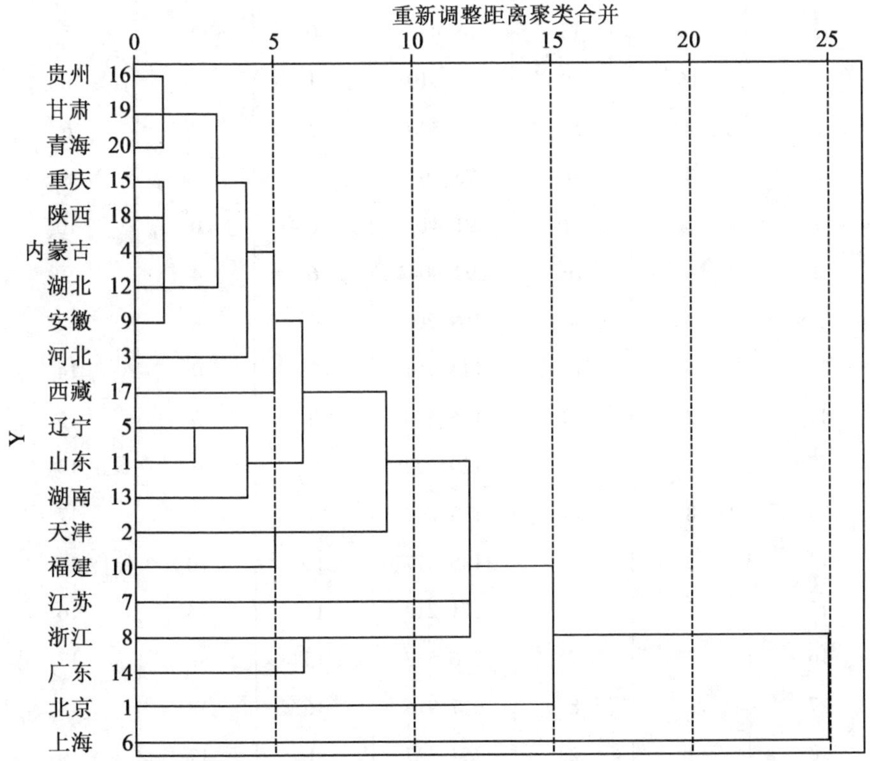

图 5-3　谱系图

谱系图是一个形象地表达聚类过程的可视化层次图。从图中，能够很容易地观察出不同样品间的聚类，例如样品上海与前面 19 个样品聚成的簇在最后一步形成最高层次的簇。图中的竖线表示聚类时的距离，最上面显示比例调整后距离的大小。相邻两次聚类距离的差值越大，则说明前一次聚类后没有必要再进行后一次聚类，这是根据谱系图进行主观分类的依据。图中左边显示了样品的标签和编号。为了掌握更详细的聚类过程，可进一步参考表5-6中的细节描述。

表5-6 **聚类过程**

阶	群集组合		系数	首次出现阶群集		下一阶
	群集 1	群集 2		群集 1	群集 2	
1	16	19	66.047	0	0	4
2	15	18	67.395	0	0	3
3	4	15	68.473	0	2	5
4	16	20	70.910	1	0	8
5	4	12	72.340	3	0	6
6	4	9	75.568	5	0	8
7	5	11	91.419	0	0	10
8	4	16	92.904	6	4	9
9	3	4	109.202	0	8	12
10	5	13	114.761	7	0	14
11	2	10	126.518	0	0	15
12	3	17	129.122	9	0	14
13	8	14	133.099	0	0	17
14	3	5	135.377	12	10	15
15	2	3	171.212	11	14	16
16	2	7	216.537	15	0	17
17	2	8	217.916	16	13	18
18	1	2	254.327	0	17	19
19	1	6	385.109	18	0	0

在表5-6中，“阶”（stage）代表聚类的步骤，20个样品聚类共用了19步。“集群组合”（cluster combined）代表每一个聚类步骤中合并的两类，如第一步代表编号16（贵州）和19（甘肃）进行聚类，聚类后的类用编号

16 表示。“系数”（coefficient）代表最短距离算法下类间的欧式距离，如贵州和甘肃的欧式距离为 66.047。图中右边几列的信息反映了相应类第一次出现和下一次出现的步骤。

在表 5-6 中，从第 18 次聚类到第 19 次聚类，“系数”具有最大的跨越，这对应着图 5-3 中样品上海与前面 19 个样品聚成的簇最后形成最高层次的簇。因为距离相差最大，可先从这里开始将原样品分成两类：上海为一类，其余所有的样品为一类。是否还要继续分类依赖于实际的应用环境，最终形成的分类是一个主观分析的结果。另外，在不了解聚类形状的情况下，这样的分类是否反映了样品分类的客观本质，还应对其他类间距离算法下的分类结果进行分析和比较，才能最后做出决定。

② 最长距离法

在最长距离算法下得到的谱系图见图 5-4，聚类过程见表 5-7。

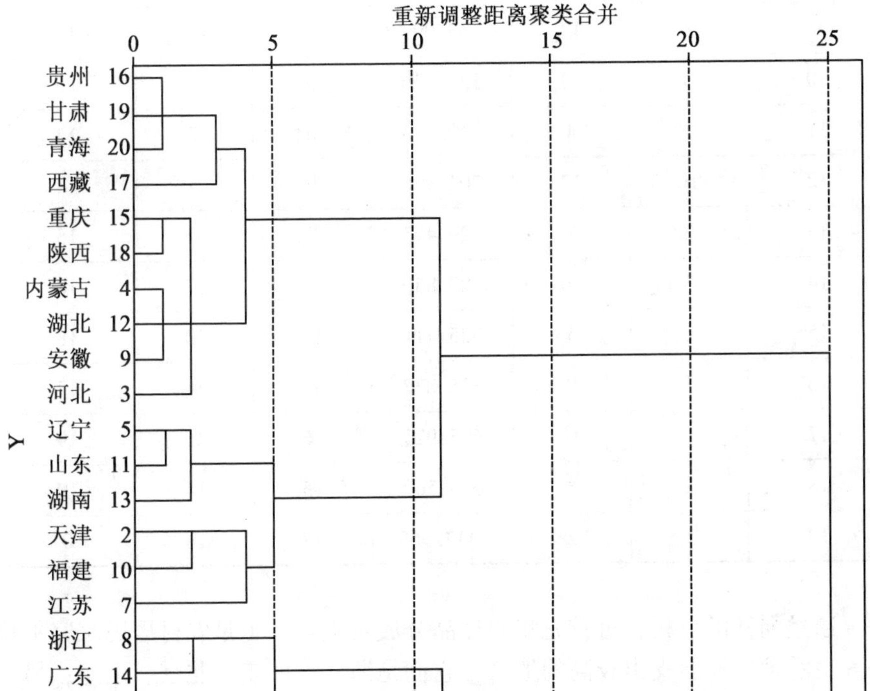

图 5-4　谱系图

表 5-7 聚类过程

阶	群集组合		系数	首次出现阶群集		下一阶
	群集 1	群集 2		群集 1	群集 2	
1	16	19	66.047	0	0	6
2	15	18	67.395	0	0	7
3	4	12	72.340	0	0	4
4	4	9	78.372	3	0	7
5	5	11	91.419	0	0	10
6	16	20	97.534	1	0	12
7	4	15	123.236	4	2	11
8	2	10	126.518	0	0	13
9	8	14	133.099	0	0	16
10	5	13	138.526	5	0	15
11	3	4	149.303	0	7	14
12	16	17	202.906	6	0	14
13	2	7	229.495	8	0	15
14	3	16	280.850	11	12	18
15	2	5	325.411	13	10	18
16	1	8	326.837	0	9	17
17	1	6	605.925	16	0	19
18	2	3	633.509	15	14	19
19	1	2	1412.963	17	18	0

通过同样的分析，可首先将原样品分成两类：一类是农村居民家庭平均每人生活消费现金支出较高的地区，它们是浙江、广东、北京、上海；另一类是农村居民家庭平均每人生活消费现金支出较低的地区，它们是除以上四个地区以外的所有地区。

③ 重心距离法

在重心距离算法下得到的谱系图见图 5-5，聚类过程见表 5-8。

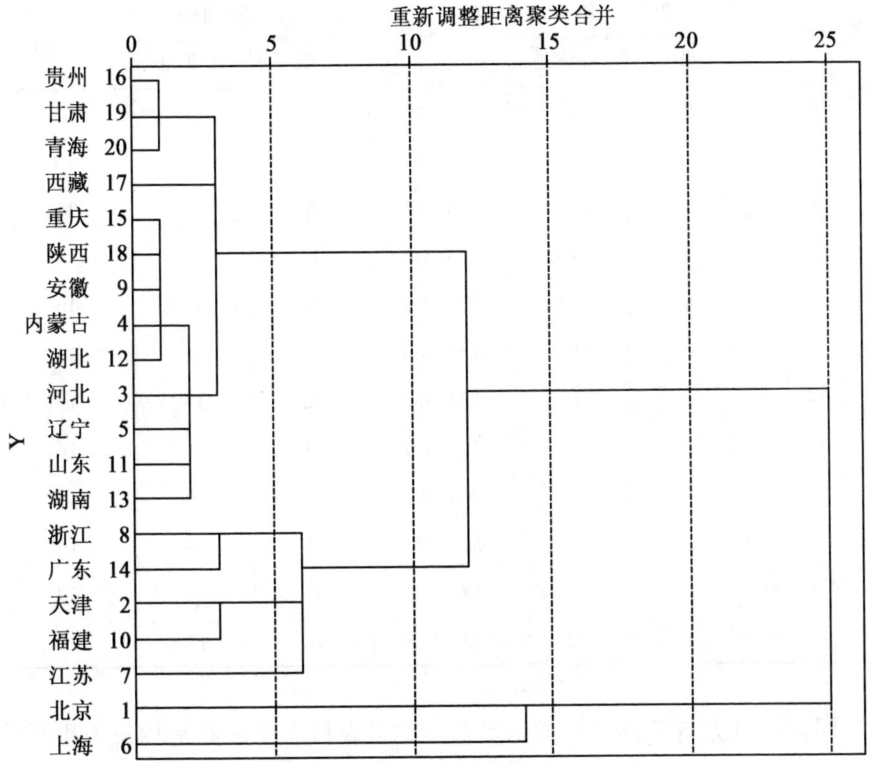

图 5-5 谱系图

表 5-8 **聚类过程**

阶	群集组合		系数	首次出现阶群集		下一阶
	群集 1	群集 2		群集 1	群集 2	
1	16	19	66.047	0	0	6
2	15	18	67.395	0	0	3
3	9	15	61.246	0	2	4
4	4	9	59.088	0	3	5
5	4	12	58.682	4	0	8
6	16	20	67.710	1	0	13
7	5	11	91.419	0	0	9

续表

阶	群集组合		系数	首次出现阶群集		下一阶
	群集 1	群集 2		群集 1	群集 2	
8	3	4	99.741	0	5	10
9	5	13	103.789	7	0	10
10	3	5	113.725	8	9	14
11	2	10	126.518	0	0	15
12	8	14	133.099	0	0	16
13	16	17	135.789	6	0	14
14	3	16	134.430	10	13	17
15	2	7	191.387	11	0	16
16	2	8	208.972	15	12	17
17	2	3	336.092	16	14	19
18	1	6	385.109	0	0	19
19	1	2	677.568	18	17	0

同样，可先将原样品分成两类：一类是农村居民家庭平均每人生活消费现金支出较高的地区，它们是北京、上海；另一类是农村居民家庭平均每人生活消费现金支出较低的地区，它们是除以上两个地区以外的所有地区。

5.1.2.4 快速聚类

在分层聚类中，样品一旦被归到某个类后就不变了，这要求聚类方法比较准确，而这在不清楚各个类的形状之前是比较难以做到的。另外，样品容量较大时，分层聚类法的计算量过大，一般情况下，分层聚类要求样品数量不超过 200。在数据分析中，通常数据量越大，分析效果越好，并且数据仓库技术为提供大批量数据打下了基础。因此，分层聚类在样品数量上的限制将日益显示出其不足。为了弥补分层聚类的不足，产生了快速聚类法。快速聚类法已成为生成一组聚类的最常用方法之一，几乎任何商业数据挖掘应用程序都在不同程度上集成了这种聚类分析算法。

(1) 快速聚类法概述

快速聚类法的主要特征是可以根据需要预先确定 k 个聚类。根据选定的 k 值，聚类可以产生两个完全极端的结果。如果设 k 等于 1，就可能会得到一个没有意义的结果，因为所有的数据会归类到一个节点中。另一个极端是设 k 等于样品数，同样也会得到一个毫无意义的结果。任何其他的聚类个数取决于 k 值，对于 k 值的选取没有一个固定的规则，常常需要对各种取值进行反复试验。快速聚类如图 5-6 所示。

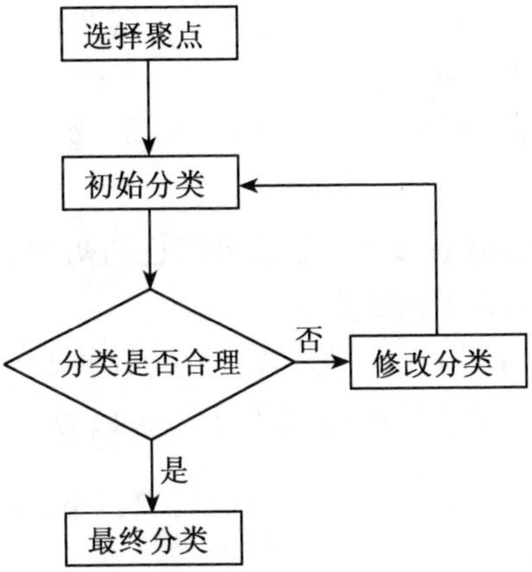

图 5-6 快速聚类示意图

(2) 快速聚类法的具体步骤

① 选择聚点

聚点（种子）是一批有代表性的样品，它的选择决定了初始分类，对最终分类也有较大影响。当数据对象确定后，算法首先确定可能存在的聚点。选择聚点有多种方法。一是凭经验进行选择。如果对研究对象比较了解，从以往的经验出发，基于某个特征确定 k 个明显不同的样品作为聚点。二是随机法。将 n 个样品人为地（或随机地）分成 k 类，以每类的重心作为聚点。三是最小最大原则。设要将 n 个样品分成 k 类，先选择所有样品中相距最远的两个样品 x_{i1}，x_{i2} 作为前两个聚点，即选择 x_{i1}，x_{i2}，使

$$d(x_{i1},\ x_{i2}) = d_{i_1 i_2} = \max\{d_{ij}\}$$

然后，选择第 3 个聚点 x_{i_3}，使得 x_{i_3} 与 x_{i_1}，x_{i_2} 的距离最小者等于 x_{i_1}，x_{i_2} 以外所有样品与 x_{i_1}，x_{i_2} 的距离最小者中的最大者，即：

$$\min\left\{ d(x_{i_3},x_{i_r}),r=1,2 \right\} = \max\left\{ \min\left[d(x_j,x_{i_r}),r=1,2 \right],j \neq i_i,i_2 \right\}$$

再按相同的原则选取 x_{i_4}，依次下去，直至选定 k 个聚点 x_{i_1}，x_{i_2}，…，x_{i_k}。

一般情况下，若已选了 l 个聚点（$l<k$），则第 $l+1$ 个聚点选取的原则为

$$\min\{d(x_{i_{l+1}},\ x_{i_r}),\ r=1,\ 2,\ \cdots l\}$$
$$=\max\{\min[d(x_j,\ x_{i_r}),\ r=1,\ 2,\ \cdots,\ l],\ j\neq i_1,\ i_2,\ \cdots,\ i_l\}$$

② 初始分类

设 k 个初始聚点的集合是

$$L^{(0)}=\{x_1^{(0)},\ x_2^{(0)},\ \cdots,\ x_k^{(0)}\}$$

用下列原则实施初始分类：

$G_i^{(0)}=\{x:\ d(x,\ x_i^{(0)})\leqslant d(x,\ x_j^{(0)}),\ j=1,\ 2,\ \cdots,\ k,\ j\neq i\}$，$i=1,\ 2,\ \cdots,\ k$

即，初始分类的原则是每个样品以最靠近的初始聚点 $L^{(0)}$ 归类，最后将所有样品分成不相交的 k 个初始类：

$$G^{(0)}=\{G_1^{(0)},\ G_2^{(0)},\ \cdots,\ G_k^{(0)}\}$$

③ 从 $G^{(0)}$ 出发，计算新的聚点集合 $L^{(1)}$。以 $G^{(0)}$ 的重心作为新的聚点：

$$x_i^{(1)}=\frac{1}{n_i}\sum_{x_l\in G_i^{(0)}}x_l,\ i=1,\ 2,\ \cdots,\ k$$

其中 n_i 是类 $G_i^{(0)}$ 中的样品数，这样，得到新的聚点集合：

$$L^{(1)}=\{x_1^{(1)},\ x_2^{(1)},\ \cdots,\ x_k^{(1)}\}$$

从 $L^{(1)}$ 出发，对样品进行新的分类：

$G_i^{(1)}=\{x:\ d(x,\ x_i^{(1)})\leqslant d(x,\ x_j^{(1)}),\ j=1,\ 2,\ \cdots,\ k,\ j\neq i\}$，$i=1,\ 2,\ \cdots,\ k$

同样，此次分类的原则是每个样品以最靠近的聚点 $L^{(1)}$ 归类，最后将所有样品分成不相交的 k 类：

$$G^{(1)}=\{G_1^{(1)},\ G_2^{(1)},\ \cdots,\ G_k^{(1)}\}$$

按照这种方法依次迭代计算下去。

④ 设在第 m 步得到分类

$$G^{(m)}=\{G_1^{(m)},\ G_2^{(m)},\ \cdots,\ G_k^{(m)}\}$$

在以上迭代计算过程中，$x_i^{(m)}$ 是类 $G_i^{(m-1)}$ 的重心。$x_i^{(m)}$ 不一定是样品，通常也不是 $G_i^{(m)}$ 的重心。当 m 逐渐增大时，分类趋于稳定。此时，$x_i^{(m)}$ 就会近似为 $G_i^{(m)}$ 的重心，从而 $x_i^{(m+1)}\approx x_i^{(m)}$，$G_i^{(m+1)}\approx G_i^{(m)}$，算法即可结束。理论上，从某一步 m 开始，分类 $G^{(m+1)}=\{G_1^{(m+1)},\ G_2^{(m+1)},\ \cdots,\ G_k^{(m+1)}\}$ 与 $G^{(m)}=\{G_1^{(m)},\ G_2^{(m)},\ \cdots,\ G_k^{(m)}\}$ 会达到完全相同，计算即告结束。实际计算时，设

$$d^{(m)}=\max\{d(x_i^{(m)},\ x_i^{m+1}),\ i=1,\ 2,\ \cdots,\ k\},$$
$$d^{(0)}=\min\{d(x_i^{(0)},\ x_j^{(0)}),\ i,\ j=1,\ 2,\ \cdots,\ k,\ \text{且}\ i\neq j\}$$

给定 $\varepsilon>0$，若 $d^{(m)}\leqslant\varepsilon d^{(0)}$

则迭代计算过程结束。

实际计算中，可事先确定一个迭代次数，可能在迭代次数内达到 $G_i^{(m+1)}=G_i^{(m)}$，也可能以迭代次数作为计算结束的标志，此时，$G_i^{(m+1)}\approx G_i^{(m)}$。

(3) 快速聚类法应用分析

仍以表 5-5 某年度 20 个代表性地区农村居民家庭平均每人生活消费现金支出情况为例，下面利用 SPSS 的快速聚类法（K-均值聚类）对这些地区进行分类。在参数选择中，k 选为 2。

表 5-9 是初始聚点，对照表 5-5，可以看出，第一个聚点是上海，第二个聚点是甘肃。这两个聚点是所有样品中距离最远的两点。图 5-10 显示了迭代过程，一共进行了 2 次迭代。两类的第一次聚点变化分别为 369. 780 和 271. 320；两类的第二次聚点变化分别为 0，聚类即告结束。

表 5-9 **初始聚点**

指标	聚类	
	1	2
食品	1294. 85	150. 53
衣着	202. 44	45. 82
居住	674. 21	82. 98
家庭设备及服务	388. 64	39. 85
医疗保健	160. 00	41. 22
交通和通信	196. 98	25. 69
文教娱乐用品及服务	474. 46	97. 83
其他商品及服务	94. 47	17. 27

表 5-10 **迭代过程**

迭代	聚类中心内的更改	
	1	2
1	369. 780	271. 320
2	. 000	. 000

表 5-11 显示了各类的成员，第一类包括北京、上海、浙江和广东，属农村居民家庭平均每人生活消费现金支出较高的地区；第二类包括剩余的地区，属农村居民家庭平均每人生活消费现金支出较低的地区。可见，用快速聚类法将样品分成两类的分类结果与采用最长距离算法的层次聚类的分类结果相同。表 5-12 是快速聚类最后的聚点，表 5-11 最右边一列显示的是各样品与最后聚点之间的欧式距离。

表 5-11　　**各类的成员**

案例号	地区	聚类	距离
1	北　京	1	136.404
2	天　津	2	296.722
3	河　北	2	105.741
4	内蒙古	2	79.709
5	辽　宁	2	88.277
6	上　海	1	369.780
7	江　苏	2	361.855
8	浙　江	1	168.740
9	安　徽	2	64.272
10	福　建	2	366.155
11	山　东	2	102.856
12	湖　北	2	87.548
13	湖　南	2	170.105
14	广　东	1	248.140
15	重　庆	2	129.676
16	贵　州	2	221.006
17	西　藏	2	235.473
18	陕　西	2	118.249
19	甘　肃	2	271.320
20	青　海	2	225.572

表 5-12 **最后的聚点**

指标	聚类	
	1	2
食品	1033.02	386.75
衣着	170.36	95.08
居住	481.55	179.45
家庭设备及服务	239.52	73.78
医疗保健	162.11	65.18
交通和通信	189.62	61.57
文教娱乐用品及服务	387.03	151.30
其他商品及服务	84.80	31.71

5.1.3 主成分分析

（1）主成分分析法思想

主成分分析是在降维的思想指导下产生的一种有效的处理高维数据的方法。在实际问题研究中，往往会涉及众多相关的变量。例如，对全国省会城市和计划单列市发展水平进行比较，必须选取合适的可直接测量的指标，以综合反映一个城市的综合发展水平。如果从规模、结构、效益、基础设施、城镇化水平、居民消费水平等方面考虑，可选取 23 项指标，其指标体系构成如下：市区人口密度、年末总人口、非农业人口、建成区面积、人均园林绿地面积、全部就业人口、第三产业从业人员比重、国内生产总值、农牧渔业生产值、工业总产值、产品销售收入、利税总额、100 元资金实现利税、固定资产投资总额、社会消费品零售总额、人均地方财政收入、人均地方财政支出、人均教育事业费支出、人均储蓄年末余额、职工平均工资、客运总量、货运总量、人均邮电业务总量。但是，变量太多不仅会增加计算的复杂性，而且也会给合理的分析带来困难。在一般的实际问题研究中，虽然所涉及的每个变量都提供了一定的信息，但其重要性有所不同，且在很多情况下，变量间有一定的相关性，从而使得这些变量所提供的信息在一定程度上有所重叠。信息的重叠越大，变量间的相关性也越大。如何对这些变量加以“改造”，用为数较少的、互不相关的、不可直接测量的新变量来反映原变量所提供的绝大部分信息，并通过对新变量的分析达到解决问题的目的，这正是主成分分析法核心思想之体现。

下面以二元变量 $X=(X_1, X_2)$ 为例，说明主成分分析法的思想。对此二维变量进行了 n 次观测，得数据 $x_i=(x_{i1}, x_{i2})$ $(i=1, 2, \cdots, n)$，假设它们在二维平面 X_1OX_2 上的分布如图 5-7 所示。

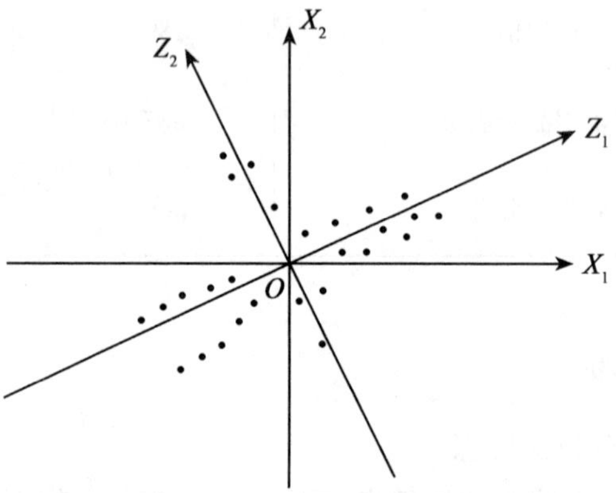

图 5-7　主成分分析示意图

先考虑如下的一种极端情形，X_1 和 X_2 的相关系数的绝对值为 1，即 (x_{i1}, x_{i2}) $(i=1, 2, \cdots, n)$ 分布在一条直线 l 上。若将原坐标系沿逆时针方向旋转一个角度 θ 得新的直角坐标系 Z_1OZ_2，使坐标轴 OZ_1 与 l 重合，这时观测点 (x_{i1}, x_{i2}) 可由它们在 OZ_1 上的坐标所确定，即原来的二元变量所表达的信息等同于转化后一元变量（主成分）所表达的信息。由解析几何可知，这些观测点在 OZ_1 上的坐标为：

$$z_{i1}=x_{i1}\cos\theta+x_{i2}\sin\theta\ ,\ i=1, 2, \cdots, n$$

它们是原观测数据的线性组合且在 OZ_1 轴上的分散性（即样本方差

Var）达到最大。因此，对原变量（X_1，X_2）作适当的线性变换可得新的变量 Z_1，即：

$$Z_1 = X_1\cos\theta + X_2\sin\theta$$

其中 θ 的选择使 Var（Z_1）最大且 Z_1 的相应值完全可以反映原二元变量（X_1，X_2）的观测值的分布状况。

一般情况下，将 OX_1 轴沿逆时针方向旋转一个角度 θ 到 OZ_1 轴，使得原观测数据（x_{i1}，x_{i2}）经过线性组合后所得的新变量 Z_1 具有最大的分散性，即该方向所含的数据间差异的信息最多。相应地，OX_2 转至 OZ_2 方向。在现实世界中，原变量（X_1，X_2）是可直接观测的变量，变量（Z_1，Z_2）是不可直接观察和测量的，它们通过原变量的线性变换而得到。设转过角度为 θ，则观测点（x_{i1}，x_{i2}）在新坐标系下的坐标为：

$$\begin{cases} z_{i1} = x_{i1}\cos\theta + x_{i2}\sin\theta \\ z_{i2} = x_{i1}\sin\theta + x_{i2}\cos\theta \end{cases}$$

这时，（z_{i1}，z_{i2}）（$i=1$，2，…，n）均是相应的原数据的线性变换，且线性变换系数满足条件：$\sin^2\theta + \cos^2\theta = 1$。（$z_{i1}$，$z_{i2}$）完全反映了原始数据的分布情况，并且各自反映的是彼此不相关的两个方向上的分散性。相应的变量：

$$\begin{cases} Z_1 = X_1\cos\theta + X_2\sin\theta \\ Z_2 = X_1\sin\theta + X_2\cos\theta \end{cases}$$

分别称为 X_1 和 X_2 的第一主成分和第二主成分。如果数据在 OZ_2 方向上的分散性很小，那么可用一元数据 z_{i1}，$i=1$，2，…，n 反映原二元数据的绝大部分信息，即可近似地用 Z_1 的分布信息代替原二维变量（X_1，X_2）的分布信息。

（2）主成分分析法的实际应用

前面讨论的是总体主成分，在实际问题中，一般 Σ 和 ρ 是未知的，需要通过样本来进行估计，即用 S 来估计 Σ，用 R 来估计 ρ。

表 5-13 显示了某年度省会城市和计划单列市的主要经济指标，下面通过社会科学统计分析软件 SAS 作主成分分析，试图得出各城市的综合经济得分并排列名次。

表 5-13　　**某年度省会城市和计划单列市主要经济指标**

指标 城市	年底总人口（万人）	非农业人口（万人）	农业总产值（万元）	工业总产值（万元）	客运总量（万人）	货运总量（万吨）	地方财政预算内收入（万元）	城乡居民年底储蓄余额（万元）	在岗职工人数（万人）	在岗职工工资总额（万元）
北　京	1 249.90	747.20	1 843 427	19 999 706	20 323	45 562	2 790 863	26 806 646	410.80	5 773 301
天　津	910.17	528.68	1 501 136	22 645 502	3 259	26 317	1 128 073	11 301 931	202.68	2 254 343
石家庄	875.40	204.15	2 918 680	6 885 768	2 929	1 911	352 348	7 095 875	95.60	758 877
太　原	299.92	196.84	236 038	2 737 750	1 937	11 895	203 277	3 943 100	88.65	654 023
呼和浩特	207.78	91.67	365 343	816 452	2 351	2 623	105 783	1 396 588	42.11	309 337
沈　阳	677.08	426.52	1 295 418	5 826 733	7 782	15 412	567 919	9 016 998	135.45	1 152 811
大　连	545.31	269.70	1 879 739	8 426 385	10 780	19 187	709 227	7 556 796	94.15	965 922
长　春	691.23	281.20	1 853 210	5 966 343	4 810	9 532	357 096	4 803 744	102.63	884 447
哈尔滨	927.09	428.98	2 663 855	4 186 123	6 720	7 520	481 443	6 450 020	172.79	1 309 151
上　海	1 313.12	969.63	2 069 019	54 529 098	6 406	44 485	4 318 500	25 971 200	336.84	5 605 445
南　京	537.44	287.03	989 199	13 072 737	14 269	11 193	664 299	5 680 472	113.81	1 357 861
杭　州	616.05	219.05	1 414 737	12 000 796	17 883	11 684	449 593	7 425 967	96.90	1 180 947
宁　波	538.41	137.12	1 428 235	10 622 866	22 215	10 298	501 723	5 246 350	62.15	824 034
合　肥	429.95	136.91	628 764	2 514 125	4 893	1 517	233 628	1 622 931	47.27	369 577
福　州	583.13	159.38	2 152 288	6 555 351	8 851	7 190	467 524	5 030 220	69.59	680 607
厦　门	128.99	62.75	333 374	5 751 124	3 728	2 570	418 758	2 108 331	46.93	657 484
南　昌	424.20	169.16	688 289	2 305 881	3 674	3 189	167 714	2 640 460	62.08	479 555

续表

指标 城市	年底总人口（万人）	非农业人口（万人）	农业总产值（万元）	工业总产值（万元）	客运总量（万人）	货运总量（万吨）	地方财政预算内收入（万元）	城乡居民年底储蓄余额（万元）	在岗职工人数（万人）	在岗职工工资总额（万元）
济南	557. 63	227. 81	1 486 302	6 285 882	5 915	11 775	460 690	4 126 970	83. 31	756 696
青岛	702. 97	259. 60	2 382 320	11 492 036	13 408	17 038	658 435	4 978 045	103. 52	961 704
郑州	615. 36	210. 72	677 425	5 287 601	10 433	6 768	387 252	5 135 338	84. 66	696 848
武汉	740. 20	434. 46	1 211 291	7 506 085	9 793	15 442	604 658	5 748 055	149. 20	1 314 766
长沙	582. 47	180. 98	1 146 367	3 098 179	8 706	5 718	323 660	3 461 244	69. 57	596 986
广州	685. 00	425. 63	1 600 738	23 348 139	22 007	23 854	1 761 499	20 401 811	182. 81	3 047 594
深圳	119. 85	95. 05	299 662	20 368 295	8 754	4 274	1 847 908	9 519 900	91. 26	1 890 338
南宁	285. 87	116. 18	720 486	1 149 691	5 130	3 293	149 700	2 190 918	45. 09	371 809
海口	54. 38	45. 43	44 815	717 461	5 345	2 356	115 174	1 626 800	19. 01	198 138
重庆	3 072. 34	635. 16	4 168 780	8 585 525	52 441	25 124	898 912	9 090 969	223. 73	1 606 804
成都	1 003. 56	336. 15	1 935 590	5 894 289	40 140	19 632	561 189	7 479 684	132. 89	1 200 671
贵阳	321. 50	146. 52	362 061	2 247 934	15 703	4 143	197 908	1 787 748	55. 28	419 681
昆明	473. 39	182. 95	793 356	3 605 729	5 604	12 042	524 216	4 127 900	88. 11	842 321
西安	674. 50	276. 14	739 905	3 665 942	10 311	9 766	408 896	5 863 980	114. 01	885 169
兰州	287. 59	156. 58	259 444	2 940 884	1 832	4 749	169 540	2 641 568	65. 83	550 890
西宁	133. 95	70. 02	65 848	711 310	1 746	1 469	49 134	855 051	27. 21	219 251
银川	95. 38	54. 45	171 603	661 226	2 106	1 193	74 758	814 103	23. 72	178 621
乌鲁木齐	158. 92	131. 01	78 513	1 847 241	2 668	9 041	254 870	2 365 508	55. 27	517 622

在 SAS 的主成分分析中，选择的变量为 x_1（年底总人口）、x_2（非农业人口）、x_3（农业总产值）、x_4（工业总产值）、x_5（客运总量）、x_6（货运总量）、x_7（地方财政预算内收入）、x_8（城乡居民年底储蓄余额）、x_9（在岗职工人数）、x_{10}（在岗职工工资总额），共 10 个变量。默认情况下，系统基于原变量的相关矩阵进行主成分分析。

通过 *SAS* 进行计算，可得样本相关矩阵，如图 5-8 所示。

	x_1	x_2	x_3	x_4	x_5	x_6	x_7	x_8	x_9	x_{10}
x_1	1.0000	0.7427	0.8425	0.3603	0.7390	0.6215	0.4039	0.4967	0.6761	0.4689
x_2	0.7427	1.0000	0.6155	0.7538	0.3939	0.9177	0.8025	0.8554	0.9514	0.8652
x_3	0.8425	0.6155	1.0000	0.3358	0.5891	0.5056	0.3236	0.4456	0.5575	0.3742
x_4	0.3603	0.7538	0.3358	1.0000	0.1507	0.7664	0.9412	0.8480	0.7320	0.8614
x_5	0.7390	0.3939	0.5891	0.1507	1.0000	0.4294	0.1971	0.3182	0.3893	0.2595
x_6	0.6215	0.9177	0.5056	0.7664	0.4294	1.0000	0.8316	0.8966	0.9302	0.9027
x_7	0.4039	0.8025	0.3236	0.9412	0.1971	0.8316	1.0000	0.9233	0.8376	0.9527
x_8	0.4967	0.8554	0.4456	0.8480	0.3182	0.8966	0.9233	1.0000	0.9201	0.9731
x_9	0.6761	0.9514	0.5575	0.7320	0.3893	0.9302	0.8376	0.9201	1.0000	0.9396
x_{10}	0.4689	0.8652	0.3742	0.8614	0.2595	0.9027	0.9527	0.9731	0.9396	1.0000

图 5-8　样本相关矩阵

以上相关矩阵的特征值、各标准化主成分的贡献率及累计贡献率见表 5-14。

表 5-14　**相关矩阵的特征值及贡献率**

i	特征值	特征值差异	贡献率	累积贡献率
1	7.13950392	5.37622957	0.7140	0.7140
2	1.76327436	1.32690415	0.1763	0.8903
3	0.43637020	0.12242976	0.0436	0.9339
4	0.31394044	0.15738279	0.0314	0.9653
5	0.15655765	0.05498746	0.0157	0.9810

续表

i	特征值	特征值差异	贡献率	累积贡献率
6	0. 10157019	0. 06300175	0. 0102	0. 9911
7	0. 03856844	0. 00955940	0. 0039	0. 9950
8	0. 02900904	0. 01080577	0. 0029	0. 9979
9	0. 01820327	0. 01520078	0. 0018	0. 9997
10	0. 00300249		0. 0003	1. 0000

以上相关矩阵的标准化特征向量见表 5-15。

表 5-15　**标准化特征向量**

标准化变量	e_1^*	e_2^*	e_3^*	e_4^*	e_5^*
x_1^*	0. 268027	0. 486921	−0. 150573	−0. 064135	−0. 462917
x_2^*	0. 357140	0. 029183	−0. 218872	−0. 284730	−0. 387889
x_3^*	0. 233390	0. 476262	−0. 555029	0. 353022	0. 460403
x_4^*	0. 313466	−0. 284535	−0. 018068	0. 636597	−0. 344446
x_5^*	0. 176871	0. 540392	0. 757038	0. 165745	0. 056359
x_6^*	0. 354575	−0. 041584	0. 114812	−0. 301894	−0. 036035
x_7^*	0. 335257	−0. 282771	0. 093322	0. 299741	−0. 082863
x_8^*	0. 352878	−0. 171628	0. 104210	−0. 005997	0. 474267
x_9^*	0. 360825	−0. 025951	−0. 068927	−0. 406699	0. 127762
x_{10}^*	0. 351793	−0. 224562	0. 102135	−0. 105070	0. 228129
标准化变量	e_6^*	e_7^*	e_8^*	e_9^*	e_{10}^*
x_1^*	0. 384101	0. 293623	−0. 443107	0. 128997	0. 057096
x_2^*	−0. 101191	−0. 560969	0. 208276	−0. 432513	0. 191815
x_3^*	−0. 178615	0. 047560	0. 188700	−0. 049800	0. 042402
x_4^*	−0. 196320	−0. 243698	−0. 065117	0. 433418	−0. 080820

续表

标准化变量	e_6^*	e_7^*	e_8^*	e_9^*	e_{10}^*
x_5^*	-0.041344	-0.177343	0.196531	-0.031524	-0.012642
x_6^*	-0.749980	0.424294	-0.155835	0.009976	-0.006932
x_7^*	0.274201	0.463211	0.261609	-0.546222	-0.213716
x_8^*	0.137035	-0.302606	-0.663796	-0.208906	-0.124822
x_9^*	0.222425	-0.067109	0.335228	0.423098	-0.580765
x_{10}^*	0.253308	0.123830	0.189943	0.289578	0.743550

从表5-14可知，第一主成分贡献率为71.40%，前两个主成分的累积贡献率为89.03%。表5-15中的x_i^*为原变量x_i标准化后的新变量，则第一标准化样本主成分为：

$$z_1 = 0.268027x_1^* + 0.357140x_2^* + 0.233390x_3^* + 0.313466x_4^* + 0.176871x_5^* + 0.354575x_6^* + 0.335257x_7^* + 0.352878x_8^* + 0.360825x_9^* + 0.351793x_{10}^*$$

z_1近似为10个标准化变量x_i^*（$i=1, 2, \cdots, 10$）的等权重之和（x_5^*权重稍小一些），是反映各城市经济实力的综合指标，z_1的值越大，则该城市的综合经济实力越强，由于z_1的贡献率高达71.40%，所以基本上可用z_1的得分值对各城市进行排序。通过SAS进行计算，各样本按第一主成分得分及排序见表5-16。

表5-16　**按第一主成分得分及排序**

城　市	第一主成分z_1	排名
上　海	8.980141	1
北　京	7.515474	2
重　庆	4.606392	3
广　州	3.517499	4
天　津	2.637904	5
成　都	1.292548	6

续表

城 市	第一主成分 z_1	排名
哈尔滨	0. 712837	7
武　汉	0. 588611	8
沈　阳	0. 544098	9
青　岛	0. 469161	10
大　连	0. 342333	11
南　京	0. 158546	12
杭　州	0. 118499	13
深　圳	0. 086776	14
石家庄	-0. 3066	15
长　春	-0. 33993	16
宁　波	-0. 4294	17
西　安	-0. 47423	18
济　南	-0. 60659	19
福　州	-0. 66852	20
昆　明	-0. 90741	21
郑　州	-0. 9089	22
长　沙	-1. 20509	23
太　原	-1. 38722	24
南　昌	-1. 78136	25
贵　阳	-1. 80886	26
兰　州	-1. 90112	27
乌鲁木齐	-1. 97243	28
合　肥	-2. 0038	29
厦　门	-2. 06429	30
南　宁	-2. 08032	31
呼和浩特	-2. 42044	32
海　口	-2. 73464	33
西　宁	-2. 76295	34
银　川	-2. 80672	35

第二个主成分 z_2 的系数表明，它主要反映的是第 1、3、5 个变量的信息。关于主成分的实际意义，要结合具体问题和相关专业知识给予合理的解释。

5.2 时间序列分析法

时间序列是指具有均匀时间间隔的各种社会、自然现象的数量指标依时间次序排列起来的统计数据。时间序列分析是通过对历史数据变化的分析，来评价事物的现状和估计事物的未来变化。这种方法在科学决策、研究与开发、市场开拓活动中的许多场合有广泛的应用，如市场行情分析、产品销售趋势预测等。

根据对历史数据处理方法的不同，时间序列分析法可分为如下几种类型(见图 5-9)①。

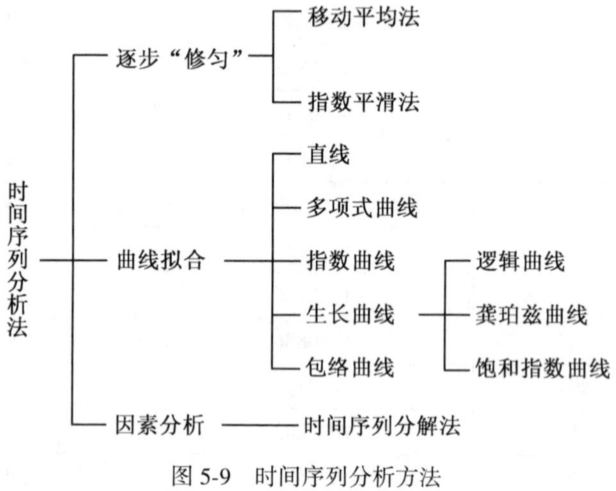

图 5-9　时间序列分析方法

表 5-17 简明归纳了各种方法的主要概念及其异同比较②。

① 卢泰宏著. 信息分析 [M]. 广州：中山大学出版社，1998.
② 卢泰宏著. 信息分析 [M]. 广州：中山大学出版社，1998.

表 5-17 时间序列分析方法比较

方法思想	方法分类	主要适用对象	主要特征及参数	主要适用范围
修匀	移动平均法	波动的时间序列	n：移平跨度	短期市场预测；对波动数列的加工处理
	指数平滑法		α：平滑常数	
拟合	指数增长模型	拟合发展中的加速度阶段	高速增长、没有极限	技术的扩散、经济的起飞、产品畅销等阶段的预测
	生长模型	拟合单个有极限发展全过程	有上限、分阶段	技术和商品等的寿命分析
	包络曲线模型	拟合依次替代的连续增长过程	由多个 S 曲线构成一个大的 S 曲线	技术发展的长期预测
还原	分解法	经济活动中的不规则时间序列	分解为四个基本因素：T，C，S，I，各有其特征	短期的市场分析和长期经济问题分析。特别是用季节指数辅助模型进行短期预测

下面对其中的几种典型方法作一介绍。

5.2.1 移动平均法

移动平均法的处理对象是一组无规则波动的数据，其基本方法是每次在时间序列上移动一步求平均值（去掉一个头部的数据，加入一个新的数据)。这样的处理可对原始的无规则数据进行“修匀”，消除掉样本序列中的随机干扰成分，突出序列本身的固有规律，从而为进一步的建模和参数估计打下基础。

(1) 一次移动平均

① 基本公式

一次移动平均是指对原始时间序列数据进行移动平均，其计算公式如下：

$$M_t^{[1]} = \frac{y_t + y_{t-1} + \cdots + y_{t-n+1}}{n} \tag{5-14}$$

式中，$M_t^{[1]}$ 为第 t 周期的一次移动平均值；t 为周期次第数；y_t为第 t 周期原始时间序列数据；n 为每一时间段的数据个数，称为移平跨度。

n 的取值有两种特殊情况：

1）当 $n=t$ 时，则 $M_t^{[1]}=\bar{y}_t$，即一次移动平均值等于总体数据的平均值。

2）当 $n=1$ 时，则 $M_t^{[1]}=y_t$，即一次移动平均值等于原始统计数据。

② 递推公式

式 5-14 稍作改进即可得递推公式：

$$M_t^{[1]}=M_{t-1}^{[1]}+\frac{y_t-y_{t-n}}{n} \tag{5-15}$$

所以，当计算出 $M_{t-1}^{[1]}$ 后，只需计算 $\frac{y_t-y_{t-n}}{n}$，就可求得 $M_t^{[1]}$。如果时间序列数据很长，n 的取值又较大，用递推公式可大大减少计算量。

（2）二次移动平均

① 基本公式和递推公式

$$M_t^{[2]}=\frac{M_t^{[1]}+M_{t-1}^{[1]}+\cdots+M_{t-n+1}^{[1]}}{n} \tag{5-16}$$

$$M_t^{[2]}=M_{t-1}^{[2]}+\frac{M_t^{[1]}-M_{t-n}^{[1]}}{n} \tag{5-17}$$

② 计算实例

根据表 5-18 中所列的一组时间序列数据 y_t，取移平跨度 $n=5$，计算一次、二次移动平均值。

表 5-18　　**原始数据及一次、二次移动平均值计算结果**

周期数 t	原始数据 y_t	$M_t^{[1]}$ $(n=5)$	$M_t^{[2]}$ $(n=5)$	周期数 t	原始数据 y_t	$M_t^{[1]}$ $(n=5)$	$M_t^{[2]}$ $(n=5)$
1	61			9	74	68.8	65.52
2	60			10	77	71.2	67.24
3	64			11	76	73	69.08
4	63			12	80	75	70.92
5	65	62.6		13	86	78.6	73.32
6	67	63.8		14	90	81.8	75.92
7	70	65.8		15	92	84.8	78.64
8	68	66.6					

解：先从第 5 周期开始，由式 5-14 计算出第 5 周期的一次移动平均值 $M_5^{[1]}$，然后由式 5-15 往下继续求出各周期的一次移动平均值，填入表中相应的位置。

具体计算过程如下：

$$M_5^{[1]} = \frac{y_1 + y_2 + y_3 + y_4 + y_5}{5} = \frac{61 + 60 + 64 + 63 + 65}{5} = 62.6$$

$$M_6^{[1]} = M_5^{[1]} + \frac{y_6 - y_1}{5} = 62.6 + \frac{67 - 61}{5} = 63.8$$

……

$$M_9^{[2]} = \frac{M_5^{[1]} + M_6^{[1]} + M_7^{[1]} + M_8^{[1]} + M_9^{[1]}}{5}$$

$$= \frac{62.6 + 63.8 + 65.8 + 66.6 + 68.8}{5} = 65.52$$

$$M_{10}^2 = M_9^{[2]} + \frac{M_{10}^{[1]} - M_5^{[1]}}{5} = 65.52 + \frac{71.2 - 62.6}{5} = 67.24$$

……

（3）模型建立与预测

移动平均法并不适用于有线性趋势的时间序列数据的预测。因为一次移动平均值 $M_t^{[1]}$ 是每一时间段 y_t 的平均值。当 y_t 为线性增长趋势时，$M_t^{[1]}$ 必然小于 y_t 值；反之，当 y_t 为线性下降趋势时，$M_t^{[1]}$ 必然大于 y_t。同理，$M_t^{[2]}$ 对 $M_t^{[1]}$ 也有类似的滞后偏差。

因此，$M_t^{[2]}$ 和 $M_t^{[1]}$ 只能用于简易预测。为了改善预测效果，人们利用 $M_t^{[2]}$、$M_t^{[1]}$ 求出平滑系数，建立线性移动平均模型再进行预测。

设已观察到时间 t 以前的序列值 y_t，现要预测未来时刻 $t+T$ 的序列值。由于序列具有线性趋势，因此可假定线性移动平均模型的一般形式为：

$$\hat{y}_{t+T} = a_t + b_t T \tag{5-18}$$

这里，$\hat{y}_{t+T}$ 为第 $t+T$ 周期的预测值；T 为由目前周期 t 到需要预测的周期之间的周期个数；a_t 与 b_t 为平滑系数（a_t 为截距，b_t 为斜率），依赖于 t 以前的 y_t 观察值。a_t、b_t 的计算公式为：

$$a_t = y_t = 2M_t^{[1]} - M_t^{[2]} \tag{5-19}$$

$$b_t = \frac{2}{n-1}\left(M_t^{[1]} - M_t^{[2]}\right) \tag{5-20}$$

将 a_t 和 b_t 代入式 5-18，求得预测方程为：

$$\hat{y}_{t+T} = 2M_t^{[1]} - M_t^{[2]} + \frac{2}{n-1}\left(M_t^{[1]} - M_t^{[2]}\right)^{T}$$

在移动平均法中，n 值是关键参数，n 值越大，对波动曲线的“修匀”效果越显著，但对变化反映的灵敏度降低，对趋势反映滞后大；反之则反。

5.2.2 指数平滑法

指数平滑法是对移动平均法的改进。我们进一步考察移动平均法，可以看出，在式 5-14 中，每个数据权重相等，均为 $1/n$，这意味着不同时间上的数据具有相同的价值，这在一般的预测中显然是不合理的。如果认为参加计算的每一数据对预测结果的影响程度不同，就应该对这些数据分别赋予不同的权值。指数平滑法正是基于这一思想。权值的选择取决于信息分析人员的预测经验。由于近期数据的影响较大，通常可赋予较大权值。

本节所讨论的指数平滑法实质上是指数加权移动平均法。

（1）一次指数平滑

① 基本公式

若以 α 代表权数，则原始时间序列数据的加权移动平均值可表示为：

$$S_t^{[1]} = \alpha_1 y_t + \alpha_2 y_{t-1} + \cdots + \alpha_n y_{t-n+1}$$

其中，$\alpha_1>\alpha_2\cdots>\alpha_n$

且 $\sum_{i=1}^{n} \alpha_i = 1$

若 α_1，α_2，…，α_n 呈等比数列，公比为 $\gamma = 1 - \alpha$，则权数数列为：

α，$\alpha(1-\alpha)$，$\alpha(1-\alpha)^2$，…

$$\therefore S_t^{[1]} = \alpha y_t + \alpha\gamma y_{t-1} + \cdots + \alpha\gamma^{n-1} y_{t-n+1} \tag{5-21}$$

类似地有：

$$\therefore S_{t-1}^{[1]} = \alpha y_{t-1} + \alpha\gamma y_{t-2} + \cdots + \alpha\gamma^{n-1} y_{t-n} \tag{5-22}$$

由式 5-21 和式 5-22 得：

$$S_t^{[1]} = \alpha y_t + \gamma S_{t-1}^{[1]} - \alpha\gamma^n y_{t-n}$$

由于 $\alpha\gamma^n y_{t-n}$ 很小，可忽略不计，于是：

$$S_t^{[1]} = \alpha y_t + (1-\alpha) S_{t-1}^{[1]} \tag{5-23}$$

② 平滑常数 α 的含义及取值

1）预测结果对 α 的依赖性

α 的取值反映了新旧数据所占的分配比例，对预测结果直接产生影响。因此，预测的结果依赖于 α 的选择。

α 的取值有两种极端情况：

当 $\alpha=0$ 时，$S_t^{[1]}=S_{t-1}^{[1]}$，即平滑值维持不变；

当 $\alpha=1$ 时，$S_t^{[1]}=y_t$，即平滑值等于最新的观察值。

一般的，α 选得小一些，预测值趋向就较平稳，“修匀”效果越显著；α 选得大一些，近期数据所占的比重越大，对变化的反映越灵敏，但“修匀”的效果越不明显。

2）α 值与 n 值的关系

在对波动曲线的“修匀”作用上，α 值与 n 值的取值方向正好相反。即在移动平均法中，n 值越大，“修匀”效果越显著；而在指数平滑法中，α 值越小，“修匀”效果越显著，即 $\alpha \propto \frac{1}{n}$。在实际应用中，一般取：

$$\alpha=\frac{2}{n+1} \tag{5-24}$$

3）α 取值的经验选择

如果我们希望选取的 α 值使预测误差的方差尽可能小的话，那么 α 值的选择就应以残差平方和最小为标准，即 α 值应使 $Q=\sum\left(y_t-S_{t-1}^{[1]}\right)^2$ 最小。这里 Q 是 α 的函数，一般可采用 0.618 法求出使 Q 达到最小值的 α 值。

根据一般的经验，α 的取值范围通常是 $0.01\leqslant\alpha<0.3$。

③ 计算实例

根据表 5-19 中所列的一组时间序列数据 y_t，分别取加权系数 $\alpha=0.3$ 和 $\alpha=0.1$，计算其一次指数平滑值。

表 5-19　　**原始数据及一次、二次、三次指数平滑值计算结果**

周期数 t	原始数据 y_t	$S_t^{[1]}$ $\alpha-0.3$	$S_t^{[2]}$ $\alpha=0.3$	$S_t^{[3]}$ $\alpha=0.3$	$S_t^{[1]}$ $\alpha=0.1$	$S_t^{[2]}$ $\alpha=0.1$	$S_t^{[3]}$ $\alpha=0.1$
0		61	61	61	61	61	61
1	61	61	61	61	61	61	61
2	60	60.7	60.9	61.0	60.9	61.0	61.0
3	64	61.7	61.1	61.0	61.2	61.0	61.0
4	63	62.1	61.4	61.1	61.4	61.0	61.0
5	65	63.0	61.9	61.3	61.8	61.1	61.0
6	67	64.2	62.6	61.7	62.3	61.2	61.0
7	70	65.9	63.6	62.3	63.1	61.4	61.0

续表

周期数 t	原始数据 y_t	$S_t^{[1]}$ $\alpha=0.3$	$S_t^{[2]}$ $\alpha=0.3$	$S_t^{[3]}$ $\alpha=0.3$	$S_t^{[1]}$ $\alpha=0.1$	$S_t^{[2]}$ $\alpha=0.1$	$S_t^{[3]}$ $\alpha=0.1$
8	68	66.5	64.5	63.0	63.6	61.6	61.1
9	74	68.8	65.8	63.8	64.6	61.9	61.2
10	77	71.3	67.5	64.9	65.8	62.3	61.3
11	76	72.7	69.1	66.2	66.8	62.8	61.5
12	80	74.9	70.8	67.6	68.1	63.3	61.7
13	86	78.2	73.0	69.2	69.9	64.0	61.9
14	90	81.7	75.6	71.1	71.9	64.8	62.2
15	92	84.8	78.4	73.3	73.9	65.7	62.6

解：先设初始值 $S_0^{[1]}=y_1=61$，按式 5-23 计算 $\alpha=0.3$ 的一次指数平滑值，并填于表 5-19 中。

$S_1^{[2]}=\alpha S_1^{[1]}+(1-\alpha)S_0^{[2]}=0.3\times61+(1-0.3)\times61=61$

$S_2^{[2]}=\alpha S_2^{[1]}+(1-\alpha)S_1^{[2]}=0.3\times60.7+(1-0.3)\times61=60.9$

……

以同样方法逐项计算 $\alpha=0.1$ 时的 $S_t^{[1]}$，并填于表 5-19 中。

（2）二次指数平滑

① 基本公式

二次指数平滑是对一次指数平滑值 $S_t^{[1]}$ 再进行一次平滑，计算公式如下：

$$S_t^{[2]}=\alpha S_t^{[1]}+(1-\alpha)S_{t-1}^{[2]} \tag{5-25}$$

② 计算实例

根据表 5-19 中的计算数据 $S_t^{[1]}$，分别取加权系数 $\alpha=0.3$ 和 $\alpha=0.1$，计算二次指数平滑值。

解：先设初始值 $S_0^{[2]}=y_1=61$，按式 5-25 计算 $\alpha=0.3$ 的二次指数平滑值，并填于表 5-19 中。

$S_1^{[2]}=\alpha S_1^{[1]}+(1-\alpha)S_0^{[2]}=0.3\times61+(1-0.3)\times61=61$

$S_2^{[2]}=\alpha S_2^{[1]}+(1-\alpha)S_1^{[2]}=0.3\times60.7+(1-0.3)\times61=60.9$

……

以同样方法逐项计算 $\alpha=0.1$ 时的 $S_t^{[2]}$ ，并填于表 5-19 中。

(3) 模型与计算

与移动平均法相似，当时间序列数据有线性趋势时，$S_t^{[1]}$ 对 y_t、$S_t^{[2]}$ 对 $S_t^{[1]}$ 也存在滞后偏差的问题。因此，$S_t^{[1]}$ 、$S_t^{[2]}$ 只能用于简易预测。为了改善预测效果，人们利用 $S_t^{[2]}$ 、$S_t^{[1]}$ 求出平滑系数，建立线性指数平滑模型再进行预测。

设已观察到时间 t 以前的序列值 y_t，现要预测未来时刻 $t+T$ 的序列值。由于序列具有线性趋势，因此可假定线性指数平滑模型的一般形式为：

$$\hat{y}_{t+T} = a_t + b_t T \tag{5-26}$$

这里，$\hat{y}_{t+T}$ 为第 $t+T$ 周期的预测值；T 为由目前周期 t 到需要预测的周期之间的周期个数；a_t与 b_t为平滑系数（a_t为截距，b_t为斜率），依赖于 t 以前的 y_t观察值。a_t、b_t的计算公式为：

$$a_t = 2S_t^{[1]} - S_t^{[2]} \tag{5-27}$$

$$b_t = \frac{\alpha}{1-\alpha}\left(S_t^{[1]} - S_t^{[2]}\right) \tag{5-28}$$

下面给出一个计算实例。

根据表 5-19 中的计算数据，建立线性指数平滑模型并计算未来 2 期的预测值。

解：取 $\alpha=0.3$，由表 5-19 查得

$$S_{15}^{[1]} = 84.8, \qquad S_{15}^{[2]} = 78.4$$

代入式 5-27 得

$$a_t = 2\times 84.8 - 78.4 = 91.2$$

代入式 5-28 得

$$b_t = \frac{0.3}{0.7}(84.8 - 78.4) = 2.7$$

∴ 预测模型为：

$$\hat{y}_{15+T} = 91.2 + 2.7T$$

以 $T=1$，2 分别代入上式得未来 2 期的预测值：

$$\hat{y}_{16} = 91.2 + 2.7 \times 1 = 93.6$$

$$\hat{y}_{17} = 91.2 + 2.7 \times 2 = 96.6$$

(4) 三次指数平滑

除了线性指数平滑模型外，还有非线性指数平滑模型。后者一般采用三次指数平滑法，它几乎适用于所有的应用问题，因而使用比较广泛。

① 基本公式

$$S_t^{[3]} = \alpha S_t^{[2]} + (1-\alpha) S_{t-1}^{[3]} \tag{5-29}$$

② 非线性指数平滑模型的建立

非线性指数平滑模型的一般形式为：

$$\hat{y}_{t+T} = a_t + b_t T + c_t T^2$$

这三个平滑系数的计算公式如下：

$$a_t = 3S_t^{[1]} - 3S_t^{[2]} + S_t^{[3]} \tag{5-30}$$

$$b_t = \frac{\alpha}{2(1-\alpha)^2}\left[(6-5\alpha) S_t^{[1]} - 2(5-4\alpha) S_t^{[2]} + (4-3\alpha) S_t^{[3]}\right] \tag{5-31}$$

$$c_t = \frac{\alpha^2}{2(1-\alpha)^2}\left(S_t^{[1]} - 2S_t^{[2]} + S_t^{[3]}\right) \tag{5-32}$$

③ 计算实例

根据表 5-19 中的计算数据，建立非线性指数平滑模型，并计算未来 2 期的预测值。

解：

1）计算三次指数平滑值。其计算方法与一、二次指数平滑值的计算方法相似，分别取 $\alpha=0.3$，$\alpha=0.1$，按式 5-29 计算的结果，并填于表5-19中。

2）计算平滑系数并求出平滑模型。取 $\alpha=0.3$，由表 5-19 查得，$S_{15}^{[1]}=84.8$，$S_{15}^{[2]}=78.4$，$S_{15}^{[3]}=73.3$

代入式 5-30、式 5-31 和式 5-32 可得：

$$a_t = 3\times 84.8 - 3\times 78.4 + 73.3 = 92.5$$

$$b_t = \frac{0.3}{2\times 0.7^2}\left[(6-1.5)\times 84.8 - 2\times(5-1.2)\times 78.4 + (4-0.9)\times 73.3\right]$$
$$= 3.977$$

$$c_t = \frac{0.3^2}{2\times(1-0.3)^2}\times(84.8 - 2\times 78.4 + 73.3) = 0.119$$

∴ 预测模型为：

$$\hat{y}_{15+T} = 92.5 + 3.977T + 0.119T^2$$

3）计算未来 2 期的预测值。以 $T=1$，2 代入上式，得：

$$\hat{y}_{16} = 92.5 + 3.977\times 1 + 0.119\times 1^2 = 96.60$$

$$\hat{y}_{17} = 92.5 + 3.977\times 2 + 0.119\times 2^2 = 100.93$$

5.2.3 生长曲线法

生长曲线是增长曲线的一大类，是描绘各种社会、自然现象的数量指标依时间变化而呈某种规律性的曲线。由于生长曲线形状大致呈拉伸后的“S”形，故又称“S”曲线。在信息分析中，利用生长曲线模型来描述事物发生、发展和成熟的全过程的方法就是生长曲线法。

生长曲线法是基于对事物发展全过程的认识而发展起来的。事物的发展，例如人口的增长、信息量的增长、技术的发展等，开始几乎是按指数函数的规律增长，在达到一定程度后，由于自身和环境的制约作用，逐渐趋于一种稳定状态。生长曲线较好地描述了事物的这种发生、发展和成熟的全过程。生长曲线有两种，一种是对称型的生长曲线（图 5-10（a）），又称逻辑（Logistic）曲线或珀尔（Pearl）曲线；另一种是不对称型的生长曲线（图 5-10（b）），又称龚珀兹（Gompertz）曲线。

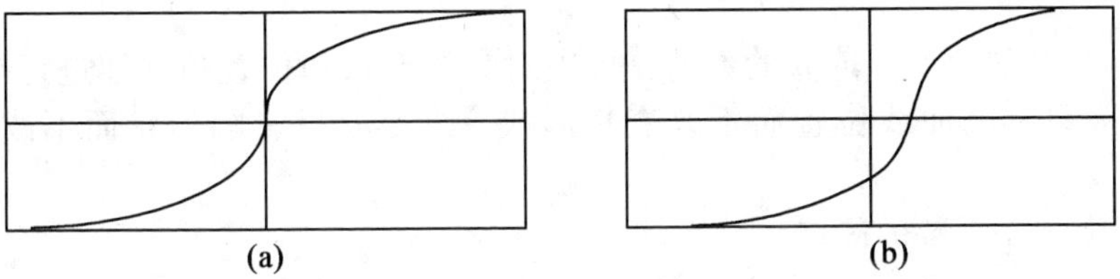

图 5-10　生长曲线

（1）逻辑曲线

① 数学模型

美国统计学家珀尔（Pearl）通过对生物繁殖和生长过程的大量研究，提出了一个模拟生物生长过程的逻辑曲线模型。其数学表达式为：

$$y = \frac{k}{1 + ae^{-bt}} \tag{5-33}$$

式中，$k>0$，$a>0$，$b>0$。

这个模型同样适用于人口增长、信息量的增长、技术的发展等过程，因而在信息分析中应用广泛。

逻辑曲线具有以下数学特征：

1）当 $t \to \infty$ 时，$y \to k$，即 k 是 y 值变化的上限。

2）将 y 对 t 求一阶导数，得：

$$y' = by - \frac{by^2}{k}$$

∴ 在（$-\infty$，$+\infty$）上，$y'>0$，该曲线单调增加，无极值。

3）将 y 对 t 求二阶导数，得：

$$y'' = b^2 y\left(1 - \frac{y}{k}\right)\left(1 - \frac{2y}{k}\right)$$

当 $y=0$，$y=k$ 和 $y=\frac{k}{2}$ 时，$y''=0$，这表明该曲线在其单调增加区间内，$y=\frac{k}{2}$ 是唯一拐点，拐点的上下两部分相对于拐点是对称的。

将 $y=\frac{k}{2}$ 代入式 5-33，得：

$$t = \frac{\ln a}{b}$$

∴ 该曲线的拐点为 $\left(\frac{\ln a}{b}, \frac{k}{2}\right)$。

4）通过改变 a 或 b 的数值，可以对它的形状和位置独立地进行控制。改变 a 只影响曲线位置而不改变其形状，改变 b 只影响形状而不改变其位置。

② 模型系数的确定

确定系数 k，a，b 的方法有多种，具有代表性的有：

1）线性回归法

a. 通过定性分析的方法，根据事物发展规律确定上限 k 值。

b. 对曲线进行线性化变换：

令 $\hat{y} = \ln\left(\frac{k}{y} - 1\right)$，$A = \ln a$

则 $\hat{y} = A - bt$

c. 根据前面介绍的回归分析法，用最小二乘法求出系数。

2）三段和值法

对式 5-33 两边取倒数，并令

$\frac{1}{y} = Y$，$\frac{1}{k} = K$，$\frac{a}{k} = -A$，$e^{-b} = B$

则

$$Y = K - AB^t \tag{5-34}$$

上式是修正指数曲线的形式，可通过三段和值法来求系数。

三段和值法解决问题的基本出发点是将整个时间序列分为三个相等的时间周期。假定有 3n 组数据（t_0，Y_0），（t_1，Y_1），…，（t_{n-1}，Y_{n-1}）；（t_n，Y_n），（t_{n+1}，Y_{n+1}），…，（t_{2n-1}，Y_{2n-1}）；（t_{2n}，Y_{2n}），（t_{2n+1}，Y_{2n+1}），…，（t_{3n-1}，Y_{3n-1}），n 为任意整数。一般来说，n 值越大，估计的精度就越高。如果该时间序列不是 3 的倍数，即存在 3n+1 或 3n+2 组数据的情形，可采取舍去远期 1 组或 2 组数据的方式，预先对该时间序列进行处理。

上述 3n 组数据应分别满足式 5-34。若以 i 代 t_i（$i=0, 1, \cdots, (3n-1)$），则可得下述三组方程组：

$$\left.\begin{aligned} Y_0 &= K - AB^0 \\ Y_1 &= K - AB^1 \\ &\cdots\cdots \\ Y_{n-1} &= K - AB^{n-1} \end{aligned}\right\} \quad (\text{I})$$

$$\left.\begin{aligned} Y_n &= K - AB^n \\ Y_{n+1} &= K - AB^{n+1} \\ &\cdots\cdots \\ Y_{2n-1} &= K - AB^{2n-1} \end{aligned}\right\} \quad (\text{II})$$

$$\left.\begin{aligned} Y_{2n} &= K - AB^{2n} \\ Y_{2n+1} &= K - AB^{2n+1} \\ &\cdots\cdots \\ Y_{3n-1} &= K - AB^{3n-1} \end{aligned}\right\} \quad (\text{III})$$

将上述方程组左右两边分别相加，求解得：

$$B = \left[\frac{\sum Y_i(\text{II}) - \sum Y_i(\text{III})}{\sum Y_i(\text{I}) - \sum Y_i(\text{II})}\right] \tag{5-35}$$

$$A = \left[\sum Y_i(\text{I}) - \sum Y_i(\text{II})\right]\frac{B-1}{(B^n-1)^2} \tag{5-36}$$

$$K = \frac{1}{n}\left[\sum Y_i(\text{I}) + A \times \frac{1-B^n}{1-B}\right] \tag{5-37}$$

由式 5-35、式 5-36 和式 5-37 求出 B，A，K 后，即可得逻辑曲线模型的系数 k，a，b。

③ 计算实例

根据表 5-20 列出的某种技术参数的时间序列数据预测未来一期参数值。

表 5-20　原始时间序列数据及其倒数

时间 t	原始数据 y_t	y_t的倒数 Y_t
0	19.6	0.051
1	21.5	0.047
2	24.0	0.042
3	26.8	0.037
4	30.2	0.033
5	33.4	0.030
6	35.7	0.028
7	37.8	0.027
8	40.1	0.025
9	42.2	0.024
10	44.0	0.023
11	45.5	0.022
12	46.9	0.021
13	48.3	0.021
14	48.9	0.021

解：先求 $Y_t = 1/y_t$，并填于表 5-20 中。

将 Y_t分为 3 组：

$$\sum Y_i(\mathrm{I}) = 0.051 + 0.047 + 0.042 + 0.037 + 0.033 = 0.21$$

$$\sum Y_i(\mathrm{II}) = 0.030 + 0.028 + 0.027 + 0.025 + 0.024 = 0.134$$

$$\sum Y_i(\mathrm{III}) = 0.023 + 0.022 + 0.021 + 0.021 + 0.021 = 0.108$$

$$B = \left(\frac{0.134 - 0.108}{0.21 - 0.134}\right)^{\frac{1}{5}} = 0.807$$

$$A = (0.21 - 0.134) \times \frac{0.807 - 1}{(0.807^5 - 1)^2} = -0.034$$

$$K = \frac{1}{5}\left[0.21 + (-0.034) \times \frac{1 - 0.807^5}{1 - 0.807}\right] = 0.019$$

$\therefore k = \frac{1}{K} = 52.63$

$$a = -kA = 52.63 \times (-0.034) = 1.789$$

$$b = -\ln B = -\ln 0.807 = 0.214$$

∴ 逻辑曲线模型为：

$$\hat{y}_t = \frac{52.63}{1 + 1.789e^{-0.214t}}$$

由此得下一期参数预测值为：

$$\hat{y}_{15} = \frac{52.63}{1 + 1.789e^{-0.214 \times 15}} = 49.086$$

（2）龚珀兹曲线

① 数学模型

英国统计学家和数学家龚珀兹（B. Gompertz）提出了另一个生长曲线模型，即龚珀兹曲线模型。其数学表达式为：

$$y = ka^{b^t} \tag{5-38}$$

式中，$k>0$，$0<a<1$，$0<b<1$。

龚珀兹曲线具有以下数学特征：

1）当 $t \to -\infty$ 时，$y \to 0$；当 $t \to \infty$ 时，$y \to k$，即 y 值在 $0 \sim k$ 之间变化，k 为上限。

2）将 y 对 t 求一阶导数，得：

$$y' = y\ln a \cdot \ln b \cdot b^t \tag{5-39}$$

将式 5-38 两边取自然对数，得：

$$b^t = \frac{\ln\left(\frac{y}{k}\right)}{\ln a}$$

将 b^t 代入式 5-39，得：

$$y' = y\ln b \cdot \ln\left(\frac{y}{k}\right)$$

由上式可知，除 $y=0$ 和 $y=k$ 外，在 $0 \sim k$ 之间的一切 y 值均不能使 y' 等于 0，即该曲线是单调增加的，无极值。

3）将 y 对 t 求二阶导数，得：

$$y'' = y(\ln b)^2 \cdot \ln\left(\frac{y}{k}\right) \cdot \left[\ln\left(\frac{y}{k}\right) + 1\right] \tag{5-40}$$

由上式可知，除 $y=0$，$y=k$ 外，只有当 $\ln\left(\frac{y}{k}\right) + 1 = 0$ 时，$y'' = 0$，所以

龚珀兹曲线在单调增加区间内存在唯一的拐点。可以算出该曲线的拐点为：

$$\left(-\frac{\ln(-\ln a)}{\ln b},\ \frac{k}{e}\right)$$

由于 $\frac{k}{e} < \frac{k}{2}$，故龚珀兹曲线的拐点位置比逻辑曲线的拐点更低，龚珀兹曲线拐点前后两部分是不对称的。

4）$t=0$ 时，$y=ka$，即曲线与 y 轴相交点为（0，ka）。

② 模型系数的确定

具有代表性的模型系数确定方法有：

1）线性回归法

a. 通过定性分析的方法，根据事物发展规律确定上限 k 值。

b. 对曲线进行线性化变换

将式 5-38 变形后两边取自然对数，并令 $Y=\ln\left(\ln\frac{y}{k}\right)$，则

$$Y=\ln(\ln a)+(\ln b)t$$

c. 根据前面介绍的回归分析法，用最小二乘法求出系数。

2）三段和值法

对式 5-38 两边取常用对数，并令 $\lg y=Y$，$\lg k=K$，$\lg a=-A$，$b=B$，则

$$Y=K-AB^t$$

具体计算与逻辑曲线模型系数的三段和值求法完全相同。在求出 A、B、K 后，即可得龚珀兹曲线模型系数 a，b，k。

5.2.4 时间序列分解法

时间序列分解法的基本思想是将时间序列上构成波动的不同因素分离开来，对各因素分别进行分析。这种方法有助于说明各种社会经济活动中的数量指标发生变动的分量原因，既有利于准确预测，又有利于有的放矢地进行控制和管理。

（1）时间序列的结构形式

在社会经济活动中，时间序列值依时间波动通常是由于受到下列因素的影响：

① 趋势（T）因素：当时间序列值依时间变化时，表现出某种倾向(如线性、指数曲线或 S 形曲线趋势)。它是影响时间序列值的主导因素。

② 循环（C）因素：它是周期不固定（如经济危机）的波动变化产生的原因。

③ 季节变动（S）因素：它是周期相对固定（如一年四季）的波动变化产生的原因。

④ 不规则变动（I）因素：它是指许多外生的不易控制的因素。这些因素的出现带有很大的随机性。一般假定 $E(I)=0$，$D(I)=\sigma^2$。

若以 Y_t表示时间序列值，T_t、C_t、S_t、I_t分别表示趋势、循环、季节变动和不规则变动因素，则时间序列值可分解为以下 3 种模式：

① 加法模式：$Y_t=T_t+C_t+S_t+I_t$

② 乘法模式：$Y_t=T_tC_tS_tI_t$ （5-41）

③ 混合模式：$Y_t=T_tC_tS_t+I_t$

（2）时间序列的传统分解

在以上各种模式中，实际常用的是乘法模式。在该模式中，各变量的单位是：T_t与 Y_t有相同的单位，其他因素的变化均是比例值。为了求出各因素对时间序列值影响的大小，下面介绍一下各因素的分解方法。

① 分解出 T_t与 C_t。假定季节长度为 4（即一年分为 4 季）。由假定 $E(I)=0$可知，只要将序列 Y_t作移平跨度为 4 的移动平均，就可消除季节变动和不规则变动的影响。记移动平均值为 M，则

$$M_t=\frac{Y_t+Y_{t-1}+Y_{t-2}+Y_{t-3}}{4} \qquad (5\text{-}42)$$

② 分解出 S_t与 I_t。将式 5-41 两边除以 M_t，得：

$$\frac{Y_t}{M_t}=\frac{T_t\cdot C_t\cdot S_t\cdot I_t}{T_t\cdot C_t}=S_t\cdot I_t \qquad (5\text{-}43)$$

③ 从 S_tI_t中分解出 S_t。式 5-43 中的 S_tI_t包含了季节变动因素和不规则变动因素，因此要设法排除掉不规则变动因素。式 5-41 的移动平均法虽然可消除不规则变动因素，但同时也消除了季节变动因素。为了消除不规则变动因素而保留季节变动因素，我们采用按季节平均的方法。例如，将式 5-43 所得的序列 S_tI_t逐年逐季排列起来，然后将各年的相同季节的 S_tI_t相加进行平均，这就达到了消除不规则变动因素而保留季节变动因素的目的。详见下面的同季平均法。

④ 从 T_tC_t序列中分解出 C_t。T_tC_t包含了趋势因素与循环因素，要把这两者分离出来，先要确定一种能最好地描述数据的趋势变化的曲线类型，曲线的模型建立和参数估计与前面章节中论述的方法相同。由曲线方程估算出 T_t，以 T_t除 M_t，得：

$$M_t/T_t=T_tC_t/T_t=C_t$$

（3）常用时间序列分解预测法

利用时间序列分解法进行预测的常用方法主要有同季平均法、季节系数法等。同季平均法是分析具有季节变化的时间序列并在此基础上进行预测的最简单的方法，主要适用于受季节变化影响而无明显趋势变化的时间序列。它包括两个步骤：一是将历年同季数据的平均值与各季总平均值相比，求得季节系数；二是以最近一年的各季平均值分别乘以各季节系数，即得来年各季的预测值。季节系数法是分析具有趋势变化和季节变化的时间序列并在此基础上进行预测的一种方法。该方法通过分析数据的趋势变化和季节波动规律，建立趋势变动模型，求出季节系数，然后再用季节系数去修正反映趋势变化的模型。这种方法的提出主要基于这样一种思想，即趋势是时间序列在整个长时期内的平均运动，是制约时间序列波动的主导因素，而其他各因素引起的波动只能算是对趋势的偏离。

现举一例说明同季平均法的应用。

例：试根据表5-21中历年数据预测某商场某电器产品的销售量。

表5-21　**某电器产品的销售量（单位：台）和季节系数**

	一季度	二季度	三季度	四季度	合计	各季平均
第一年	4 123	3 654	3 542	4 060	15 379	3 845
第二年	4 314	3 910	3 750	4 292	16 266	4 067
第三年	4 506	4 145	4 043	4 513	17 207	4 302
第四年	4 724	4 364	4 264	4 747	18 099	4 525
合　计	17 667	16 073	15 599	17 612	66 951	
同季平均	4 417	4 018	3 900	4 403		
各季总平均	4 184					
季节系数f_i	1.056	0.960	0.932	1.052		

解：

（1）计算同季平均值和各季总平均值

同季平均值是历年同季数据之和除以总年数；各季总平均值是历年全部季度总销售数除以总的季数。其结果列于表5-21。

（2）计算季节系数

季节系数f_i等于同季平均值与各季总平均值之比：

$$f_1 = 4417/4184 = 1.056$$

$$f_2 = 4018/4184 = 0.960$$

$$f_3 = 3900/4184 = 0.932$$

$$f_4 = 4403/4184 = 1.052$$

（3）计算预测值

以第四年的季平均值分别乘以各季节系数f_i，即得第五年各季的预测值：

第一季度：$\hat{y}_{第五年,1} = 4525 \times 1.056 = 4778$（台）

第二季度：$\hat{y}_{第五年,2} = 4525 \times 0.960 = 4344$（台）

第三季度：$\hat{y}_{第五年,3} = 4525 \times 0.932 = 4217$（台）

第四季度：$\hat{y}_{第五年,4} = 4525 \times 1.052 = 4760$（台）

5.3 系统动力学方法

系统动力学（System Dynamics，SD）是一门认识系统问题和解决系统问题的交叉的综合性新学科。它所要解决的，主要是如何定量地分析各类复杂系统的结构与功能的内在联系，如何定量地分析系统的各种特性等问题。

系统动力学是由美国麻省理工学院的福瑞斯特（J. W. Forrester）教授于1956年创立的。第二次世界大战以后，随着工业化进程的不断推进，一些国家的社会经济问题日趋严重，如人口增长问题、失业问题、环境污染问题、资源短缺问题、交通运输拥挤问题等。这些问题的出现往往不是由某个单因素或少数的几个因素引起的，而是与众多的、错综复杂的各类因素密切相关。传统的定量研究方法在这些问题面前已经感到无能为力。这样，系统动力学便应运而生了。

系统动力学在诞生初期主要用于工业企业管理，因此早期又称为“工业动力学”（industrial dynamics）。1956年，福瑞斯特发表了著名论文《工业动力学——决策的一个重要突破口》，首次介绍了系统动力学的概念和方法。1961年又出版了《工业动力学》，详细介绍了系统动力学的原理及其在各类复杂系统中的应用。由于系统动力学的理论与方法非常适用于定量研究社会经济、科技、生态、生物等复杂系统中存在的问题，因此自创立以来，在全世界范围内得到了广泛的推广和应用，如1972年罗马俱乐部出版了福瑞斯特的学生梅多斯（D. Meadows）的《增长的极限》一书，就是运用系统动力学原理研究世界资源问题的一部重要论著。我国大约从20世纪80年代初开始系统动力学的研究，目前已日趋成熟，并在社会经济、科技、生态、生物等领域获得了广泛的应用。

5.3.1 系统动力学的概念和特点

（1）系统动力学基本概念

① 系统与边界

系统动力学是将研究对象视为一个系统来处理的。按照系统动力学的观点，系统是指由相互区别、相互作用的各部分有机地联结在一起，为同一目的而完成某种功能的集合体。

系统是一个相对概念，是相对于所研究问题的实质和建模的目的而言的。对于给定的系统，它可以是其他系统的一个子系统，也可以按一定的标准分解为诸多层次的子系统。但是，一旦所要研究的问题的实质和建模的目的已定，系统也就确定了，其边界应该是清晰的和唯一的。

系统的边界是一个想象的轮廓，它把与所研究问题有关的部分均划入系统，而与其他部分（即系统环境）分隔开来。一般来说，研究对象不同，或者虽然研究对象相同但所研究的问题的实质及建模的目的不同，系统的边界也就不同。如何决定系统的边界之所在？系统的边界应划在何处才算科学合理？按照系统动力学的观点，在划定系统的边界时应遵循这样一条准则，那就是把系统中的反馈回路考虑成闭合的回路。应力图把那些与建模目的关系密切、重要的量都划入边界，系统的边界应当是封闭的。必要时还可以在定性分析的基础上辅以定量分析，以确定系统的主要变量与回路。系统动力学认为，一个系统的动态行为的模式是由系统边界内各部分的相互作用所产生的。也就是说，“边界”两字隐含着：某一特定的动态行为主要由系统内部所决定。

② 因果链及因果关联图

因果链是反映系统内变量之间因果关系的。设有两变量 A、B，其间存在因果关系，变量 A 是原因，变量 B 是可能引起的结果，则可用带箭头和正（+）、负（-）号的实线表示两变量之间的因果关系，从而构成一条因果链（link）。对于一条给定的因果链，正号（见图5-11（a））表明，箭头指向的变量将随箭头源发的变量的增加而增加或减少而减少，极性为正；负号（见5-11（b））则表示变量间取与正号相反的关系。因果链的极性定性地描述了一个变量改变引起相关变量改变的趋势。

图 5-11 因果链示例

反映系统内主要变量之间因果关系的一系列因果链的集合就是因果关联图。

③ 反馈、反馈系统与反馈回路

反馈是指信息的传输与回授。系统动力学认为在每一个系统（研究对象）之中都存在着信息反馈机制，反馈是系统最基本的属性。对系统而言，反馈是指系统输出与来自外部环境的输入的关系。包含有反馈环节及其作用的系统就是反馈系统，系统动力学中所指的系统都是反馈系统，它要受到系统本身的历史行为的影响，并把历史行为的后果回授给系统本身，通过决策以影响未来的行为。

反馈回路是由一系列因果链组成的闭合回路（或称环）。循反馈回路而行，因果链极性的积累效应产生了反馈回路的极性。具体地说，在一条反馈回路上，若反馈回路包含偶数个负的因果链或者因果链全部为正，则其极性为正；反之，若反馈回路包含奇数个负的因果链，则其极性为负。反馈回路的极性反映了其基本特征，正反馈回路能够产生自身增长的行为，具有自增长性；负反馈回路能够产生自身寻求特定目标的行为，具有自调整性。

在反馈回路中有一类特殊的回路，被称为耦合反馈回路。耦合反馈回路是指通过同一个变量建立起来的两条反馈回路，它是认识多反馈回路的复杂系统的基础。在有多条耦合反馈回路的复杂系统中，总存在一、两条起主导系统行为作用的回路，这类回路称为主回路。系统的行为虽然受所有回路的影响，但主回路的影响无疑是决定性的。

④ 流图

因果关联图描述了反馈结构的基本方面，有利于从总体上认识系统，把握所要解决的系统问题的关键，因此在建模初期具有十分重要的意义，但它不能区分系统中不同性质的量间的差异，也不能区分系统中的物质流和信息流，这是它的根本弱点。为了克服这一弱点，系统动力学引入了“流图”这一独特概念。

系统动力学把系统中物质和信息的运动都想象成流体的运动，物质的运动形成物质流，信息的运动形成信息流，流图就是为描述系统的运动而专门设计的一套特殊的符号图。系统动力学常用的流图符号见图 5-12。

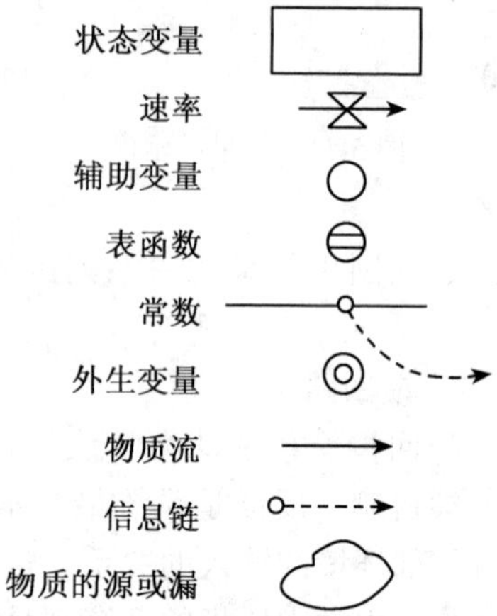

图 5-12　系统动力学常用的流图符号

上述各流图符号的含义表述如下：

1）状态（level or state）变量。状态变量描述的是系统的积累效应。某一时刻的状态变量值是系统中从初始时刻到当前时刻的物质流动或积累的结果。状态变量的基本特征是累加性，系统中所定义的状态变量是可以观察到的。

2）速率（rate）。速率描述的是系统积累效应的变化快慢。速率的基本特征是瞬时性，它是状态变量对时间求导数的结果。

3）辅助（auxiliary）变量。辅助变量是介乎变量之间的中介变量，其主要功用是通过这些附加中介变量将变量之间复杂的多层次的关系简单化，以突出系统的某些关键环节或重要关系。一般而言，辅助变量的设置不是必不可少的，然而却是十分有意义的，其设计的艺术性和技巧性是系统模型化非常重要的手段。

4）表函数（table functions）。建模过程中往往需要用辅助变量描述某些变量之间复杂的非线性关系，显然简单地由其他变量进行代数组合的辅助变量已不能胜任。如果所需非线性函数能以图形给出，则表函数的引入就能很好地解决这一难题。当两个变量之间有表函数关系时，可通过输入自变量和因变量的一组对应数值来描述这种关系，这就是表函数的功能。

5）常数（constant）。常数是指在建模过程中，系统内不随时间的变化而变化的参数或系数。

6）外生变量。外生变量是指由系统之外系统环境决定的变量。它对系统有影响，但却不受系统的影响。

7）物质流。即物质运动的实际通道。沿着这一通道，物质从一个地方流向另一个地方，从而促使系统发生状态变化，它是系统产生积累效应的源泉。

8）信息链。信息链是信息从源点抽取出来流向终点（目的地）的链路，它体现了系统动力学中系统的信息反馈功能。

9）源（source）。它是指系统边界以外的环境向系统输入（提供）的一切物质的来源。

10）漏（sink）。它是指系统边界以内的物质向系统环境输出的去向。

（2）系统动力学的特点

系统动力学借助于模型来描述所研究的对象。按照系统动力学的观点，系统动力学模型是通过对对象系统的动态模拟来判断系统的变动趋势，以研究和规划系统的未来行动和相应决策（特别是国民经济中长期战略决策）的系统分析方法。该模型的特点是把所研究的对象视为一个动态系统，这个动态系统具有一定的内部结构，并受系统外部条件的影响。

系统动力学研究和处理社会经济系统问题的一般方法是把系统模型化，然后将这个模型送入计算机，通过实验来验证模型的有效性，从而为战略与策略的制定提供依据。系统动力学的建模过程就是一个学习、调查研究的过程，模型的主要功用在于向人们提供一个学习与分析的工具。系统动力学自创立以来，已成功地用于企业、城市、地区、国家甚至世界规模的许多战略与决策分析中，被誉为“战略与决策实验室”。在研究和处理社会经济系统问题时，系统动力学具有以下主要特点：

① 系统动力学把相关问题作为信息反馈系统来研究，认为在每个系统中都存在着信息反馈机制。这正是控制论的主要观点，系统动力学以此为理论基础。

② 系统动力学把一切社会经济系统的运动都假想成流体的运动。系统的运动包括物质的运动和信息的运动。其中，物质的运动形成物质流，信息的运动形成信息流。系统就是由这些物质流和信息流组成的闭环（反馈）系统。

③ 系统动力学特别适于研究与处理高阶数、多回路、非线性的复杂系统问题。所谓高阶数，是指系统的状态变量数目在三个以上；所谓多回路，是指系统内部相互作用的反馈回路数目在三个以上（其中起主导作用的回路称主导回路，一般1~2个）；所谓非线性，是指系统对外部的输入所产生

的输出不符合叠加原理，即系统对几个扰动总和的响应不等于其对各个扰动分别响应的和。为了解决如此复杂的系统问题，系统动力学把所研究的系统划分为若干子系统，并运用因果关联图或流图来反映系统内部错综复杂的因果关系。在分析系统结构时，系统动力学只分析相邻元素的直接联系，对间接的复杂关系则将它们看成是由简单的关系串、并联而成的。

系统理论、信息反馈理论、决策理论、系统力学与仿真技术为系统动力学提供了理论基础。社会经济系统中的预测模型可分为“功能”型（即“黑箱”型）和“结构-功能”型。以计量经济学模型为代表的“功能”型模型并不揭示系统的内部构造，只强调系统的输入、输出关系，通过搜集系统历史行为的信息与数据，加以统计整理，建立参数型模型，然后进行预测。然而，处于经济政策与产业政策激烈变化的改革时代，这种模型的预测因对突发事件反应不灵敏，不用说中、长期预测，就是短期预测，可靠性也不大，因而遭到了广泛的批评。系统动力学属于“结构-功能”型方法。从实际的事后效果看，系统动力学已经卓有成效地进行了企业级、城市级、区域级、国家级乃至世界级（如罗马俱乐部的 WORLD Ⅱ 和 WORLD Ⅲ 系统动力学模型）的长期发展的研究，它不仅可提供现行政策的报警，还可以进行新政策的模拟试验。

5.3.2 系统动力学建模步骤

系统动力学所探讨的系统是指具有反馈环路的封闭系统。封闭系统的系统行为产生于系统的环路结构，由于环路的运作与力量的移转，造成系统行为的动力变化。

系统的任何动力行为的特性来自于其共有的封闭环路所形成的结构，系统由多个环路组成，并且环环相扣相互影响。由于时间的推移过程，状态变量所表现出的行为是由所处的环路结构经过时间推移而运作产生的，而不是来自外界的因素。

福瑞斯特教授建议按照下列 10 个步骤来建立系统动力学模型①：

（1）明确问题。

（2）找出造成问题症状的因素。

（3）找出决策与行为间的因果信息反馈环路。

（4）定出可采纳的正式政策（这些政策必须是来自于系统目前可用的

---

① 蔚林巍. 项目动力学：系统动力学方法在项目管理中的应用［J］. 项目管理技术，2004（8）.

信息）。

（5）建立数学模型（模型包含各决策政策、信息来源及系统内各元素间的互动关系）。

（6）以计算机模拟产生随系统时间变化的模型行为。

（7）将模拟的结果与真实系统进行比较。

（8）修正模型设计，以符合真实情况。

（9）针对系统问题症状的改善，重新设计模型内各元素间的组成关系与政策。

（10）参考模型政策模拟的结果，应用于真实系统以期改变系统现状及改善和解决问题。

斯特曼（John D. Sterman）曾指出①，建模的程序应该是迭代式的，问题建模的过程本身就是个反馈程序，而不只是一串线性的步骤。建模者是从最初对问题的认知和目的开始，然后在建模的过程中，不断地从中学习，对于问题的定义和政策的内涵可能就会有新的认识，于是可能要再反馈至之前所认知的状况重新探讨，再做修正，然后再继续进行下去。在整个建模循环的过程中，任一步骤有新的发现时，都可以回到其他的任一步骤。

5.3.3 系统动力学建模软件

（1）DYNAMO 模型软件

利用系统动力学流图方法建立结构模型及相关方程后，如何得到仿真结果，是用系统动力学进行复杂系统动态分析必须面对的问题。系统动力学创建伊始，美国麻省理工学院的普夫（Alexander Pugh L）就依据系统动力学中无限分割、以不变代变和递推的思想方法，设计了系统动力学专用仿真语言 DYNAMO，其基本思想是充分认识系统中的反馈和延迟，并按一定规则建立流图式的结构模型，从而实现对复杂大系统的模拟。最初的软件命名为 DYNAMO I。经过不断地发展、改进，到了 20 世纪 80 年代产生了 Micro DYNAMO 和 PD PLUS，其中 Micro DYNAMO 可在微型机上独立运行，PD PLUS 在 DOS 操作环境下运行。两者的语法、方程表示基本相同。

DYNAMO 是专为系统动力学的建模而设计的，用 DYNAMO 写成的系统动力学模型就是 DYNAMO 模型。

DYNAMO 方程式一般包含两项内容，第一项是方程式标志（如 L、R、

① 斯特曼（John D. Sterman）著．商务动态分析方法：对复杂世界的系统思考与建模［M］．朱岩，钟永光，译．北京：清华大学出版社，2008.

A、C、T、N 等)，该标志写于第一列的位置上；第二项是方程式的具体内容。两项合起来构成一完整的 DYNAMO 方程式。其书写的一般格式为：

标志字符　量名=表达式

量名即为该方程待计算的量。依据该量性质的不同，DYNAMO 模型最常用的方程式可分为 6 种，即状态变量方程（L)、速率方程（R)、辅助变量方程（A)、常数方程（C)、表函数方程（T)、初始值方程（N)。除常数方程和初始值方程外，其他方程中的变量均需给出时间下标，其通式为：

变量名. 时间下标

时间下标可因具体情况取 J、K、JK 或 KL。其中 J 表示前一时刻，K 表示现在时刻，JK 表示从前一时刻到现在时刻，KL 表示从现在时刻到下一时刻。

① 状态变量方程。在 DYNAMO 中计算状态变量的方程称状态变量方程，该方程以 L 为标志，其标准格式为：

L　LEVEL. K=LEVEL. J+DT×（INFLOW. JK-OUTFLOW. JK)

式中，LEVEL 为状态变量，INFLOW 为输入速率，OUTFLOW 为输出速率，DT 为 J 时刻与 K 时刻之间的时间间隔（步长)。

② 速率方程。在 DYNAMO 中计算速率的方程称为速率方程，该方程以 R 为标志。与状态变量方程不同，速率方程因具体问题而定，没有一个统一的标准格式。速率方程是在 K 时刻进行计算的，速率的时间下标取 KL。

③ 辅助变量方程。在 DYNAMO 中计算辅助变量的方程称辅助变量方程，该方程以 A 为标志，主要功能是可以帮助建立速率方程。辅助变量方程也没有统一的标准格式，辅助变量可由现在时刻的状态变量、速率和其他辅助变量求出，其时间下标总是 K。

④ 常数方程。该方程赋予常数一个给定不变的参数值，其方程标志是 C。该方程无时间下标。

⑤ 表函数方程。该方程赋予表函数一组数值，其方程标志是 T。

⑥ 初始值方程。该方程的主要用途是为状态变量方程赋予初始值。在 DYNAMO 模型中，该方程通常紧随着状态变量方程，并以 N 作为方程的标志。初始值方程中的字符不允许出现时间下标。

（2）Vensim 模型软件

系统动力学语言也同其他计算机语言一样，从复杂化到简单化。现在已经发展到可以在 Windows 环境下操作的系统动力学仿真软件，实际应用人员不再需要了解其语言本身。例如 Vensim 就是一个典型的、应用广泛的系统动力学软件。该软件是美国 VENTANA SYSTEMS，INC. 推出的在 Windows

操作平台下运行的系统动力学软件包。

Vensim 是一个可视化的建模工具，可用于抽取、验证、模拟、分析和优化动态系统模型。它是一个基于视窗界面的系统动力学建模工具，提供了功能强大的图形编辑环境。在构建完成包含状态变量、辅助变量、常量、箭头等要素在内的因果反馈环之后，通过使用 Vensim 提供的便捷易用的公式编辑器，生成完整的模拟模型。在通过系统后台的检验，调试后，还可以充分利用一系列分析工具对所模拟系统的行为机制进行深入的分析研究。Vensim 所提供的分析工具可以分为两类：一类是结构分析工具，如 Cause Tree 功能可以将所有工作变量之间的因果关系用树状的图形形式列示出来。另一类是数据集分析工具，如 Graph 功能可以将各变量在整个模拟周期内的数值以图形的形式直观地给出，Causes Strip Graph 功能则将有直接因果关系的工作变量在模拟周期内的数值变化并列出来，以追踪系统变量间的影响关系。

Vensim 的主窗口可看成是一个工作台，包括三个基本的窗口组：构建窗口（通过图形或文本方式创建模型）、控制窗口（是一个控制面板，可对变量、时间轴、数据集等进行设置）、输出窗口（显示来自分析工具的结果）。另外，工作台菜单提供了编辑、模拟、输出等功能，分析工具在工作台的左端；在构建窗口中，画图工具显示在工作区上端。

通过箭头连接，系统变量间的关系被记录成因果链，方程式编辑器再利用这些信息帮助用户构建完整的模拟模型。用户可在建模过程中分析模型，察看某个变量的原因和使用以及包含该变量的环。一旦用户构建好可以进行模拟的模型，便可通过 Vensim 对模型行为进行探究。

Vensim 集成了模型结构和模型行为，允许在模型流图上察看模拟结果，并在模型变量改变后立即更新结果显示。Vensim 能在同一个输出窗口中同时显示多个不同环境下的模拟结果，这有利于分析和观察由于模型结构和方程式微小变化而导致的模拟结果差异。另外，Vensim 提供方程式编辑器中的函数列表功能。具体来讲，该软件主要有以下 4 个特点①：

① 利用图示化编程建立模型。在 Vensim 中，“编程”实际上并不存在，只有建模的概念。只要在启动 Vensim 系统后得到的主窗口中，依据操作按钮（画图工具）画出流图，再通过 Equation Editor 输入方程和参数，就可以直接进行模拟使用了。在 Vensim 中，方程及变量不带时间下标，模型建立围绕着变量间的因果关系展开。

---

① 贾仁安，丁荣华编著. 系统动力学——反馈动态性复杂分析［M］. 北京：高等教育出版社，2002.

② 运行于 Windows 操作系统下，其数据共享性强，提供了丰富的输出信息和灵活的输出方式。其输出兼容性强，一般的模拟结果，除了即时显示外，还提供了保存到文件和复制至剪贴板等方法输出。

③ 对模型提供多种分析方法。Vensim 可以对模型进行结构分析和数据集分析。其中结构分析包括原因树分析（逐层列举作用于指定变量的变量）、结果树分析（逐层列举该变量对于其他变量的作用）和反馈环列表分析。数据集分析包括变量随时间变化的数据值及曲线图分析。

④ 真实性检验。对于所研究的系统，其模型中的一些重要变量，依据常识和一些基本原则，可以预先提出对其正确性的基本要求。这些假设是受真实性约束的。将这些约束加到建好的模型中，专门模拟现有模型在运行时对于这些约束的遵守情况或违反情况，就可以判断模型的合理性与真实性，从而调整结构或参数。

5.3.4 系统动力学模型的建立

这里以网络系统为例，从系统的角度探讨系统动力学方法的应用。

系统动力学解决问题的独特性在于：系统动力学是基于因果关系和结构决定行为的观点，从系统内部的微观结构入手进行建模，同时借助计算机仿真技术来分析研究系统结构功能与动态行为的内在关系，从而找出解决问题的对策。而网络活动的一个显著特征就是系统性，通过将系统动力学应用于网络，可以较为深入地从定性和定量的角度分析网络活动中的经济问题，用统计数据揭示出网络系统内部的经济规律，进而对制定网络决策提供辅助和参考。

（1）分析步骤

① 明确实际问题，界定网络系统。网络系统是一个复杂的社会经济系统，涉及网络信息提供、网络信息组织、网络技术服务、网络基础设施提供、网络信息服务、网络管理协调、网络用户群体等各行各业①。其发展直接受经济环境、产业政策、社会资源、人口等的影响。因此在分析过程中要按系统、分层次、分阶段进行，还应确定系统的边界范围，明确网络系统包含的要素。

② 根据实际网络系统，构造因果反馈环。根据实际的网络系统确定模拟系统的组成要素以及要素间的因果关系，由系统动力学的概念出发，将各

---

① 马费成，陈锐. 面向高速信息网络的信息资源管理（二）［J］. 中国图书馆学报，1998（2）.

要素划分为状态变量、辅助变量、常量等。再用 Vensim 提供的图形编辑工具构建出模拟的网络系统因果关系图。

③ 根据经验数据资料，分析反馈环，绘制系统流图。在绘制流图前，首先要对因果反馈环中的基本要素的类型和性质加以区分，确定有关的状态变量、速率变量及其他变量，依照流图中所使用的各类记号，绘制成适用的系统流图。

④ 建立系统动力学模型。构建完成因果关系图后，根据研究的实际情况和经验数据，利用 Vensim 提供的公式编辑器建立量化的网络系统模型，写出系统动力学方程。

⑤ 模型检验、调试和运行。根据系统动力学方程，对所建模型的正确性进行检查。检查的内容包括：对各变量单位的检查，确定各个系统动力学方程两边的单位是否匹配；对模型整体的测试，以确定模型能否正常运行。

⑥ 仿真结果分析。模型运行通过后，即可从实际问题出发，对模拟网络系统进行结构型分析与数据集分析，从不同的角度研究模拟系统的内部行为特征。通过调节系统参数，考察系统变量输出值的变化。

⑦ 提出结论或建议。

（2）适用性分析

系统动力学方法研究网络系统表现出以下几个方面的适用性①②③：

① 系统动力学方法可以很好地适用于研究网络系统的动态性。系统动力学研究的动态系统，是时间序列的动态系统，而网络系统的动态，包含了时间序列的动态。

② 系统动力学方法可以很好地适用于研究网络系统的复杂性。系统动力学的主要研究对象是社会、经济、生态等复杂系统及其复合的各类复杂大系统，网络系统是系统动力学研究的理想对象。

③ 系统动力学方法可以很好地适用于研究网络系统的反馈性。反馈环是由一系列的因果与相互作用链组成的闭合回路。反馈系统是相互连接与作用的一组回路，或者说反馈系统就是闭环系统。反馈系统要受系统本身历史行为的影响，把历史行为的后果回授给系统本身，以动态影响未来的行为。

④ 系统动力学方法可以很好地适用于研究网络系统的长期性、周期性。从长期的角度来看，网络系统呈现周期性变化的趋势。系统动力学特别适用

---

① http：//sysdyn. clexchange. org/sdep/ papers/D-4165-1. pdf ［EB/OL］.

② http：//sysdyn. clexchange. org/ sdep/Roadmaps/RM1/D -4665-4. pdf ［EB/OL］.

③ http：//sysdyn. clexchange. org/sdep/papers/ D-4434-3. pdf ［EB/OL］.

于处理长期性和周期性的问题。

⑤ 系统动力学方法可以很好地适用于对数据不足的问题进行研究。用其他研究方法建模过程中常常遇到数据不足或某些数据难于量化的问题，而系统动力学利用流图（由系统变量、箭头等符号构成，能直观形象地反映系统的结构及其动态特征）和有限的数据仍可进行推算分析。这对于数据不完备的网络系统恰恰适用。

（3）模型

① 模型的流图

为了对实际的网络系统进行研究，可以建立一个仿真模型。首先，根据实际的网络系统确定模拟系统的组成要素以及要素间的因果关系。与网络系统直接相关的要素包括带宽、数字信息传输量、网民和网站数。以此为切入点，根据因果分析，确定系统的所有组成要素。再从系统动力学的概念出发，将各要素划分为水平变量、速率、辅助变量、常量，并利用 Vensim 提供的图形编辑工具构建出系统流图，如图 5-13 所示。

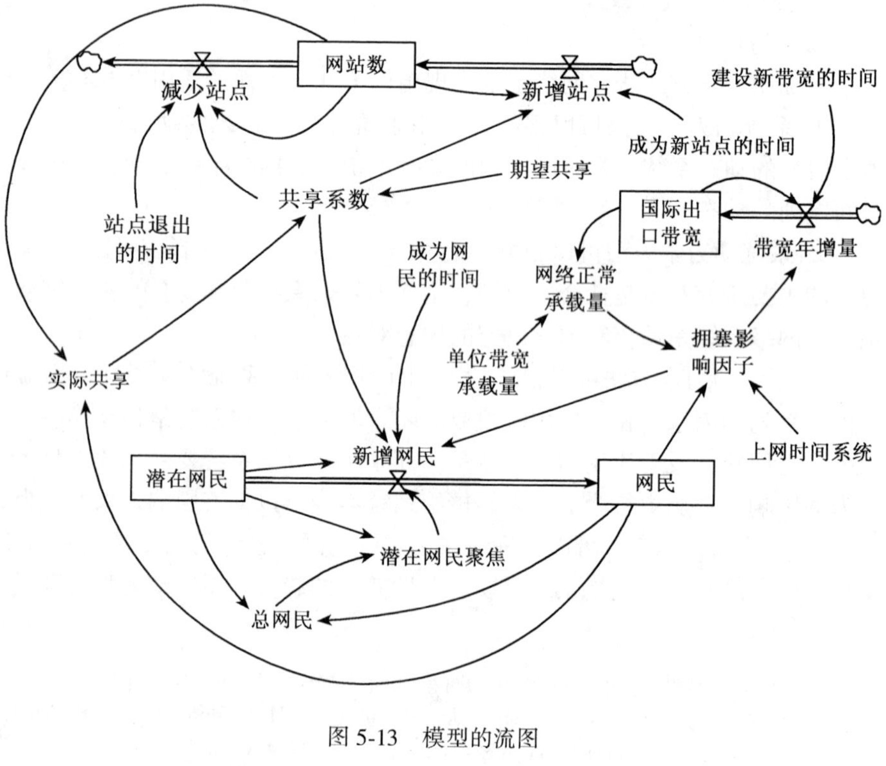

图 5-13 模型的流图

系统流图包含21个变量，其中的水平变量包括网民、潜在网民、国际出口带宽和网站数。在不影响研究的前提下，此处的带宽特指中国的国际出口带宽。假设国际出口带宽初始值为368 927M，网民初始值为21 000万人，网站数初始值为150万个；速率包括新增网民、新增站点、减少站点和带宽年增量，随着时间的推移，新增网民分别使网民的值增加和潜在网民的值减少，新增站点使网站数增加，减少站点使网站数减少，带宽年增量使国际出口带宽的值增加；辅助变量包括实际共享、共享系数、拥塞影响因子、网络正常承载量、总网民、潜在网民聚焦；常量包括成为新站点的时间、成为网民的时间、单位带宽承载量、建设新带宽的时间、期望共享、上网时间系数、站点退出的时间。

② 反馈环分析

1）原因树用来跟踪原因，这可以有效地发现什么导致了某件事的发生。原因跟踪分析可用来显示某个变量的原因①。图5-14是网民的原因树。

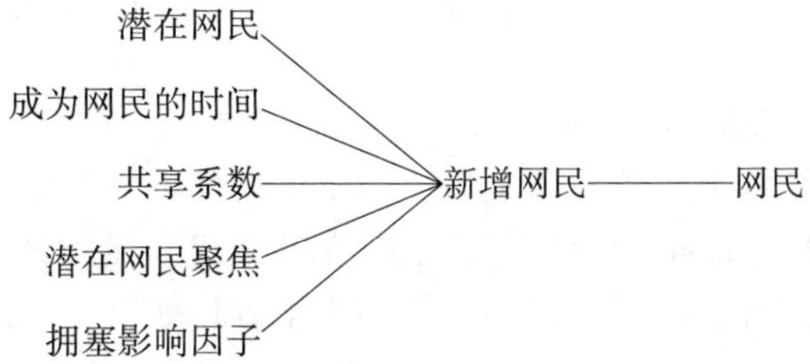

图5-14　网民的原因树

2）结果树可使用户跟踪使用所选中变量的所有变量，显示所选中变量对哪些变量的结果产生影响②。图5-15是网民的结果树。

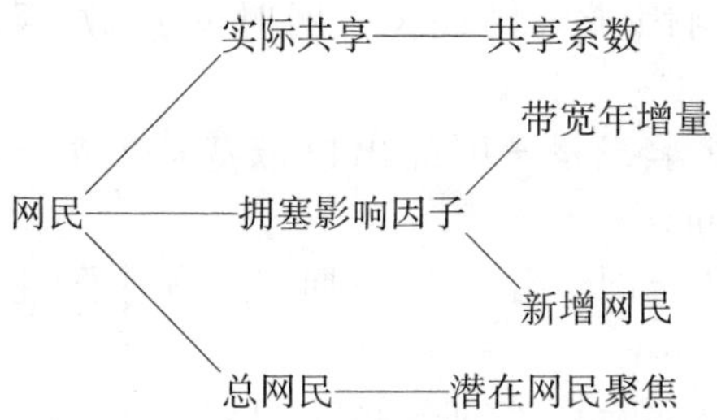

图5-15　网民的结果树

① http：//www. vensim. com［EB/OL］.

② http：//www. vensim. com［EB/OL］.

3）在原因树和结果树的基础之上，我们可以进一步分析流图中的反馈环。反馈环是由一系列因果和相互作用的链构成的闭环。反馈系统是一组相互交织的环，受到系统历史行为的影响，历史行为的结果反馈到系统以便影响未来的行为。图 5-13 中存在很多因果关系，这些因果影响不都是单方向的，而是通过变量间的相互关系形成了若干反馈环。该流图中存在以下主要反馈环：

- 新增网民→潜在网民→总网民→潜在网民聚焦→新增网民
- 共享系数→新增站点→站点数→实际共享→共享系数
- 拥塞影响因子→带宽年增量→国际出口带宽→网络正常承载量→拥塞影响因子
- 减少站点→网站数→实际共享→共享系数→减少站点

反馈环使得变量间的相互影响表现出动态性和复杂性，在对网络系统进行分析时，运用系统动力学的方法进行系统模拟，可以较深入地了解实际系统的运行机制和行为特征。

③ 模型的系统动力学方程

系统模型在结构上构建完成之后，为了进行模拟，需要根据实际情况和经验性数据，利用 Vensim 提供的方程式编辑器建立量化的系统模拟模型，写出系统动力学方程。网络系统的系统动力学方程如下：

（01）网民=INTEG（新增网民，21 000） Units：Ten thousand

（02）潜在网民=INTEG（-新增网民，90 000） Units：Ten thousand

（03）网站数=INTEG（+新增站点-减少站点，15 000） Units：Hundred

（04）国际出口带宽=INTEG（带宽年增量，368 927） Units：M

（05）总网民=网民+潜在网民 Units：Ten thousand

（06）拥塞影响因子=网民×上网时间系数/网络正常承载量 Units：Dmnl

（07）网络正常承载量=国际出口带宽×单位带宽承载量 Units：Ten thousand

（08）带宽年增量=国际出口带宽×拥塞影响因子/建设新带宽的时间 Units：M/Year

（09）共享系数=实际共享/期望共享 Units：Dmnl

（10）潜在网民聚焦=潜在网民/总网民 Units：Dmnl

（11）减少站点=网站数/（共享系数×站点退出的时间） Units：Hundred/Year

（12）新增网民=潜在网民×潜在网民聚焦/（拥塞影响因子×共享系数×

成为网民的时间） Units: Ten thousand/Year

（13）新增站点 = 网站数 × 共享系数/成为新站点的时间 Units: Hundred/Year

（14）实际共享 = 网民/网站数 Units: Ten thousand/hundred

（15）成为新站点的时间 = 2 Units: Year

（16）成为网民的时间 = 5 Units: Year

（17）单位带宽承载量 = 0.001 Units: Ten thousand/M

（18）建设新带宽的时间 = 2 Units: Year

（19）期望共享 = 10 Units: Ten thousand/hundred

（20）上网时间系数 = 0.1 Units: Dmnl

（21）站点退出的时间 = 3 Units: Year

（22）FINAL TIME = 20 Units: Year

（23）INITIAL TIME = 0 Units: Year

（24）SAVEPER = TIME STEP Units: Year

（25）TIME STEP = 0.5 Units: Year

图 5-13 中的水平变量由初始值和速率决定，见方程式(01)~(04)。图中的辅助变量和速率都有箭头输入，箭头表示了所连接变量的因果关系，与流图对应，它们的系统动力学方程应包含所有的原因变量，见方程式(05)~(14)。图 5-13 中没有箭头输入的变量是常量，它们的值由方程式(15)~(21)给定。在系统动力学中，常量也具有一定的物理意义。"上网时间系数"是在考虑到网民上网时间长短后提出的常量；"单位带宽承载量"是在考虑到网民传输数字信息量大小后提出的常量；"期望共享"是在考虑到网络信息资源共享的政策及规律的调节和影响后提出的常量；"站点退出的时间"是在考虑到以下事实后提出的：一是网站的退出费用非常高，二是一些网站为了等待未来的机会即使存在赤字也宁愿留守而不愿退出。"成为网民的时间"是在考虑到潜在网民的职业、收入、爱好、周边环境等因素后提出的常量；"建设新带宽的时间"是在考虑到政策、经济发展等因素后提出的常量。所有常量值都是根据经验给出。方程式(22)~(25)界定了模型模拟的起始时间和步长，以及输出数据集记录的步长。

④ 模型语法和单位错误检测

在模拟之前，应该对所建模型的正确性进行检测。检测的内容包括两方面：一是对各变量单位进行检测，确定各个系统动力学方程两边的单位是否匹配；二是对模型整体进行测试，以确定模型能否正常运行。以上检测由 Vensim 提供的 Check Model 和 Units Check 功能执行。通过检测，发现以上模型是正确的。

（4）模拟结果和分析

基于实际问题从不同角度研究模拟模型的行为特征，如新增网民的变化、网民的增减、站点的变化、实际共享的变化等。

首先，在同一个图中比较国际出口带宽、网站数、网民和实际共享的动态趋势（见图 5-16）。从图中可以看出，国际出口带宽保持增长趋势；网站数在头一年急剧下降，然后具有稳定增长的趋势；网民在头三年具有较小波动，然后保持稳定的增长趋势；实际共享在开始的 3 年内呈下降趋势，在第 3 年急剧增长，在第 4 年下降到一定程度后开始趋于稳定。

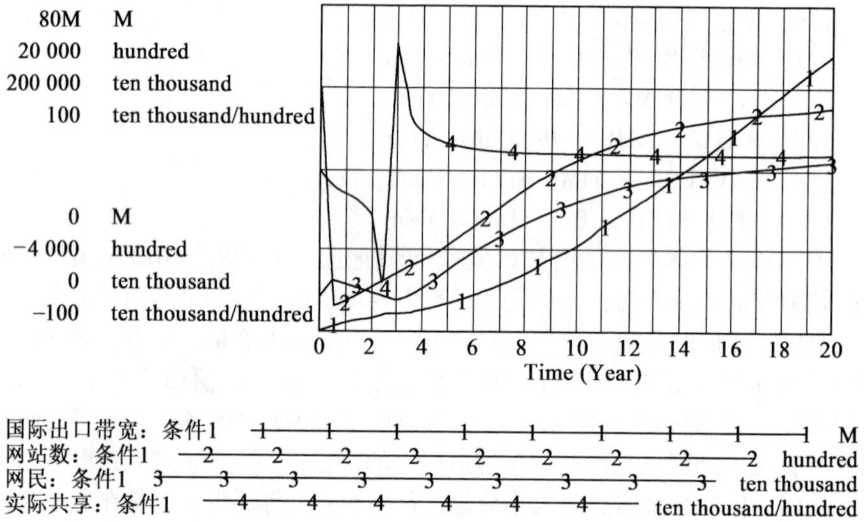

图 5-16 模型的模拟结果（Ⅰ）

然后，比较和分析新增网民在不同假设条件下的输出。表 5-22 显示了不同模拟环境下的常量值。

表 5-22 不同模拟环境下的常量值

条件＼常量	期望共享	上网时间系数	站点退出的时间	成为网民的时间
条件 1	10	0. 1	3	5
条件 2	15	0. 5	5	3

从表 5-22 中可以发现，从条件 1 到条件 2，期望共享从 10 增加到 15，表明中国在网络共享上的政策倾斜。上网时间系数从 0.1 增加到 0.5，表明网民将利用更多时间来浏览网页。站点退出的时间从 3 增加到 5，显示出网站动态速度放慢。成为网民的时间从 5 降到 3，表明潜在网民的收入、教育等条件得到改善。面对以上两种条件下常量的变化，由于模型中存在反馈环，人脑难以通过直觉来精确地预测变量如新增网民的变化。例如，期望共享的值从 10 增加到 15，代表了中国政府在增加网络信息共享方面的努力，这将促使新增网民的速度加快。上网时间系数的值从 0.1 增加到 0.5，这将促使新增网民的速度放慢。因此，从条件 1 到条件 2，人脑难以精确地预测新增网民的趋势。利用图 5-17 的模型结果，可以发现，在头半年，条件 1 下的新增网民比条件 2 下的大；然后，一直到第 6 年，条件 1 下的新增网民比条件 2 下的小。第 6 年后，条件 1 下的新增网民比条件 2 下的大。另外，还可以发现，条件 1 下的新增网民在头半年急剧下降。

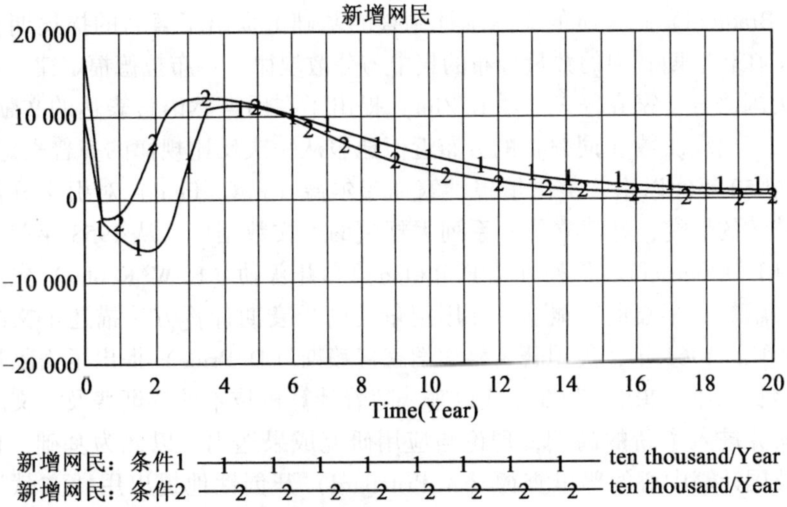

图 5-17　模型的模拟结果（Ⅱ）

同样，还可从其他角度观察网络系统模型的模拟，如对共享系数、实际共享、拥塞影响因子、国际出口带宽、网民、网站数等变量在不同假定常量值的模拟环境下的输出进行比较和分析。

5.4 文献计量学方法

5.4.1 文献计量学方法的缘起

文献计量学是采用数学、统计学方法定量研究文献信息的分布和变化规律的一门学科，包含一系列描述文献信息流动态特征的经验定律和规律。1917 年，文献学家科尔（F. T. Cole）和伊尔斯（N. B. Eales）率先以动物解剖学方面的论文为对象对文献进行了统计分析。5 年后，英国伦敦专利局的图书馆员休姆（E. W. Hulme）以《国际科技文献目录》为基础，对有关科技文献的数量增长情况进行了分析研究，并形象地将这一研究冠以“统计书目学”（statistical bibliography）。1926 年，美国统计学家洛特卡（A. J. Lotka）在《华盛顿科学院杂志》上发表了题为《科学生产率的频率分布》论文，提出了定量描述科学生产率的平方反比分布规律，即洛特卡定律。1934 年，英国化学家和文献学家布拉德福（S. C. Bradford）在大量的文献统计调查的基础上提出了著名的描述期刊专业论文在相应期刊中的数量分布的集中与分散规律——布拉德福定律。1935 年，美国语言学家齐普夫（G. K. Zipf）提出了在用自然语言表达的文献中，词汇按其出现次数（词频）的分布近似地服从一次反比规律的齐普夫定律。20 世纪 50 年代以来，美国情报学家加菲尔德（E. Garfield）对引文分析进行了持续的研究，并建立了一系列大规模的引文数据库。从 1958 年起，贝尔纳（J. D. Bernal）、伯顿（R. E. Burton）和开普勒（R. W. Kebler）先后提出了文献的“半衰期”概念，并用定量化的半衰期计算方法描述了文献的老化现象。1961 年，美国著名科学学家普赖斯（D. Price）提出了文献量的指数增长规律。20 世纪 60 年代以来，随着计算机技术的逐渐普及，文献的计量研究进入了新的高潮，理论与应用研究成果迭出。以此为基础，1969 年，英国计算中心的普里查德（A. Pritchard）开创性地提出用“文献计量学”（bibliometrics）这一新名称来代替“统计书目学”一词，并认为文献计量学是“将数学和统计学的方法运用于图书及其他交流介质研究”的一门学科①。

经典的文献计量学在一般的情况下仅以一篇篇的文献为计量对象（如

---

① A. Pritchard. Statistical Bibliography or Bibliometrics? [J]. *Journal of Document*, 1969, 25 (4): 348-349.

布拉德福定律)，偶尔也涉及文献的某些表层信息（如洛特卡定律涉及文献的作者)，但这些计量对象都非常粗浅，基本上属于文献单元，分析结论也比较粗糙。目前，文献计量学已经开始在计量分析单元上从文献单元深入到内容单元，即可以对文献的题名、主题、词汇、知识项、语言、格式等各种深层次的内容信息进行计量分析研究，从而使文献计量向信息计量方向发展。随着信息技术特别是网络技术的发展，信息资源网络化趋势日益显著，网上信息的计量研究成为新的课题，由此导致了网络计量学方法以及一系列网络计量工具的产生。1997 年，阿曼德（T. C. Almind）首次提出将“将万维网看作引文网络”的观点，从而正式引出了“网络计量学”（cybermetrics）的概念。随后，西班牙科学信息与文献中心专门在因特网上开办了网络电子期刊“cybermetrics”。

5.4.2 布拉德福定律及其应用

布拉德福定律是文献计量学最基本的定律之一，是关于专业文献在登载该文献的期刊中数量分布规律的总结。

布拉德福定律最早由英国文献学家布拉德福提出。他在担任英国科学博物院图书馆馆长期间（1925—1937 年)，经过精心观察和统计调查，发现任何一学科的绝大部分专业文献都集中于少数的相应专业期刊内，但同时也散布于其他相关期刊之中（其散布的态势与该学科研究范围的大小有关)。1934 年，他通过对“应用地球物理学”和“润滑”领域中期刊与论文的统计，提出了定量描述文献序性结构的经验定律：“如果将科技期刊按其刊载某专业论文的数量的多少以递减顺序排列起来，则可以在这些期刊中区分出载文率最高的核心区和包含着与核心区同等数量论文的后继几区。此时，核心区和后继各区中所含的期刊数成 1：n：n^2……的关系（$n>1$)。”

布拉德福定律在问世初期并没有引起人们的重视，直到 1948 年其成果被载于《文献》一书发表后才引起文献学家维克利（B. C. Vickery）的注意。维克利高度评价了布拉德福的开创性工作，并将其成果称为布拉德福定律。

布拉德福定律是粗糙的，许多文献计量工作者对其提出了尖锐的批评，并进行了修正和发展。如布拉德福定律的维克利修正、高夫曼（W. Goffman）的最小核心与最大划分、莱姆库勒（F. F. Leimkuhler）公式、布鲁克斯（B. C. Brookes）公式等①。但无论如何，其基本思想和奠基作用

① 丁学东编著. 文献计量学基础［M］. 北京：北京大学出版社，1993：122-165.

都是不容置疑的。几十年来，人们从多方面进行了努力，布拉德福定律的应用范围不断拓展。

布拉德福定律在信息分析中的应用主要体现在文献信息的搜集环节上。我们知道，文献信息是信息分析的主要信息源。但文献信息通常量大、面广且被埋置于浩如烟海的文献汪洋中，而对于一个特定主题的信息分析课题而言，所需要的仅仅是其中极少的一部分。这种矛盾限制了人们对文献信息的取用。利用布拉德福定律所揭示的专业论文在相应期刊中集中与离散的分布规律，可以使信息搜集人员在搜集文献信息时做到心中有数。例如，仿照布拉德福的方法可确定某一特定领域的核心期刊。信息搜集人员利用核心期刊搜集该领域的信息可达到事半功倍的效果；利用布拉德福定律可按照课题的要求估计被检期刊的最小数量、全检某专业期刊的论文总数以及文献检索的效率等。总之，利用布拉德福定律，可以有效地帮助信息搜集人员合理安排人力、物力、财力和时间，提高工作效率和工作效果。

布拉德福定律也可用于研究某一学科发展的特点以及学科之间的交叉影响和相互渗透关系，并以此确定某些新学科的生长点。例如，对某一学科主题而言，布拉德福定律中的第一区（核心区）往往由该学科内比较成熟方向的期刊构成；第二区往往由该学科内不太成熟的方向以及与该学科关系最紧密的其他学科的期刊构成；第三区以及后继各区的期刊构成与第二区类似，但在成熟性以及与该学科的关系上依次减弱。分析这种变化，可以帮助我们推测该学科的哪些方向发展得比较成熟、哪些方向不太成熟，以及哪些学科与该学科有交叉影响和相互渗透关系。

5.4.3 洛特卡定律及其应用

洛特卡定律是揭示文献作者与数量关系的基本定律，是为了评价科学工作者的贡献，由洛特卡于1926年提出的。

洛特卡定律的数学表达式为：

$$f(x)=\frac{C}{x^2} \tag{5-44}$$

式中，x 表示科学工作者发表的论文数量，$f(x)$ 表示发表 x 篇论文的作者出现的频率（即在所统计的作者总数中所占的比例），C为常数。

洛特卡还用数学方法定出了C的极限值为 $6/\pi^2 \approx 0.6079$。因此，式5-44也可改写为：

$$f(x)=\frac{0.6079}{x^2} \tag{5-45}$$

式 5-45 也称倒数平方定律。它告诉人们：发表一篇论文的作者出现的频率约为 60%，发表两篇论文的作者数量大约是发表一篇论文的作者数量的 1/4，发表三篇论文的作者数量大约是发表一篇论文的作者数量的 1/9。

洛特卡当时选择的研究对象是化学和物理学两大学科。在化学方面，他统计分析了美国《化学文摘》1907—1916 年十年累积索引中姓名以 A、B 两字母开头的所有第一作者。在物理学方面，他统计分析了德国著名学者奥尔巴赫（Auerbach）所编的《物理学史一览表》中 1900 年以前的 1 325 位杰出物理学家及其论著。从目前的研究进展来看，式 5-44 并不能原封不动地照搬至其他学科中，而应该用更为普遍的下述形式加以修正：

$$f(x) = \frac{C}{x^{\alpha}} \quad (1.2<\alpha<3.8) \tag{5-46}$$

式 5-44 一般被称为广义的洛特卡定律。与式 5-44 相比，式 5-46 的适用范围要广得多。例如，1986 年，帕欧（M. L. Pao）对多达 48 组的各种学科、专业数据进行了检验，结果发现，在符合 $f(x) = \frac{C}{x^{\alpha}}$（$1.2<\alpha<3.8$）的 39 组数据中，仅有 7 组数据的 α 值等于 2，而其余 32 组数据的 α 值却不等于 2①。

帕欧的发现揭示了洛特卡定律的局限性，但这并不影响洛特卡开拓性工作的学术价值。直至目前，洛特卡在研究中所采用的统计分析方法乃至得出的一般结论仍广为推崇和使用。

洛特卡定律在信息分析中的应用是明显的。例如，我们可以利用它来预测著作数量和文献数量，从而便于搜集信息、掌握文献信息流的变动规律、预测科学家数量的增长和科学发展的规模及趋势等。另外，在分析研究人口的分布状况和城市的比例结构等类似的信息分析工作中，洛特卡定律也有一定的应用，因为大城市人口多，但数量少；而小城市人口少，但数量多。这一特性与科学家的著述情况极为相似②。

5.4.4 齐普夫定律及其应用

齐普夫定律是揭示文献的词频分布规律的基本定律，由美国哈佛大学语言学教授齐普夫于 1935 年提出。

---

① M. L. Pao. An Empirical Examination of Lotka's Law [J]. *Journal of the American Society for Information Science*, 1986 (37): 26-33.

② 玄兆国，等编著. 情报分析与预测 [M]. 北京：科学技术文献出版社，1988.

所谓词频，是指某一单词在文章中出现的次数。齐普夫经过大量研究发现，提出了著名的齐普夫定律：在一篇足够长的文章（5 000 字以上）中，如果我们以单词词频的高低进行等级排列（约定词频越高，则单词的等级越高），词频最高的单词等级为 1，次之为 2，再次之为 3……则词频与等级之间存在着一次反比关系。用数学公式可表示为：

$$f \cdot r = C \tag{5-47}$$

式中，f 表示某一单词的词频，r 表示该单词的等级序号，C 为与样本有关的常数。

在齐普夫之后，许多研究者对式 5-47 进行了修正。例如，1936 年，美国语言学家朱斯（M. Joos）提出了广义的齐普夫定律数学公式：

$$f \cdot r^B = C \tag{5-48}$$

式中，B 为与样本有关的常数，其余参数同前。

1952 年，法国数学家芒代尔布罗（B. Mandelbrot）运用信息论原理和概率论方法在式 5-48 的基础上，进一步提出了新的修正式：

$$f \cdot (r+m)^B = C \tag{5-49}$$

式中，m 为与样本有关的常数，其余参数同前。

齐普夫定律及其各种修正式在信息分析中有重要的应用。例如，计算机信息检索是文献信息搜集的重要途径。利用齐普夫定律在词表的编制、自动标引、文件档的组织等方面的应用，可以有效地帮助建立高性能的计算机信息检索系统，提高文献信息搜集的效果；再如，在信息加工整理和分析过程中，通过观察关键词或主题词在数量上的变化，可以了解某一学科或专业领域的发展阶段和发展动向。这种词频分析方法就是我们前面介绍的内容分析法。例如，为了展望 20 世纪 80 年代高分子化学工业的发展趋势，1980 年，日本科技情报中心情报部的分析专家小森隆统计了 1978 年 4 月至 1979 年 12 月的日本《科技文献速报》，以 JOIS-S 理工数据库中的 622 405 篇文献为分析样本，统计了这些文献中的塑料（包括涂料、黏合剂）、橡胶、合成纤维三大高分子材料的关键词的频次，结果准确地预测了 20 世纪 80 年代上述三大高分子材料的产品结构和发展前景。

从更广义的角度来认识，齐普夫定律还可用于解决信息分析中出现的各种社会分布现象，如城市人口分布、新技术和新产品分布、人力资源分布等。这些分布现象与文献的词频分布现象十分类似。

5.4.5 引文分析及其应用

科学研究活动本身的继承性和协作性决定了科学文献之间是相互联系而

不是彼此孤立的，其突出表现就是文献之间存在着引用或被引用的关系。引文分析是运用数学、统计学和逻辑学的方法对论文、著作等各种文献的相互引用现象进行分析，以揭示出其数量特征和内在规律的一种研究方法。

《科学引文索引》（*Science Citation Index*，SCI）是目前世界上规模最大的具有引文索引和引文分析功能的出版物，加菲尔德（E. Garfield）曾利用SCI进行过三次大规模的引文统计和分析。第一次是1977年利用SCI收录的1961—1976年的数据进行的，选出的250名有影响的科学家（其中含42名诺贝尔奖获得者）在15年内论文被引次数均在4 000次以上（一般科学家只有50次左右）；第二次是1978年利用SCI收录的1961—1976年的数据进行的，选出的300名杰出科学家在16年内论文被引次数为5 496次；第三次于1981年进行，数据取自1965—1978年的SCI，在筛选出的1 000名优秀科学家中，平均每人在这14年内的论文被引次数达3 811次。三次统计和分析的结果相似，即论文被引次数与论文作者的学术水平之间存在着密切的关系。

在进行引文分析时，经常采用的计量指标有：引文率、被引用率、自引率、被自引率、影响因素、即年指标、引文耦合强度、同被引强度等。这些计量指标从不同的侧面体现了文献之间的内在联系，并在更深的层次上反映了文献所代表的事物运动的规律。例如，引文耦合是指两篇文献在参考文献中都引用了一篇或多篇相同的文献，即它们有共同的引文。引文耦合的强度越高，则这两篇文献之间以及它们所代表的事物之间的内在联系就越紧密。从更广义的角度来推广，将引文耦合分析的对象从文献拓展到学科、专业、机构、经济或社会活动等特定的目标上，就可以反映出学科、专业、机构、经济或社会活动等不同事物之间的耦合相关关系。这种关系非常重要。掌握了这种关系，人们就可以由此及彼，借以推测。

引文分析是信息分析工作的重要工具。就文献本身及其信息交流活动而言，利用引文分析，可以揭示文献的出版、信息传播和利用状况，揭示一个国家科技工作者掌握和使用外语的情况，确定某一学科领域的核心期刊和专业以外的其他相关期刊，确定文献信息源的可靠性、新颖性和适用性，研究文献信息流的分布和利用规律等。从广义的角度来认识，利用引文分析，可以测定学科的影响和重要性，揭示学科的动态结构和发展规律，研究科技、经济和社会发展的历史过程，研究用户的信息需求，进行组织或个人科学能力和学术水平的比较与评估，考察并比较世界各国或地区的基础研究水平，进行技术评估、竞争力评估等。总之，在信息分析工作的各环节，引文分析都有普遍的适用性。

思 考 题

1. 试述回归分析的基本思想。
2. 试述聚类分析的基本思想。
3. 试述主成分分析的基本思想。
4. 什么是移动平均法？指数平滑法与移动平均法有何区别和联系？
5. 试述时间序列分解法的基本思想。
6. 系统动力学建模包括哪些步骤？
7. 试述布拉德福定律、洛特卡定律和齐普夫定律的主要内容。
8. 试述引文分析在信息分析中的应用。

6 领域信息分析

随着社会经济、技术和文化的进一步发展，信息分析不再局限于科学技术这个小圈子，而是与相关学科领域紧密结合起来，旨在为政府、企业，乃至用户个人作出正确决策服务。信息分析的领域得到了更大程度的延伸，内容也不断深化和拓展。

这种研究趋势的形成，既有历史原因，又有现实原因。回顾历史，我国的信息分析工作起源于科学技术领域，在很长一段时间内主要从事科学技术信息的综合分析研究，拥有了科学技术信息分析的人才优势、资源优势、经验优势及用户市场优势。因此，一直以来信息分析机构都致力于充分发挥这些优势，使得科学技术信息分析始终处于信息分析的成熟领域。立足现在，由于大力开展经济体制改革，社会主义市场经济体制的逐步建立，使得宏观经济体系和微观经济实体都面临着极其不确定的环境因素。为了消除这种不确定性，迫切需要信息分析来进行相关的辅助决策研究。因此，技术经济信息分析、市场信息分析、专利信息分析等活跃起来，成为目前信息分析活动的又一主流。

6.1 科学技术信息分析

科学技术是人类知识宝库中的核心组成部分，是现代社会物质文明和精神文明的源泉。科学技术的进步迅速地改变着社会生产和生活方式，也改变着人类的思想方法和人类自身。今天，人类认识世界和改造世界能力的每一次提高几乎无一例外地与科学技术信息的开发利用息息相关。尤其是在应用研究和开发研究方面，科学技术信息拥有情况已经成了研究成败的关键。

6.1.1 科学技术信息及其特点

科学技术是关于人类知识范畴的一个抽象概念，是人类认识世界和改造世界过程中长期积累起来的知识和经验的概括与总结。按照马克思主义的科学技术观，作为人类的两类社会活动，一方面，科学与技术是有区别的。科学的直接目的是认识自然的、社会的及思维的规律；技术的直接目的是改造世界，形成改造世界的手段。科学的任务是要回答"是什么"、"为什么"的问题，要求有新发现，创造人类的知识财富；技术的任务则是要解决"做什么"、"怎么做"的问题，要求有新创造、新发明，创造人类的物质财富。科学的成果形式是系统化、理论化的知识体系；技术的成果形式是新发明、新工艺、新方法、新产品等。科学研究的主要方式是科学实验和理论分析；技术创造则主要是经验的积累和科学理论的应用。另一方面，科学与技术又是紧密联系的。认识世界是为了成功地改造世界，要成功地改造世界又必须正确地认识世界。科学为技术提供依据，技术为科学的发展提供手段和条件。科学是技术的基础，技术是科学的实现。当代科学和技术的发展已经从实践上证明了这一点。例如，一些新兴的技术如原子能技术、半导体技术、生物工程技术、航空航天技术，分别以量子力学、固体物理、分子生物学、控制论等科学理论的重大突破为前提；现代物理学、化学、生物学的发展离不开高能加速器、电子显微镜、X 光衍射仪等高、精、尖的技术装备的支持。

当代社会出现了科学技术化、技术科学化的强大潮流。科学和技术相互促进、相互交叉、相互渗透的现象越来越普遍，科学向技术的转化周期越来越短。科学与技术已经发展成了不可分割的整体。

科学技术信息是一切有关科学技术活动的信息的总称，通常涉及科学技术领域内的基础研究、应用研究和开发研究三个层次。基础研究重在知识体系的建立，包括数学、物理学、化学、天文学、地质学和生物学六大基础学科中的纯科学理论研究领域以及材料科学、能源科学、环境科学、农业科学、医学科学、计算机科学等应用学科研究领域；应用研究致力于解决国民经济和社会发展中涌现出来的实际科学技术问题，目的是设法把基础研究的成果发展到可应用的状态；开发研究是将应用研究的成果直接应用于生产实践，目的是将科学技术转化为社会生产力。科学技术信息主要源自于上述科学技术活动过程之中，例如，在科学技术成果转化中，相关的科学技术信息主要包括科学技术成果的应用前景、定价情况、提供者情况、可能的受让者情况、产权归属、转化方式和要求、可能的限制或激励因素、同类成果转化及使用情况等。

科学技术信息的特点在不同的研究层次有不同的表现。例如，基础研究人员趋向于在某一专门（通常是比较狭窄的）科学技术领域认识未知的东西，即在看来杂乱无章甚至毫不相干的因素间找到相互联系的纽带。因此要求这类科学技术信息具有全面性、抽象性的特点，能够从总体上反映该专门领域的历史演变、现状和发展动向。另外，基础研究人员在开始从事研究时，往往并不确切地知道所要找的信息是什么，更难料到其将来会如何，因此，这类信息又多半是定性分析的结果，是不具体的；应用研究和开发研究人员趋向于利用科学技术信息解决具体的科学技术应用和开发难题，因此要求这类科学技术信息具有目标明确、内容具体且综合性强的特点，另外在时间性方面也有比较严格的要求。

6.1.2 科学技术信息分析的意义

科学技术信息分析在国民经济和社会发展中的重要意义是由科学技术本身的社会生产力功能决定的。在生产过程中，科学通过技术这个中介，把知识和智能与生产力诸要素相融合，从而转化为直接的生产力。具体来说，科学通过技术的发明创造渗透到生产工具中去，可物化为新的生产工具；科学技术为劳动者所掌握，可以转化为劳动者的生产经验和劳动技能，从而提高劳动者从事生产活动的能力；科学技术渗透到劳动对象中去，可以提高劳动对象的质量及对它的利用率，还可以扩大劳动对象的领域；科学技术渗透到生产的组织管理中去，可以使其更符合生产的规律，优化生产力结构，使劳动生产率大幅度提高。科学技术信息分析是为获取某一科学技术领域发展变化情况而开展的活动。其主要任务就是为科学技术向社会生产力的转化活动提供信息服务。实践证明，通过科学技术信息分析，可以有效地促进基础研究、应用研究和开发研究，加快科学技术成果转化为社会生产力的速度。

21 世纪早期，韩国政府通过多方面战略研究与开发因素的分析发布了一项政策，建议韩国公共研究机构应当将其资源聚集在战略研究领域，认为这将直接提升韩国的国家竞争力。利用层次聚类分析方法对韩国纳米技术领域中的研究与开发计划进行了分析①。正如美国、日本和欧洲国家正在大规模地投资纳米技术，韩国政府在 2001 年 7 月推出了“国家纳米技术计划”

---

① Yong-Gil Lee, Yong-Il Song. Selecting the Key Research Areas in Nano-technology Field Using Technology Cluster Analysis: A Case Study Based on National R&D Programs in South Korea [J]. *Technovation*, 2007 (27): 57-64.

并正在推动其研究与开发项目。根据这个计划，仅对能保证世界竞争力的纳米技术领域的高潜能研究与开发进行选择和投资。

在韩国有三种纳米技术分类表。第一种是由科学技术部、产业和资源部及其他相关政府部门于 2001 年 7 月联合推荐的“国家纳米技术计划”；第二种是由科学技术部以及韩国科学技术评估和计划机构于 2001 年 12 月共同推出的，目的在于将 110 种技术精简到 56 种高优先级的技术；第三种是国家技术指南中的纳米技术分类。该研究选择了第二种纳米技术分类表中的 56 种技术作为测试样本。这 56 种高优先级的纳米技术根据战略重要性、技术发展水平、技术发展可行性、多功能性、经济效果以及技术和社会效果 6 种评价标准加以选择。这些标准具有不同的权重，依次为 30、15、20、5、20、10，其中“战略重要性”被分配最高的权重。该研究向 180 位专家征集了调查数据。基于这些数据的层次聚类分析和研究，上述 56 种纳米技术被分成 3 大组。层次聚类谱系图描述了每个技术之间的距离和相关性，并发现了韩国纳米技术领域的三个主要类，它们是纳米材料、纳米设备、纳米生物（见图 6-1）。这三个类将成为韩国纳米技术的核心技术簇。通过仔细观

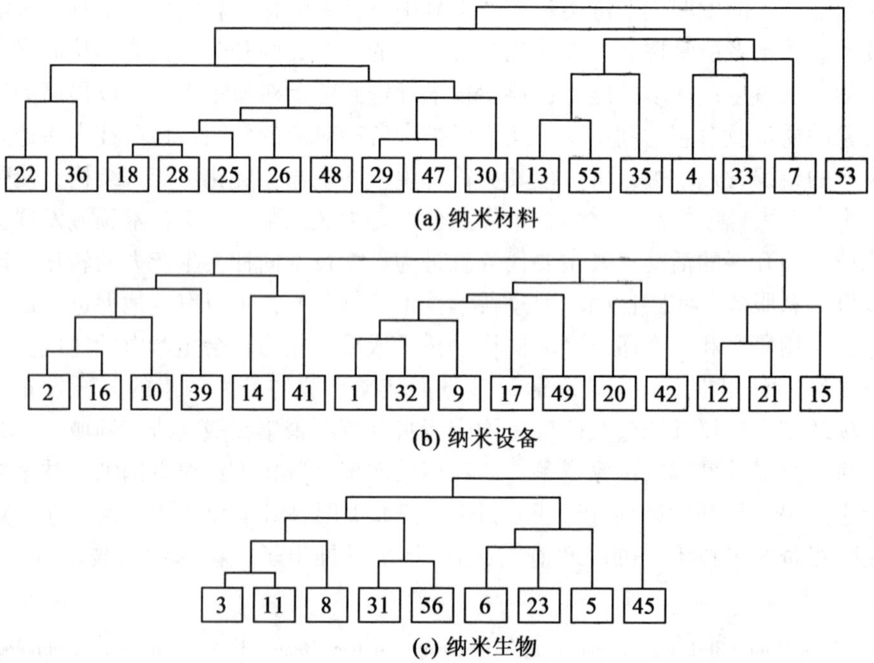

图 6-1　韩国纳米技术层次聚类谱系图

察每个簇的结构和内容，研究者可以获取有关特定纳米技术之间相似和不同的重要信息。政策制定者也可利用这些信息来选择和管理纳米技术领域中的研究与开发。

6.1.3 科学技术信息分析的内容

现代科学技术活动涉及面广泛，影响因素错综复杂，因而反映科学技术活动发展变化情况的科学技术信息分析的内容范围也是相当广泛、复杂的。在科学技术活动领域，大到国家宏观战略规划的制定，小到企业技术引进与开发，均离不开信息分析高附加值的信息支持作用。

(1) 科学技术领域发展状况的信息分析

科学技术是不断发展变化的。不同的科学技术课题，其本身及所属的领域和密切相关的领域，在不同的历史时期通常有不同的特点和内容。据此，我们可以按科学技术课题本身、课题所属领域和课题相关领域三方面的发展状况进行分析。

① 课题本身的发展状况

课题本身的发展状况，主要是指某一科学技术课题本身的意义、内容范围、目的、发展历史、当前水平及动向、存在问题及可能的应用领域等。

课题的意义，是指该课题是否符合国民经济和社会发展的需要，是否有利于促进科技、经济和社会协调发展的需要，是否符合科技发展的方针和战略，是否符合当地资源开发和生产发展的需要，是否切合本行业与部门科技发展的需要等。凡是肯定的，则该课题的重大意义就体现出来了。课题的内容范围是指该课题所涉及的内容范围，包括课题的概念、研究对象、研究内容等。课题的目的是指该课题研究所想要达到的目标，如制订一项科学技术政策或规划、开展企业技术攻关、探索科学原理等。课题的发展历史是指该课题兴起的背景、历史沿革和发展道路。课题的当前水平及动向是指该课题当前的研究基础、基本情况、发展的方向及重点等。如该课题当前有什么人在研究、达到什么水平、有哪些主要流派和观点、是否在原有基础上有了新进展（解决了老问题、提出了新观点、采用了新方法和手段）、当前主要的研究方向和重点。课题存在的问题及可能的应用领域是指课题当前存在的有待解决的问题或分歧、解决这些问题或分歧可能的途径、需要哪些技术和设备保障、可能的应用前景和应用范围等。

了解课题本身的意义、内容范围、目的、发展历史、当前水平及动向、存在问题及可能的应用领域，可为选题和确定研究重点提供依据。特别是通过探索该课题的发展规律，有利于总结经验、吸取教训、减少弯路、加快成功的步伐。

② 课题所属领域的发展状况

课题所属领域的发展状况，是指某一科学技术课题所属的科学技术领域的历史演化、当前所取得的重大发现和进展、发展的趋势、存在的问题及可能的应用领域等。

例如，对某一有关人工智能方面的研究课题，我们应该对该课题所属的人工智能领域发展状况有如下了解：人工智能是探索、模拟人的感觉、思维过程的规律，并进而设计类人智能的自动机的科学。该课题研究的兴起首先源自古代的幻想和猜测以及近代的仿人自动机械的制作。20 世纪 50 年代计算机的问世使现代人工智能研究被推出前台。利用计算机对信息进行逻辑加工、对人的智能进行模拟等，均取得突破性进展。60 年代人工智能的研究中心是智能机器人，它能感知和理解周围环境、进行判断和推理，具有视觉、听觉、嗅觉和触觉，且能说话，按主人指令动作。70 年代语言学家与人工智能专家们开始协同工作，知识的表示成为人工智能领域的中心课题。80 年代以来，人工智能研究转向以语言和知识的问题为特征，如专家系统、知识工程等。半个多世纪以来，各国人工智能学家主要从三条途径进行研究：一是生理学途径（采用仿生学方式）；二是心理学途径（构建心理学模型，并用计算机模拟）；三是工程技术途径（将工程技术与计算机结合起来）。人工智能研究的生理学途径和心理学途径遇到的困难是人的思维规律迄今仍不完全清楚；工程技术途径注重在功能上模仿人的动作，而暂时不去考虑人如何思维，也不追求机器是否像人一样去思维，但这种只重外在行为而不重内在机理的做法终究难使人工智能在“神似”人类智能方面有突破性的进展。可能的解决办法应该是“标本兼治”，即通过机器内在运动机理的调节来改善和优化其外在行为表现。从总体上看，人工智能大致沿着“计算机——工业机器人——智能机器人”的方向发展。特别是在智能机器人研制方面，目前正在从一般性功能向自学习、自组织、自修复和自繁殖功能上发展。由于人工智能模仿并放大了人脑的智能，因此其应用的前景是十分广阔的，几乎可以渗透到人类生产、工作和生活的各个方面。特别是在复杂程度高、环境恶劣（如含有对人体有害的射线）、人力难及的场合，人工智能将会发挥不可替代的作用。

上述关于人工智能领域发展状况信息的获取可以建立在充分的文献调研、专家咨询、实际考察的基础上。为了防止离课题太远，研究者要注意将上述研究与该课题具体结合起来，做到深浅有度，游刃有余，重点考察该科学技术领域对该课题的深刻影响。

了解课题所属领域的发展概况，可使课题研究建立在比较深厚的知识背景下，有利于站在科学技术发展的最前沿，启迪思维，及时吸收最新的科学技术成就，加快课题研究的进程。

③ 课题相关领域的发展状况

课题相关领域的发展状况，是指与某一科学技术课题密切相关的其他领域的历史演化、当前所取得的重大发现和进展、发展的趋势、存在的问题、可能的应用领域以及与该课题之间的内在联系等。掌握这方面信息的重要性是由信息分析的软科学研究性质所决定的。在与课题相关的领域中，有不少是直接相关的，例如，人工智能研究课题涉及计算机技术、工程技术、语言学、心理学、神经生理学、光学、数学、行为科学等相关领域；环境保护研究课题涉及生态学、地球化学、医学、工程学、地学、法律等相关领域；新材料开发研究课题涉及金属材料、无机非金属材料、有机高分子材料、复合材料等相关领域；基因工程研究课题涉及分子遗传学、细胞生物学、生物化学、微生物学等相关领域。

与课题相关的领域除了直接相关的以外，还有一些是间接相关的。这主要体现在当前科学技术发展中的一些新兴领域、带头领域和关键技术领域方面。

由于客观世界的联系性和整体性，科学技术的各个领域有着内在的联系，总有一些领域在某一历史时期的科学技术的发展中起着带头作用、关键作用，即由于这些领域的突破性进展而给其他科学技术领域乃至整个科学技术以及经济、社会的发展带来巨大的推动作用。

例如前苏联科学史家、哲学家凯特洛夫（Б. КЕДРОВ）曾对带头学科的更替规律进行了总结和研究。他认为，近代科学兴起后，自然科学的第一个带头学科是研究宏观物体运动形式的地球和天体力学，从1543年发表哥白尼的《天体运行论》起，到1743年欧勒用变分法概括牛顿力学形式止，整整延续了200年；第二个带头学科是一组相互有关的学科，即化学、物理学和生物学，这组学科从原子和分子的角度研究自然现象，延续了100年；第三个带头学科是新的单一学科微观物理学，该学科延续了50年，对量子化学、分子生物学、电子学的发展起到了推动作用；第四个带头学科是20世纪中期以后发展起来的控制论、原子能科学和宇宙航行学，延续了约25年；第五个带头学科是分子生物学，带头时间延续了12~13年。凯特洛夫在总结了这些现象后得出了一个经验公式，即：

$$\Delta T_n = \frac{200}{2^{n-1}}$$

式中，n 表示带头学科的顺序号（$n=1, 2, 3, \cdots$），ΔT_n 表示第 n 个带头学科延续的时间（年）。

尽管凯特洛夫提出的上述规律有需要进一步商榷的地方，如所提出的带头学科是否确切、带头学科延续时间的递减规律是否合适等，但还是揭示了科学技术各领域间具有内在联系的特征。

当前以美国为代表的社会信息化程度较高的国家的经济正在向“知识经济”这一新兴的经济形态转变。知识经济把知识和信息作为最重要的资源，把创造知识和使用知识的能力看作最重要的经济发展因素。由于知识经济以高新技术产业为支柱产业，因此，世界各国均把发展高新技术产业作为科技发展的重点。目前，高新技术产业主要由八大群体构成。这八大群体是：以微电子、计算机、激光、光导纤维、光电子、卫星通信等技术组成的信息技术群体；以微生物、酶、细胞、基因等（工程）技术组成的生物技术群体；以核能、太阳能、风能、生物能、海洋能、地热能等技术组成的新能源技术群体；以非晶态、多晶薄膜、碳纤维、结构陶瓷、记忆合金、分离膜、超导体等技术组成的新材料技术群体；以空间探测、空间工业、航天运输、空间军事等技术组成的空间技术群体；以海底采掘、海水淡化、海水提铀等技术组成的海洋技术群体；以绿色照明工程、绿色家用电器、清洁生产等技术组成的环境技术群体；管理技术群体。

了解课题相关领域的进展情况，研究课题与相关领域间的相互依存和相互促进关系，有利于开阔眼界，启发思路，相互借鉴，取长补短，对深化该课题的认识、预测该课题研究的发展动向、探索新的研究领域具有重要价值。例如20世纪前半叶的一大批突破性的技术革新成果，诸如晶体管、半导体、电视机、计算机、雷达、激光、三大合成材料、火箭、喷气式飞机、青霉素、超合金、原子能、除草剂和DDT等的相继出现，都借鉴了19世纪末和20世纪初物理学、化学、生物学等相关领域的研究成果；一些新的学科研究如行星大气学、行星际物理学、卫星大地测量、遥感遥测、卫星海洋学等也借鉴了地球科学和空间技术等相关领域的研究成果。

（2）科学技术发展条件的信息分析

与其他任何事物一样，科学技术的发展除了主要决定于内部因素外，还不可避免地受到外部条件因素的影响和制约。外部条件因素是科学技术发展的外部条件，可以起到加速或延缓科学技术发展进程的作用。通过对科学技术发展外部条件的信息分析，可以掌握科学技术发展的规律，变被动为主动，推动科学技术研究课题的顺利完成。

影响科学技术发展外部条件因素种类繁多，内容复杂，但归纳起来不外乎自然条件和社会条件两个方面。其中，自然条件包括自然状况、资源状况、生态环境状况等方面；社会条件包括经济状况、社会状况、政治状况等方面。

① 自然条件

1）自然状况。自然状况是指地势、地质、土壤、气候、地理位置等状况。自然状况与工业、农业的发展关系极为密切。

自然状况对工业发展的影响主要体现在厂址选择方面。原则上，企业应根据自身的性质选择地质条件良好、水源充足、交通方便、靠近原材料和燃料基地或产品销售点的地区建厂，以利于降低成本，提高效益。例如陶瓷生产企业应尽可能建在陶土、高岭土资源丰富的地区，容易导致大气污染（如酸雨）的生产企业应远离人口密集的地区（如城区），钢铁企业应尽可能建在靠近矿山、水资源充足、铁路运输或海上运输条件良好的地区。厂址选择不当不仅会带来成本（特别是物流成本）的大幅度上升，而且制约着企业的长远的可持续发展。

自然状况对农业发展的影响主要体现在农作物的栽培方面。例如水稻作物一般不适合在北方干旱地区种植，名茶（如黄山毛峰、庐山云雾茶）一般产自高山地区，反季节农产品一般源自温室。可见，特定的自然状况会对农业的发展起到促进或限制作用。

2）资源状况。资源状况是指能源、矿产、生物等资源的分布、开发和利用状况。

能源是产生各种能量的物质资源，是科学技术发展的重要物质条件。能源按其利用程度可分为太阳能、海洋能、生物能、风能、水能等再生性能源以及原煤、原油、天然气、铀等非再生性能源。随着生产的发展，非再生性能源正在被大量地开发和消耗，储量大大下降。目前世界已探明能源储量和可开采的年限，分别是石油储量 10 195 亿桶，可供开采 40 余年，高成本油田也只能开采 240 年；煤炭埋藏量 10 316 亿吨，可开采 230 年。由于石油和天然气逐渐枯竭，全世界对煤炭资源的需求量将提高 30%，世界煤炭资源可能会在 155 年内全部枯竭。能源危机正威胁着人类的生存和发展。为了避免这场危机，围绕能源的合理使用和替代的研究正在引起世界各国的重视。尤其是核能、氢能、地热能、太阳能、海洋能、生物能等新能源的开发和利用已成为能源科学研究的热点。

矿产资源是材料工业生产的重要原料。例如冶金工业以矿石为主要原料、化工行业以石油为主要原料。与能源资源相类似，矿产资源也是极其有限的。以我国为例，据预测，到 2020 年，我国重要金属和非金属矿产资源可供储量的保障程度，除稀土等有限资源保障程度为100%外，其余均大幅度下降，其中铁矿石为35%、铜为27.4%、铝土矿为27.1%、铅为33.7%、锌为38.2%、金为8.1%。可采年限石灰石为30年、磷为20年、硫不到10年，钾盐现在已是需远大于供。所以世界各国都无一例外地把综合开发和节约利用现有的矿产资源以及开辟新资源作为材料工业发展的重要战略决策。

生物资源主要是指森林、草原、水产、野生动植物等资源。1992年，联合国环境发展大会《生物多样性公约》(Convention on Biological Diversity)提出，生物资源是指对人类具有实际或潜在用途或价值的遗传资源、生物体或其部分、生物群体或生态系统中任何其他生物组成部分。当前，世界生物资源已处于相当紧张的供求状态。伴随着经济的高速发展，生物资源面临着各种问题，特别是生物多样性面临着严重的威胁：61%的原生态环境丧失、40%的生态系统严重退化、15%至20%的物种处于濒危状态、遗传多样性大量丧失。掠夺式的生物资源开发，如滥伐森林、过度放牧、过度捕捞和捕杀等，已经在我国的许多地区造成了森林破坏、土地荒漠化、水产资源破坏等严重后果，近些年来，旱涝灾害频繁、环境污染严重，在一定程度上与生物资源的掠夺式开发有关。

3）生态环境状况。生态环境是指生物资源及其所构成的生态体系和自然环境。生态系统的特点是具有生命，且追求动态平衡和良性循环。不恰当的生物资源开发利用活动会破坏这种动态平衡和良性循环状态，导致生态环境状况的恶化，甚至危及人类社会的可持续发展。

当今世界大气、土壤、水、生物所受到的污染和破坏已达到危险的程度。据估计，全世界每年排入环境的固体废物超过30亿吨，废水约6 000~7 000亿吨，废气中仅CO和CO_2就近4亿吨；有毒化学品年产量达400万吨；有2.5万种植物和1 000多种脊椎动物的物种正面临灭绝的危险。1998年中国历史上罕见的黄河断流、长江洪水也是生态环境遭受严重破坏后的结果。

生态环境遭受严重破坏与某些科学技术的不合理开发有直接联系。例如我国有些乡镇企业采用原始的、极为落后的工艺进行生产（如小炼硫、小炼砒、小炼焦)，往往把一片生物繁茂的地区变成寸草不生的“死亡地带”。可见，在科学技术发展过程中必须高度重视生态环境的保护问题。

② 社会条件

1）经济状况。一个国家的经济状况主要涉及财力、经济结构、经济体制和经济发展水平四个方面。其中，财力状况体现了一个国家的总体经济实力，左右着该国科学技术发展的水平和速度。经济结构一般包括产业结构、能源结构、原材料结构、劳动力结构、产品结构、市场结构等，科学技术的发展可以改变上述各种结构，使之优化；也可以反过来受到上述各种结构的影响和制约。经济体制包括社会组织和管理经济的制度、形式、方法和经济运行机制，以及社会的所有制结构和经营方式。经济体制的选择是否正确，是否适应生产力发展的要求，将直接影响到科学技术的进步。经济发展水平与科学技术发展水平也密切相关。经济的发展一方面为科学技术的发展提供经济基础和财力保证，另一方面又会产生新的科学技术需求；科学技术的发展为经济的发展提供技术支撑。

2）社会状况。一个国家的社会状况主要包括社会需要、社会传统、人口等状况。社会需要主要是工农业生产、国防、环境保护以及人民生活各方面对各种产品及其品种、质量和数量的需要。社会需要刺激着科学技术的发展。例如工业生产的需要导致了蒸汽机的发明，军事活动的需要导致了原子弹和计算机的研制成功，文化生活的需要促进了电视技术的发展，健康的需要促进了医药技术的发展等。社会传统包括民族习惯、宗教信仰、地方风俗等方面。例如，印度教禁忌牛肉、穆斯林禁忌猪肉、佛教禁沾荤腥等。社会传统对科学技术的发展起着影响作用。人口状况主要是指人口的数量和质量。当前世界人口正以每秒 2.6 人的速度增加，预计到 2011 年中期，世界人口总数量将突破 70 亿大关；到 2025 年，世界上的人口将达到 80 亿；到 2050 年，全球人口将再增加 22 亿①。适度人口可以最大限度地刺激需求，促进科技创新；人口过剩则增加社会负担，限制和阻碍科技创新。人口的质量体现在人才的教育状况、年龄结构和职业特点上。一个国家的教育水平越高、年龄结构越合理、职业构成中知识密集型职业越多，则对科学技术发展的促进作用越大；反之，教育水平低下、年龄结构不合理（如老龄化现象严重）、劳动密集型职业比例过大，则对科学技术的发展起着制约作用。

3）政治状况。政治状况主要是指一个国家的政治制度、政治体制、政治结构和政策。一个国家的基本政治制度是否切合国情，政治体制、政治结构和政策是否正确，直接关系到能否促进生产力的发展和科技的进步。例如，我国过去有一段时期存在着部门权力过分集中、官僚主义思想严重的问题，结果影响了科技体制改革的深入进行。评价一个国家的政治体制、政治结构和政策是否正确，关键看三条：一是看国家的政局是否稳定；二是看能否增进人民的团结，改善人民的生活；三是看生产力能否得到持续发展。

---

① http：//news. sina. com. cn/w/2010-12-29/144121727967. shtml ［EB/OL］.

6.2 技术经济信息分析

6.2.1 技术经济信息及其特点

技术除了和科学的关系十分密切外，还同经济保持着密切的联系。一方面，技术和经济是相互促进的。经济的发展为技术的发展提供了必要的基础，没有一定的经济实力，技术的发展就缺少财力的保证；先进技术的发展又为经济的发展提供了强大的动力。另一方面，技术和经济是相互制约的。任何技术的发展总是在一定的经济条件下实现，超越经济条件的许可盲目追求技术的先进性，肯定是行不通的；任何经济的发展也必须与当时当地的技术条件相呼应，不顾技术的许可盲目“做大”，欲速则不达。例如，某项技术可能在国外发达国家是先进的，但却不适合国内现时的经济条件，如果盲目地将其引进和使用，则得不到良好的经济效果；某种经济（如知识经济）形态可能是发达的，但却不适合在缺乏起码的技术支撑的落后国家全面建立。

技术和经济之间的辩证关系要求我们在评估技术是否先进时必须同时对其经济性予以论证；在衡量经济发展水平的高低时也必须同时对相关的技术予以恰当的评价。也就是说，技术和经济必须在进行最佳的结合之后才能取得最优的综合效益。这正是技术经济信息分析所要追求的目标。

需要指出的是，技术和经济之间尽管存在上述辩证关系，但在地位上并不是等同的。技术仅仅是发展经济的手段，经济才是技术发展的目的。这种地位上的差异决定了我们在开展技术经济信息分析活动时，必须把经济性摆在优先考虑的地位上。例如，某项技术虽然先进，但在经济上并不合理，则不应该选择该技术；反之，某项技术虽然不太先进，但却很适合当时当地的开发利用条件，并且可以产生较好的经济效益，则可以考虑选用该技术。

技术经济信息是一切有关技术经济活动的信息的总称，包括与推动技术发展有关的经济信息以及与提高经济效益有关的技术信息。例如，国内外同行业的新技术、新工艺、新方法的发展状况及趋势，技术经济政策，技术和经济形势，市场动态等。技术经济信息是各级各类决策和管理部门在规划的制定、新产品的开发、新技术的引进或开发、技术改造或更新、技术贸易的开展等活动中必不可少的参考依据。技术经济信息分析正是为获取和传递这类信息而开展的一项软科学研究活动，是为国民经济各部门的技术经济活动服务的。

技术经济信息除了具备一般信息所共有的特点外，还有一个显著的表现，就是它兼有技术信息和经济信息双重角色，即技术经济信息一方面要为技术决策提供依据，另一方面又要为经济决策提供依据。例如，在为企业新技术产品开发活动提供信息服务时，一方面要从技术的角度对其先进性进行评估，另一方面又要从经济的角度对其合理性进行评价。此外，任何一项新技术产品开发方案的实施都离不开具体的实施条件及所处环境（包括自然和社会两方面）的影响和约束。因此，在进行新技术产品开发信息分析时，还必须对实施条件的可行性和环境的可容性进行充分的论证。可见，具体的新技术产品开发信息分析活动是很复杂的，它必须在技术上的先进性、经济上的合理性、实施条件的可行性和环境的可容性之间进行权衡，并在此基础上力争求得最佳的协调方案。

6.2.2 技术经济信息分析的意义

技术经济信息分析是一项对技术信息及其密切相关的经济信息进行综合分析的技巧性很强的工作，其主要目的是为技术经济活动出谋划策。它一方面可以加速先进技术的推广应用，提高技术的经济效果；另一方面又有助于克服技术发展的盲目性，把技术应用可能带来的危害减小到最低限度。

目前，技术经济信息分析在发达国家正受到前所未有的重视。据调查，在西方发达国家，约有 70%的信息分析课题与技术经济活动直接或间接相关。在美国，有为数众多的专业化信息咨询服务公司，其主要任务就是搜集、加工整理和综合分析有关的技术经济信息，目的是使企业在确定科研方向、评估技术经济方案时，能够作出合理的决策。此外，包括美国中央情报局在内，许多军事情报机构也在“冷战”结束后把主要注意力从军事谍报工作领域转移到技术经济信息工作领域。

日本的成功也与技术经济情报调研工作分不开。第二次世界大战刚结束时，日本是一个战败国，国内经济千疮百孔、百业衰退。但令人吃惊的是，它仅仅经过 5 年的恢复和 20 年的发展，到 20 世纪 70 年代就一跃而成为世界上仅次于美国和前苏联的超级经济大国。日本的成功不是偶然的，其关键因素在于它推行“技术立国”政策，并且善于围绕企业竞争开展技术经济情报调研。例如，为了取得企业竞争的优势，日本主要做了三件事：一是在海外设立办事处，聘请外籍信息员，就地搜集信息；二是出资捐助国外有关大学的科研项目，以获得正在进行中的研究资料，如日本有十几家大企业加入了美国麻省理工学院的“产业联络计划”，每年 3 万美元经费，会员可以在有关论文公开发表以前就获得该学院教授和副教授的论文集；三是直接在海外设立研究所，搜集信息，学习技术，开发产品。目前，日本已在全球范围内构建了巨大的技术经济信息网，该网对日本的技术经济决策、研究与开发、市场开拓起到了极大的支持作用。

文献①通过问卷调查试图从理论和经验上分析西班牙企业对无形资产的处理和态度。无形资产是指可以确认的非货币的资产，它们没有具体的物质形态，不能用于产品的生产或供应，或租给他人，或用于管理。无形资产是企业控制的一种资源，具有以下特征：无形，是经济交易的结果，在未来能够创造收入，比财政年具有更长的周期，阻挠了与市场价值的比较。国际上有关无形资产的处理正在受到重视。虽然传统的无形资产如研究与开发、商誉等已受到企业的注目，但其他影响企业的无形资产如团队、营销等却没有引起企业足够的关注，而这些资源为企业创造了重要和关键的价值。该研究对西班牙证券和交易委员会中列出的企业进行了调查，有 39 个企业返回了有效问卷，在企业如何解释无形资产方面，得到四类答案：38. 5%认为是一种开支，33. 3%认为是资产，20. 5%认为是资产和开支，7. 7%没有答案。

企业的无形资产很多，例如：职工经验、协作工作能力，工序和系统、信息技术的使用、商标图案，客户关系、学习能力，创造力，信息技术的使用、生产技术，职工在企业工作的年限、职工的平均年龄、团队数量、每个职工的培训成本，产品开发投资、革新活动的总投资、工序改善投资，每个职工的软硬件成本、企业数据库数量、数据库成本，客户中长期客户所占比例、与长期客户相关的营业额比例、客户关系的平均周期、供应商关系的平均周期。不同的企业在其管理中使用了不同的指标。通过调查，企业财政主管认为职工经验、协作工作能力、工序和系统、信息技术的使用、商标图案、客户关系是与企业竞争力最相关的无形资产。

该文献提出了 12 个指标用于分析企业对无形资产的态度。要求财政主管利用 5 分制对它们与企业无形资产的相关性打分。1 为不相关，5 为强相关。这 12 个指标是：对企业战略的支持、获取银行贷款的主要工具、吸引投资者、人力资源、获得的革新成果、激发革新活动、改善客户关系、改善供应商关系、吸引新职工、留住职工、职工培训、改善战略计划。对搜集到的有效数据进行主成分分析。通过主成分分析，得到两个主成分，它们的累积共献率为 66. 63%（见表 6-1）。

① Isabel Gallego , Luis Rodríguez. Situation of Intangible Assets in Spanish Firms: An Empirical Analysis [J]. *Journal of Intellectual Capital*, 2005, 6 (1): 105-126.

表 6-1 **第 1 和第 2 主成分**

变量	第 1 主成分	第 2 主成分
对企业战略的支持	0.296	0.772
获取银行贷款的主要工具	0.071	0.793
吸引投资者	0.436	0.543
人力资源	0.760	0.337
获得的革新成果	0.618	0.426
激发革新活动	0.517	0.511
改善客户关系	0.772	0.347
改善供应商关系	0.714	0.204
吸引新职工	0.876	0.119
留住职工	0.840	0.292
职工培训	0.770	0.317
改善战略计划	0.356	0.855
贡献率（%）	56.07	10.56

从表中可以看出，第 1 主成分与以下指标相关：吸引新职工、留住职工、改善客户关系、职工培训、人力资源、改善供应商关系、获得的革新成果、激发革新活动。因此，可以将此主成分命名为“人力关系和革新”，该主成分的贡献率为 56.07%。第 2 主成分与以下指标相关：改善战略计划、获取银行贷款的主要工具、对企业战略的支持、吸引投资者。这个主成分可以命名为“企业战略和融资”，该主成分的贡献率为 10.56%。该文献认为，西班牙企业已从工业经济走向基于知识的经济；在这些企业中，无形资产在其交易模型中扮演重要角色。

文献①对制造业和服务业在信息技术使用上的不同进行了比较分析。该研究对澳大利亚 500 强企业进行了问卷调查，得到 81 份反馈。结果表明，两个产业都仅从信息技术投资中得到中等利益，利益主要来自于产量的提高

① Amrik S. Sohal, Simon Moss. Comparing IT Success in Manufacturing and Service Industries [J]. *International Journal of Operations & Production Management*, 2001, 21 (1/2): 30-45.

和成本的降低。服务业比制造业在利用信息技术提升产品和服务价值上做得更好。另外，与制造业相比，服务业的信息技术部门在战略发展中发挥更直接的作用。在两个产业中，经济因素、高级管理支持的不足、成本收益的不正确判断被认为是信息技术成功的最大障碍。

6.2.3 技术经济信息分析的内容

技术经济信息分析的范围十分广泛，它和技术、经济、社会等诸多因素紧密地联系在一起，是一种典型的跨学科、综合性的信息分析。

从宏观上看，技术经济信息分析涉及国民经济各部门全局性的、长远性的、战略性的问题，如国民经济和社会发展总体规划或战略、国家技术和经济政策的制定、全国生产力的总体布局、国家产业结构和行业结构的调整、行业性生产建设的投资、重大技术项目的发展等。它一般要考虑国家、地区、行业和部门发展的远期效果和发展方向，目的是促进全民族的技术创新，实现整个国民经济的持续、快速和健康发展。由于宏观技术经济信息分析的研究范围广、涉及因素多，故综合性特别强，一般由国家或国家委派的有关部门进行。它要汇集各方面的专家学者进行广泛的研究，费时长，人力、物力和财力的投入也很大，产生的成果通常影响深远。

从微观上看，微观技术经济信息分析涉及若干个部门或企业的一些局部性的、短期性的、具体的技术问题，如企业的技术引进、新技术产品开发、技术革新和改造以及企业的新建、改建和扩建等。它一般主要考虑若干个部门或企业系统内部近期的经济效益，目的是推动企业技术进步，提高企业的市场竞争力。当然，这并不是说在进行微观技术经济信息分析时可以不顾及系统以外的影响。实际上，在现代市场经济体制条件下，部门或企业系统内外的信息联系是很紧密的，它们存在着相互影响、相互促进、相互制约的关系。因此，在具体实践时应注意两者兼顾。相形之下，微观技术经济信息分析研究的范围要小，对象比较具体，涉及的因素也比较少，故综合性弱一些，但针对性却很强。它一般由有关部门或企业系统进行，费时短，人力、物力和财力的投入也比较小，产生的成果主要为部门或企业解决具体的技术难题。

下面具体介绍两种有代表性的技术经济信息分析的具体内容。

6.2.3.1 技术经济发展动向分析

在当前，技术经济发展动向主要是指高新技术经济发展动向。第二次世界大战以后，特别是20世纪80年代以来，席卷全球的高新技术革命导致高新技术产业群体雪崩式地滚滚推进。各国政府、企业纷纷制定政策，投入巨资，广揽人才，以期在激烈的市场竞争中取得优势。为了迎接高新技术革命的挑战，我国已批准建立了27个国家级高新技术开发区，发展了一大批示范型高新技术企业。高新技术旨在将最新的高科技成果转化为技术原理并使之迅速地形成相应的产业，强调的是技术的经济功能和社会效益。高新技术推动着生产力的巨大发展（见图6-2）①，引起了经济结构、产业结构和行业结构的革命性变化。目前，不论是一个国家、一个地区还是一个企业都特别鼓励适合本国、本地区、本企业的技术创新活动，并纷纷采取措施在本国、本地区、本企业推广使用高新技术成果。从国际市场来看，高新技术贸易在世界贸易中正呈现迅速增长的趋势。一些传统的贸易商品正逐渐被高附加值的技术密集型产品所替代。企业的竞争已从资本竞争时代转向技术竞争时代，一些拥有高精尖技术、能够开发技术密集型产品和制造高技术产品的企业在国际竞争中处于有利地位。由此可以看出，技术经济发展动向，特别是高新技术经济发展动向的分析在各类宏、微观技术经济决策中具有十分重要的意义。

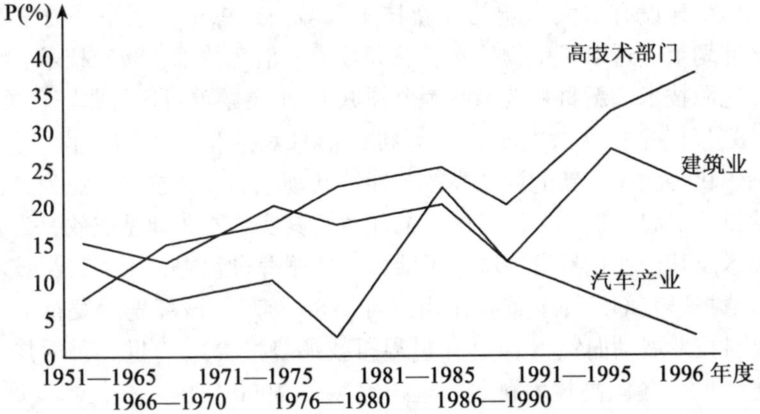

图6-2　1961—1996年美国高新技术产业对经济增长的贡献（P）

技术经济发展动向分析的内容主要包括：高新技术发展的历史、国内外现状和趋势以及可能的应用前景、应用条件，高新技术对本国（本地区或本企业）的针对性和适用性，高新技术发展过程中存在的问题及可能的解

① 陈禹，等. 知识经济的测度理论与方法［M］. 北京：中国人民大学出版社，1998.

决途径等。

日本在技术经济发展动向情报调研方面堪称楷模。例如，日本通产省下属的工业技术院设有一个技术调查科，主要从事国际工业技术政策动向的调查，如通过调查美国国会贸易审计情况，了解美国对日本的技术和贸易政策；通过调查新兴工业化国家和地区的出口产业情况，考察这些国家和地区对日本的影响和威胁。再如，“钟表之国”瑞士素以生产制造钟表著称。但20世纪70年代以来，以西铁城公司为代表的日本钟表商根据国际最新技术发展动向，及时将石英技术和精密制造技术引入钟表业。从而以更耐用更精确的石英表取代了传统的机械表，在世界钟表市场上霸取了领先地位。

我国作为发展中国家，也十分重视跟踪研究国外技术经济最新发展动向。例如，根据20世纪80年代初国外计算机工业、微电子工业、通信工业等高新技术的最新发展动向，在原国家科委的主持下，我国早在1986年就先后提出并推行了“863”计划和“火炬”计划。其中，“863”计划是一项中长期的跟踪研究世界高新技术研究的发展计划。该计划从1987年开始实施，主要任务是根据我国的经济实力，组织少量精锐的科技队伍，选择某些对国民经济建设有重大影响的高新技术领域，跟踪世界水平，力争有所突破。该计划重点选取了生物技术、航天技术、信息技术、激光技术、自动化技术、能源技术和新材料技术共7个领域15个主题项目进行跟踪攻关。“火炬”计划以优先建立微电子和计算机、信息和通信、生物工程、新材料、机电一体化、激光、新能源及高效节能等新领域的高新技术产业为目标。该计划的目标引起了世界上许多国家的注意，其实施不久即见成效，为我国的高新技术及其产业化的发展增添了活力。在跟踪过程中，中国科学技术情报研究所情报研究部发挥了重要作用，自1986年起，该部先后发布了《1986年世界科技发展动向》、《1987年世界科技形势报告》、《世界科学技术发展年度述评》、《各国高技术科研管理研究》、《1990年国外高技术发展动向》以及在新材料、信息、自动化、生物、能源等技术领域与“863”计划有关的《快报》等一大批技术经济发展动向分析成果。

6.2.3.2 技术评估

按照日本《科学技术白皮书》的定义，技术评估（technical assessment）是为了事先防止科学技术用于社会时发生的种种问题，利用软科学研究方法，对使用科学技术的影响进行综合性的、多方面的把握和评价，并作出决策的手段。技术评估的主要特征是着眼于技术和经济、社会之间的关系，强调技术方案实施后的经济效果。其分析对象可大可小，大到国家乃至世界性的技术项目，小到企业某项产品或设备更新的技术方案。它可以对某单项技术方案进行优劣评价，也可以对旨在实现某一特定目标的多种技术方案进行分析比较，从而找出经济效果最佳的方案。

技术评估最早是由美国众议院科学宇宙委员会科学研究开发小组在1966年提出的。1972年美国国会通过了“技术评估法案”，还专门设立了技术评估办公室。该办公室受政府委托，以能源、食品、海洋、运输、卫生、材料和国际贸易领域为工作重点，对重大技术发展的未来影响作全面综合评价，从而对该技术应如何发展、有哪些应用前景以及由此产生的社会经济影响作出估价，并对在政策上应进行何种的限制或鼓励提出建议和意见。20世纪70年代以后，这一活动逐渐在日本、西欧乃至世界各地推广普及开来。例如日本工业科学技术厅在20世纪70年代初邀请有关专家设立了技术评估综合研究会，以方法论为重点，着手研究著名的“三案例”：代表过去的“农药”、代表现在的“高层建筑”以及代表未来的“计算机辅助教育”，并提出了技术评估报告。

我国自20世纪80年代开始也广泛开展了技术评估工作。例如，在长江三峡大型水利工程建设的酝酿过程中，国家有关部门先后组织了300多位专家、分14个专题对三峡水库每年的进库泥沙、工程淹没范围、迁移多少人口、对生态环境的影响、对三峡自然景观和人文景观的影响、国家财力和物力承受程度、投入产出比、资金预算分配、对国民经济的积极影响、会不会造成通货膨胀、国际影响、对库区下游的影响、受袭破坏时的人防安全等问题进行了广泛的预测、推算和评估，并提出了“长江三峡水利枢纽可行性研究报告”和14个专题论证报告。这些报告为该重大工程的及时上马和顺利建设提供了重要的决策支持作用。

（1）技术评估的类型

技术评估一般可分为宏观和微观两个层次。

① 宏观技术评估

宏观技术评估主要为高层次的宏观决策（如制定政策）服务。其着眼点是对整个国家乃至全世界产生重要影响的重大技术项目。具体来说，就是在包括技术、自然、社会（人类）等因素在内的社会大系统中，分析研究技术与自然、社会等因素之间的相互影响关系。在宏观技术评估过程中，不仅要分析研究技术发展所带来的正效应，而且要关注技术发展所带来的负效应；不仅要重视近期、现实的利益，而且要考虑远期、潜在的、难以逆转的消极影响。由此可见，宏观技术评估追求的是技术与自然、社会之间的协调关系，目标是达到整个社会经济福利最大化。例如，1979年，美国国会技术评估办公室曾组织人力对30项影响深远的宏观技术经济项目进行了评估，这些项目有国家水资源供需技术、全球未来替代粮食系统的分析、技术与世界污染、森林资源技术、材料替代技术、能源使用效率、技术与教育、原材料节约等当代全球关注的重点问题。再如，臭氧层是高空大气中臭氧浓度较高的气层，它能阻挡过多的太阳紫外线照射到地面，有效地保护地面一切生物的正常生长。专家研究发现，如果臭氧层有90%遭受破坏，太阳光谱中特别危险的致癌谱段便可射向地球，并对人类和动物产生杀伤作用，使癌症增加。破坏臭氧层的罪魁祸首是氟氯碳化合气体、氧化氮气体等。为此，必须对相关的技术（如工业及制冷设备的制冷技术、超音速飞机制造技术、农用化学固氮技术）进行宏观技术评估。例如，超音速飞机可以显著地提高运输效率，但却对臭氧层有明显的破坏。原因是这种飞机飞行于平流层低层（在中、低纬度，处于海拔1.5万米以上），可将氧的氮化物直接喷入平流层和臭氧光离子产生的氧原子发生光化学作用。美国科学院曾对此进行了评估，并在1973年郑重建议立即停止开发超音速飞机。

② 微观技术评估

微观技术评估主要为微观层次的技术方案的实际选择服务。其主要任务是进行技术方案的具体分析比较，如对某项技术方案给企业带来的经济效益、对自然和社会可能造成的正负面影响、技术的适用性和风险性等作出综合性的分析和评价，并对可能出现的不良影响提出对策建议。微观技术评估通常投入少、影响面小，一般只考虑微观组织或个人的近期、局部利益，而不像宏观技术评估那样牵动全局、影响深远。微观技术评估的最终目标是使所选择的技术方案具有较高的商业价值或经济效益。

在美国，许多科技大学承担了大型项目的技术评估工作。一些私人企业如斯坦福研究所、贝尔电话公司、通用汽车公司等，也指定一些顾问公司的专家进行技术评估，而且同大学密切联系和协作。例如，美国道（Dow）化学公司曾准备在西海岸建立一个10亿美元投资的石油化工厂，委托顾问公司进行技术评估。该顾问公司收取了约相当于基建投资的0.8%的费用后，请了37名专家用了3年时间，举行了100多次群众大会和说明会，最后提出了评估书草案。该草案涉及大气、水质、植物生态、鱼类、野生动物、考古、社会经济、三废处理、自然景观等项目。评估后发现，该工程的建设存在着一些无法落实的关键性因素，于是决定下马。

在进行微观技术评估时，通常根据评估对象的实际情况，将技术、经济因素分解为若干个具体的评估指标，并在分别加以评估后得出综合性的结果。表 6-2 展示的是某新产品开发中的技术评估①。

表 6-2　　　　**新产品开发的技术评估示例**

评估指标	加权系数	评估指标细分	最高分	方案Ⅰ		方案Ⅱ		方案Ⅲ	
				评价分	得分	评价分	得分	评价分	得分
市场	0.4	顾客提出的必要程度	10	6	2.4	7	2.8	9	3.6
		有竞争企业	10	8	3.2	9	3.6	8	3.2
		产品生命周期和需要量	10	5	2.0	5	2.0	6	2.4
		需要的增加（成长性）	10	3	1.2	4	1.6	5	2.0
技术	0.3	技术难易程度	10	6	1.8	5	1.5	8	2.4
		完成期间	10	4	1.2	6	1.8	8	2.4
		研究经费	10	8	2.4	7	2.1	7	2.1
		负荷状况	10	4	1.2	5	1.5	5	1.5
生产	0.2	当前生产的难易程度	10	5	1.0	6	1.2	8	1.6
		相对于售价的材料费比例	10	8	1.6	7	1.4	9	1.8
		负荷状况	10	6	1.2	8	1.6	7	1.4
		生产必需的设备费用	10	8	1.6	7	1.4	8	1.6
销售	0.1	销售难易程度	10	4	0.4	5	0.5	6	0.6
		销售基础	10	8	0.8	9	0.9	8	0.8
		销售线接受情况	10	10	1.0	9	0.9	8	0.8
		销售需要的经费	10	6	0.6	7	0.7	7	0.7
总计	1.0		160	99	23.6	106	25.5	117	28.9

（2）技术评估的程序和内容

技术评估自问世以来便成为宏观、微观技术管理和决策部门的重要工作内容，并相应地形成了一些有代表性的技术评估方法和程序。

例如，美国米特勒公司在总结实践经验的基础上提出了如下程序：

① 确定评估范围（如技术范围、应讨论的事项和影响种类等）。

② 说明主要对象技术（包括相关技术、竞争技术等）。

① 卢泰宏著. 信息分析［M］. 广州：中山大学出版社，1998.

③ 预测对象技术给社会带来的影响。

④ 明确影响的范围。

⑤ 分析潜在影响。

⑥ 详细研究和明确可能的对策。

⑦ 对影响作结论性分析。

再如，日本通产省提出了如下程序：

① 把握技术概要（如技术开发的目的、社会的要求、技术的范围等）。

② 寻找各种影响。

③ 影响的整理、分析（包括产生影响的原因、后果、范围及程度等）。

④ 研究对策。

⑤ 综合评价。

一般来说，技术评估就是调查、分析和预测。它大体上包括如下六个阶段：

① 准备工作。包括：

1）把握对象技术开发、引进或改造的目的和对象技术的内容。如明确该技术将发挥什么作用，如何开发、引进或改造该技术，该技术本身以及与其研究、生产、流通、使用过程有关的各种问题的具体内容等。

2）把握对比技术。即将该技术与相同原理的现有技术作比较。如无可比技术，可考虑与相差不太大的现有技术作近似比较。

3）把握技术评估的目的。

4）把握对象技术的性质。例如在对一种新的交通管理系统进行技术评估时，应把握该对象技术是一种输送方式，是以大众为对象、以机械工程和电气工程为主要基础技术的流通技术，与新鲜食品的低温运输系统和垃圾搜集技术有类似之处。

② 寻找影响。主要任务是寻找对象技术给社会带来的直接或间接影响。

③ 影响的整理、分析和预测。包括单个影响和相互影响的整理、分析以及在此基础上的预测。

④ 摘除非容忍影响。非容忍影响是指致命性的、极其严重的负面影响，如引起社会恐慌、致人死亡或伤残等。摘除和排除这种影响，是技术评估的主要目的。

⑤ 制定改良方案。主要包括：

1）修正对象技术的发展方向。如修正研究方向，使之不产生原来暴露的弊端。

2）采取补救措施。如果该技术本身不可能进行改进，可考虑采用若干方法来避免弊端的发生。

3）限制使用。如通过法律形式或内部协商的办法规定严格的使用范围和使用条件。

4）教育使用者。如在说明书的“注意事项”栏中指导使用者掌握正确的使用方法。

5）停止开发、引进、改造或使用。当上述方案都难以奏效时，可考虑采用果断措施，宣布停止开发、引进、改造或使用。

⑥ 综合评估。主要任务是列举有利和不利的方面，加以权衡，得出结论，并提出对策建议。

技术评估的一项重要的前期工作是作为对象的技术的选择。随着科学技术及其社会交流的迅速发展，现今可供开发、引进、改造或使用的技术通常难以计数，这些技术原则上都可作为对象技术。例如，美国技术评估办公室就曾将对象技术归纳为环境、能源、社会、健康及安全、天然资源、国际以及其他问题等七大方面。但限于技术评估的实施能力，对一切技术都进行逐一评估显然是不切实际的。一般情况下，技术评估机构只能根据自身的实力和条件选择若干特别重要和急需的技术进行评估，而且需要有十分丰富的实际操作经验。

6.3 市场信息分析

市场是社会分工和商品交换的必然产物。随着市场经济的发展，市场已开始深入到人类的生产和生活的各个领域之中，以至于没有哪个人能够离开市场而独立生活，没有哪个企业能够离开市场而开展生产经营和管理活动，没有哪个国家的政府部门能够不问市场情况而制订各项方针和政策。市场信息分析是专门为提供深加工的市场信息而开展的活动，是一切组织和个人进行市场开拓和市场营销活动的重要依据。

6.3.1 市场信息及其特点

市场是商品交换关系的总和，反映了社会生产和社会需要之间的联系，反映了复杂的社会经济利益关系。市场信息就是一切有关市场经济活动的信息的总称，包括反映市场上商品供求、价格、竞争、风险、管理等状况和趋势的各种消息、数据和资料，如商品需求状况及其变化，商品供给状况及其变化，商品价格及其走势，消费结构、消费倾向、消费者购买行为及其变化，市场营销环境及其变化等。

与其他社会信息相比，市场信息具有以下特点：

（1）市场信息来源广泛

从系统论的角度来看，我们可以视市场为一系统，市场之外为系统环境。一般来说，市场信息主要是指产生于市场系统之内并与经济活动有关的深加工信息，如市场供求状况、价格水平、消费者偏好、消费结构等。但这并不是说产生于市场之外的信息不能成为市场信息。事实上，由于系统具有动态性，系统内外会不断地发生物质、能量和信息的交换，因此，产生于市场之外的信息是完全有可能流入市场系统之内并对市场上的经济活动产生影响的。我们习惯上称深加工之后的这类信息为市场环境信息。它也是市场信息不可分割的重要组成部分，如国家的有关政策和法律、宏观经济运行状况、社会状况、人口状况等。由此可见，市场信息的来源是极其广泛的。市场信息分析的任务就是要对这些来源广泛的原始信息进行搜集和深加工，以为市场开拓、市场营销决策服务。

（2）市场信息具有明确的目的性

市场信息从搜集、加工整理、分析、产品制作和传递利用，都具有明确的目的性，是围绕市场来进行的，是直接为提高市场活动的有效性、维持市场的正常运行服务的。

（3）市场信息具有复杂性和多样性

与现代市场构成要素多元化、参与主体众多、影响因素复杂、状态变化迅速等相对应，市场信息体现出复杂性和多样性。例如，从来源上看，市场信息不仅有来自生产者、经营者、中介者、消费者、管理者等市场活动主体的信息，而且有来自政府、新闻媒体、广告商等市场参与者的信息；从内容上看，市场信息不仅包括与商品交换活动直接有关的供给量、需求量、质量、品种、数量、价格、成本、利润等信息，而且包括与商品交换活动间接相关的企业知名度、企业信誉、产品品牌、广告宣传、消费趋势、消费者偏好、竞争环境等信息。这些信息纵横汇集，使市场信息分析具有很强的综合性。

6.3.2 市场信息分析的意义

市场信息分析是为提供市场信息而专门进行的一项信息深加工活动。其主要目的是为各种宏观、微观市场管理和开拓活动提供对策建议。

市场信息分析可为政府进行宏观调控提供重要依据。例如，政府可以根据市场上商品的供求总量和结构调整国民经济各部门之间的比例关系，决定投资方向、投资规模和投资速度。

市场信息分析还可为企业开拓市场、进行市场营销决策出谋划策。企业新产品的定价、销售渠道的选择、广告策划、市场机会的发掘以及生产的安排、设备的购置、人员的调度、技术的装备等，无不以丰富、灵敏和准确的市场信息的取得与利用为基础。企业根据市场销售状况，可以对消费偏好和需求潜力进行分析，从而调整和决定企业的市场营销策略。例如，某市钟表公司将其生产的一种新型电子表投放市场，开始销路很好，但不到几个月，销路一落千丈。为此，该公司组织了一次市场调查，经过分析研究，得出以下市场信息：该公司电子表的滞销是因为价格偏高，用户对其缺乏了解、不会使用、担心质量不过关、怕表坏了无处修、怕电池买不到等。该公司及时采取了一些对策，如降低电子表价格、生产一定数量的零配件、建立维修网点、提高产品质量等。由于信息把握准确及时，措施得力，电子表销量很快上升，一些店主甚至主动要求经销该公司的电子表。再如，1985 年 5 月，美国可口可乐公司在没有掌握顾客信息需求的情况下断然推出用新配方生产的低糖芳香型可口可乐。由于口味不对，该产品问世后一直滞销，给该公司造成了巨大的经济损失，并迫使其不得不于当年 7 月 10 日宣布恢复老配方生产可口可乐。这一决策失误被认为是 20 世纪 50 年代以来美国历史上“最大的一次商业失败”。

6.3.3 市场信息分析的内容

市场活动范围的广泛性决定了市场总是以市场体系的方式存在和发展的。一般可按市场营销的对象将市场划分为商品、金融、房地产、劳务、技术、信息等几个细分的市场。限于篇幅，本书以商品市场为例，介绍市场信息分析的具体内容。

(1) 商品市场

商品市场是指具有物质形态产品的市场，是相对于金融市场、劳务市场、技术市场、信息市场、房地产市场等要素市场而言的。商品市场按其满足需要的性质，可分为生产资料市场和消费品市场两大类。

① 生产资料市场

生产资料市场就是提供生产性消费，满足生产经营过程需要的市场。它是生产资料生产者和经营者在将商品转移给用户时所发生的商品交换活动过程，是工农业生产者为社会再生产目的而购买商品形成的交换关系的总和。

生产资料市场商品种类繁多，包括原材料、燃料、动力、半成品及零部件、机器及设备、建筑物及其装备等。

生产资料市场不是一个单一的市场，而是若干个市场的结合，一般可分为农业生产资料市场和工业生产资料市场。前者是人们从事农林牧副渔生产用的物质资料的交换，后者是为了满足工业生产、基本建设和维修等需要的商品交换。

② 消费品市场

消费品又称消费资料或生活资料。它属于社会最终产品，是人们直接消费并赖以生存和发展的物质资料，涉及人类衣、食、住、行、文化教育等各领域。

消费品市场就是满足人们直接消费需求的商品市场。其规模与发展状况不仅直接影响人们的物质文化生活，而且会关系到生产资料市场的发展。消费品市场越发展，消费者日益增长的物质和文化需求就越能被满足，生产资料市场商品的生产和流通也就越发展。

（2）商品市场信息分析的内容

商品市场是整个市场体系的基础，商品市场的建设状况和水平直接关系到整个市场体系的发育和发展。因此，必须加强对商品市场信息分析的研究。

商品市场信息分析的具体内容一般因市场类型的不同而各有侧重。例如生产资料市场十分重视社会再生产规模、产业结构和发展速度以及宏观经济环境和政策的研究，而消费品市场偏重于消费倾向、消费者偏好、流通渠道的研究。但从总体上来看，下述内容在各类商品市场信息分析过程中都是不可缺少的。

① 市场营销环境

市场营销环境是指影响企业市场营销活动的各种外部因素。这些因素对于企业来说是不可控制的外部因素。分析研究这些因素的目的在于帮助企业生产者、经营者、管理者和决策者通过调节企业内部的可控因素去适应外部不可控因素。

1）经济环境。包括经济制度、经济状况、经济发展目标、市场规模、消费结构和通货膨胀等。

2）政治和法律环境。包括政治制度、政治气候、政府的政策和法律等。

3）社会文化环境。包括物质文化、社会结构、教育制度、审美观、语言文字、宗教信仰、价值观等。

4）科技环境。包括科技制度、科技发展状况、科技发展动态、科技发展目标、科技机构和人员状况等。

② 供求情况

市场供求情况是指市场上商品供给与需求情况，包括：

1）企业自身情况。包括企业自身的组织结构、管理方式、营销策略、经济实力、人员素质等。

2）消费者情况。包括消费者的需求层次、消费动机、消费心理、消费能力、消费习惯、消费实现方式等。

3）商品本身情况。包括商品本身的品种、品牌、质量、数量、花色、规格、包装、成本、价格、价值、使用价值、寿命周期、市场占有率以及新品种的试产、试销情况等。

4）销售情况。包括供给总量、需求总量、供给潜力、需求潜力、销售量、销售利润、销售渠道及其效果、售后服务以及其他配套服务方式及其效果等。

③ 广告宣传情况

广告宣传是企业对目标消费者及社会公众进行商品促销的一种重要形式，它通过现代通信、新闻媒介，能够在相当广泛的范围内宣传介绍商品特点和企业形象。广告宣传情况包括广告费用、广告形式、广告媒体、广告艺术设计、广告目标、广告效果等。

④ 市场竞争情况

市场竞争是各市场活动主体为了获得有利的产销条件或投资领域而相互争衡、各尽其能的过程。竞争是市场自身优化资源配置的一种有效形式。市场竞争情况主要包括竞争对手、竞争环境、竞争战略、竞争地位、竞争趋势、竞争结构（如新增企业的威胁、原有企业的竞争状况、替代品的威胁、卖方的谈判力、买方的谈判力）等。

在市场信息分析中，客户是市场信息分析关注的焦点。在现代社会里，选择商品的机会变得更多，营销信息过载，商品更加复杂，商标间差别越来越小，伪造商标增加，相似产品增加。面对快速变化的竞争环境，一些客户感觉压力很大并发现在购买中很难做出决定。很多研究表明，在广告的信息处理方面，女性比男性的感觉更混乱，更容易曲解，更关注细节。这是因为女性比男性更关心广告且不讨厌广告。女性更喜欢阅读商品上的标签以获取产品信息，更容易将她们的购买限制在较小的范围，花更多时间采购。面对大量的信息，她们不倾向于简单的决策，也不询问销售人员。女性更容易将自己暴露在信息面前而又不处理那些信息，因而更容易产生决策困难。在年龄影响方面，大年龄的客户，没有能力处理信息，更易信息过载，倾向于利用首选的特征来选择商品。教育程度低的客户处理信息能力较差，不善于利用信息，容易信息过载。

文献①试图通过信息分析识别在购买决策上存在困难的客户。该研究利用问卷调查在德国北部城市对262个客户进行了访问，为了保证样本覆盖面更广，访问过程对年龄和性别进行了控制。调查表包括三类市场决策困难因子：信息不清晰困难、信息过载困难和相似性困难。信息不清晰所导致的困难的具体调查项目为："像VCD这样的产品具有太多的特征，以至于难以在不同的品牌之间比较"、"从广告中获取的信息太模糊，难以弄清某商品到底有什么功能"、"当购买某商品时，很少感觉已得到充分的信息"。信息过载所导致的困难的具体调查项目为："我总是不能精确地知道哪个产品最适合自己"、"存在太多商标，我有时感觉很混乱"、"由于商店主人的原因，我有时难以决定到哪家去购买"。商标相似性所导致的困难的具体调查项目为："由于很多产品之间的相似，常常难以察觉出新产品"、"有些商标如此相似，难以确认它们是否由相同的厂家生产"、"在商店，我倾向于快速找到我喜欢的商标"。

为了识别不同的客户群，该研究利用层次聚类法。为了避免由于以上因子中存在不同数量的调查项目所带来的错误，该研究将市场决策困难的三个因子中的每个项目分别相加并求平均值，这些平均值作为聚类的输入变量，其他输入变量包括年龄、性别、教育程度。类间距采用欧氏距离。

聚类图显示出4个类。第1类是信息不清晰的客户，有12人，他们是平均年龄为74岁的男性，教育程度较高。第2类是对市场决策困难具有免疫力的客户，有143人，她们是平均年龄为25岁的女大学生，教育程度最高。第3类是常常倾向于市场决策困难的客户，有66人，她们是平均年龄为52岁的女性，教育程度较高。第4类是偶尔倾向于市场决策困难的客户，有41人，他们是平均年龄为36岁的男性，教育程度较高。

市场决策困难可以看成是在供应方市场特征与客户特征之间的一种特定交互，供应方市场特征包括市场复杂性、产品复杂性、同等的购买选择等，客户特征包括动机和信息处理能力等。市场决策困难与多个因素有关，如商标忠诚度降低、客户满意度减小、决策延长、竞争低效率等。因此，研究什么导致了市场决策困难和哪些客户更容易产生决策困难将与市场营销和客户关系管理直接相关，以上研究对营销人员、客户和客户教育者来说都具有一定的参考和指导作用。

---

① Gianfranco Walsh, Vincent-Wayne Mitchell. Demographic Characteristics of Consumers Who Find it Difficult to Decide [J]. *Marketing Intelligence & Planning*, 2005, 23 (3): 281-295.

对于企业来说，营销和革新之间的关系很难处理。有人将客户看成是利益的来源，他们认为客户服务、客户满意度和客户聚焦是企业的生命线。有人将技术革新看成是经济增长的关键驱动力，他们认为企业应当不断地有新产品、新技术。

很多现象表明，革新和市场营销在企业运行的不同方面都具有重要作用。为了研究企业对营销和革新的态度，文献①设计了调查表，包括七大类问题。第一类问题是企业对客户的态度，具体调查将客户看成是企业收益的来源，提供一个满足需求的机会，企业革新、营销和服务的热心者，开发个性化产品和服务的合作者。第二类问题是企业对产品和服务的态度，具体调查将产品和服务看成是产生企业利润的手段，服务客户的手段，革新和形成市场的机会，与客户共同开发个性化产品和服务。第三类问题是企业认为商业环境（如政治、法律形势，经济，社会和文化变化）很重要的原因，具体调查认为原因是：对企业收益产生影响；对企业服务客户产生影响；对开发革新性产品和服务，以及市场形成产生影响；对与客户交互式地开发个性化产品和服务产生影响。第四类问题是企业对竞争对手的态度，具体调查将竞争对手看成是从本企业夺取利润的对手，能更好地服务于客户的对手，能更好地开发新产品的对手，能够与客户交互以开发出个性化产品和服务的对手。第五类问题是企业对自己的看法，具体调查企业将自己看成是产生利润以便永远生存、服务客户的工具，创造革新产品和服务的工具，与客户交互以创造个性化产品和服务的工具。第六类问题是企业对职工的态度，具体调查将职工看成是献身于为企业创造利润，献身于为客户服务，献身于开发革新性产品和服务，献身于与客户交互以开发个性化产品和服务。第七类问题涉及企业发展和利润的相关问题。

该研究对127个企业主管人员进行了调查，得到124份有效回答。被调查人员中64%是男的，年龄在28~64岁，平均年龄为38岁，他们具有中等到高等的管理职位，在不同的部门，代表了大范围的企业，82%的企业位于北美。被调查者能够私下完成调查，并能够非常方便地将填完的调查表放入返回箱中。该研究对搜集到的数据进行了多种分析，旨在弄清革新和营销之间的关系。

---

① Pierre Berthon, James Mac, Hulbert Leyland Pitt. Innovation or Customer Orientation? An Empirical Investigation [J]. *European Journal of Marketing*, 2004, 38 (9/10): 1065-1090.

6.4 专利信息分析

6.4.1 专利和专利信息

(1) 专利

在现代意义上，“专利”一词有三种含义。一是专利权的简称，即专利权人依法获得的一种排他性专有权利；二是指依法已获得专利权的发明创造本身；三是指记载发明创造内容的专利文献，如专利说明书及其摘要、权利要求书、外观设计的图片或照片等。但在大多数情况下，人们所说的“专利”，是指第一种含义，即专利权。它是法律赋予专利权人的一种专有权利，具备专有性、地域性、时间性、国家授予性、客体内容的公开性等特征。其中，专有性又称垄断性或排他性，是指除专利权人同意或法律另有规定外，其他任何人均不得享有或使用该项权利；地域性是指除签订有国际公约（如《保护工业产权的巴黎公约》）或双边互惠协定外，由某一个国家法律保护的专利权只在该国法律约束的范围之内有效，其他国家对这种权利没有保护的义务；时间性是指专利权只能在法律规定的期限内有效，超过时效的专利权不再受到法律的保护。时间性是专利权区别于有形财产权的一个重要体现；国家授予性是指专利权是由专利行政部门依法授予专利申请人的一项权利，即专利权是基于申请、审查和批准授权而产生的一种权利；客体内容的公开性是指发明人或设计人要取得专利权，必须以向社会公开发明创造的内容为代价，也就是在专利申请文件中，以专利申请说明书的形式清楚、完整地公开发明创造的内容（以所属技术领域的技术人员能够实现为准）。

(2) 专利信息

专利信息主要是指某一发明创造在谋取专利权过程中所产生或所涉及的各种信息，如专利权的保护范围、专利权的归属、专利权的技术内容、专利状态等。

专利权的范围是指专利权的法律效力所涉及的发明创造的范围。对于发明或者实用新型专利权，凡是权利要求书中没有记载的，不属于专利权保护的范围。确定发明或实用新型专利保护范围应当准确把握权利要求书的实质内容、技术特征和技术术语，同时也要参考和研究说明书附图，了解发明或实用新型的目的、作用和技术效果。外观设计专利权的保护范围以表示在图片或者照片中的该外观设计专利产品为准。它取决于专利授权时指定的外观设计使用产品的类别，不仅涉及相同的产品上使用相同的外观设计，也包括相同的产品上使用近似的外观设计。

专利权的归属是指专利权归谁所有。在我国，存在以下情形：职务发明创造的专利申请权和专利权归单位所有；非职务发明创造的专利申请权和专利权归个人所有；利用本单位的物质技术条件所完成的发明创造，其专利申请权和专利权依其合同约定决定；两个以上单位或者个人合作完成的发明创造，除各方在协议中约定的以外，其专利申请权和专利权人属于完成或者共同完成的单位或者个人；单位或者个人接受其他单位或者个人的委托完成的发明创造，除委托书中有约定的外，其专利申请权和专利权归完成或者共同完成的单位或者个人所有；两个以上的申请人分别就同样的发明创造申请专利的，专利权授予最先申请的人；两个以上的申请人同时就同样的发明创造申请专利的，应在收到国务院专利行政部门的通知后自行协商确定申请人(若协商不成，则专利权不授予任何一方)。

专利权的技术内容是指专利权客体（即发明创造）所涉及的技术内容。这里所说的“技术内容”，在专利法意义上具有独特的内涵。按照我国法律规定，授予专利权的发明和实用新型，应当具备新颖性、创造性和实用性。专利申请时所提交的说明书及其摘要、权利要求书揭示了发明和实用新型专利的技术内容。

专利状态主要是指某一专利或专利申请当前所处的状态，即究竟是有效专利还是失效专利。其中，有效专利是指截至报告期末，专利权处于维持状态的专利；失效专利有多种情形，如超过专利法规定的保护期限，专利权人以书面声明放弃，未按规定缴纳年费等，都会使某一专利变成失效专利。专利失效并不意味着专利本身的技术内容也失效了。专利失效后，将进入公有领域，其技术内容任何人都可以无偿使用，因而是促进技术创新、开发新产品的宝贵资源。专利状态通常涉及实质审查请求的生效，专利权的无效宣告，专利权的终止，权利的恢复，专利申请权和专利权的转让，专利实施许可合同的备案，专利权的质押、保全及其解除，著录事项变更、通知事项等信息。专利权的有效状况是衡量企业、地区和国家自主创新能力和市场竞争力的重要指标。

6.4.2 专利信息分析的实质和意义

专利信息揭示了某一专利的技术内容和法律状况，反映了企业界在争夺产品或技术的专利权及占领市场、战胜对手方面的意图和策略。据统计，我国大陆地区对外技术依存度高达50%，由于没有核心技术，国内企业不得不将每部手机售价的20%、计算机售价的30%、数控机床售价的20%~40%

支付给国外专利持有者。专利囊括了全球90%以上的最新技术情报，比一般专业期刊提供的信息要早5~6年，而且内容更加翔实和准确①。根据多个专利权威机构的调查表明，80%以上的专利不会再以其他形式（论文、会议等）发表，因而专利文献是最有价值的技术信息源，专利数量能客观反映企业的技术实力。许多跨国公司认为专利中含有十分重要的技术信息，将其视为关键技术进步和工业发展最重要的资源②。可见，加强专利信息分析具有十分重要的现实意义。

专利信息分析的实质就是对上述专利信息进行搜集、整理、综合分析和提供利用的过程。如同一般的信息分析一样，它大体上遵循着“规划与定向→信息搜集、整理与鉴别→信息分析和提炼→信息分析产品的形成→信息传递、利用及反馈”的工作思路。

专利信息分析的典型应用体现在竞争情报领域。以竞争对手研究为例，通过专利信息分析，可以达到如下目的③：

① 确认谁是竞争对手。

② 分析竞争对手的特点。

③ 了解竞争对手的战略意图。

④ 评价竞争对手的实力。

⑤ 寻找研究与开发的最佳合作伙伴。

专利信息分析是在对专利文献等专利信息进行筛选、鉴定、整理的基础上，利用信息计量学等相关学科所提供的研究方法和手段对其中所含的各种信息要素进行统计、排序、对比等分析和研究，从而揭示专利信息的深层次动态特征，了解技术、经济发展的过去及现状，并据此进行技术评价和技术预测。

无论是宏观的专利战略研究还是具体的专利技术分析，专利信息分析都是重要的环节。在宏观层面，已有大量的科学研究将专利信息分析作为在国家和产业层面评价专利创新进程的重要工具，也有学者将专利信息分析作为

① P. A. Biju, D. M. Soumyo. Innovation Assessment through Patent Analysis [J]. *Technovation*, 2001 (21): 245-252.

② Huang Muhsuan, Chian Liyun, Chen Darzen. Constructing a Patent Citation Map Using Bibliographic Coupling: A Study of Taiwan's High-tech Companies [J]. *Scientometrics*, 2003, 58 (3): 489-506.

③ 唐炜，刘细文. 专利分析法及其在企业竞争对手分析中的应用 [J]. 现代情报，2005 (9): 179-183, 186.

探寻技术进步和经济发展内在联系的手段①。在微观层面，过去的研究大多集中在通过专利信息分析来评价企业或产业层面研究与开发活动以及技术竞争力，或者用于识别潜在的技术研究与开发领域②。此外，专利信息分析也被用来为确定研究与开发活动的未来投资方向提供参考③。

据调查，目前世界上每年发明成果的90%~95%可在专利文献中查到，这些专利文献已经有3 000多万份，并且还以每年100万份的速度递增。而按照国际专利分类表，技术领域的最细类别已经分到近6万个，几乎覆盖了所有的技术领域。通过某国或某一企业在某一技术领域专利申请量的变化，可以发现其市场策略。通过某国或某一企业在某一技术领域里向哪些国家申请了专利，可以推断其进军国际市场的战略。专利的国内外申请量与批准量，可以从一个侧面反映一个国家或地区及企业的创新能力、科技水平和市场化程度，是衡量科技产出和知识创新的一项重要指标，也是一个国家和企业竞争力的衡量指标。

通过搜集和分析与本企业主要产品和技术相关的技术领域的专利信息、国内外市场信息和其他信息，能够对可能发生的重大专利争端和可能产生的突发性危害等情况向企业决策层发出预警预报，使企业能够及早发现问题，提前采取应对措施以规避侵权风险、减少损失、避免“吃惊”；通过专利信息分析，还可以向决策者提供比较客观的生产发明活动、企业技术开发、企业经营策略及有关市场竞争等方面的数据和动向。

6.4.3 专利地图

专利信息分析离不开各种原生的专利信息的支持。然而，当专利信息量非常大时，可视化效果会非常差，以至于人们难以从这些专利信息背后找到有价值的东西。专利地图（patent map）是专利信息分析的重要工具，它对专利信息加以整理、分类、加工和分析，编制成一目了然的图形、曲线、表格等。专利地图是“专利战”中的“作战地图”，是制定企业专利战略和指挥专利战争的依据。

---

① Z. Griliches. Patent Statistics as Economic Indicators: A Survey [J]. *Journal of Economic Literature*, 1990, 28 (12): 1661-1707.

② M. Mogee. Using Patent Data for Technology Analysis and Planning [J]. *Research-Technology Management*, 1991 (34): 43-49.

③ M. Hirschy, V. Richardson. Valuation Effects of Patent Quality: A Comparison for Japanese and U.S. Firms [J]. *Pacific-Basin Finance Journal*, 2001 (9): 65-82.

专利地图将繁多的专利信息和数据浓缩成一条曲线、图形、表格等，显得形象、具体、直观、可比和一目了然。不论是专利工作者，还是科技工作者、各部门的决策者、竞争情报人员，专利地图都使得大家能够非常方便地对某一技术领域的整体情况了如指掌，便于讨论、分析、研究和采取相应的对策。

专利地图在专利信息利用中起到重要作用。一方面，专利地图可将检索到的专利信息，经过整理、加工、综合和归纳，以数据的形式归入一张图表中，可供定量分析和定性分析之用；另一方面，通过对专利地图的对比、分析和研究，可作出预测和判断，得到某一领域的技术水平、动态、发展趋势等情报，为企业制定经营战略、专利战略、选定开发目标等服务。具体来说，专利地图的作用体现在：技术预测，如判断新技术商品出现的可能性、掌握某种已有技术的可替代的潜在新技术出现的前兆、预知给企业带来影响的技术发展的时机和挑战、预测数年后企业的理想状态及可能遇到的困难、专利技术纵向发展情况及趋势、专利技术横向转移情况及趋势等；调查有关企业技术动向，如有关企业正在进行的技术开发的技术内容、有关企业拟进入市场的新商品的专利动向、有关企业张挂的专利网等；其他作用，如堵塞己方的防御漏洞或发现对方的空隙、窥测对方的专利战略、发现未开发的领域等。

专利地图的构建包括以下几个步骤：

（1）确定研究主题

构建专利地图的第一步是要确定研究的主题，这是后续分析的前提。专利地图主要针对某一项或一类技术搜集专利信息。要根据必要性和可行性来确定研究主题，使得分析结果能够指导实践，具有较高的使用价值。同时，应注意选择合适的检索库①。德温特专利数据库收录全面，检索方便，能克服以往专利检索中遇到的困难，其使用较为广泛。

（2）专利检索

专利检索的步骤如图 6-3 所示。

基本检索思路是：深入分析研究主题，确定关键词以及其同义词；选择所有可能的数据源；编制检索提问式，将主题词、分类号有机地组配起来；选择要检索的国家及地区；根据检索结果，浏览其文摘，进行筛选；根据需要，找出相关的专利说明书，对其进行深入分析，以此修改检索提问式，进

① Liu Ping, Zhang Jing, Qi Chang Wen. Demonstration of Patent Technology Maps Facture [J]. *Science Research Manttgement*, 2006, 27 (6): 109-117.

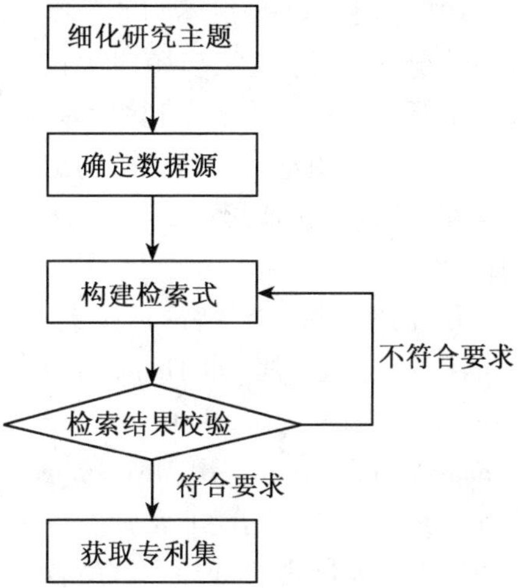

图 6-3　专利检索的步骤

行扩大检索。同时，根据研究对象的难易程度及研究目的，综合使用侵权检索、专利法律状态检索、同族专利检索等多种检索方法。

（3）专利信息分析

专利信息分析是一个由浅入深的价值增值过程。常用的专利信息分析方法有：

① 基本统计。基本统计分析是简单的定量分析，主要是通过专利文献的外表特征，按照不同的角度来进行统计，并从技术、经济等不同的角度对统计数据及其变化进行解释，以取得技术动态发展趋势方面的情报。其分析结果通常以统计报告或图表的形式展现。

② 文本挖掘。文本挖掘是指利用数据挖掘技术，从大量的、无结构的文本信息中发现潜在的、可能的数据模式、内在联系、规律、发展趋势等，抽取有效、新颖、有用、可理解的、散布在文本文件中的有价值知识，并且利用这些知识更好地组织信息的过程。常见的文本挖掘包括文本结构分析、文本摘要、分类、聚类、关联以及数据演变分析等。涉及的技术有信息抽取、信息检索、自然语言处理、知识发现和数据挖掘技术①。

① Liu Yuqin, Wang Xuefeng, Lei Xiaoping. Quality Estimation of Patent Based on Text Mining and Its Empirical Research [J]. *Computer Engineering and Applications*, 2007, 43 (33): 12-14.

③ 聚类分析。聚类分析主要是专利分析系统利用独特的聚类技术将同一专利数据集中的数据按照技术分类聚成不同的子类，以揭示该特定技术领域内各个子领域的分布情况，分析各主要竞争对手在各子领域内的专利分布情况。专利聚类可按照主题、专利号以及专利权人等字段进行聚类，呈现结果可按竞争对手和时间顺序进行浏览。聚类分析的结果展示方式主要有聚类地图、有结构数据聚类和无结构数据聚类。

（4）专利信息地图化

此步骤需要借助可视化工具将分析结论以图或表的形式呈现出来。目前，已经有许多现成可用的工具软件，如 Thomson Data Analyzer、Delphion、Aureka、Anaqua、Aurigin、Focust、IP Software、IP Drafting Software、IP Filing Software、IP Management Software、IP Miscellaneous Software① 等能够实现专利信息的分析统计，其图形化的功能非常强大。在具体分析时，不能一味地追求功能强大，而应根据实际需要选择一款最合适的分析工具。

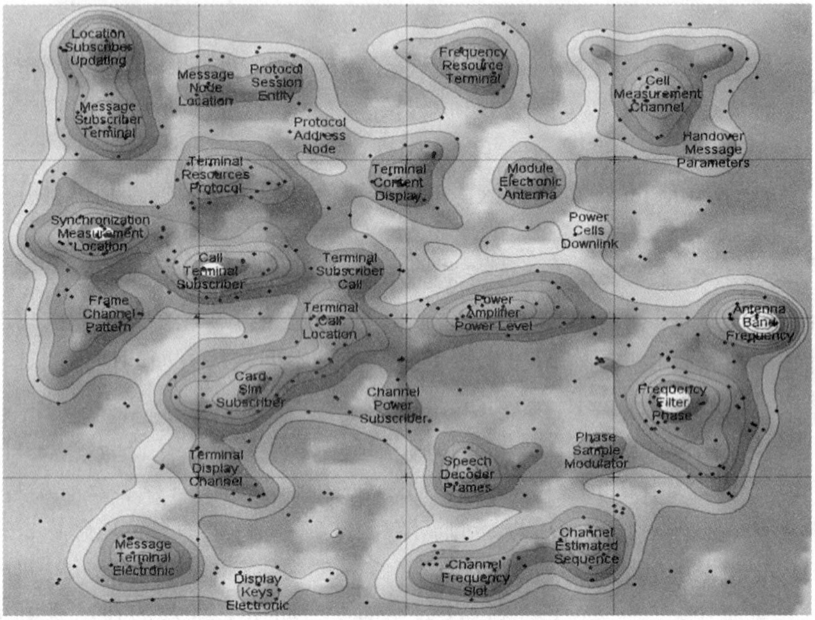

图 6-4　某技术领域专利地图

① H. Dou, V. Leveillé, S. Manullang, JM Dou Jr. Patent Analysis for Competitive Technical Intelligence and Innovative Thinking [J]. *Data Science Journal*, 2005 (4): 209-237.

以 Aureka 信息平台为例。该平台最早由美国 Aurigin Sys-tems Inc 公司推出，2004 年以后成为 Thomson Reuters 旗下一个重要产品。图 6-4 是某技术领域的专利地图，图 6-5 是该技术领域中 A 公司的专利技术分布①。

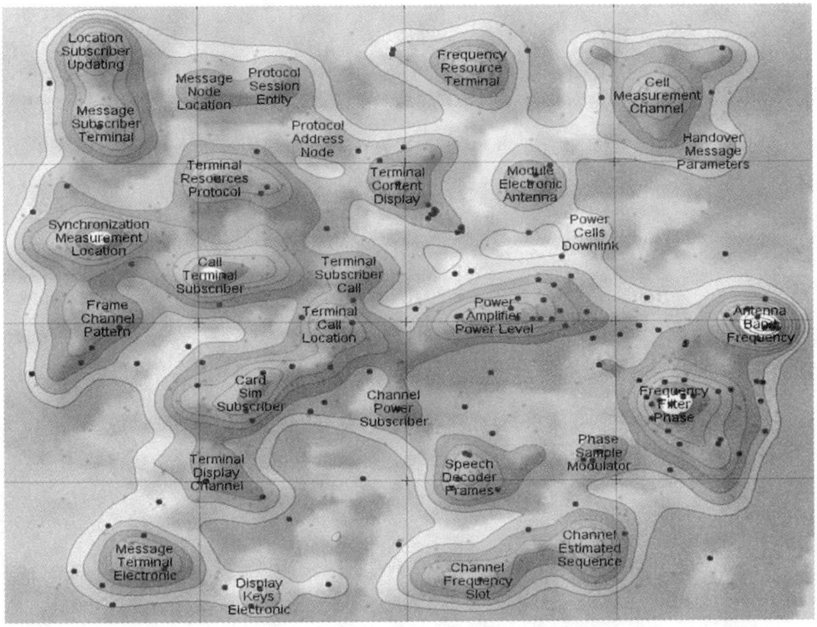

图 6-5　该技术领域中 A 公司的专利技术分布

图 6-5 中，地图的形式类似于等高线地图。在地图上，一个点代表一件专利文献，两个点之间的距离代表这两篇专利文献的技术相关程度，距离越近，技术相关度越高；主题相近的专利文献聚在一起形成山峰，峰顶用 3 个关键词标识出技术主题；地图中以白色表示最高峰，说明涉及该技术主题的专利申请量最多，是研发中的热点技术。点击地图上的点或等高线，即可保存或浏览相关的专利文献。

思　考　题

1. 试述科学技术信息分析的主要内容。
2. 试述技术经济信息分析的主要内容。

---

① http：//www. mid102. cn/zl/sbzltj/201011/201011251444. html［EB/OL］.

3. 什么是技术评估？它包括哪几个阶段？
4. 市场信息有什么特点？市场信息分析有何意义？
5. 试述商品市场信息分析的主要内容。
6. 试述专利地图在专利信息分析中的应用。

7 竞争情报研究

7.1 竞争情报的概念和特点

7.1.1 竞争情报的概念

竞争情报是20世纪80年代以来，为了适应各级各类企业开展市场竞争和取得信息优势的需要而出现的一个概念。它的出现，给不少企业带来了新的竞争理念和生机。

竞争情报与企业的竞争力密切相关。企业竞争实际上是企业各方面力量汇聚而形成的企业竞争实力大小的较量。竞争活动通常发生在若干个“势均力敌、相互争衡”的企业之间。当企业间的竞争实力彼此相当时，竞争常常表现得异常激烈，有时甚至演变为一场你死我活的市场争夺战。可见，设法创造企业的竞争优势对企业领导者来说显得极其重要。企业竞争优势有多种表现，如人才优势、资金优势、技术和设备优势、原材料优势、服务优势、产品优势、品牌优势、地域优势、供应链优势等，但在经济全球化的信息时代中，企业的竞争优势归根结底表现为一种信息优势。也就是说，谁取得了信息优势，谁就获得了在市场上生杀予夺的主动权。同时，通过信息优势，通常也能很好地促进企业其他优势的发挥。可见，信息优势是企业在信息时代市场竞争中生存和立足的根本，对企业决策者而言，强烈的信息意识和敏锐的信息洞察力亦是其决策能力和决策魅力的重要体现。

竞争情报是一个发展中的概念。有关资料显示，目前国内外对竞争情报概念的认识是不统一的。作为一种竞争理念，竞争情报兴起于20世纪80年代以后，起源于军事情报和政治情报领域，并率先和重点推广应用于企业界，形成企业竞争情报。迄今为止，已有不少专家对竞争情报的概念进行了探讨，比较典型的观点有：

竞争情报是在对外部环境信息的计划、搜集、分析和发布等系统处理后的一种建议，以便抓住可能影响企业或国家竞争形势的机遇①。

竞争情报是一个组织乃至一个国家为了在市场上赢得竞争优势所需要的经过综合分析和加工处理的信息②。

竞争情报一般指竞争主体为保持竞争优势所需要的一切有关竞争对手和竞争环境的情报③。

竞争情报是根据企业为了在激烈的市场竞争中赢得和保持优势这一特定需求，对竞争对手、竞争环境及企业自身的信息进行合理地采集、选择、评价、分析和综合，并对其发展趋势做出预测，以形成新颖的、增值的、不为竞争对手所知的、对抗性的信息，从而为企业的战略和战术决策提供依据的智能化过程④。

竞争情报是关于企业竞争对手的能力、弱点和意图的信息⑤。

竞争情报是一种过程，更是一种产品，是一种将竞争对手和市场信息转变成有关竞争对手能力、意图、行为、地位等知识的分析型产品⑥。

竞争情报是一种从公共获取的非专有的信息源处发现、筛选和使用情报，以变得更具有竞争力⑦。

美国竞争情报专业人员协会（Society of Competitive Intelligence Professionals，SCIP）认为，竞争情报是一种过程，在此过程中，人们用合乎职业伦理的方式搜集、分析和传递有关经营环境、竞争者和组织本身的准确、相关、具体、及时、前瞻性以及可操作性的信息⑧。

通过以上介绍可以看出，竞争情报是一个发展中的概念。有的重点关注竞争环境，有的重点关注竞争对手，有的则重点关注竞争战略，有的则同时

---

① J. L. Calof，B. Skinner. Government's Role in Competitive Intelligence：What's Happening in Canada?［J］. *Competitive Intelligence Magazine*，1999，2（2）：20-23.

② 钟沛彪. 开展竞争情报研究工作的思考［J］. 广西地质，1999（3）：59-62.

③ 鄢百其，刘三萍，金晓祥. 竞争情报：企业竞争的有效手段［J］. 情报理论与实践，1999（5）.

④ 苏瑞林. 竞争情报定义浅析［J］. 津图学报，1999（2）.

⑤ J. Prescott. How Business Uses Intelligence［J］. *Business Review*，1991，2（8）.

⑥ http：//www. indiainfoline. com/bisc/ari/coin. pdf［EB/OL］.

⑦ https：//www. htx. ca/htx/Media/Competitive%20Intelligence. pdf［EB/OL］.

⑧ http：//www. scip. org/［EB/OL］.

关注前述的每一个方面；有的将其理解为一种信息产品，有的将其理解为一种信息活动过程，有的则认为可以兼而有之。这些对于我们从不同的角度理解和深化认识竞争情报的内涵有一定的帮助。

值得注意的是，现在越来越多的专家开始认为，竞争情报并不仅仅局限于企业，其他组织也可能会引入竞争情报思想和开展竞争情报活动，从而形成诸如“政府竞争情报”①、“国家竞争情报”②、“图书馆竞争情报”③ 等竞争情报领域。近年来，甚至有专家认为，我国自20世纪50年代中期以来在科技领域开展得如火如荼的科技情报研究，其本质是竞争情报在科技领域的应用，只不过当时国内外还没有广泛使用“竞争情报”这个词而已。

除此以外，一些新的竞争情报研究视角诸如“技术竞争情报”(competitive technical intelligence)④ 等也不断地被推出，成为当前竞争情报研究的新方向。例如，自2008年起已连续举办多届的“技术创新与技术竞争情报国际论坛”认为，技术竞争情报侧重于通过引进竞争情报的方法，搜集、整理、归纳创新单元所需要的技术情报，提供技术竞争的信息服务和咨询服务⑤。

在美国竞争情报专业人员协会官方网站上，对于“什么是竞争情报”，其所做的最新解释是：“竞争情报是一个过程，它侧重于监控竞争环境、分析内部问题，以便支持企业的决策。竞争情报使得各类企业中的高层管理者能够制定从市场、研究与开发、投资策略到长期商业战略的更优决策。高效的竞争情报活动是一个连续的过程，包括合法的信息搜集、导致各种结论的信息分析、向决策者有效发布可实施的情报等。”⑥

可见，尽管在具体解释上各种研究文献说法不一，但总的来讲，竞争情报主要以企业为活动的舞台，但又不完全拘泥于企业，可以被理解为关于组

① Zha Xianjin, Jao Ran. Study on the Mode of Consultative Service of Governmental Competitive Intelligence Oriented to Crisis Management [C]. International Conference on Public Administration, 2005.

② 陶翔. 国家竞争情报 [M]. 上海：上海科学技术文献出版社，2008.

③ 董素音，蔡莉静. 图书馆竞争情报服务 [M]. 北京：海洋出版社，2009.

④ M. Rodriguez-Salvador, et al.. Industry/University Cooperative Research in Competitive Technical Intelligence: A Case of Identifying Technological Trends for a Mexican Steel Manufacturer [J]. *Research Evaluation*, 2002, 11 (3): 165-173.

⑤ http://www.bjstinfo.com.cn/iticti08/index.htm [EB/OL].

⑥ http://www.scip.org/content.cfm?itemnumber=2214&navItemNumber=492 [EB/OL].

织内部和外部的一切与提高组织的竞争力有关的信息，这些信息通常涉及竞争对手、竞争环境、竞争战略三个方面：

第一，从竞争对手研究的角度来看，竞争情报通过对限制和影响本企业竞争优势发挥的外部组织或个人的跟踪和研究，包括识别竞争对手、分析竞争对手的实力、判断竞争对手战略、预测竞争对手的反应、必要的合作与回避等，可帮助企业在竞争的市场上做到知己知彼，百战百胜。

第二，从竞争环境研究的角度来看，竞争情报是对整体竞争环境的一个全面监测过程，对战略意义的可公开获取的信息筛选、搜集、阐释和传播，是监测相关企业决策过程的企业外部环境信息的活动。通过合法搜集和分析商业竞争中有关商业行为的优势、弱势、意图等方面的信息，竞争情报可以将零散的、不同来源的信息“碎片”整合起来，形成竞争情报“拼图”。该“拼图”可在一定程度上理解为具有战略决策价值的“蓝图”。

第三，从竞争战略研究的角度来看，竞争情报可帮助企业在战略意义上寻找并建立一个有利可图且能持之以恒的竞争地位，包括把握发展机遇，抢占市场，在未来的竞争中赢得主动权等。

由此，我们可以将竞争情报概括为关于竞争对手、竞争环境和竞争战略的研究。竞争情报是为竞争目的而专门进行采集的，并且经过浓缩和提炼而发生了增值。充分开发和利用竞争情报有助于组织赢得和保持竞争优势。需要说明的是，在本书的研究中，我们侧重于将竞争情报理解为一种信息产品，至于作为一种过程的竞争情报，则采用“竞争情报研究”来表征。另外，如不特别指明，我们所说的竞争情报均指企业竞争情报。

7.1.2 竞争情报的特点

由于竞争情报是传统情报研究的必然延伸和发展，所以它首先具有传统情报的一般特征，如知识性、非物质形态性、社会性、可传递性、积累性、价值性、商品性、可共享性、可重复使用性等，但它又区别于传统情报，具有明显的自身特点。一些专家对竞争情报的特点进行了探讨，例如：

竞争情报具有商业性、对抗性、决策性、时效性、隐蔽性等特点①。

竞争情报具有主体性、对抗性、综合性、动态性、谋略性、合法性等特点②。

竞争情报具有客观性、导向性、综合性、系统性、时效性、开放性、可

① 李映州，张宇. 论竞争情报的特点［J］. 情报学报，1996（6）：460-466.

② 吴永臻. 竞争情报的基本特点分析［J］. 情报资料工作，1996（5）：4-5.

塑性、商品性、共享性、连续性等特点①。

竞争情报具有对抗性、系统性、实效性、增值性、保密性、商业性等特点②。

可以看出，关于竞争情报特点的相关研究，虽然在表达上略有差别，但在内容上却大同小异。竞争情报并不是简单的数据堆砌，也不是简单的信息加工，而是注入了很多创造性的智力劳动，是智谋性信息活动的结果。竞争情报强调通过创造性的智力劳动，从反映客观事物的信息中，分析、评价、识别真伪，形成新的增值了的信息产品，服务于科学决策。

综合各方面的研究成果，我们认为，竞争情报主要具有对抗性、谋略性、动态性、合法性等特点。

（1）对抗性

从起源来看，竞争情报源自军事情报和政治情报领域。这些领域都是在对方不协助、不配合甚至强烈反对的情况下去展开工作的。竞争情报涉及竞争对手、竞争环境和竞争战略三个方面，在激烈的市场竞争环境下，相关信息的获取和分析同样存在着竞争对手不协助、不配合甚至强烈反对的情形，即与军事情报和政治情报工作在本质上极具相似性。有时，竞争对手也偶尔表现出一种协助、配合或不反对的“友好”姿态，但这往往是竞争对手在竞争过程中施用的一种策略和手腕，是为了迷惑对方，或者是为了以较小的代价换取更大的利益。可见，对抗性是竞争情报的本质特点。没有哪个竞争对手会心甘情愿地把可加工提炼为竞争情报的信息无偿地提供给竞争的另一方。

（2）谋略性

竞争情报中的“intelligence”在心理学和认知科学范畴中含有“智能”和“智谋”的意思。在激烈的市场竞争大舞台上，企业单靠一般的实力竞争显然是远远不够的，尤其是在技术经济领域，一些弱小的企业依赖运筹奇谋异计战胜实力雄厚的竞争对手的情况往往屡见不鲜。由此可见，在竞争场合中，企业的斗智斗谋能力常常是影响其竞争胜败的关键因素。竞争情报是面向企业竞争需要的，谋略性正是其生命力所在。

（3）动态性

对于一个企业而言，其内部情况和外部环境往往变化多端、反复无常，

① 魏同悟. 把握企业竞争情报的本质特征，提高企业竞争能力与水平［J］. 冶金信息导刊，1998（6）：32-36.

② 栗莉. 90年代我国竞争情报研究综述［J］. 图书与情报，2001（3）：25-28.

很多相关信息此一时、彼一时。可见，竞争情报必须是动态性的，否则就不可能真实地反映出某一瞬时的竞争态势。企业要想在日趋激烈和复杂的市场竞争中取胜，必须经常和连续不断地进行企业内部和外部信息的动态跟踪，设立监测指标、建立跟踪档案。

（4）合法性

由于竞争情报工作的特殊性，竞争情报行为常常容易与工商间谍行为相混淆。这主要是因为，在对抗的竞争环境中，竞争情报人员要想获得有价值的信息或情报，常规的信息工作手法一般难以奏效。取而代之的是，一些“打擦边球”的做法更容易得到竞争情报人员的青睐。但是，竞争情报行为是不能与工商间谍行为相混淆的。工商间谍行为以违法的谍报活动为特征，常常表现为蓄意侵犯竞争对手企业的商业秘密；而竞争情报行为必须以遵纪守法为前提，这是法制社会的必然要求。竞争情报行为与工商间谍行为是两种法律性质截然不同的行为。

实际上，从世界各国的竞争情报活动实践来看，竞争情报活动在一开始就排除了任何不正当竞争的成分。例如，美国竞争情报专业人员协会在成立之初就制订并颁布了如下职业道德规范，而且几乎在每一次年会上都将职业道德问题列为主要议题之一：

① 不断促进社会各界承认和尊重本地区、州和国家各级竞争情报工作。

② 在保持最高水准的职业作风和避免任何不道德行为的同时，热情积极地履行自己的职责。

③ 满怀信心地坚持和执行所在公司的目标路线和方针政策。

④ 遵守所有现行法律。

⑤ 向所有咨询者准确无误地介绍所有相关信息，包括专业人员及其所属机构的身份。

⑥ 充分尊重所有对信息进行保密的要求。

⑦ 促进并鼓励充分遵守本公司的、与合同第三方有关的及全行业的行为规范。

可见，竞争情报的合法性是国家法律和社会伦理与道德的必然要求，也是竞争情报机构树立行业信誉以及生存和发展的必然要求。

合法性也是区别竞争情报行为和工商间谍行为的重要依据。一种行为，究竟是竞争情报行为还是工商间谍行为，其直接依据是相关行为是否合乎法律的规定。在我国，主要是依据《中华人民共和国反不正当竞争法》、《中华人民共和国刑法》等相关法律。但在实践中，要想准确地区分这两种行为，有时会非常困难。在美国，有这样一个著名的案例：杜邦公司在得克萨斯的比尔蒙特开设了一家化工厂。由于工厂还在建设之中，厂房尚未加顶，但为安全起见，工厂在四周构筑了一道高深的围墙，并建立了严格的门卫制度。1969 年 3 月 19 日，受某第三方的雇佣，摄影师克里斯托夫兄弟驾驶直升飞机飞越杜邦公司的上空，对杜邦公司新建厂房进行了拍摄，并冲洗后交给了身份不明的第三方。杜邦公司为此对克里斯托夫兄弟进行起诉，告他们侵犯商业秘密。法院为杜邦公司是否应当支起棚架进行了激烈的争论，最终判决该公司正在建设的厂房属于商业秘密，克里斯托夫兄弟以不正当手段窃取信息，属于侵犯杜邦公司的商业秘密，同时要按照杜邦的要求披露其雇佣者。

联合国工业发展组织（United Nations Industrial Development Organization，UNIDO）在一份文件中对竞争情报作了如下描述："对一个企业来说，外部环境中的任何变化，包括技术的、经济的以及政治的因素，都可能对企业的利益乃至其生存产生重大影响。如果能通过'阅读'早期的预警信号，发现并预知这些可能的变化，就可以利用所剩的时间，预先采取相应的措施避开威胁，寻求新的发展机遇，这种能力在当今社会中正越来越变得至关重要了。"这段话所阐述的一系列智能性活动是对企业竞争情报研究及其社会应用的十分形象的描述。

与一般的情报活动相比，竞争情报研究还具有很强的目的性、时效性、实用性、增值性和信息来源的广泛性。它不是对某一特定问题的具体回答，而是一个动态的过程，即在一个发展变化的环境中逐步地、有条理地、连续不断和有系统地搜集正在变化的一切与提高企业竞争力有关的信息，并实时地对其进行加工整理、分析预测，然后通过传递将其应用于企业的竞争活动中去。

7.2 竞争情报研究的产生和发展

7.2.1 国外的竞争情报研究

从实践上看，竞争情报研究源于美国，并随后走俏于发达国家的一些企业，是全球经济技术竞争加剧、竞争理论研究不断深化和社会信息化高度发展的产物，特别是第二次世界大战以后工商企业市场竞争日趋激烈的需要。第二次世界大战以后，许多工商企业开始将战时的军事情报和政治情报工作模式移植到技术经济领域，以推动技术经济的进步。早在 20 世纪 50 年代，美国一些跨国集团公司为了增强其产品在国际市场上的竞争力，就成立了以分析市场竞争对手和竞争战略决策信息为主的研究机构，开展早期的竞争情报研究活动。例如，美国威斯康星大学的霍华德·怀斯汀博士在20世纪50年代就已经在通用电气公司建立了一个与著名的英国战时内阁“作战宝”相似的机构，专门从事竞争分析和战略决策。1959年哈佛商学院进行的一次调查发现，在100家被调查的企业中，有15%的企业声称已建立起了专门从事竞争情报研究活动的正式部门，68%的企业报告已有了信息系统。20世纪60年代至70年代，日本的汽车、摩托车、手表、光学仪器等行业领先于国际市场，其成功的关键因素之一就是开展了关于竞争者（competitor）的情报研究，制定并实施一套成功的国际竞争战略。

竞争情报研究迅速由美国波及世界各主要国家，主要是在20世纪80年代中期，其核心标志是1986年成立于美国的竞争情报专业人员协会（SCIP）。SCIP是世界上最大的竞争情报领域的国际性非营利组织，旨在帮助工商领域的专业人士掌握竞争情报技能，即如何在快速变化的社会里合法和合乎伦理地搜集和分析有关竞争对手的能力、弱点和意图的信息①。协会常设机构在美国佛杰尼亚州的亚历山大市。SCIP关注的核心内容包括：建立和促进作为一种专业的竞争情报工作，帮助会员提高专业技能，倡导竞争情报工作的高水准行为规范，维护会员利益。在现有的SCIP中，会员来自各行各业，如学术机构、高等院校、咨询公司、竞争情报直接从业人员等。他们从事竞争对手和竞争环境信息的搜集、分析处理和传递，从不同层面为企业提供制订竞争战略的参考依据。SCIP在开始创办时并没有引起社会的关注，也难以得到工商企业的支持和响应。当时由8位富有远见卓识的创办人每人拿出100美元作为启动费，在美国创办了该组织。但现在，SCIP会员已经遍布包括中国在内的全球70个国家和地区，会员人数超过2 800人，年度预算达到270万美元。SCIP成立的目的是通过对竞争对手行为与策略的理论分析，帮助会员提高其所在企业的竞争力。目前，SCIP的主要活动是组织会议、出版专著和刊物，如举办每年一届的SCIP国际性年会，另外还利用SCIP的竞争情报基金编辑出版了旗舰杂志《竞争情报杂志》、电子简报《SCIP在线》、研究型杂志《竞争情报与管理杂志》和《竞争情报评论》等以及一些相关议题的图书、论文集等。

美国SCIP成立不久即致力于将竞争情报活动向全球拓展。20世纪90

① http://www.scip.org/content.cfm?itemnumber=2214&navItemNumber=492 [EB/OL].

年代初，它专门成立了一个全球 SCIP 推进小组，并很快在日本、欧洲、澳大利亚、以色列等地建立了同名机构。在 SCIP 旗帜招引下，一场有组织、有计划、有规模、理论与实践并重的竞争情报活动迅速在全球开展起来了。例如，在世界经济争夺战中，曾在全球竞争力排行榜中名列前茅的日本，就十分擅长于把战争年代情报工作的经验灵活地应用到商业竞争中，从政府到企业（甚至个人），其对竞争情报搜集之重视，投入力量之大，手段之高明，均属罕见。为了搜集信息，日本的许多企业及各大商社均设立了专门的情报调研机构，并在全国和世界各地普遍设立了“办事处”。这些专门的情报调研机构负责把分散在全国和世界各地“办事处”的雇员发回的同本企业有竞争关系的相关企业和企业家活动的文件、照片、图表、数据、报告等信息整理归档，并进行综合分析和预测，以帮助企业及各大商社正确制订及实施竞争战略。

欧洲是除美国和日本以外世界上开展竞争情报活动最活跃的地区，许多大企业都设立了带有竞争情报或工商情报字样的高级部门或职位，如瑞典伏尔伏汽车公司的“竞争分析部”、瑞士 ABB 公司的“工商情报副总裁”、英国 3M 公司的“工商情报经理”、英国葛兰素制药公司的“竞争情报经理”、荷兰飞利浦公司的“工商情报经理”等。欧洲 SCIP 是由 35 位工商企业的代表在 1990 年 9 月发起成立的，其主要任务是在欧洲呼吁重视竞争情报和企业竞争分析，帮助各企业改进工作、提高质量。在欧洲 SCIP 之下，法国、英国、荷兰、意大利、德国等国分别成立了 SCIP 国家分会，瑞典则有为数不少的企业加入了欧洲 SCIP，其中一些著名的跨国公司设立的竞争情报部门已有 10 余年的历史。

从总体上看，竞争情报研究主要走俏于发达国家的一些企业，这是与这些国家日趋激烈的市场竞争环境相适应的。据调查，在以培养商界领袖著称的哈佛商学院开设的工商管理硕士（MBA）十二项专业选修课程中，有一门课程名称为“竞争战略”，著名市场营销及竞争分析专家迈克尔·波特（M. E. Porter）教授的《竞争战略》、《竞争优势》和《国家竞争优势》“三部曲”亦被公认为该学院 MBA 学生必读书目。由于开展竞争情报研究是正确制订和实施竞争战略，赢得竞争优势，提高企业、社会团体乃至国家竞争力的重要决策支持依据，因此，这一工作在诞生不久便很快受到了各级各类组织的普遍青睐，并出现了向全球化蔓延的趋势。据统计，到 1998 年，年营业收入在 100 亿美元以上的特大型企业中，已有 82%建立了竞争情报系统；年营业收入在 10 亿美元以上的大型企业中，已有 60%建立了竞争情报系统。《财富》杂志评选的世界500强企业中，90%设有竞争情报部。在入选1998年度最佳竞争情报实践企业中，竞争情报对企业的贡献率在微软为17%、摩托罗拉11%、IBM 9%、P&G 8%、通用电气7%、惠普7%、可口可乐5%、Intel5%。在加拿大，20世纪90年代末，有近75%的大型企业通过建立人际网络来搜集关于竞争对手的信息，有32%的企业建立了专门的竞争情报机构，有23%的企业配备了专职竞争情报人员，近10%的大型企业已具备了世界一流的竞争情报系统及其服务能力①。

竞争情报研究的兴起是国际情报界的重大事件，顺应了信息社会的发展趋势，是人类社会在信息化基础上向情报智能化发展的重要征兆，对全球社会进步和经济发展将产生极其重大的影响。从会员的行业分布情况来看，SCIP会员涉及的行业非常广泛，主要分布于50个行业，其中咨询业、制造业、金融服务业和制药业排在前4位，是应用竞争情报最集中的领域②。

国外学者对竞争情报问题给予了较多的关注。例如，有人曾撰文对南非与比利时出口商的竞争情报实践进行了比较③。其做法是：利用邮局调查的方法得到了292个比利时和309个南非出口企业的样本，对竞争情报实践、观点和态度进行了调查，发现大多数反馈者认为他们的企业中存在竞争情报文化。南非和比利时出口商对在计划、数据搜集、数据分析等方面实施有效的竞争情报不是很积极。两国的竞争情报活动没有一个独立的部门来组织，如果有竞争情报活动，也通常在营销和销售部门完成。与比利时相比，南非企业平均具有更长的竞争情报活动历史，具有更多全职和半职的职员从事竞争活动。又如，有人曾对希腊的竞争情报实践进行了分析，认为当前希腊竞争情报实践远远落后于美国，但与英国水平相当④。原因在于，意识差，缺乏足够的胜任者进行培训，对成本的理解不同，在营销上自我感觉良好，目标只聚集在客户的短期满意而不是长期的竞争力上。

---

① http：//www. syinfo. ac. cn/typenews. asp? id=441& zf11id=65 [EB/OL].

② http://www. scip. org/Membership/content. cfm? itemnumber=2215&navItemNumber=2216 [EB/OL].

③ Patrick De Pelsmacker, Marie-Luce Muller, Wilma Viviers, Andrea Saayman, Ludo Cuyvers, Marc Jegers. Competitive Intelligence Practices of South African and Belgian Exporters [J]. *Marketing Intelligence & Planning*, 2005, 23 (6): 606-620.

④ Constantinos-Vasilios Priporas, Lampros Gatsoris, Vassilis Zacharis. Competitive Intelligence Activity: Evidence from Greece [J]. *Marketing Intelligence & Planning*, 2005, 23 (7): 659-669.

7.2.2 我国的竞争情报研究

从实践上看，竞争情报研究很早就在我国出现，例如，早在科技情报系统建立之初，我国就已经在外国封锁的特定条件下独立自主地发展了一系列与现代竞争情报研究方法（如技术跟踪、反求工程、定标比超等）完全一致或十分相似的方法，其实质是科技领域的竞争情报研究，只是在当时没有运用“竞争情报”这个名称而已。竞争情报概念进入我国主要在20世纪80年代中后期。当时，为顺应改革开放的需要，上海科技情报研究所率先从环境扫描与分析、高技术情报预警系统研究、日本JETRO技术跟踪等角度对竞争情报功能进行了实证研究，此后又进行了“上海轿车工业竞争环境监视系统”的实践探索，从而拉开了我国竞争情报研究的序幕，基于企业性质的竞争情报研究活动开始此起彼伏。1991年，瑞典隆德大学德迪约教授和法国SCIP副主席鲍马先生来华介绍了竞争情报领域当时的最新动向。1993年，日本SCIP会长中川十郎先生来华就竞争情报活动进行了实质性的交流。为了更好地引进竞争情报的理论和技能，1994年1月中国科学技术情报学会在北京成立了情报研究暨竞争情报专业委员会，北京科学技术情报学会和中国兵工学会情报分会也相应建立了北京竞争情报研究会和兵工竞争情报研究会。1994年9月，又由中国科学技术情报学会、北京科学技术情报学会、上海科学技术情报学会和中国兵工学会情报分会联合召开了“全国竞争情报与企业发展研讨会”。这表明我国竞争情报研究工作开始走上了有组织和相对正规化的道路。1995年4月，经中国科协批准、民政部登记，中国科学技术情报学会情报研究暨竞争情报专业委员会改组为中国科技情报学会竞争情报分会（Society of Competitive Intelligence of China，SCIC）。SCIC的主要任务是竞争情报理论和实践的学术研究和交流活动、普及竞争情报知识、传播竞争情报技能、开展竞争情报咨询服务，帮助企业获得竞争优势、发展国际竞争情报的合作与交流、维护竞争情报从业者的合法权益、奖励优秀论文和优秀人才、编辑出版竞争情报学术书刊和科普读物，为提高我国企业竞争力，加速发展信息咨询业做出贡献。SCIC自成立以来，组织建设进展较大，会员持续增加，现拥有400多个团体会员，600多名个人会员，囊括了情报研究和信息咨询人员2万多人，其中企业界、咨询界和工程技术部门团体会员比重增大以及高学位的个人会员增多是会员发展中的一个显著的特点。SCIC的成立标志着我国已初步建立了一个涵盖信息界、咨询界、企业界和教育界的重要机构和人员的权威、高效、有序的组织体系。

近年来，在SCIP的组织下，我国竞争情报研究工作发展迅速，如组团参加每年一次的美国SCIP国际年会，组织《竞争情报丛书》、《竞争情报解决方案》、《竞争情报咨询与技能》、《市场竞争和竞争情报》等书籍的编辑出版工作，召开大型年会等学术研讨会，举办竞争情报培训班，开展竞争情报课题的研究等。这些活动的开展把我国的竞争情报研究工作推向了一个新的高潮。

从总体上看，我国大多数企业的经济、技术和情报基础较薄弱，情报意识和观念也十分薄弱，尤其是中小企业有上千万家。目前，只有少数的企业家真正认识到了竞争情报的价值，而绝大多数企业还停留在炒作概念的阶段，甚至对竞争情报的概念也相当陌生。竞争情报在我国各种类型企业中的应用表现出参差不齐的特点。

7.3 竞争情报研究的内容

7.3.1 竞争对手研究

(1) 竞争对手的识别和选择

一般地，“对手”泛指势均力敌、相互争胜的双方。在企业竞争情报工作领域，竞争对手主要是指限制和影响本企业竞争优势发挥的外部其他企业，即凡在与本企业有共同目标的市场上与本企业有利益冲突且构成一定威胁的其他企业，均可视为竞争对手。需要说明的是，有时人们还从广义上将本企业也纳入竞争对手的范畴，并认为本企业是企业决策者需要认识、战胜和克服的最大的敌人——因为它会在无形中形成一股滞长力量，妨碍企业竞争优势的发挥。

在市场竞争领域，日常商业活动中遇到的现实的直接竞争对手通常容易为企业所理解。但实际上，竞争对手的外延十分广泛。根据迈克尔·波特的“五力”模型，驱动产业竞争的力量来自五个方面（见图7-1）①，即除了人们所熟知的现实的直接竞争对手外，企业还会面临着诸如上游供方（供方砍价能力）、下游买方（买方砍价能力）、替代品（替代产品或服务）、潜在竞争者（新进入者）等间接竞争对手的威胁。

---

① ［美］迈克尔·波特著．竞争战略［M］．陈小悦，译．北京：华夏出版社，2001.

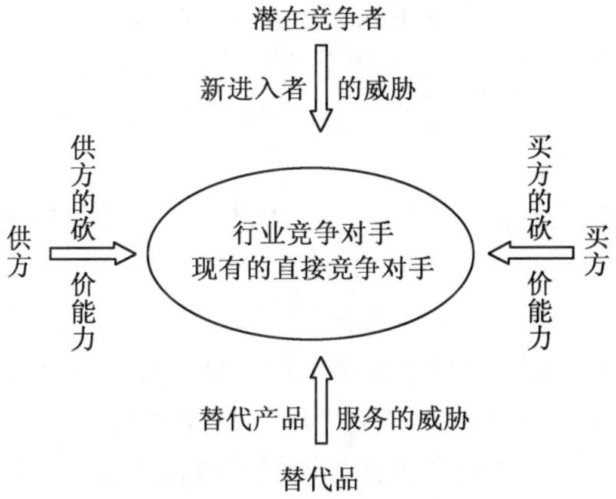

图 7-1　迈克尔 · 波特的“五力”模型

可见，识别现实对手和即将走上舞台的潜在对手意义都很重要。相形之下，旗帜鲜明的现实竞争对手一般容易被识别，如观察其是否在明争暗夺与本企业相同的目标市场，是否在采取某种（些）方式排挤或报复本企业等。总之，只要势均力敌，又存在“你多我少”、“你死我活”的冲突，则对方就在一定意义上成为本企业的竞争对手，所以基于战略角度的识别竞争对手、分析和研究竞争对手、抗击竞争对手等竞争对手策略的实施要容易得多。但是，根据迈克尔 · 波特的“五力”模型，企业通常还存在着为数不少的潜在竞争对手。这些潜在竞争对手比直接竞争对手更具备隐蔽性，其行为在很多情况下难以被察觉，因而对企业信息优势构成的潜在威胁相当巨大（有时甚至是致命的）。一般地，潜在竞争对手可以参考其他信息从下述各类企业中辨识出来①：

① 不在本产业但不费气力便可进入的企业。

② 进入本产业可产生明显协同效应的企业。

③ 其战略的延伸必将导致加入本产业竞争的企业。

④ 可能前向整合或后向整合的客户或供应商。

⑤ 可能发生兼并或收购行为的企业。

从实践上看，在某一特定时期，符合前述特征的企业可能会有很多。识别和研究竞争对手的目的是为了战胜竞争对手，显然，将众多的企业列入竞

① 王超主编. 竞争战略［M］. 北京：中国对外经济贸易出版社，1999.

争对手“黑名单”仅仅是一个开端，企业还需要投入强大的打击力量（包括竞争情报研究的力量以及其他人力、物力、财力和时间的投入），并努力地去打击这些企业，这对于大多数企业而言，由于能力、时间和精力的限制，显然不切合实际。因为这势必会导致打击力量的分散使用，最终导致在竞争对手面前显得苍白无力。

不仅如此，相关研究还表明，势均力敌者并不都是要被彻底消灭掉的敌人。与一些势均力敌但并未构成冲突关系的“好”企业和平共处，不仅无损本企业竞争优势的发挥，而且在某种程度上对本企业竞争优势的发挥起到积极的作用。“好”企业可带来战略上的好处，如承担起本产业领域的领跑者、本企业的追随者或合作者以及“坏”企业的打击者等多种有价值的角色，能够增强本企业持久的竞争优势，能够改善所处产业的结构、协助市场开发、扼制进入等①。区分企业的“好”、“坏”，有助于辨识正确的进攻方向，避免同有利于自己的企业交锋，相互残杀；有助于集中精力打击“坏”企业。

在选择竞争对手时经常存在一些误区②：

第一，无法分辨“好”、“坏”企业，结果针对全体企业采取措施，或进攻“好”企业而放过“坏”企业。

第二，把“坏”企业赶入绝境。过于激进地“赶尽杀绝”，可能使“坏”企业因绝望而做最后一“搏”，如通过出售自己而维持其生存。大的收购者可能会借机进入壁垒。

第三，拥有的市场份额过大，结果因垄断或接近垄断而使企业的增长出现问题。

第四，进攻“好”的领导者，这是追随者很容易犯的致命错误。领导者被迫报复，结果使追随者既得地位失去。

第五，进入“坏”企业太多的产业，结果使企业长期受围攻，四面受敌。

一般地，限于能力、时间和精力，企业只在符合“势均力敌、相互争胜”特征的一批企业当中进一步筛选出最多不超过6个的企业作为真正意义上的竞争对手。这是一种系统思考和综合评判的过程，通常需要对本企业

① [美] 迈克尔·波特著．竞争优势 [M]．陈小悦，译．北京：华夏出版社，2001.

② [美] 迈克尔·波特著．竞争优势 [M]．陈小悦，译．北京：华夏出版社，2001.

及一批“候选”企业作如下衡量和思考：

① 双方企业的规模和实力（特别是经济实力）。

② 双方企业的战略目标和重点。

③ 双方企业的人员或其他装备的配备情况。

④ 双方企业发生冲突的时间紧迫性。

⑤ 双方企业发生冲突的激烈程度。

⑥ 双方企业所处宏观或中观环境的影响程度。

⑦ 双方企业与其所处供应链上、下游节点企业之间的关系。

需要指出的是，并非在任何情况下企业都只能将竞争对手的数量限制在6个以内，特殊情形下，企业也可能会将竞争对手的数量拓展到10多个。例如，IBM公司曾经列出12个竞争对手，对其加以跟踪和研究，并且取得了巨大的成功。20世纪80年代末期，由于IBM公司对市场竞争趋势的判断出现重大失误，忽视了当时迅速发展的个人计算机革命，仍然认为大型主机硬件设备的研制开发会给公司带来持续的繁荣。到20世纪90年代，公司终于陷入严重的困境中，在1991年至1993年，IBM公司的亏损超过147亿美元，成为美国公司历史上最大的净亏损户，其在全球计算机市场上的销售排名1994年下降到第三位，股票价格下跌了50%。1993年1月，IBM公司新的董事长兼首席执行官盖斯特接任，他认识到建立一个公司层面统一和正式的竞争情报体制的重要性，提出要“立即加强对竞争对手的研究”、“建立一个协调统一的竞争情报运行机制”和“将可操作的竞争情报运用于公司战略、市场计划及销售策略中”。

IBM公司重点针对12个竞争对手，派出若干名高级经理作为监视每个竞争对手的常驻“专家”，责任是确保IBM公司掌握其竞争对手的情报和经营策略，并在市场上采取相应的行动，在此基础上建立公司的竞争情报体系。该竞争情报体系包括完善的管理信息网络和监视竞争对手的常驻“专家”、与之协同工作的IBM公司的竞争情报人员，以及生产、开发、经营和销售等职能部门的代表，由这些人员构成一个个专门的竞争情报工作小组，负责管理整个计划中相关方面的竞争情报工作。分布在整个公司的各个竞争情报工作组每天对竞争对手进行分析，通过基于Lotus公司Nores软件的系统为工作组提供在线讨论数据库，能够使IBM公司全球各地的经理们和分析家通过网络进入竞争情报数据库，并做出新的竞争分析。竞争情报小组还使用IBM公司的全球互联网技术获取外界信息，利用IBM公司的内部互联网技术更新企业内部的信息。随着这一体系的不断完善，竞争情报开始融入IBM公司的企业文化中，在经营过程中发挥越来越重要的作用。通过调整竞争情报工作重点及建立新的竞争情报体系，使 IBM 公司各部门的竞争情报力量能够有效地集中对付主要的竞争对手和主要威胁，并提供各种办法提高各竞争情报小组的协作水平，优化了原有的情报资源，增强了公司适应市场变化和对抗竞争的能力，最大限度地满足了全球市场上客户们的需求，公司销售收入持续增长。竞争情报在 IBM 公司经营改善中的作用也逐步显现出来。

（2）分析竞争对手的实力

在识别和选择竞争对手之后，需要进一步分析竞争对手的实力。竞争对手实力是指竞争对手在竞争活动过程中可以或有可能显示出来的一切对本企业构成威胁、限制或影响的综合竞争实力，而不是竞争对手某一方面的能力。

竞争情报在美国 SCIP 成立之前叫“竞争者情报”（competitor intelligence），由此可见分析竞争对手实力在竞争情报研究中的重要地位。可以从多种角度揭示竞争对手的实力，如企业在市场中的地位、产品的市场占有率、产品质量和品种结构、技术性能、经营方式、管理模式、人力资源配置、原材料来源及价格、商品流通渠道、用户构成及其分布、要害部门或工序的设置、网络建设和使用情况等。为此，要想对竞争对手实力进行实事求是的评估，通常要采集竞争对手在产品定价、扩展计划、竞争计划、促销战略、成本数据、销售统计、研究与开发、产品设计、生产工艺、财政管理、知识产权管理、网络建设和使用等方面的信息。这些信息通常还可以进一步细分。为了获取这些信息，企业必须建立有关竞争对手的经营状况、主要负责人、主要产品营销情况、经营组织规划、技术开发、广告及优惠措施、内部管理方式、企业文化等方面的追踪监测网①。

对竞争对手实力分析的内容主要集中在四个方面，即竞争对手的未来目标、现行战略、假设和能力（见图 7-2）②。通过考察竞争对手未来的目标，可了解竞争对手对其目前的地位和财务状况是否满意，从而窥测竞争对手未来可能实施的战略转变以及竞争对手对包括本企业在内的外部事件或战略举措将会做出何种反应；通过考察竞争对手的现行战略，可了解竞争对手未来将如何在市场上与本企业竞争；通过考察竞争对手对本企业的各种假设以及对整个产业和产业中其他企业的各种假设，可了解竞争对手对本企业、整个

---

① 查先进. 论企业竞争对手［J］. 情报科学，2000（2）：123-125.

② ［美］迈克尔·波特著. 竞争战略［M］. 陈小悦，译. 北京：华夏出版社，2001.

产业和产业中其他企业的实力是否具有足够的洞察力，以及对本企业、整个产业和产业中其他企业究竟是一种什么样的评价；通过对竞争对手在产品、代理商、营销、运作、研究与开发、总成本、财务、组织、综合管理、公司业务组合等方面的考察，弄清竞争对手是否具备核心能力、成长能力、快速反应能力、适应变化能力和持久力，可了解竞争对手的强项、弱项，把握竞争对手的战略行动能力以及处理所处环境或产业中事件的能力。

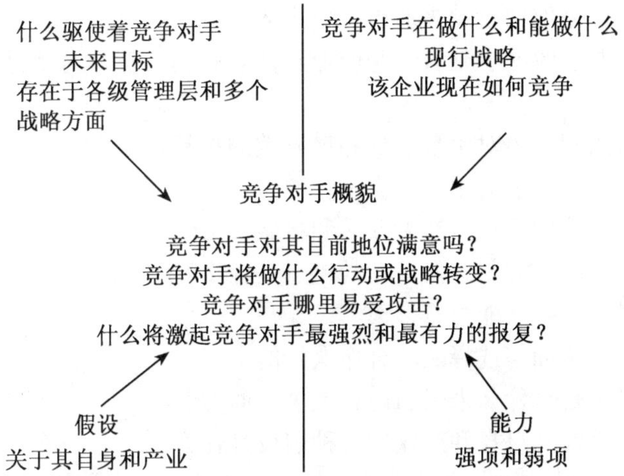

图 7-2　竞争对手实力分析的主要内容

根据阿瑟·D. 利特尔咨询公司的观点，企业在其目标市场中有 6 种竞争地位①：

- 主宰型。这类企业控制着整个目标市场，可以选择多种竞争战略。
- 强壮型。这类企业可以单独行动，而且能稳定其长期地位。
- 优势型。这类企业在一定的战略中能利用较多的力量，并有较多机会改善其竞争地位。
- 防守型。这类企业经营现状较好，能继续经营，但发展机会不多。
- 虚弱型。这类企业经营现状不佳，但仍有机会改善其不利地位。
- 难以生存型。这类企业经营现状差，而且没有机会改变被淘汰的命运。

① http：//wiki. mbalib. com/wiki/%E7%AB%9E%E4%BA%89%E5%9C%B0%E4%BD%8D [EB/OL].

这些不同种类的竞争地位在一定程度上揭示了企业在市场体系中的竞争实力。在分析竞争对手的实力时，通常要询问下列问题并求得其答案：

- 竞争对手的强项和弱项在哪里？
- 竞争对手是如何扬长避短、不断开拓新的商业机会的？
- 竞争对手所在的行业有哪些特性？
- 竞争对手对其目前的地位是否满意？
- 竞争对手最有可能采取什么行动？
- 竞争对手采取何行动来取得竞争优势？
- 针对兼并、收购、整合、跨产业延伸等行为，竞争对手是如何做出反应的？
- 什么将激起竞争对手最强烈和最有效的报复？
- 什么驱使着竞争对手参与竞争？
- 竞争对手能做什么、在做什么和将做什么？
- 竞争对手的研究与开发活动的重点是什么？
- 竞争对手的扩展能力有多大？
- 竞争对手是如何选择战略合作伙伴的？
- 竞争对手是靠什么来吸引客户或供应商的？
- 竞争对手对其自身和产业的各种假设是什么？

在分析竞争对手的实力时，通常要分门别类地建立竞争对手“文件夹”（或竞争对手档案），每一“文件夹”由专门的竞争情报人员负责，“文件夹”里存放着由竞争情报人员长期跟踪采集而来的某一特定竞争对手不同时期、不同场合、不同方面的信息资料，这些信息资源从不同的角度透视竞争对手有关上述问题的相关答案或线索。显然，这些竞争对手“文件夹”会有一定的密级要求，仅对负有保密义务的相关人士（如竞争情报人员、决策者等）开放。

(3) 判断竞争对手战略

竞争战略是企业在市场经济、竞争激烈的环境中，在总结历史经验、调查现状、预测未来的基础上，为谋求生存和发展而做出的长远性、全局性的谋划或方案。

企业在制定和执行战略决策时需要全面掌握竞争对手的战略意图。不同的竞争对手企业，因其担当的市场角色不同，所推行的竞争战略可能截然不同。主要包括以下几种情形：

第一，市场领导者（market leader）。市场领导者是指在相关产品的市场上占有率最高的企业。这类企业一般侧重于推行防御战略，常见的防御战略有阵地防御战略、侧翼防御战略、以攻为守战略、反击防御战略、机动防御战略、收缩防御战略等。其中，阵地防御战略是指围绕企业目前的主要产品和业务建立牢固的防线，并在竞争对手发起进攻时坚守原有的产品和业务阵地；侧翼防御战略是指企业在自己主阵地的侧翼建立辅助阵地，以保卫自己的周边和前沿，并在必要时作为反攻基地；以攻为守战略是指在竞争对手尚未构成严重威胁或在向本企业采取进攻行动前抢先发起攻击以削弱或挫败竞争对手；反击防御战略是指市场领导者受到竞争对手攻击后采取反击措施；机动防御战略是指市场领导者不仅要固守现有的产品和业务，还要扩展到一些有潜力的新领域，以作为将来防御和进攻的中心；收缩防御战略是指企业主动从实力较弱的领域撤出，将力量集中于实力较强的领域。

第二，市场挑战者（market challenger）。市场挑战者是指在相关产品市场上处于次要地位但又具备向市场领导者发动全面或局部攻击的企业。这类企业一般侧重于推行进攻战略，常见的进攻战略有正面进攻战略、侧翼进攻战略、包抄进攻战略、迂回进攻战略、游击进攻战略等。其中，正面进攻战略是指集中全力向竞争对手的主要阵地发起进攻，而不是攻击其弱点；侧翼进攻战略是指瞄准竞争对手的弱点、漏洞或薄弱环节，然后发挥战略思想，以便在一切正面和直接的战斗中取胜；包抄进攻战略是一种全方位、大规模的进攻战略，当进攻者对于竞争对手而言具有资源优势，并确信围堵计划的完成足以打垮竞争对手时，可以采用这种战略；迂回进攻战略是一种间接的进攻策略，即避开竞争对手的现有阵地而迂回进攻；游击进攻战略是指对不同的领域的竞争对手进行间歇性的小型打击，其目的在于瓦解竞争对手的士气，逐步提高自己的市场地位。

第三，市场追随者（market follower）。市场追随者是指在相关产品市场上处于中间状态，并力图保持其市场占有率不至于下降的企业。市场追随者一般侧重于推行跟随战略，常见的跟随战略有紧密跟随战略、距离跟随战略、选择跟随战略等。其中，紧密跟随战略是指在各个细分市场和营销组合战略方面模仿市场领导者，完全不进行任何创新的企业；距离跟随战略是指在基本方面模仿领导者，但是在包装、广告和价格上又保持一定差异的企业；选择跟随战略是指有选择地改进领导者的产品、服务和营销战略，避免与领导者正面交锋，选择其他市场销售产品。

第四，市场利基者（market nicher）。市场利基者又称市场补缺者，是指专门关注相关产品市场上大企业不感兴趣的某些细小部分的小企业。这类企业选择某一特定较小之区隔市场为目标，提供专业化的服务，并以此为经营战略。主要包括以下几个方面：

① 最终用户专业化，即企业专门致力于为某类最终用户服务。

② 垂直层面专业化，即企业专业化于某种垂直生产水平的生产与分配周期。

③ 顾客规模专业化，即企业专门为某一种规模（大、中、小）的客户服务。

④ 特定顾客专业化，即企业把销售对象限定在一个或几个主要的客户上面。

⑤ 地理区域专业化，即企业把销售只集中于某一地点或是世界的某一区域。

⑥ 产品或产品线专业化，即企业只生产一大类产品。

⑦ 客户订单专业化，即企业专门按客户订单生产预定的产品。

⑧ 质量/价格专业化，即企业专门生产经营某一种质量或价格的产品。

⑨ 服务项目专业化，即企业专门提供某一种或几种其他企业没有的服务项目。

⑩ 分销渠道专业化，即企业专门服务于某一类分销渠道。

在判断竞争对手的竞争战略过程中，企业要对竞争对手采用的主导战略目标以及为实现这一目标而实施的具体途径（政策）做出判断。竞争对手的战略目标一定会体现在其竞争战略中，而竞争战略又会通过竞争对手的竞争行为表现出来。因此，企业要密切注意竞争对手的市场竞争行为，并由此推断出竞争对手的竞争战略目标，推测竞争对手为实现这一目标而可能实施的具体途径或对策。

（4）判断竞争对手的反应模式

判断竞争对手的反应模式，预测自己的竞争战略和策略会引起什么样的竞争反应，可帮助企业确认在什么地方应集中优势进攻，在什么地方应加强防守，在什么地方应主动退让，从而有助于企业拟定较适合的市场竞争战略，争取处于较为有利的竞争地位。

竞争对手反应模式包括从容型竞争者、选择型竞争者、凶狠型竞争者、随机型竞争者 4 种类型。其中，从容型竞争者对某一特定竞争者的行动没有迅速反应或反应不强烈。其主要原因有：他们可能感到顾客是忠于他们的，对竞争者主动行动的反应迟钝，他们可能没有做出反应所需的资金等；选择型竞争者可能只对某些类型的攻击做出反应，而对其他类型的攻击则无动于衷。例如选择型竞争者可能经常对降价做出反应，而对广告费用的增加却不做出任何反应；凶狠型竞争者对向其所拥有的领域所发动的任何进攻都会做出迅速而强烈的反应。凶狠型竞争者意在向其他企业表明，最好不要发起任何攻击；随机型竞争者并不表露可以预知的反应模式。这一类型的竞争者在任何特定情况下可能会也可能不会做出反击，而且根据其经济、历史或其他方面的情况，都无法预见竞争者会做什么事。

竞争对手反应模式的形成常常会受到企业的战略目标和优劣势的制约，同时还受到企业经营哲学、内在文化、价值观、心理状态等的影响。

从理论上讲，在竞争对手研究的过程中，遵循着从“能看到的现象”到“能分析出的结论”，再到“想知道的核心内容”这样一个逐步深入的分析思路和过程。其中，“能看到的现象”可能包括产品/服务、价格/折扣、渠道/关系、宣传活动等，“能分析出的结论”可能包括产品差异性、价格政策、成本结构、销售模式、信用体系、价值信息、主要卖点等，“想知道的核心内容”可能包括对手的经营战略和目标、第一目标客户群和竞争优势、对手下一步的行动方案等。在分析过程中，竞争情报人员通常按照“能找出/列出谁是竞争对手”、“能描述竞争对手的状况”、“能分析竞争对手的状况”、“能掌握竞争对手的方向”、“能‘翻译’出竞争对手的战略意图”、“能引导竞争对手的行为和战略”6个层次逐步“晋级”，即向着所研究的目标逼近。可以看出，对竞争情报人员而言，竞争对手研究是一项“艺无止境”的活动，优秀的竞争情报人员需要有勇攀高峰的勇气、经验和智慧。实践中，大多数竞争情报人员只能达到第3个层次或第4个层次，少数优秀的竞争情报人员可逼近第5个层次，更少的杰出竞争情报人员可逼近第6个层次。

7.3.2 竞争环境研究

竞争环境是指与企业经营活动有现实或潜在关系的各种力量和相关因素的集合，具体来说，就是竞争各方所处的自然环境和社会环境。对一个企业来说，竞争环境的影响作用是巨大的，它直接影响着企业的生存和发展。其中的任何变化都可能对企业的利益乃至生存产生重大影响。在市场经济条件下，企业竞争环境是大范围、多角度、全方位的。不论是外向型企业还是内向型企业，也不论是单一型的中小企业还是多目标、综合性的大型企业集团，企业竞争环境信息都从时间上涉及过去、现在和未来，从地域范围上涉及国内和国外，从内容上涉及科技、经济、政治、政策、法律、社会文化、自然、技术、市场等方面。特别是政策因素和法律因素，它可以直接或间接地起到约束和规范企业行为、保护和促进企业发展的作用。在竞争机制发生作用的条件下，谁对竞争环境的变化反应迟钝，谁就会被淘汰。相反，谁对竞争环境的变化更敏感、反应更敏捷、措施更迅速和有效，谁就可以在混乱的市场上占得先机或者拥有“生杀予夺”的主动权。可见，了解和掌握竞争环境信息对企业避免“吃惊”、识别机会和威胁具有十分重要的意义。

在进行企业竞争环境研究时，通常要着重考察科技、经济、政治、政策、法律、社会文化、技术、市场、自然状况、资源状况、生态环境状况等因素。这些因素在影响企业竞争力的具体表现上不仅千差万别，而且随着环境的变化而不断变化和发展。以钢铁企业为例，钢铁企业在选址的时候主要考虑资源的可获得性、运输成本和市场距离。自20世纪50年代末以来，我国钢铁企业在选址时，通常注重“依山而建”，即尽可能依托矿山兴建钢铁企业，以便于铁矿石资源的开采和运输。20世纪80年代以后，伴随着国内铁矿石资源的日益短缺，西方国家的钢铁企业在选址时，开始关注向沿海和沿江发展的战略，即尽可能靠近海边建厂以便通过海洋运输方式解决铁矿石的供应问题。以安赛乐米塔尔（ArcelorMittal）为例，其在全球的钢厂分布主要集中在欧洲沿海及主要河流附近、北美及拉丁美洲东部沿海地区、亚洲南部及东南部沿海地区以及非洲沿海地区。我国钢铁企业近年来产能布局已逐渐向沿海地区转移。宝钢在20世纪中后期筹建时即开始考虑在沿海选址，并凭借其地理优势在后期发展中迅速壮大。2008年我国大中型钢铁企业中沿海沿江企业约26家，这些企业的粗钢产量占全国粗钢产量的39%。2008年以来，鞍钢鲅鱼圈、武钢防城港（广西）、宝钢湛江港（广东）、首钢曹妃甸、山东钢铁集团的日照钢铁基地等项目陆续获批或投产。目前已投产及在建的大型沿海钢铁项目设计产能已达到6 000万吨以上①。针对我国钢铁产业布局不合理，大部分钢铁企业分布在内陆地区的大中型城市，受到环境容量、水资源、运输条件、能源供应等因素的严重制约的实际情况，2009年，我国出台了《钢铁产业调整和振兴规划》。该规划明确提出，沿海、沿江钢铁企业产能占全国产能的比例达到40%以上。尤其是在《钢铁产业调整和振兴规划细则》中，还强调要控制总量与优化布局相结合，要按照沿海、沿江、内陆科学合理布局和与资源环境相适应的要求，结合淘汰落后，企业重组和城市钢厂搬迁，在控制总量的前提下，调整优化产业布局。不过，钢铁企业向沿海和沿江发展也会带来一些新的问题，如沿海地带通常地质疏松，因此其夯实基础的成本往往相当高。

企业竞争环境研究包括竞争环境扫描和竞争环境分析两个层次。

（1）竞争环境扫描

竞争环境扫描是指管理者研究和监测企业相关环境的方法和手段，环境

① http：//www.gangguan114.cn/info/gangguan114/1736813.html [EB/OL].

扫描允许管理者快速识别那些严重影响企业及其战略方向的环境因素①；竞争环境扫描是组织良好的适应环境的系列活动的第一步②。竞争环境扫描的目标在于识别寻找企业新方向的早期机会，以及有关企业战略决策障碍的威胁③；竞争环境扫描的目的在于战略控制和保障战略实施的有效性④。通过竞争环境扫描，可随时了解企业当前所处的竞争环境状况，以便于分析竞争态势，把握竞争对手的动向，为决策层的战略决策提供及时的支撑。

竞争环境扫描以一种类似雷达的方式观测企业环境，是数据驱动而非目标驱动的过程。例如，有人曾探讨了营销计划中环境扫描的基于因特网的方法，旨在概括出 Web 上的环境扫描活动监测弱信号的新方法⑤。这种方法能够自动地提供信息，很少需要人的干预。利用搜索引擎如 Google 或 Altavista 来扫描网上感兴趣的文档是非常费时的，扫描结果也不确定。另外，管理者必须面对 Web 的动态性，即新的文档出现，旧的文档被更改或删除。因此，利用搜索引擎作为环境扫描只是权宜之计。该研究探讨了作为企业信息源的 Web 与营销计划中弱信号探测之间的关系，所设计的环境扫描原型系统建立在信息搜寻理论（信息搜寻理论提供了一个对人类信息检索行为建模的适当框架）基础之上，同时考虑了外界环境的一般条件与现实中的管理者相关的决定因素，该系统的优势通过人-机实验得到证实。又如，有人曾对泰国大型企业环境扫描管理进行了研究⑥。通过对泰国的 ABB、Shell 和 CP Group 企业的研究发现，企业内部的环境扫描活动的范围和管理由于环境的易变性和企业特征的多样性而不断得到发展。在 ABB 和 Shell，相应的地区管理者和全球

---

① C. L. Saxby，K. L. Parker，P. S. Nitse，P. L. Dishman. Environmental Scanning and Organizational Culture [J]. *Marketing Intelligence & Planning*，2002，20（1）：28-34.

② B. A. Walters.，J. J. Jiang，G. Klein. Strategic Information and Strategic Decision Making：the EIS/CEO Interface in Smaller Manufacturing Companies [J]. *Information & Management*，2003（40）：487-495.

③ T. L. Wheelen.，J. D. Hunger. *Strategic Management and Business Policy* [M]. Addison-Wesley Longman，Reading，MA，1998.

④ J. F. Preble. Towards a Comprehensive System of Strategic Control [J]. *Management Studies*，1992，29（4）.

⑤ Reinhold Decker，Ralf Wagner，Sören W. Scholz. An Internet-based Approach to Environmental Scanning in Marketing Planning [J]. *Marketing Intelligence & Planning*，2005，23（2）：189-199.

⑥ Chittipa Ngamkroeckjoti，Lalit M. Johri. Management of Environmental Scanning Processes in Large Companies in Thailand [J]. *Business Process Management*，2000，6（4）：331-341.

总部都积极参与到环境扫描过程中，以便在预算和投资上进行战略选择。在CP Group，主席和副主席在环境扫描中担任重要角色。以上企业都利用商业运行指标来评估其环境扫描实践的范围和管理。

（2）竞争环境分析

竞争环境分析比一般的竞争环境扫描更具有深度。要想实现对企业竞争战略的有效支持，必须深入分析竞争环境，解读环境因素对企业运营的真实影响。竞争环境分析的主要困难是如何从大量资料中综合归纳出有用的信息。一般可从以下三方面的变化中加以考察：

第一，需求的变化。市场的存在和发展离不开用户。在竞争环境分析中，通常要研究企业用户群体的需求在未来的变化，包括用户群体及其需求类型、用户群体需求变化的特征和趋势、用户群体需求的迫切性、用户群体离去的可能性、新用户群体产生的可能性、新需求产生的可能性等。

第二，竞争行为的变化。例如，那些已被接受的竞争方式会不会受到现有的或新的竞争者的挑战？有没有促使行业放弃过去竞争方式的明显倾向？新的竞争行为的表现形式如何？会不会形成新的规则？新的竞争方式能否满足不同群体的需求？

第三，行业结构的变化。迈克尔·波特在行业竞争五种竞争力分析的基础上制定了行业竞争结构分析模型，从而可以使管理者从定性和定量两个方面分析行业竞争结构和竞争状况。五种竞争力中的每一种力量的长处都是行业结构或作为行业基础的经济特征和技术特征的一个函数。行业结构是相对稳定的，但又随着行业发展的进程而变化。行业长期增长率、产品创新、政府法规和调控政策、产品的消费者及其消费偏好等的变化，往往会对行业结构的变化产生影响。

对于企业来说，竞争环境属于外在的、难以预料和不可控制的因素。分析研究这些因素的目的在于帮助企业生产者、经营者、管理者和决策者通过调节企业内部的可控因素去适应外部不可控因素。

7.3.3 竞争战略研究

“战略”一词最早应用于军事领域，是“战争谋略”的简称，即指导战争的谋略或克敌制胜的良策。将“战略”一词应用于企业领域，即形成所谓的企业竞争战略。迈克尔·波特认为，企业竞争战略是企业为之奋斗的一些终点（目标）和企业为达到这些终点（目标）而寻求的途径（政策）的结合物。具体来说，我们可以将企业竞争战略理解为企业在把握了外部环境和内部条件的基础上，为在竞争中求得生存和发展而做出的整体性、长期的、基本的谋划和对策。可见，竞争战略制定的目的就是为了在激烈的市场竞争中寻找并建立一个有利可图且能持之以恒的竞争地位。竞争战略研究是竞争情报研究的重要内容。许多论著对此给予了关注。例如，陈峰等人对企业战略分析、战略选择、战略实施三个阶段中的竞争情报支持问题展开了研究①。又如，美国 SCIP 创始人之一、被誉为竞争情报领域的先驱者和思想领袖的泰森（Kirk W. M. Tyson）曾指出："竞争情报应当具有可操作性，并且与战略、战术计划和决策直接关联。"②

按照迈克尔·波特的研究成果，竞争战略可分为总成本领先战略、产品差异性战略和聚焦战略三种基本类型。总成本领先战略要求企业抓紧成本和管理费用的控制，最大限度地减少研究与开发、服务、推销、广告等方面的成本费用，使价格低于外部竞争对手的产品价格；产品差异性战略要求企业努力发展差异性大的产品线和营销项目，使企业的产品及其营销服务别具一格，成为同行业中的领先者；聚焦战略要求企业将主要力量集中于某几个细分市场，而不是将力量均匀地投入整个市场。一般地，总成本领先战略是在全产业范围内通过低成本谋求竞争优势，差异性战略是在全产业范围内通过产品的标新立异谋求竞争优势，聚焦战略着眼于在某一特定的细分市场上通过低成本或产品的标新立异谋求竞争优势（见图 7-3）。

三种基本战略在架构上的差异还可以从成功地实施它们所需要的不同的基本技能、资源以及组织要求上反映出来（见表 7-1）③。

竞争战略与企业的竞争优势密切相关。企业的竞争优势是通过与竞争对手比较而形成的比较优势，即竞争中的有利条件或强项。这些优势涵盖企业内部和市场两方面。其中，企业内部优势包括管理优势（与领导集团决策力有关）、智力优势（与技术、人才的创新力有关）、资本优势（与经济实力和财务业绩有关）、文化优势（与内部凝聚力、外部亲和力有关）等；市场优势包括产品或服务的成本优势、品牌优势、质量优势、售后服务优势、专利技术优势、标准优势等。在信息时代中，竞争情报也成为企业竞争优势的源泉。

---

① 陈峰，梁战平. 构建竞争优势：竞争情报与企业战略管理的互动与融合［J］. 情报学报，2003（5）：632-635.

② ［美］柯克·W. M. 泰森著 . 竞争情报完全指南［M］. 王玉，等译. 北京：中国人民大学出版社，2005.

③ 王超主编. 竞争战略［M］. 北京：中国对外经济贸易出版社，1999.

图 7-3　三种基本战略及其目标和竞争优势

表 7-1　　　　三种基本战略对基本技能、资源及组织的要求

基本战略	基本技能和资源要求	基本组织要求
● 总成本领先战略	● 持续的资本投资和良好的融资能力 ● 工艺加工技能 ● 对工人严格监督 ● 所设计的产品易于制造 ● 低成本的分销系统	● 结构分明的组织和责任 ● 以满足严格的定量目标为基础的激励 ● 严格的成本控制 ● 经常、详细的控制报告
● 差异性战略	● 强大的生产营销能力 ● 产品加工 ● 对创造性的鉴别能力 ● 在质量或技术上领先的公司声誉 ● 在产业中有悠久的传统或具有从其他业务中得到的独特技能组合 ● 得到销售渠道的高度合作 ● 很强的基础研究能力	● 在研究与开发、产品开发和市场营销部门之间的密切协作 ● 重视主观评价和激励，而不是定量指标 ● 有轻松愉快的气氛，以吸引高技能工人、科学家和创造性人才
● 聚焦战略	● 针对具体战略目标，由上述各项组合构成	● 针对具体战略目标，由上述各项组合构成

从上面对企业竞争优势的讨论中可以看出，除了迈克尔·波特所说的总成本领先战略、产品差异性战略和聚焦战略三种基本类型外，围绕着企业竞争优势的提升，企业还可以有许多可选择的竞争战略，如产品竞争战略、服务竞争战略、名牌竞争战略、专利竞争战略、标准竞争战略、物流竞争战略、供应链竞争战略、人才竞争战略、外包竞争战略、多元化竞争战略、国际化竞争战略等。企业竞争战略通常会随着企业外部环境和内部条件的变化而调整。以海尔集团为例，海尔集团是在1984年引进德国利勃海尔电冰箱生产技术基础上发展起来的产品多元化、经营规模化、市场国际化的国家特大型企业，是中国首批公布的十大驰名商标中唯一的家电名牌。海尔的发展经历了三个战略阶段：一是名牌发展战略阶段。通过砸掉76台有问题的冰箱砸醒职工的质量意识，树立名牌观念；二是多元化发展战略阶段。从白色家电（即可以替代人们家务劳动的产品）发展到黑色家电（即可提供娱乐的产品，如彩电、音响），再进一步发展到米色家电（即计算机信息产品），海尔集团成功地实现了市场多元化；三是国际化发展战略阶段。从海尔的国际化到国际化的海尔，海尔集团实现了向国际化迈进的目标①。

自20世纪80年代以来，以迈克尔·波特的《竞争战略》、《竞争优势》和《国家竞争优势》三部著作为代表的竞争理论成为企业所追捧的战略管理理念。从这一理念出发，企业普遍通过低成本、差异化或聚焦于某一细分市场的途径来提高经营的效率及竞争力。由于该战略倡导企业之间的直接“血腥”竞争，故又被称为红海战略（red ocean strategy）。红海战略的局限性表现在以下两个方面：一是在产业分析中忽略了企业内部条件的差异，认为竞争战略在很大程度上依赖于对高利润产业的正确选择，容易误导企业为追求高利润而进入自己不熟悉的领域，盲目采取多元化战略。二是虽然提供了寻找竞争优势的有效方法，但并没有指出如何根据重要性来确定企业的核心竞争优势②。

2005年2月，哈佛商学院出版社出版了由钱·金（W. Chan Kim）教授和勒妮·莫博涅（Renee Mauborgne）教授合写的《蓝海战略》（*Blue Ocean Strategy*）一书，正式提出了“蓝海战略”。该书出版后，迅速在世界范围内引起反响。蓝海战略认为，聚焦于“红海”等于接受了商战的限制性因素，

---

① http://www.drcnet.com.cn/drcnet.common.web/DocView.aspx? docid=-130650 & chnid=191&leafid=276[EB/OL].

② http://www.jinlanmeng.cn/showArticle.asp? ArticleId = 55462&ClassId = 5 [EB/OL].

即在有限的土地上求胜，却否认了商业世界开创新市场的可能。运用蓝海战略，视线将超越竞争对手移向买方需求，跨越现有竞争边界，将不同市场的买方价值元素筛选并重新排序，从给定结构下的定位选择向改变市场结构本身转变。蓝海战略提出了六项原则，即：重建市场边界、注重全局而非数字、超越现有需求、遵循合理的战略顺序、克服关键组织障碍、将战略执行建成战略的一部分①。为了论证“蓝海战略”，该书作者举了一个美国计算机产业的例子：在很多年前风行大型计算机的时代，苹果计算机没有着眼和它的竞争对手竞争大型计算机，而是开拓了个人计算机的新领域；在个人计算机时代，康柏计算机没有和苹果计算机逐鹿中原，而是自己开拓了个人计算机服务器的新时代；在后个人计算机时代，戴尔计算机也没有将康柏、苹果等著名公司直接列为竞争对手，而是自己开拓了戴尔计算机的直销模式。

与红海战略相比，蓝海战略体现出自己的特点（见表 7-2）②。但是，需要指出的是，蓝海战略的提出并不意味着对红海战略的全盘否定，而是一种扬弃。蓝海战略虽然倡导企业要规避竞争，但它只是给整个行业指明了方向，避免了企业为赢得竞争而导致所在行业全军覆没的尴尬，让红海竞争可以延续。企业的生存发展，需要不断地价值创新，因而需要有“蓝海”思维；但是，充斥着整个企业生命的却是“红海”智慧，企业的“血腥”竞争不会因为有了蓝海战略就可以完全避免。

表 7-2　**红海战略与蓝海战略的比较**

红海战略	蓝海战略
● 在已经存在的市场内竞争 ● 参与竞争 ● 争夺现有需求 ● 遵循价值与成本互替定律 ● 根据差异化或低成本的战略选择，把企业行为整合为一个体系	● 拓展非竞争性市场空间 ● 规避竞争 ● 创造并攫取需求 ● 打破价值与成本互替定律 ● 同时追求差异化和低成本，把企业行为整合为一个体系

① ［韩］钱·金，［美］勒妮·莫博涅著．蓝海战略［M］．吉宓，译．北京：商务印书馆，2005.

② ［韩］钱·金，［美］勒妮·莫博涅著．蓝海战略［M］．吉宓，译．北京：商务印书馆，2005.

战略研究为企业竞争战略的选择提供了有效的方法。所谓企业战略研究，是指通过对企业发展前景的展望，形成企业发展战略思路的过程，是企业实施战略管理和推进竞争战略的起点。企业战略研究涉及战略依据、战略思想、战略目标、战略范围与重点领域、战略布局或局署、战略步骤或阶段、战略举措和对策等内容。战略研究的实质是以竞争情报为基础的研究，其基本方法是三角分析法，如图 7-4 所示。

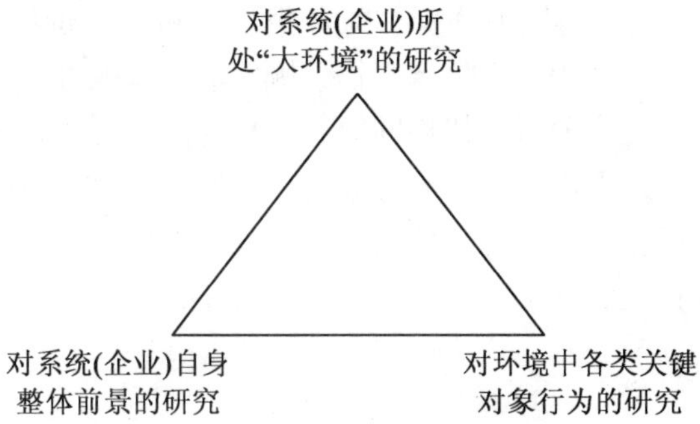

图 7-4　三角分析法

具体来说，三角分析法主要涉及三个方面问题的研究：

（1）对系统（企业）所处“大环境”的研究，包括对宏观环境和产业环境的研究。

（2）对系统（企业）自身整体前景的研究，包括对所在产业展望、企业成功因素、企业整体前景等的研究。其具体的研究内容往往因领先型企业、挑战型企业、追随型企业、补缺型企业的不同而异。

（3）对环境中各类关键性的研究对象竞争行为的研究，如对合作伙伴、竞争对手、潜在对象等的研究。

7.4　竞争情报研究的方法

竞争情报研究的方法很多，如竞争情报搜集方法、竞争情报分析方法、竞争情报表达方法等，几乎涉及竞争情报活动的每一个环节。在实践中，每一种方法的应用又都是一个完整的过程。

一般地，我们在前面介绍的各种信息搜集、分析、表达等方法原则上可应用于竞争情报研究领域，如同一般的信息分析一样，这些方法通常可划分为定性分析方法、定量分析方法和半定量分析方法三大类。

除了一般的信息搜集、分析、表达等方法以外，在竞争情报实践中，人们还积累和提炼出了一些颇有特色且行之有效的方法。例如，国外的一些大公司和管理决策研究人员就曾经过归纳和整理，总结出了政治风险和国家风险分析、产业情景描述法、衡量工业吸引力的“经济学家”模型、规划信息管理系统（Processes Industry Modeling System，PIMS）数据库、技术评估、多点竞争分析、关键成功因素分析、战略群体分析、价值链分析及现场图、经验曲线、下注者分析以及假设显性化和检验、市场信号分析、资产组合分析、SWOT 分析、协同力分析、财务报告分析、以价值为基础的规划、管理层面分析、反求工程、竞争者文档、顾客满意度调查、问题分析、合并与收购分析、核心能力分析、战略同盟、定标比超、经营过程重组、分散投资等方法①。这些方法各有其适用的条件、范围和目标，在很多情况下还注重将其中的两种或多种组合起来使用。由于篇幅有限，这里我们仅介绍其中有代表性的定标比超、SWOT 分析和反求工程方法。

7.4.1 定标比超

（1）定标比超的概念

定标比超是国内学者在接触英文 benchmarking 及其活动时所采用的一个概念。所谓定标比超，本义上是指选择基准目标进行对比，找出差距，并力争赶上和超过。在企业竞争情报领域，定标比超是指将本企业各方面的状况与竞争对手或行业内外一流的企业进行对照分析的过程，是将外部企业的成就业绩作为自身企业的内部发展目标并将外界的最佳做法移植到本企业的一种方法。

定标比超是质量管理系列工具中的一种，可帮助企业测算和改进其产品或服务质量，开展动态管理②。它一般可分为战略层、操作层和管理层三个层面。战略层的定标比超主要是将本企业的战略与所对照的企业的战略进行比较，找出成功战略中的关键因素；操作层的定标比超主要是用定量化的指标来比较成本和产品的差异性，重点是功能分析；管理层的定标比超涉及分析企业的人力资源管理、营销规划、管理信息系统等支撑功能。这三个层面分别有不同的内容，见表 7-3。

① 缪其浩主编. 市场竞争和竞争情报［M］. 北京：军事医学科学出版社，1996.

② J. Bullivant. *Benchmarking for Continuous Improvement in the Public Sector* [M]. Longman: Harlow, 1994.

表 7-3　　不同层面定标比超的主要内容

战略层	操作层	管理层
● 市场细分化 ● 市场占有率 ● 原材料供应 ● 生产能力 ● 利润率 ● 工艺技术	● 竞争性价格 ◇ 原材料 ◇ 劳动力和管理 ◇ 生产率 ● 竞争性差异 ◇ 产品特性 ◇ 产品设计 ◇ 质量 ◇ 售后服务	● 日常运作维护 ● 项目管理 ● 订货和发货 ● 新产品开发 ● 合理化建议系统 ● 财务 ● 仓储和配销

从企业竞争情报工作的角度来看，定标比超有助于确定和比较有关竞争对手经营和管理战略的各组成要素，通过对这些要素的深入分析，可以挖掘出许多对评价竞争对手竞争态势有重要参考价值的信息；可以从任何产业中的一流企业那里获取有价值的信息，这些信息可用于改进本企业的经营管理，使之再上新台阶；可以深刻认识和掌握用户的信息需求，使企业的竞争战略能够贴近目标市场和用户；可以鼓励和引导本企业的员工“从干中学”和“从用中学”，形成“比、学、赶、超”的创新热潮。

（2）定标比超的由来和发展

定标比超是一种评价自身企业和研究其他企业的手段。以高技术产品复印机主宰市场的美国施乐公司被公认为最早在全公司范围内实施定标比超并取得巨大成功的典范①。1979 年施乐公司率先提出“定标比超”这一概念，并在公司内部的几个部门试验。从 1980 年开始，这一做法推广应用到全公司范围。当时，由于受到日本高质低价复印机的冲击，施乐公司产品的市场占有率锐减。为了应对这一挑战，公司制定了一系列改进产品质量和提高劳动生产率的计划，其中之一就是实施定标比超，即设计一套方法来评价公司竞争对手和公司本身在各运行环节上的状况，进而根据所掌握的情况来制定并实施一个计划，以达到在市场上居于领先地位的目的。其具体做法是②：

① P. Garrod, M. Kinnell. Benchmarking Development Needs in the LIS Sector [J]. *Journal of Information Science*, 1997, 23 (2): 111-118.

② 张左之. Benchmarking：竞争情报的一种重要手段［C］//全国竞争情报与企业发展研讨会会议录. 北京：北京科学技术情报学会，1996.

首先广泛调查客户对公司的满意情况以及客户对产品的反映；然后将本公司的产品质量、售后服务等情况与本行业的领先企业作对比；在此基础上，公司再派雇员考察日本公司及其研究与开发能力，并对竞争对手的产品作反求工程；最后，公司根据所掌握的情况确定竞争对手是否领先、为什么领先以及如何消除存在的差距。经过对比分析和研究，施乐公司确信本公司从产品设计到销售、服务及雇员的参与意识等方面都需要加以改进。由此，公司提出了改进的目标，并制定了达到这些目标的计划。

实践证明，实施定标比超后的效果是显著的。通过这一手段，施乐公司的产品制造成本降低了50%，产品开发周期缩短了25%，人均创收能力增加了20%，产品的开箱合格率由92%提高到99.5%。公司重新赢得了原先的市场占有率，并在1989年获得了Maicolm Baldridge国家管理奖。所有这些成就促使施乐公司最高管理层决定将定标比超作为全公司的一项经常性的活动，不论是战略性规划还是战术性计划，其制定或实施前都必须自觉地进行定标比超分析。

定标比超方法提出后，很快得到世界各地企业的高度重视，例如美国的福特、柯达、通用汽车、摩托罗拉、AT&T、杜邦、康宁公司以及日本钢铁、汽车、半导体和家用电器等行业的一些公司均引入了这种方法。此外，为了更有效地开展这方面的工作，美国生产力和质量中心还发起成立国际定标比超情报交流中心（Global Benchmarking Center）①。成立该中心的宗旨在于加速并简化国内和国际定标比超情报的流程、为定标比超专业人员形成联系网提供机会、帮助发现潜在的定标比超合作伙伴、成为工商活动有价值的信息源、为Malcolm Baldridge国家质量奖的评选提供信息保障②。该中心作为一个定标比超伙伴的网络组织，在推进定标比超在国际上的应用方面作出了重要的贡献。它在举办众多的定标比超会议和培训以及做了大量的定标比超实践的基础上，也积累了丰富的定标比超经验，形成自己的定标比超方法和步骤。它认为，定标比超的核心在于三方面：一是选择最理想的定标比超对象；二是对自己需要研究的过程以及定标比超过程本身都有一个深入的理解；三是根据最佳实践，针对自身组织的独特文化实施和调整。

定标比超方法发端于企业但并不局限于此，一些公共部门已经开始推崇这种方法。例如，英国大不列颠图书馆对将定标比超方法应用于图书馆信息

---

① http://www.benchmarking.com/ [EB/OL].

② 缪其浩主编. 市场竞争和竞争情报 [M]. 北京：军事医学科学出版社，1996.

服务部门就有着十分浓厚的兴趣①；有着 31 年联邦图书馆管理经验的古尔凯（A. Gohlke）也认为“定标比超是图书馆用于检验其运行是否具备效率和经济性的极好工具。”② 所有这些都表明，定标比超作为一种方法已经引起了各行各业管理部门的关注。

（3）定标比超的程序

作为一种方法，定标比超通常要考虑与所实施的企业的实际情况相结合，以增强实施效果。这一要求导致了一些有代表性的定标比超程序的形成。例如，美国施乐公司实施的定标比超通常分为规划、分析、合成、行动和见效五个环节。又如，国际定标比超情报交流中心实施的定标比超分为规划课题、搜集数据、分析数据、实施与调整四个环节（见表 7-4）。

表 7-4　**定标比超的实施环节**

环　节	内　容
规划课题	集中在定标比超的领域、关键手段，并对它们以及一些相关的概念进行充分而仔细的论证；确定数据搜集的工具和手段，论证并确定将要进行定标比超的最佳绩效组织
搜集数据	调查问卷被提交给所有的参与者，有选择地对最佳绩效的组织进行实地访问。此阶段的目标：搜集定性的数据，向最好的组织学习
分析数据	包括分析趋势以及识别推动或阻碍更好的执行绩效的因素 定标比超小组提出一个最终报告，揭示定标比超过程的关键收获，以及对知识转换的见解和建议；定标比超小组的成员深层次地讨论这些收获，相互之间进行必要的交流和沟通，并提出便于实施这些收获的方案
实施与调整	将定标比超小组的发现和收获，在自身组织中实施，并根据自身的文化特征以及现状等因素进行调整

① P. Garrod, M. Kinnell. Benchmarking Development Needs in the LIS Sector [J]. *Journal of Information Science*, 1997, 23 (2): 111-118.

② A. Gohlke. Benchmark for Strategic Performance Improvement [J]. *Information Outlook*, 1997 (8): 22-24.

由此可见，基于不同背景的各种定标比超程序大同小异。其完整过程大致包括了计划的制订、分析、综合数据和实施计划四个前后相接的方面(见图7-5)①。

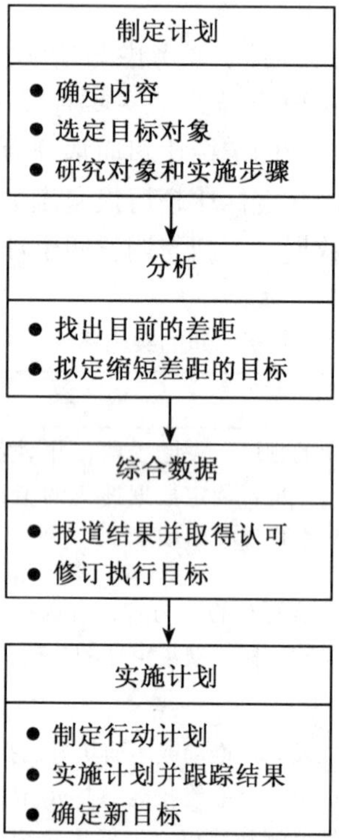

图7-5　定标比超的程序

(4) 案例

这里，我们以汽车行业中的板簧行业为例，探讨定标比超在汽车行业的应用。

① 汽车板簧行业的现状

目前国内有各类大小板簧厂1 000余家，其中年产5 000吨板簧的厂家有70多家。与国外同行业比较，国内板簧行业存在的主要差距有：

第一，品种较国外厂家少，劳动生产率低，不能适应多品种生产需要。国外一家公司一般生产3 000～4 000个品种，而国内一般为500～600个

① 陈翔宇，等编著. 企业竞争情报研究［M］. 北京：兵器工业出版社，1995.

品种。

第二，高性能的复杂板簧生产能力不足。对渐变刚度、横置式板簧国内质量与国外产品还有较大差距。

第三，质量保证能力差，包括材料、协配件、关键装备上有差距。

第四，国外高级大客车普遍采用空气悬架，部分重型卡车也采用空气悬架，特别是美国，70%的卡车已采用了空气悬架。而我国到目前为止，完全具有自主知识产权的空气悬架设计开发尚属空白。

② 确定定标比超的内容和对象

第一，定标比超的内容。根据行业状况分析，我国汽车板簧行业竞争力主要体现在：

1）生产规模。板簧行业普遍存在生产集约化程度低、规模小的缺点，这样就不可能形成规模效应，也难以有效地降低成本。

2）柔性生产能力。客户需求呈现出多品种、小批量的特点。没有快速、可靠的生产制造系统，企业就不可能在第一时间赢得客户、占领市场。

3）成本控制能力。板簧行业是高材耗、高能耗、劳动密集型行业，采购成本占总成本的60%以上，所以很强的成本控制能力是企业竞争优势的最大体现。

4）信息化水平。企业信息化为企业实现全面跨越式发展提供了可能，企业信息化水平的高低直接体现企业的综合实力和管理水平。

5）国际市场开拓能力。在国内市场趋于饱和，国际市场全球化采购的形势下，企业能否具有国际市场开拓能力，成为企业争取更大的市场份额的不可或缺的途径。

6）前瞻的产品战略。空气悬架产品是高附加值板簧的未来替代品。瞄准未来市场，着手研发空气悬架产品是企业生存和发展的关键。

第二，标杆企业的确定。在汽车板簧行业，A公司行业排名第一，在生产规模、管理水平、产品研发和国际市场开拓能力等方面具有明显的优势，值得作为标杆企业供行业排名第二的B公司学习和赶超。

③ A公司和B公司的对比分析

第一，A公司概况。A公司现有职工1 590人，总资产为32 174万元，净资产13 986万元。目前可生产13个系列220个品种的汽车钢板弹簧，包括多种叠片簧、渐变刚度弹簧、少片变截面钢板弹簧和双曲率半径及平直段的汽车钢板弹簧，具有为40万辆重型卡车配套的年生产能力，是国内最大的汽车悬架弹簧专业生产厂家。无论从产量、品种、质量、效益和新产品开发能力等方面来看，该厂都处于国内同行业领先地位。

第二，B 公司概况。B 公司现有职工 1 200 人（其中技术人员 82 人），年工业总产值达 4.2 亿元，年生产能力 5 万余吨。产品主要为某汽车配套装车及市场配套，同时面对社会提供备件。从 1998 年起，产品已远销美国、加拿大、意大利、菲律宾等十多个国家和地区。公司除本部外，还有下属两家合资企业。

第三，竞争力对比。我们选择生产规模、柔性化生产能力、成本控制能力、信息化水平、国际市场开拓能力、前瞻的产品战略作为汽车行业竞争力的构成要素。A 公司和 B 公司的竞争力对比见表 7-5 所示。

表 7-5　**A 公司和 B 公司竞争力要素及其对比**

比较项目	A 公司	B 公司
生产规模	生产能力 8.5 万吨/年，某年份实际生产 7.2 万吨，生产能力有 1.3 万吨盈余	生产能力为 5 万吨/年，某年份实际生产 5.8 万吨，其中 0.8 万吨外包
柔性化生产能力	有 3 条总装线、6 条热处理线，工艺装备 498 台（套）。拥有先进的进口及自动化设备，现有三个钢板弹簧生产车间，各具特色，优势互补，形成一个中、轻、重、多片、少片各类钢板弹簧均能制造的强大的生产体系	有 3 条总装线、5 条热处理线，工艺装备 380 台（套）。检测、试验设备老化严重，进口等先进设备较少；工序能力不平衡，部分工序瓶颈；生产线布置缺乏差异化，不能满足多品种、少批量的市场需求
成本控制能力	成本控制能力强，产品定价平均为等截面产品6 500元/吨，变截面产品8 000元/吨。地处交通位置便利，物流成本较低	成本控制能力差，特别是采购成本高，产品定价平均为等截面产品 6 500 元/吨，变截面产品 9 000 元/吨。其中变截面产品定价明显高于标杆企业。地处山区，交通闭塞，物流成本偏高
信息化水平	在企业内部全面施行 ERP 系统，实现了规范化管理，极大地提升了企业管理水平。新产品从设计到交付时间可以缩短到 7 天，最长不超过 15 天	实现了财务、人事、销售等单一的管理信息系统，但系统缺乏集成，不能实现充分共享。工作效率没有大幅提高

续表

比较项目	A公司	B公司
国际市场开拓能力	产品长期出口美国、法国、澳大利亚等国家，外贸销售收入达1 000万元。通过了德国莱茵公司对QS9000和VDA6.1汽车行业国际质量体系标准的认证，为企业参与国际市场的竞争提供了坚实的保证。有自己的外贸产品生产线	产品远销美国、加拿大、意大利、菲律宾等十多个国家和地区。通过了ISO/TS16949汽车产品质量认证，外贸销售收入160万元。没有专门的外贸产品生产线，外贸产品生产组织困难
前瞻的产品战略	企业充分认识到研究空气悬架技术的重要性，其母公司已经调配集团内部技术力量，实行联合开发，部分产品正在试验阶段	公司成立了空气悬架事业部专门从事该技术研究，产品研发取得了实质性进展，并积极推进与国外企业合资、合作

第四，分析及结论。通过A公司和B公司竞争力的对比分析不难发现，B公司在以下方面与A公司存在明显差距，需要进一步提高和完善：

1）生产能力不足，设备老化严重，工序能力不平衡。这必然造成生产成本居高不下，外贸产品生产组织不畅。

2）成本控制能力差。特别是变截面产品成本、采购和物流成本需要加强控制。

3）公司信息化水平不高。特别是缺乏系统集成，不能现实数据完全共享。

④ 对策措施

第一，扩大产品开发和生产能力，加快材料工艺及装备的开发步伐。

1）扩大产品开发能力。围绕产品结构调整，形成自主开发全系列钢板弹簧的体系。特别是建立和完善高技术含量、高附加值的变截面、变刚度及空气悬架弹簧产品的开发体系。

2）扩大生产能力建设。为适应产品结构调整的需要，需要对现有的工艺设备进行更新改造，扩展变截面、变刚度的生产阵地，形成变截面、变刚度板簧2.2吨至2.4万吨的生产能力。

3）材料工艺及装备的开发。针对变截面弹簧的要求开发形变热处理新工艺并应用于生产。开发可靠、节能的中频感应加热电源。开发节能、环保型的新装置用于加热、烘干等工序，降低能耗，降低生产成本，提高生产柔性化水平。

第二，积极推行精益生产方式，降低各类成本。

1）针对变截面产品成本偏高的现状，提高变截面产品的材料利用率，加大轧制工序设备改造，降低设备能耗，降低生产成本。

2）加大降低采购成本的力度。分析采购成本的构成，对原材料、油料、备件工具、协配件、自制件、动力备件等的采购成本实行分类管理，促使采购成本控制到行业中下水平。

3）构建物流系统，降低物流成本，提高物流效率。

第三，推进信息化，全面提升企业综合管理水平。

在上述对策中，推进企业信息化是关键。企业信息化建设宜采取“逐步完善、稳步推进”的策略，按以下三个步骤循序渐进：第一步，开发完善生产管理子系统，以解决各工序之间的信息传递不畅、计划反馈失真等问题，全面提高产品计划的准确率和控制能力。第二步，初步实现 MRPII 系统，通过集成综合计划、主生产计划和物料需求计划，提高生产系统的快速反应能力。第三步，全面施行 ERP 系统，集企业人、财、物、产、供、销、预测、决策等为一体。通过 ERP 系统具体实施运行来完成企业整个生产经营活动中所有的数据的接收、传递、处理、控制、统计、分析，实现数据资源的充分共享。

7.4.2 SWOT 分析

（1）SWOT 分析的概念

SWOT（Strengths，Weaknesses，Opportunities & Threats，即优势、弱势、机会和威胁）分析法最早由美国旧金山大学韦里克（H. Weihrich）教授于 20 世纪 80 年代初提出来。所谓 SWOT 分析，就是将与研究对象密切关联的各种主要的内部优势因素、弱势因素以及外部机会因素、威胁因素，通过调查分析并依照一定的次序按矩阵的形式排列起来，然后运用系统分析的思想，把各种因素相互匹配起来加以分析，从中得出一系列相应的结论。对企业进行 SWOT 分析，总的目的是为了发挥内部优势因素、利用外部机会因素、克服内部弱势因素和化解外部威胁因素，通过扬长避短，争取最好的结局（见图 7-6）。

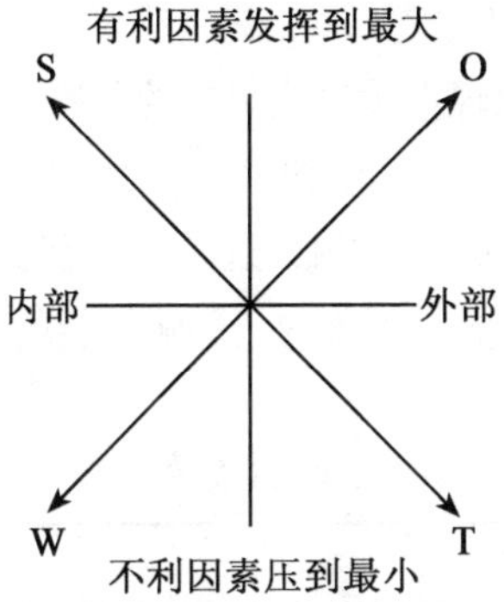

图 7-6 SWOT 分析图

SWOT 分析是企业竞争情报研究的重要工具。企业通过使用这一工具，可获得大量有关内部优势和弱势以及外部机会和威胁的信息，对这些信息进行系统、综合的分析，有助于对企业自身及所处外部环境的有利因素和不利因素有比较透彻的把握，有助于制定成功地达到企业发展战略目标的战略决策和规划。

（2）SWOT 分析的程序

在具体进行 SWOT 分析时，大体包含以下几个环节：

① 明确目标

企业在进行 SWOT 分析时，除了要将企业自身作为研究对象外，还要将其他组织和环境作为研究对象。这里的“其他组织”主要是指竞争对手及处于行业领先地位的一流企业。之所以要将这些组织列为研究对象，主要是因为企业 SWOT 分析中的内部优势和弱势是两个相比较的概念，没有比较，就无法谈及企业有什么优势或弱势；“环境”主要是指直接影响企业活动的股东、政府、供应商、经销商、顾客、债权人、竞争者、中介机构、行业协会等作业环境以及间接影响企业活动的政治、法律、经济、科技、文化等一般环境。

② 分析 S、W、O 和 T 因素

这一环节的任务是运用各种调查研究方法，分析研究并罗列出具体、主要的 S、W、O、T 因素。其中，S、W 因素属于主动因素，一般涉及管理、营销、财务、生产、研究与开发 5 个领域；O、T 因素属于客观因素，涉及作业环境和一般环境两个方面。在分析研究和罗列这些因素时，要注意在空间上兼顾国内和国外，在时间上兼顾过去、现在和未来。

③ 构造SWOT矩阵

这一环节的任务是按照轻重缓急或影响的程度将罗列出来的因素依次排序，构造SWOT矩阵（见表7-6）。在此过程中，要注意将那些对企业发展产生直接的、重要的、大量的、迫切的、影响久远的因素优先排列，将那些对企业发展产生间接的、次要的、少许的、不急的、影响短暂的因素作次要排列。

表7-6 **SWOT矩阵**

内部条件		外部环境	
S（+）	W（-）	O（+）	T（-）
● 管理 ● 营销 ● 财务 ● 生产 ● 研究与开发	● 管理 ● 营销 ● 财务 ● 生产 ● 研究与开发	● 作业环境 ● 一般环境	● 作业环境 ● 一般环境

④ 制订行动计划

这一环节的任务是运用系统分析的思想，按照“发挥优势因素、克服弱势因素、利用机会因素和化解威胁因素”的要求，将SWOT矩阵中排列出来的各种因素相互匹配起来加以综合分析，从中组合出一系列可供选择的关于企业未来发展的战略。

从理论上讲，这些可供选择的战略有15种，即S、W、O、T、SW、SO、ST、WO、WT、OT、SWO、SWT、WOT、SOT和SWOT战略。但从实践上看，经常采用的战略主要是以下四种：

1）SO战略：着重考虑充分发挥内部优势、利用外部机会。

2）ST战略：着重考虑充分运用自身长处、避免外部威胁。

3）WO战略：着重考虑充分利用外部机会、改进内部弱势。

4）WT战略：着重考虑尽量克服内部弱势、避免外部威胁。

上述战略各有其适用条件。在具体选择时，应注意具体问题具体分析。例如，当企业内部优势大有潜力可挖、企业外部存在许多发展机遇时，应考虑选择SO战略；当企业内部弱势很多、外部威胁较大时，应考虑选择WT战略。

表 7-7 是 IBM 公司的 SWOT 分析表。

表 7-7 **IBM 公司的 SWOT 分析表**

外部环境 / 内部力量	机会（Opportunity）	威胁（Threat）
	● PC 普遍进入家庭 ● 互联网络逐渐兴起并主导市场需求 ● 客户更需整体解决方案	● 各种网络相关产品公司的兴起 ● 微软占有 PC 系统 S/W 市场 ● 硬件价格下降
优势（Strengths）	优势机会策略（SO）	优势威胁策略（ST）
● 经深度培训过的专业人才 ● 广大的客户群 ● 优势的研发能力	● 成立全球服务事业部门，着手提供整体解决方案——系统整合 ● 创新并持续推出符合网络需求的新产品	● 增加策略联盟与并购有潜力的公司，以增加网络与整合的能力 ● 投入研发数据库系统与 NT 的中间件以及配合 Linux 的研发投入
弱势（Weaknesses）	劣势机会策略（WO）	劣势威胁策略（WT）
● 组织庞大,不易指挥 ● 对低价或 PC 相关产品的营销策略不太内行 ● 思想上仍有人难脱中大型硬软件才是最重要营收来源的窠臼	● 将人员往有潜力的市场区域调整并配备所需人力 ● 将人员按整合模型、混合编组、区域编组来开拓市场 ● 逐渐导向以网络为基础的整体解决方案的公司	● 裁员数万不适合员工，并将组织改为矩阵式 ● 强调思想教育与绩效管理 ● 积极与低阶产品的大型渠道建立联系

分析之后整体结论：定位在电子商务时代，借着提供整体解决方案和系统整合而成为电子商务时代的市场领导者。

7.4.3 反求工程

(1) 反求工程的概念

随着经济和科技的发展以及市场竞争的日益加剧，企业越来越重视高技术含量产品的生产和营销。尤其是在高科技领域具有自主研究与开发能力的企业，越来越在市场上显示出先声夺人之势。研究与开发能力成为越来越多的企业在市场上处于领先地位的核心武器。

传统的企业产品的开发过程是一种正向工程。它遵循正向设计的基本思维，首先根据市场调查，从市场需求中抽象出产品的概念描述，然后据此建立产品的模型和形成技术图纸，最后形成产品的实物原型。各种原创性的研究和开发活动均遵循着正向工程的理念。这也是一切具有“先发”优势的国家、地区或企业的普遍做法。然后，由于“摸着石头过河”，所以这些“先发”国家、地区或企业经常面临着走弯路、错路的风险，研究与开发的成本非常高。

反求工程（reverse engineering）又称逆向工程或反向工程，是相对于传统的正向工程而言的。它是以现代设计理论和方法为基础，通过反求分析、反求设计，探索消化、吸收他人的先进技术和设计理念的一种产品生产方法。它所要做的，主要是通过对引进技术和设备进行解剖分析，掌握其功能原理、结构参数、材料、形状尺寸，尤其是关键技术，进行产品再设计。

反求工程是“后发”国家、地区或企业追赶“先发”国家、地区或企业的基本策略。因为对于“后发”国家、地区或企业而言，充分、合理地运用“先发”国家、地区或企业的优秀的研究与开发成果，可以避免庞大的研究与开发成本，可以少走弯路和错路，赢得时间，因而取得技术和经济活动更高的效率和效益。

竞争情报是反求工程实施过程中的一项重要活动，是协助企业在反求工程中获取竞争对手企业产品和技术的有效途径。在通过合法手段获得竞争对手的产品实物、有关产品的文件资料、相关专利、产品废料或零部件后，按照反求工程思路，对产品进行拆分、深入分析或重新复原，然后反向研究其结构、性能、功能原理、工艺材料、技术参数、使用条件和其他与之相关的重要因素，从而了解并掌握其关键技术，以求研制出更加先进的同类产品。

世界各国经济发展初期都非常重视反求工程的应用，日本是一个成功的范例。20世纪60年代，日本为了恢复和振兴经济，提出“一代引进、二代国产化、三代改进出口、四代占领国际市场”的科技兴国和大力发展制造业的方针，并重点对机床、汽车、电子、光学设备、家电等行业的发展给予优惠政策。受此影响，日本广泛地应用反求工程，从而有力地推动了日本经济的发展。在初期，日本买回欧美企业的产品，加以拆解分析和模仿。依托反求工程，一大批企业登堂入室，然后这些企业又对产品进行“日本化”

的改进，最终成就了日本产品走向世界的梦想。例如，我们前面介绍过的“日本摩托车工业的振兴”案例，所采取的主要方法便是反求工程。再如，丰田和日产曾是日本两家最大的汽车企业，但在技术学习中，却走了很不同的道路：日产曾较多地依赖外国技术，而丰田则坚持自主的技术学习，依靠“反求工程”获得了强大的自主开发能力。

在反求工程实施中，竞争情报活动本质是上是一种通过合法的手段从实物中萃取相关信息的过程。如同一般的信息分析一样，它是建立在相关性的基础上的由此及彼和由表及里的信息搜集和分析活动。

需要指出的是，反求工程虽然是理解竞争对手产品特性和成本的好方法，但也并非在任何情况下都是处理此类问题的灵丹妙药。例如，反求工程的实施可能需要花费很长的时间，所剖析的产品未必是关键性成功因素，所揭示的内容未必是真正本质性的内容，容易引起知识产权纠纷等。

反求工程一般分为实物反求、软件反求和影像反求三种类型。其中，实物反求是指以产品实物为依据，对产品的设计原理、结构、材料、精度、制造工艺、包装、使用等方面进行分析研究和再创造，最终研制出与原型产品相近或更佳的新产品。实物反求的对象可以是整机，也可以是部件、组件或零件；软件反求是指对产品样本、技术文件、设计书、使用说明书、图纸、有关规范和标准等技术软件进行反求；影像反求是指在无实物、无技术软件的情况下，对产品照片、图片、广告介绍、参观印象、影视画面等进行反求。它主要通过构思、想象来反求，因而难度较大。一般要利用透视变换和透视投影，形成不同透视图，从外形、尺寸、比例和专业知识，去探索其功能和性能，进而分析其内部可能的结构。

（2）反求工程的内容和实施步骤

反求工程以同类产品中具有领先地位的实物、软件或影像为反求对象，以现代设计理论和方法为基础，利用生产工程学、材料科学等相关学科的方法和工具，对研究对象进行系统深入的分析和研究，探索其关键技术，开发出新的产品。这一过程蕴含着对反求对象的由此及彼、由表及里的持续不断的认识、消化、吸收、改进和创新工作，具有极其丰富的内容。具体来说，主要包括①：

① 探索反求对象的设计指导思想；

② 功能原理方案的分析；

① 荣烈润．面向21世纪的反求工程技术［J］．机电一体化，2006（6）：6-10.

③ 结构和精度分析；
④ 材料分析；
⑤ 工作性能分析；
⑥ 造型设计分析；
⑦ 工艺和装配分析；
⑧ 使用和维修分析；
⑨ 包装技术分析；
⑩ 反求对象系列化和模块化分析。

反求工程具有与传统设计制造过程截然不同的设计流程。以实物反求为例，如图 7-7 所示，包括以下四个关键步骤①：

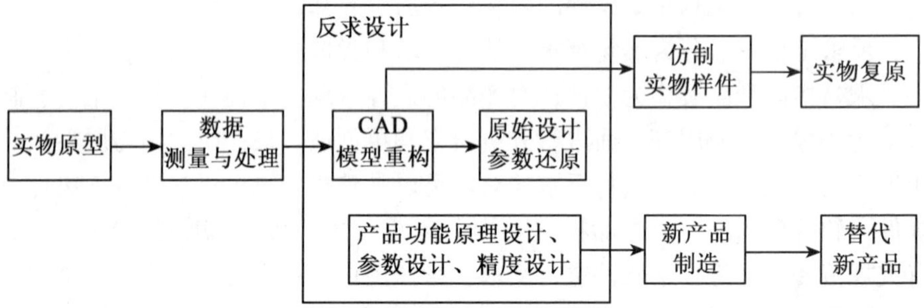

图 7-7　典型的反求工程流程图

① 零件原型的数字化。通常采用三坐标测量机或激光扫描等测量装置来获取零件原型表面点的三维坐标值。

② 从测量数据中提取零件原型的几何特征。按测量数据的几何属性对其进行分割，采用几何特征匹配与识别的方法来获取零件原型所具有的设计与加工特征。

③ 零件原型 CAD（Computer-Aided Design，计算机辅助设计）模型的重建。将分割后的三维数据在 CAD 系统中分别做表面模型的拟合，并通过各表面片的求交与拼接，获取零件原型表面的 CAD 模型。

④ 重建 CAD 模型的检验与修正。根据获得的 CAD 模型，采用重新测

① 蔡玉俊，王敏杰，王建玲．基于数字化反求工程的快速模具设计［J］．电加工与模具，2003（6）：43-47.

量和加工出样品的方法，检验重建的 CAD 模型是否满足精度或其他试验性能指标的要求，对不满足要求者重复以上过程，直至达到零件的设计要求。

（3）反求工程实施中的竞争情报工作

从竞争情报的角度来讲，在实施反求工程的过程中，必须努力完成以下工作：

① 反求工程规划。在实施反求工程之前，需要回答“要不要实施”、“对哪个企业实施”、“对哪类产品实施”、“怎样实施”等问题。为此，需要进行广泛的市场调查和分析。其中，“要不要实施”直接体现了特定的反求工程活动是否有价值；“对哪个企业实施”和“对哪类产品实施”是建立在充分的调查研究基础上的对反求对象的比较和选择的过程。通常情况下，反求工程主要针对竞争对手的相关产品，有时也针对行业领先企业的相关产品；“怎样实施”体现了战略角度的对特定的反求工程活动的规划和设计，包括整体方案的确定、人员和设施的配置、工具的选择、经费的安排等。

② 反求工程实施中的情报和信息供应。在反求工程实施过程中，竞争情报工作主要扮演着“智囊团”或“思想库”的作用。具体来说，既包括为反求工程的决策提供战略层面的情报支持，也包括为反求工程的具体实施过程提供战术层面的情报支持。其中，前者更多地体现为对竞争对手、竞争环境和竞争战略的分析，是一种极其典型的竞争情报研究活动；后者主要体现为协助工程技术人员在研究与开发活动搜集、整理和分析具体的技术信息。竞争情报工作的中心任务是帮助企业从竞争对手或行业领先企业的产品成品、样品、半成品、产品废料、原材料、专利文献、简报甚至广告宣传图片、视频中提取产品技术信息，通过必要的分析提炼，挖掘出企业所需要的工艺设计、技术诀窍等情报。

③ 反竞争情报工作。从企业竞争战略管理的角度来讲，竞争情报和反竞争情报“如同一枚硬币的两面”，是实现企业竞争战略目标的两个不可分割的关键要素，它们之间是“攻”与“守”的关系。竞争情报人员不仅要在企业实施反求工程的过程中扮演着“智囊团”或“思想库”的作用，还应该在防范竞争对手利用反求工程获取本企业的核心技术竞争情报方面发挥主力军作用。具体来说，就是要为企业策划如何伪装产品，使产品当中的关键技术诀窍不至于为竞争对手所破解；如何为企业设置不同形式（如技术层面、管理层面等）、不同程度的“防火墙”，使企业的各种核心技术处于“铜墙铁壁”的保护之中。

7.5 竞争情报系统

7.5.1 竞争情报系统及其功能

(1) 竞争情报系统的内涵和特点

竞争情报研究是一个分阶段、有步骤的复杂过程，包含竞争情报规划与定向、信息搜集与整理、信息分析与提炼、竞争情报产品与服务五个关键环节。其每个环节有各自的目标和流程。这五个环节及其功能组合就构成了竞争情报系统（Competitive Intelligence System，CIS）。

竞争情报系统是面向企业竞争发展需要的，其目标旨在为企业提供有助于增强信息优势的具有决策价值的竞争情报，是决策支持系统（Decision Support System，DSS）的重要组成部分。竞争情报系统一般同时致力于企业内外两方面信息的搜集、加工整理、分析、评估、服务等活动，并注意对企业外部竞争对手予以连续不断的监视，必要时还会自动发出预警信号，因而是增强企业信息优势极好的工具。

国内外对竞争情报系统的内涵进行了广泛的探讨。例如，美国竞争情报专业人员协会前主席普赖斯科特（John E. Prescott）认为，竞争情报系统是一个持续演化中的正式与非正式操作流程相结合的企业管理子系统。它的主要功能是为企业组织成员评估行业关键发展趋势，把握行业结构的进化，跟踪正在出现的连续性与非连续性变化，以及分析现有和潜在竞争对手的能力和方向，从而协助企业保持和发展可持续性的竞争优势。

包昌火认为，竞争情报系统是以人的智能为主导、信息技术为手段、增强企业竞争力为目标的人机结合的竞争战略决策和咨询系统，是企业领导集团制定经营战略和竞争策略的“中央情报局”①。

苗杰、倪波认为，竞争情报系统是指对反映企业内部和外部竞争环境要素或事件的状态或变化的数据及信息进行搜集、存储、处理和分析，并以适当的形式将分析结果发布给战略管理人员的计算机信息系统②。

可以看出，尽管在提法上不尽相同，但对竞争情报系统内涵的认识在本质上是一致的，即：竞争情报系统是将反映自身、竞争对手和外部环境的事

---

① 包昌火，谢新洲主编．企业竞争情报系统［M］．北京：华夏出版社，2002.

② 苗杰，倪波．面向集成竞争情报系统的数据挖掘应用研究［J］．情报学报，2001（8）：443-450.

件状态和变化的事实、数据、信息等进行搜集、存储、处理、分析，并以适当的方式将分析结果传递、发布给高层决策者的信息系统。与传统的管理信息系统（Management Information System，MIS）面向人事、财务、库存等企业内部信息管理和强调提高企业内部的管理效率相比，竞争情报系统在同样关注企业内部变化的同时，更强调对企业外部竞争环境、竞争对手等方面信息的关注，强调如何使企业更好地适应竞争环境剧烈变化，实现“知己、知彼、知大势（环境）”的目标。竞争情报系统侧重于为企业高层决策者服务。

与一般的信息分析相比，竞争情报研究表现出很强的目的性、时效性、增值性和原始信息来源的广泛性。这使得竞争情报系统表现出以下鲜明的特点：

① 竞争情报系统是面向企业的竞争战略决策的，它通过对企业内部和外部各种信息搜集、分析和挖掘，为企业的竞争战略决策提供有力的情报支持。

② 竞争情报系统的运行与信息技术的应用密切相关。网络技术、数据库和数据仓库技术、联机分析处理技术、数据挖掘技术等在竞争情报系统运行中发挥着重要的作用。

③ 竞争情报系统是一个人机系统，各种信息技术、方法和工具虽然十分重要，但情报规划与定向、原始信息的筛选、信息分析处理等方面，人的智慧发挥着不可替代的作用。人是竞争情报系统的核心构成要素。竞争情报是一种特殊的高度浓缩着人类智慧的产品，人的经验和高度综合的判断能力在竞争情报系统中起着关键性的作用。

④ 竞争情报系统具备开放性，其输入的是信息原料，输出的是竞争情报产品。竞争情报最重要的任务就是要实现这些信息原料向竞争情报产品的转换。

（2）竞争情报系统的功能

比尔·盖茨（Bill Gates）曾指出：“将您的公司和您的竞争对手区别开来的最有意义的方法，使您的公司领先于众多公司的最好方法，就是利用信息来干最好的工作。您怎样搜集、管理和使用情报将决定您的输赢。”①

竞争情报系统可为企业跟踪行业发展变化、评估行业发展趋势、把握行业结构的深化并分析现有和潜在竞争对手的能力和动向，为企业竞争情报的

① ［美］比尔·盖茨著．未来时速——数字神经系统与商务新思维［M］，蒋显明，等译．北京：北京大学出版社，1999.

搜集、管理和使用创造良好的环境，为企业的竞争决策提供论证和依据。具体来说，企业竞争情报系统具备以下功能：

① 危机预警

竞争情报系统可根据环境的变化预先发出危机警报，避免企业特别是企业决策者在突发事件面前“吃惊”，这在突发事件日益频繁的今天，十分有意义。

通过尽一切可能搜集信息，当突发事件特别是重大突发事件（如战争爆发、经济衰退、技术革命）出现时，企业可以对可能出现的危险和机遇提供早期预警，帮助企业未雨绸缪，避免危机的发生。即使危机不可避免地发生了，竞争情报系统也能利用其敏锐的社会触角，帮助企业在危机处理和管理时总能“先声夺人”、事事领先一步。

② 决策支持

竞争情报系统是现代企业经营管理的思想库，是企业领导集团的重要参谋部，既能对竞争对手的动向进行监控和评估，又可以提供知己知彼的情报。竞争情报系统能为企业的竞争决策提供第一手资料和具有战略意义的情报支持。

战略决策成功与否决定着企业经营的成败，关系到企业的生存和长远发展。战略决策离不开决策信息的支持，包括行业机会、潜在威胁、竞争格局、企业能力等方面。在战略决策过程中，企业高层管理者和决策者总是面临着诸如如何应对影响企业业务的政治、法律或管制方面的变化，如何预测市场需求变化和竞争者的行动方向，如何发现新的和潜在的竞争对手，如何进行目标市场的定位，以及如何选择那些影响自己业务的新技术、新产品、新流程等问题。企业战略决策的本质就是要综合运用上述各项信息确定企业战略及相关方案。竞争情报系统犹如企业的“中央情报局”，发挥着企业“情报战”的战斗堡垒作用。

③ 市场环境监测

市场环境是指影响产品（或服务）生产和销售的一系列外部因素。这些因素与市场营销活动密切相关，并对市场营销活动的结果产生影响。市场环境通常有六个方面的因素：人口因素、经济因素、竞争因素、技术因素、政治因素和文化因素。

近几十年来，伴随着人类社会实践的变革，市场环境呈现出更多的不确定性。如何才能灵活、有效、快速地应对日益复杂、多变的市场环境已经成为企业决策者日益关注的课题。竞争情报系统对市场环境的变化具有高度的敏感性，通过持之以恒的竞争情报工作，可帮助企业“知大势（环境）”，即了解影响企业各项业务的政策、法规的变化，跟踪市场需求的变化。

④ 竞争对手跟踪

竞争情报研究的直接结果是帮助企业建立起相对于竞争对手的情报优势，并在必要的时候自动向企业发出预警信号。这一结果非常重要，当企业决策者及时利用之时，这些情报优势会迅速地转化为竞争优势，使企业在市场竞争中的地位和作用明显地提高。由此可见，竞争情报系统具有竞争对手跟踪的功能。通过对竞争对手的跟踪，使企业决策者在竞争过程中“知己、知彼”。

⑤ 信息安全保障

随着企业竞争的加剧，企业之间的情报争夺战越来越激烈，保护企业自身信息安全的问题也成为燃眉之急。特别是在网络环境下，目前针对企业的网络犯罪率正处于持续上升的阶段。犯罪手段一般是针对网络弱点、操作系统或软件本身的缺陷盗窃或破坏网络上传输的信息。一些竞争对手可以轻易地越过目前信息安全系统设置的种种障碍，并非法入侵企业的信息系统。此外，企业内部工作人员的不小心甚至充当工商间谍而泄露情报的情况也时有发生。

竞争情报系统一般具备反竞争情报功能，即针对竞争对手或第三方机构的合理合法的情报搜集行为，甚至是非法的间谍行为，事先采取措施保护企业自身信息，尤其是关键的秘密信息，并通过掩蔽、迷惑等手段减小或抵消竞争对手或第三方对企业自身的一些行为、计划、意图等的情报搜集活动，从而保证企业自身在情报方面的竞争优势①，包括监控竞争对手的情报活动、评估自身企业的薄弱环节、关注竞争环境的变化等。

7.5.2 竞争情报系统的组成

竞争情报系统是企业战略管理领域的重要概念。企业通过竞争情报系统的建设，期望获得一整套的决策和行动，旨在制定和实施有效的战略以有助于企业完成既定的经营、管理等目标。

从流程上看，竞争情报系统要完成信息输入、信息加工、信息分析、情报输出等任务。一般地，竞争情报系统由信息搜集子系统、信息分析处理子系统、情报预测和预报子系统、情报服务子系统组成。

(1) 信息搜集子系统

信息搜集子系统的主要功能是根据企业发展的规律和结构特点，搜集竞

① 谢新洲主编. 企业信息化与竞争情报［M］. 北京：北京大学出版社，2006.

争对手信息、企业自身信息、市场信息以及政治、经济、技术、人口、社会等外部环境信息，经初步组织加工后存入数据库系统待用。信息搜集子系统包括对信息的搜集、存储、检索、处理和维护，并能从来自多种渠道的各类信息资源中抽取和分析信息，把他们转换成系统要求的各种内部信息①。

信息搜集子系统的建立和运行必须注意以下几点：第一，该系统的建立要充分考虑企业及其所在的行业特点，考虑国家乃至全球宏观形势的变化及其所带来的影响。第二，情报人员应将目光集中在特定项目上，而不是强调搜集的信息越多越好。信息搜集应注意以下问题：企业的盈利主要来自何处？企业所面临的最大威胁来自何处？对这些特定问题的回答，就形成了信息搜集的焦点领域。第三，情报人员应从有利于决策的角度，而不是从方便性的角度来搜集信息，否则，会使竞争情报研究报告偏离用户的真正需要。应该以专门的方法培训情报人员，使他们学会从决策者和管理者的角度搜集信息。情报人员养成从决策角度搜集信息的习惯，是满足企业竞争情报快速响应需求的重要前提。

信息搜集子系统主要包括信息搜集和信息管理两大内容。信息搜集的目的是为了对可能对企业造成影响的各种信息进行监测。信息搜集工作主要由人来完成。信息管理是为下一阶段的信息处理做准备的，主要通过计算机、数据库和网络系统来完成。信息搜集子系统的建立依赖于企业内外网络的建设。同时，企业内部的基础数据库，也是信息的有效来源。

(2) 信息分析处理子系统

只有经过加工处理后的情报才能被有效地使用、方便地传递和存储，才能体现出其经济价值。因此，企业搜集到各种信息后，下一步要采取的行动就是要对这些信息进行系统的分析、处理，发现其中存在的主要问题以及隐藏在问题表象背后的本质原因。信息分析处理子系统的主要功能是结合外界环境中的不确定因素，分析处理信息搜集子系统提交的信息。其目标是分析整理搜集来的各种信息，将其有序化、系统化、层次化。信息分析处理子系统所搜集到得信息，通常还需要经过专职情报人员的归纳整理和计算机系统的重新组织，才能去伪存真、由表及里，提炼出真正有用的竞争情报。信息分析处理子系统还是信息的“加工厂”，竞争情报人员可以依托该系统帮助企业及时掌握市场、企业自身、竞争对手和竞争环境的过去和现在，掌握企业在面临危机时可能存在的优势、弱势、机会和威胁。

① Aziz, Emanue, Lawom. Bank Predication: An Investigation of Cash Flow Based Models [J]. *Journal of Management Studies*, 1988 (5).

信息分析处理是对有关信息进行优化选择、组织排序、深层加工、分析综合的过程。信息分析处理子系统利用建立的规则集、统计库、模型库和辅助分析软件，对企业的各种信息进行分析处理。

完善的信息分析处理子系统应该包括一个统计库和一个模型库。统计库包括一系列统计程序，它们可以帮助分析者了解各组数据彼此间的关联程度和统计上的可靠性，在统计库中常用的分析方法有回归分析法、相关分析法、因子分析法、差异分析法、时间序列分析法等；模型库包括一系列数学模型，如销售能力评估模型、市场潜力评价模型、威胁分析模型、竞争能力分析模型、优劣势评价模型等，它们有助于管理层作出科学的决策。

信息分析处理子系统首先将信息搜集子系统搜集到的材料或数据归入一定的规则集进行筛选，然后运用排序算法和分类算法进行整理并放入统计库，再调用模型库中的各种模型进行相关分析，最后借助辅助分析软件工具（如 SPSS、OLAP、DM 等）分析结果并输出给决策层。

（3）情报预测和预报子系统

情报预测和预报子系统由硬件和软件构成，硬件主要包括计算机、通信网络、存储装置、显示装置、控制装置、示警装置等组成部分；软件主要是指能执行预定功能的数据库、模型库、方法库等。情报预测和预报子系统的主体结构由预测和评估子系统、预警子系统系统、预控对策子系统等组成。

（4）情报服务子系统

情报服务子系统的主要功能是根据竞争情报人员、决策者以及企业内其他人员的情报需求，动态地创建各类分析报告，并通过约定的方式及时地将这些报告传递给企业决策者。为了避免浪费和快速、准确地响应企业竞争情报需求，情报服务子系统提供的报告可根据服务对象及相关要求的不同以不同的形式提供，如为满足用户偶然的特殊情报需求而及时生成的每月、每周、每天、每时的特殊追踪性分析报告。在服务过程中，该子系统需要反复与企业决策者进行情报磋商，以协助企业决策者提出合理、有效的对策。

企业竞争情报系统要求企业情报部门应以积极的姿态主动出击，寻求与企业其他部门建立长期协作关系，通过定点服务、组建专家网络等方式，发挥情报部门在企业生产、经营和管理过程中的智囊团和思想库的作用。情报部门为特定企业提供定点服务、组建专家网络的好处在于对企业特点及发展状况都有相当程度的了解。随着竞争情报活动的深入，专家队伍变得越来越精干，情报部门对企业所处的行业环境的了解也相应加深，对企业竞争情报需求的响应速度必将越来越快。

竞争情报服务子系统也可称为情报提问子系统，主要是针对用户的特殊背景和特定用户的特定需求，将竞争情报及时地提供给所需的用户，从而使企业竞争情报系统的前三个子系统搜集、整理、分析的情报发挥出最大的价值。它还包括如何方便及时地将存储在竞争情报系统内的情报提供给有关决策人员。

7.5.3 竞争情报系统的建设

竞争情报系统是一种打破了企业各部门之间物理界限的结构化系统，它要求能够实现系统内网格式的信息交流，使每名员工在逻辑上成为网格系统上的一个节点，形成合理的信息生态链。竞争情报系统是一项具有长远意义的战略性工程，竞争情报系统建设是开展竞争情报工作的组织保障和物质基础，应将其纳入企业的整体业务建设中。

竞争情报系统的建设可分为五个阶段：系统规划、系统分析、系统设计、系统实施和系统运行维护。

（1）系统规划

竞争情报系统的总体规划是对系统的目标（近期、中期或长期）、实现策略、方法以及实施方案等内容所做的一种统筹安排，包括制定竞争情报系统的发展战略、制定竞争情报系统的总体方案、安排项目开发计划、制定系统建设的资源分配计划等。系统规划是面向全局、长远的关键问题，具有较强的不确定性和复杂性，因此，企业高层管理人员在进行系统规划时不宜过细，所规划的内容应随着企业的发展而变化。

（2）系统分析

系统分析是竞争情报系统建设的关键阶段。系统分析阶段的基本任务是系统分析员与用户一起，充分了解用户的要求，并把双方的理解用系统说明书表达出来。系统说明书审核通过之后，将成为系统设计和将来验收系统的依据。系统分析阶段的工作主要包括组织结构与功能分析、业务流程分析、数据流程分析、数据功能分析、数据传输与通信分析。

拟建的竞争情报系统既要源于又要高于现有的信息系统。因此，系统分析员要在系统规划的基础上，与用户密切配合，用系统的思想和方法，对企业的业务活动进行全面的调查分析，详细掌握有关的工作流程和信息流程，分析现行系统的局限性和不足之处，找出制约现行系统的“瓶颈”，确定系统的逻辑功能，根据企业的条件，设计几种可行的解决方案，并对这些方案的投资和效益进行分析比较。

（3）系统设计

系统设计是竞争情报系统建设的主要阶段，是在系统分析的基础上对前述系统规划的目标和方案的细化，也是在系统分析所建立的逻辑结构分析基础上所做的一个从抽象到具体的过程或物理设计。该阶段的工作主要有两个方面：一是设计系统所需的软硬件配备方案；二是设计竞争情报系统的主要模块。

（4）系统实施

系统规划、分析和设计完成之后，就可按计划来组织系统实施工作。在这一步骤中，如果发现设计方案中存在不合理之处，可重复前述步骤，调整和重新设计方案。

（5）系统运行与维护

系统运行与维护是竞争情报系统建设的最后一个阶段，此阶段的工作任务大致为：系统组织与有关制度的建立、人员培训、系统试运行和系统维护。

在竞争情报系统建设中，信息总监（Chief Information Officer，CIO）发挥着重要的作用。信息总监身兼两种角色：既是竞争情报部门的主管，也是企业决策圈里的成员。作为竞争情报部门的主管，信息总监是地地道道的竞争情报专家，并对整个企业的竞争情报工作负责领导责任；作为企业决策圈里的成员，信息总监又是企业核心层重大决策活动的当然参与者。由于竞争情报研究本质上是为企业决策者服务的，因此，信息总监角色的双重性意义非同寻常。事实上，许多重大的竞争情报活动正是由信息总监来充当组织者、推进者、实施者和管理者的。信息总监的职责具体包括①：负责企业竞争情报系统建设规划和宏观管理；参与高层决策活动，为其提供竞争情报支持；制定企业信息政策与情报活动计划；管理企业信息流程，规范企业信息管理标准；竞争情报宣传、咨询与培训；信息沟通与组织协调。

思 考 题

1. 什么是竞争情报？它包括哪些特点？
2. 试论竞争情报研究的产生和发展趋势。
3. 试述竞争情报分析的主要内容。
4. 什么是定标比超？举例说明定标比超在竞争情报研究中的作用。
5. 试述 SWOT 分析的程序。
6. 试述反求工程的实施步骤。
7. 试述竞争情报系统的功能及组成。

---

① 包昌火，谢新洲主编. 企业竞争情报系统［M］. 北京：华夏出版社，2002：77-79.

8 信息分析产品的评价

8.1 信息分析产品评价的意义

8.1.1 理论意义

评价是依据确定的工作目标来测定事物的有关属性的过程。信息分析产品的评价实质上就是对信息分析产品的价值和使用价值进行衡量和评判的过程。

在市场经济条件下，信息分析产品基本上是以信息商品的形式体现出来的。一方面，信息分析产品是信息分析人员通过体力和脑力劳动创造出来的，是信息分析人员集体智慧和创造性劳动的结晶。这一结晶是人类社会劳动成果的重要组成部分，具有价值属性。另一方面，按照当代商品学说，在市场经济条件下，这种产品成为商品后是可以通过传递和进一步开发利用为用户及社会吸收并产生影响或收益的，如经济活动成本的降低、管理行为的改善、决策质量的提高、经营风险的减少等。这种影响或收益实际上是信息分析产品使用价值属性的体现。由此可见，信息分析产品在成为商品后，与其他商品一样，具有价值和使用价值两种属性。信息分析产品的评价就是对上述价值和使用价值进行衡量和评判，这一工作是整个信息分析工作不可缺少的环节，是对其他各环节及其产生的最终结果的一个总体评价。正因为如此，现代信息管理都特别注意把信息分析产品评价作为一项重要工作来加以强调。没有信息分析产品的评价，现代信息管理至少是不完善的，整个信息分析工作也是不完整的。

在计划经济条件下，信息分析机构被视为非经济部门，其产品不能成为商品。在这种情况下，产品评价环节普遍被忽视。有些机构虽然勉强开展了评价工作，但评价的角度往往偏重于产品本身，如学术水平、科学意义等，而且多半是摆形式、走过场。这种做法已经不能适应当今市场经济发展的需要。在市场经济条件下，以市场为导向的价值和使用价值的评价对一切信息分析产品来说，都是不可缺少的。

8.1.2 实践意义

从实践方面考察，运用正确的评价指标体系对信息分析产品做出实事求是的客观评价，对于科学、及时地总结信息分析工作实践中的经验和教训，对于有效地发挥信息分析产品的功能，有着极为重要的意义，主要表现在以下几个方面：

（1）通过产品评价，有利于寻求和及时发现信息分析各环节存在的疏漏、缺陷和问题，改进和提高产品的质量，满足市场的需要。

（2）通过产品评价，可以使信息分析人员的辛勤劳动得到社会的承认，有利于稳定和发展壮大信息分析队伍，调动和激发信息分析人员的积极性和创造性。

（3）通过产品评价，有利于合理地进行产品的市场定价，使产品准确、及时地被推向目标市场。

（4）通过产品评价，有利于信息分析机构的日常管理。如有利于对机构进行资产评估，有利于对人员的工作质量进行考核，有利于奖勤罚懒、赏优罚劣，可为人员工资的调整和职称的评定提供参考依据。

（5）通过产品评价，可以使产品本身潜在的使用价值在某种程度上得到揭示，这一方面起到了向社会宣传产品的效果，另一方面也便于社会对信息分析工作进行监督。

8.2 信息分析产品评价的内容

8.2.1 信息分析产品的特点

信息分析产品是一种特殊形式的劳动产品，与其他劳动产品相比，它有许多特点。这些特点一方面使其评价有可能达到客观、公正、科学、合理的目标，另一方面又使其在具体操作上存在着复杂性和困难性。

（1）客观性

首先，从信息分析过程来看，它是符合科学的研究程序的，体现出客观性。例如在各个环节中，课题是经过严格的论证并符合预期的市场需求目标的；所搜集、加工整理和分析的信息是对客观存在的事物的本质属性和基本规律的一种如实反映；所形成的产品不仅考虑到了信息分析的内容特点，而且考虑到了用户可能的消费偏好、消费条件和消费要求。其次，从信息分析人员的职业道德和工作需要来看，信息分析工作是一项极其严肃的科学研究工作，要求信息分析人员态度老实、客观、公正，不能在工作过程中弄虚作假、草率马虎或感情用事。最后，从产品的价值和使用价值属性来看，信息分析产品一旦形成，不论用户消费与否、消费环境和其他条件怎样，其价值和使用价值总是客观实在的。可见，不论从哪种角度来看，信息分析产品都具有客观性。这种客观性是产品最本质的属性，它使我们有可能建立在客观、公正、科学、合理的基础上对信息分析产品做出恰如其分的评价。

(2) 综合性

信息分析产品的综合性是由信息分析范围的广泛性、研究内容的复杂性以及研究工作本身的软科学研究色彩所决定的。

信息分析范围的广泛性决定了信息分析单纯依赖一两门学科的知识是不行的，需要涉及自然科学、社会科学、思维科学以及各种交叉科学的各个领域。信息分析研究内容的复杂性决定了对于既定的信息分析对象而言，我们不能简单地就题论题，而必须站在广阔的社会大背景下展开综合研究，具体来说，就是信息分析除了要包括该研究对象本身的内容外，还必须涉及政治、经济、科技、管理、社会、环境等各方面的内容。

上述广泛性和复杂性决定了信息分析带有典型的软科学研究色彩，其产品带有很强的综合性。在信息分析工作中，需要自觉地综合运用信息管理理论、决策理论、系统方法、计算机技术等现代科学技术知识和手段，对信息领域各种复杂的现象和问题，从经济、科学、技术、管理、教育等各个社会环节之间的内在联系入手，研究其规律性，从而找出解决这些问题的最佳方案，为有关的发展战略、方针政策、规划设计和组织管理等提供科学的决策依据。这种综合性使产品评价变得复杂和困难，通常需要借助于多层次的评价指标体系才能实现。

(3) 隐蔽性

信息分析产品通常可以以几个数据库、几份研究报告等形态表现出来，但这仅仅是一种外在的表现。因为不论是几个数据库还是几份研究报告，都是从信息分析产品的物质载体的角度来说的，而实际上用户真正感兴趣的并不是这些物质载体，而是隐含于其中的非物质形态的信息内容。这些信息尽管在信息分析产品生产出来后就客观存在，但毕竟是隐蔽的，需要通过深入的认识和揭示才能实现其价值。

信息分析产品的隐蔽性还表现为它对其他经济活动的依附性，即不像其他物质形态的劳动产品那样可以直接转化为社会生产力，而是通过用户的消化吸收，对创造生产力的活动起到促进作用。这就决定了信息分析产品对社会生产力的贡献总是被包含于其所服务的经济活动或其他活动对社会生产力的贡献之中。此外，由于信息本身的无形性和难以计量性，人们要从中分离出信息分析产品的贡献往往极其困难，甚至在现有的技术条件下是无法做到的。这给信息分析产品的评价带来了相当大的难度。

8.2.2 信息分析产品评价程序

(1) 成立评价小组

信息分析产品评价小组通常由信息分析人员、相关领域的评审专家、主管部门负责人、用户等组成。信息分析人员的主要任务是向评审专家、主管部门负责人和用户介绍信息分析产品的形成过程、主要性能指标、国内外同领域的研究状况、本产品的主要特色等。评审专家、主管部门负责人和用户需要本着客观和实事求是的态度对信息分析产品做出恰如其分的评价。特别是用户，更应注意避免评价过程中的主观性。为了防止在评价过程中发生用户故意刁难的情况，评价活动一般依据课题合同书进行。评价活动可以采取会审的方式，也可以采取函审的方式。

(2) 确定评价目标

评价目标决定了评价工作的方向。没有明确的目标，评价工作就无从着手；目标搞错了，就会导致整个评价工作走偏方向。信息分析产品评价的基本目标在于确保信息分析产品在质量上合格（如产品表达形式、产品内容、产品完成时间等），信息分析课题体现部门的意图。

(3) 搜集资料，分析限制性条件

资料是分析评价的基础。评价信息分析产品所需要的资料可分为两类：一是国内外已经有的信息资料，二是经过调查研究分析整理后得到的资料。在搜集资料时，应当注意仔细鉴别，并务求准确、及时和新颖。不加鉴别地盲目搜集，不仅劳民伤财，而且会在利用之后产生错误的评价结论。如果以此结论提交给有关部门，并用于决策活动中，势必会造成严重的后果。

在大量占有资料的基础上，需要对完成信息分析产品的各种限制性条件和难易程度进行分析，以便在此基础上做出客观、公正、科学的评价结论。

(4) 提出评价意见

方案评价是整个信息分析产品评价活动的中心环节。通过分析评价，可以加深对各方案的理解，明确其优劣，为最佳方案的选择提供科学依据。

评价意见一般包括概略性评价意见和详细评价意见两种。概略性评价意见是对信息分析产品总体上的理解和评价，常简单地以优劣断之。详细评价意见是在对信息分析产品各部分进行详细分析之后，给出的具体的评价意见。

(5) 形成评价报告

信息分析产品在经过认真评价后，通常要形成评价报告。评价报告一般要求以简洁的文字交代评价的目的、背景、评价时间、评价地点、评价专家、评价内容等，并详细地介绍评价的方法、过程及主要结论。评价报告的语言必须是科学语言，务求准确、简明、规范，不可模棱两可、晦涩难懂、华而不实。

8.2.3 信息分析产品评价指标体系

(1) 信息分析产品评价指标体系设计的原则

信息分析产品的特点决定了其评价是一项复杂的系统工程，必然要涉及许多相互联系、相互影响的因素。实践证明，要客观、公正、科学、合理地评价信息分析产品，必须设计一套合理的评价指标体系。

信息分析产品评价指标体系是反映信息分析产品价值和使用价值的各项指标按一定的结构所形成的集合，是对信息分析产品价值和使用价值的综合测度。有了评价指标体系，人们才可以用同一个标准对不同的信息分析产品进行评价，优劣、高低、大小等评价结果才有现实意义，同时，评价过程中的主观性、随意性和盲目性也可以在某种程度上得以避免。

在设计评价指标体系时必须遵循以下几项原则：

① 系统性

信息分析的软科学性质决定了其产品的价值形成和使用价值的实现必然涉及各方面的因素。这些因素通常制约关系复杂，而且随科技、经济和社会的发展，其复杂程度还会越来越高。因此人们不能奢望用单一的指标去评价所有的信息分析产品，而应该坚持系统性原则，从大系统的角度构建综合性的、多层次的指标体系，以尽可能全面且有重点地反映这些因素之间的关系。

② 科学性

即要求评价指标体系要结构合理、层次分明、指标选择恰当；要概念清晰、语言简明、边界确切；要覆盖面大、适用范围广；要以尽可能少的指标数量反映尽可能全面的评价内容。

③ 可操作性

评价指标体系应该是可操作的，否则就失去了存在的价值。为此，必须使所设计出来的评价指标体系能够适应评价过程中的数据统计和处理需要以及评价结果的对比需要。按照这一原则，评价指标的层次和数量就不能轻易地追求“大而全”，以免给后续工作带来麻烦。评价指标的内容应尽可能地与社会经济统计口径和会计核算的指标相一致。

此外，信息分析产品的评价还应符合国家的方针和政策，应遵循导向性、指标内涵一致性、国际或国内可比性等原则。

(2) 信息分析产品评价的通用指标

由于评价指标体系因信息分析产品的类型和内容、信息分析的对象和目的以及目标市场的信息需求而异，因此，企图构建一套具有普遍意义且符合上述原则要求的通用评价指标体系是很困难的。这一点早已在实践中得到证明。比较可行的办法是根据信息分析产品的类型和内容、信息分析的对象和目的以及目标市场的信息需求设计若干套针对性和实用性较强的专用评价指标体系。

我国在信息分析产品评价方面起步较晚，目前尚缺乏完善的专用评价指标体系。因此，本书不在这方面作深入的探讨。但一般来说，以下几项指标通常为各类信息分析产品的评价所采用，我们不妨将其称作通用指标。

① 针对性

它是指信息分析产品是否针对用户的实际情况，是否能满足用户在生产、经营、管理等活动过程中对信息的需求。针对性越强，信息分析产品的评价越高。例如在市场竞争中，用户（企业）向信息分析机构提出的需求是：围绕提高企业的市场竞争力搜集并分析研究有关竞争对手、竞争环境和竞争战略信息。信息分析机构所提供的信息分析产品必须能满足这一实际需求。有时某些信息分析产品的针对性在用户消费之前是模糊的，在这种情况下，可以考虑借用课题的针对性进行间接评价。

② 准确性

它是指信息分析产品内容的可靠、准确程度。准确性越高，信息分析产品的评价越高。信息分析产品内容的准确性与所选课题的准确性、所搜集的原始信息的准确性、信息加工整理和研究能力、信息分析产品制作水平以及信息分析人员的工作态度有很大的关系。

③ 新颖性

它是指信息分析产品与国内外同行业同类产品相比较的水平。新颖性一般可以通过直接比较信息分析产品本身的内容来评价。如果难以用这种方法进行，也可以辅以对课题所搜集的原始信息的新颖性来评价。新颖性越强，信息分析产品的评价越高。

④ 创造性

它是指信息分析产品中是否包含了信息分析人员的创造性劳动，是否通过对原始信息的加工整理和分析研究提炼出了原始信息中没有体现出来的有用信息，如对事物发展的未来趋势做出了准确预测、对问题提出了真知灼见、对方案进行了令人信服的论证等。创造性越高，产品的评价越高。

⑤ 时间性

信息分析产品具有时效性。客观事物发展变化越快，信息分析产品的时效性就越强。因此，信息分析人员能否准确地选题，迅速地搜集、加工整理和分析研究信息，并形成相应的信息分析产品是一个很重要的评价指标。时间越短，信息分析产品的评价越高。

⑥ 加工度

它包括加工深度和加工难度两方面。加工深度是指信息分析产品所揭示的问题的深度。深度越深，信息分析产品的评价越高。加工难度有两层含义：一是指信息分析产品本身的复杂程度。信息分析产品越复杂，则所涉及的课题范围和信息搜集范围就越广泛、研究方法和手段就越复杂，因而加工难度会越大；二是指完成该课题所投入的人力、物力、财力和时间的多少。投入越大，说明加工难度越大。难度越大，信息分析产品的评价越高。

⑦ 效益性

它是指信息分析产品在促进国民经济和社会发展、在满足用户信息需求方面产生的效益的大小。效益越高，信息分析产品的评价越高。

信息分析产品产生的效益总是被包含于其所服务的经济活动或其他活动所产生的效益之中，并且涉及科技、经济、社会和环境几个方面。

科技效益是指信息分析产品被消费后对科技发展产生的影响，如提高研究与开发水平、促进技术进步等；经济效益包括直接效益和间接效益两种。前者指信息分析产品被消费后所产生的实际效益，如提高劳动生产率、减少投资、降低成本、增加收益等。间接效益是指信息分析产品被消费后产生的连带效益；社会效益是指信息分析产品被消费后对社会系统产生的影响，如促进精神文明建设、改善社会关系、优化就业结构、提高人们的文化水平和生活质量等；环境效益是指信息分析产品被消费后对环境施加的影响，如保护生态资源、提高工业企业清洁生产的份额等。

⑧ 其他

如信息分析产品被消费的可能性和消费频度、信息分析产品所含信息量占所搜集的原始信息总量的比例、信息分析产品的制作质量、用户的评价等。

8.3 信息分析产品评价的方法

信息分析产品的特点决定了其评价不仅要考察信息分析产品本身质量和所提供的内容，而且要考察用户的吸收利用效果。因此，任一信息分析产品在制作出来后，都应该进行即时评价和最终评价。

即时评价是指信息分析产品交付用户使用或以某种方式面世后，随即或稍后进行的一种评价。这种评价的依据主要是信息分析产品本身的质量、所提供内容的内在价值和可使用价值以及用户对信息分析产品的初步反映，而不要求考察信息分析产品可能产生的最终效果。即时评价适用于任何已经制作出来的信息分析产品的评价，并且可以与信息分析工作的日常管理相联系，作为考核信息分析人员工作质量和信息分析机构运行效率的一个参考依据。

最终评价是对信息分析产品消费后产生的最终效果进行的一种长远评价。这种评价的重点不是信息分析产品本身的质量、所提供内容的内在价值和可使用价值以及用户的初步反映，而是信息分析产品使用后给科技、经济、社会和环境带来的最终影响和后果。由于信息分析产品消费后产生的最终效果通常需要很长一段时间才能产生，而且总是隐含于它所服务的经济活动或其他活动所产生的最终效果之中，难以分离和测度，因此，最终评价一般是很困难的。

从整体上看，一个完整的信息分析产品评价应包括即时评价和最终评价。即时评价为最终评价奠定基础，最终评价又为即时评价提供验证。在具体操作时，应注意即时评价与最终评价相结合，不可偏废某一方。但这并不是说两者的评价结果在地位和作用上是完全相同的。实际情况是，不同的信息分析产品有不同的特点，例如，有些信息分析产品价值隐蔽性大，因而即时评价难，所得结论可靠性不大；有些信息分析产品具有长远的战略性意义，但在相当长一段时期内难以投入使用，或者投入使用后难以迅速见效，因而最终评价难，结果要么无法评价，要么评价的结论可靠性不大。可见，在处理即时评价与最终评价之间的关系时应注意具体问题具体分析。

信息分析产品评价的具体方法很多，下面我们重点研究和介绍在信息分析产品评价中应用较广的专家定性判断法、综合评分法、德尔菲法、层次分析法和模糊综合评价法。

8.3.1 专家定性判断法

专家定性判断法是凭借专家个人判断定性描述信息分析产品的一种主观评价方法。这种方法一般通过选择、推荐，以评委寄出评语和回收总结的方式进行。评价等级一般分一、二、三（或甲、乙、丙）级，等级的区分通过评语措词上的差异体现出来。专家定性判断法的优点是简便易行，无烦琐的计算和公式推导；缺点是人为性大，容易受到各种主观因素（如情感、态度等）的干扰，精确性不高。

专家定性判断法的评语一般依据某一预先制定的评价标准给出，评价标准的制定依据主要是信息分析产品的类型和评价目的。我国在信息分析产品评价方面起步较晚，目前尚无统一规定的评价标准。表 8-1 提供的是研究报告专家定性判断的一种参考标准，可供有关机构选用。在表中提供的各项指标中，一份研究报告如果有 2/3 项（或 2/3 项以上）达到一级标准，则可认定该研究报告为一级产品，如果有 2/3 项（或 2/3 项以上）达到二级或二级以上标准，则可认定该研究报告为二级产品；如果有 2/3 项（或 2/3 项以上）达到三级或三级以上标准，则可认定该研究报告为三级产品；如果分别达到一、二、三级标准的项目总计不足 2/3 项，则可认定该研究报告为档次不高的非等级产品。

表 8-1　**研究报告评价指标**

指标＼等级	一　级	二　级	三　级
课题意义	涉及重要决策性或重大技术性问题	涉及决策性或重要技术性问题	情况介绍或一般技术性问题
课题针对性	抓住关键问题	有一定针对性	内容泛泛
信息量	大量	一定量	少量
内容新颖性	有较多新内容	有一些新内容	新内容少
信息质量	有关键性信息	有重要信息	仅有一般性信息
加工深度	有较深程度的加工	有一定程度的加工	一般性信息汇总

续表

指标＼等级	一　级	二　级	三　级
论点、论据	论点明确、论据充分	有明确观点和一定量的论据	有初步的看法和推测
见解或建议	有独创性见解或建议	有一般性见解或建议	无自己的见解或建议
技术阐述和语言表达	技术问题阐述准确，语言清晰流畅	技术问题阐述准确，语言表达一般	技术问题阐述较差，但并无关键性错误
标题、逻辑或结构	好	较好	一般
用户反映	利用价值大	有一定的利用价值	可供一般性参考
提供利用情况	可公开提供利用	可在局部范围内提供利用	可提供给特定的用户参考
加工难度	较复杂	中等	不复杂
生产成本投入	较高	中等	一般

8.3.2 综合评分法

综合评分法是简单和常用的一种方法。其基本思想是：用评分来反映评委对各项指标的评价，通过数据的综合处理，用一个量化的结果来表达评价的结论。

用综合评分法评价信息分析产品一般包括以下几个步骤：

（1）确定信息分析产品的评价指标和评价等级

评价指标已如前所述。评价等级一般分为优、良、中、差、劣（或一、二、三、四、五）五个级别，其划分的依据是某一预先制定的评价标准。等级的区分是通过不同的分值来体现的，分值常有小数制、十分制和百分制三种计分形式（见表 8-2）。其中百分制评分的范围较宽（0~100），能够区分同一等级内部的细微差别，因而使用最普遍。

表 8-2　**评分等级的分值**

计分制＼等级	优	良	中	差	劣
小数制	0.8～1.0	0.6～0.8	0.4～0.6	0.2～0.4	0～0.2
十分制	8～10	6～8	4～6	2～4	0～2
百分制	80～100	60～80	40～60	20～40	0～20

（2）给信息分析产品的各项评价指标打分

即每个评委对该信息分析产品的每一项评价指标依据评价标准给出一个具体的分值。

（3）计算信息分析产品的总分

即根据各项评价指标的打分，运用某种数据统计方法计算出该信息分析产品的总分。数据统计方法很多，经常采用的主要有以下五种：

① 相加，即将各项评价指标的评分值相加，得出总分。公式为：

$$S = \sum_{i=1}^{n} R_i \tag{8-1}$$

式中，S 为该信息分析产品的评分总分，n 为评价该信息分析产品的指标个数，R_i 为第 i（$i=1, 2, \cdots, n$）个指标的评分值。

② 相乘，即将各项评价指标的评分值相乘，得出总分。公式为：

$$S = \prod_{i=1}^{n} R_i \tag{8-2}$$

式中 S、n、R_i 的含义同前。

③ 加乘混合，即先将各项评价指标按其地位进行分组，再分别将每组内各指标相加求和，然后将各组的和相乘求总分。公式为：

$$S = \prod_{i=1}^{m} \left(\sum_{j=1}^{p} R_{ij} \right) \tag{8-3}$$

式中，m 为评价指标所分的组数，p 为同一组中的指标个数，R_{ij} 为第 i（$i=1, 2, \cdots, m$）组第 j（$j=1, 2, \cdots, p$）个指标的评分值，S 的含义同前。

④ 加权相加，即先将每一评价指标的评分值与该指标所对应的权重相乘，得出各指标的加权评分值；再将这些加权评分值相加，得出总分。公式为：

$$S = \sum_{i=1}^{n} W_i R_i \tag{8-4}$$

式中，W_i为第 i（$i=1, 2, \cdots, n$）个指标的权重，可根据专家咨询、直接经验等方法确定，且满足 $\sum_{i=1}^{n} W_i = 1$，S、n、R_i的含义同前。

⑤ 加权相加与相乘混合，即先将特别重要的评价指标相乘，得出乘法因子；再将该乘法因子与其余评价指标的加权相加结果相乘，得出总分。公式为：

$$S = \left(\prod_{i=1}^{t} a_i\right) \sum_{j=1}^{n-t} W_j b_j \tag{8-5}$$

式中，t 为特别重要的评价指标个数，a_i为第 i（$i=1, 2, \cdots, t$）个特别重要的评价指标的评分值，W_j、b_j分别为第 j（$j=1, 2, \cdots, n-t$）个其余评价指标的权重、评分值，S、n 的含义同前。

上述几种数据统计方法各有优点和局限性，在具体操作时应根据实际情况合理选择。

（4）计算评委会的评分

先重复上述三个步骤，计算每一位评委给该信息分析产品评分的总分；再计算评委会对该信息分析产品的综合评分。这个综合评分是一个量化的结果，是评委会对该信息分析产品的总体评价。

8.3.3 模糊综合评价法

自从美国控制论专家、加利福尼亚大学查德（L. A. Zadeh）教授于 1965 年提出“模糊集合”的概念之后，有关模糊数学这一新领域的理论和应用研究便在世界各国广泛开展起来了。模糊数学以连续多值逻辑为基础，是对各种模糊事物进行数学描述的有力工具。

模糊数学应用于信息分析产品的评价有很好的适用性。因为在进行信息分析产品评价时，尽管人们可以人为地将每一评价指标的评语划分为若干等级，但各个等级之间的边界实际上是模糊的。在具体评价时，用一般的方法很难对这些模糊的概念进行准确的描述，而模糊数学正是为描述和解决这个问题而发展起来的。

模糊数学描述和解决模糊问题的具体方法很多，但用于信息分析产品评价的主要是模糊变换和综合评判方法，这是由这类产品的综合性特点及其评价所涉及的因素的多样性决定的。因此，这里所说的模糊综合评价法实际上是指借助于模糊数学中模糊变换和综合评判方法对信息分析产品进行模糊综合评价的方法。

模糊综合评价法的关键是模糊数学模型的建立。为此，我们假定：

（1）信息分析产品评价指标的集合为：

$$U=\{u_1, u_2, \cdots, u_n\} \tag{8-6}$$

其中，元素 u_i 为第 i（$i=1, 2, \cdots, n$）个评价指标，n 为同一层次上评价指标的个数。

（2）信息分析产品评语的集合为：

$$V=\{v_1, v_2, \cdots, v_m\} \tag{8-7}$$

其中，元素 v_j 为第 j（$j=1, 2, \cdots, m$）种评语，m 为评语的种数。

（3）信息分析产品评价矩阵为：

$$\underset{\sim}{R}=\begin{pmatrix} R_1 \\ R_2 \\ \cdots \\ R_n \end{pmatrix}=\begin{pmatrix} r_{11} & r_{12} & \cdots & r_{1m} \\ r_{21} & r_{22} & \cdots & r_{2m} \\ & \cdots & \cdots & \\ r_{n1} & r_{n2} & \cdots & r_{nm} \end{pmatrix}=(r_{ij})_{n\times m} \tag{8-8}$$

其中，$\underset{\sim}{R}$ 为 $n\times m$ 阶评价矩阵，即从 U 到 V 的一个模糊关系。它包含了按评语集 V 分别对 n 个评价指标进行评价产生的全部量化信息，$R_i=\{r_{i1}, r_{i2}, \cdots, r_{im}\}$ 为第 i 个评价指标的单指标评价，r_{ij} 为从第 i 个评价指标着眼对信息分析产品所作的第 j 种评语的可能程度（一般取评语 V_j 的百分比）。

（4）各评价指标的权重集合为：

$$\underset{\sim}{W}=\{w_1, w_2, \cdots, w_n\} \tag{8-9}$$

其中，$\underset{\sim}{W}$ 为 U 上的模糊子集，它所对应的权重向量可用矩阵表示为 $\underset{\sim}{W}=(W_1W_2\cdots W_n)$；元素 W_i 为第 i 个评价指标 u_i 所对应的权重，且满足

$$\sum_{i=1}^{n} W_i = 1$$

依据模糊数学的有关理论，信息分析产品单层次评价指标的模糊综合评价的数学模型为：

$$\begin{aligned} \underset{\sim}{B} &= \underset{\sim}{W}\cdot\underset{\sim}{R} \\ &= (W_1 \quad W_2 \quad \cdots \quad W_n)\begin{pmatrix} r_{11} & r_{12} & \cdots & r_{1m} \\ r_{21} & r_{22} & \cdots & r_{2m} \\ & \cdots & \cdots & \\ r_{n1} & r_{n2} & \cdots & r_{nm} \end{pmatrix} \\ &= (b_1 \quad b_2 \quad \cdots \quad b_m) \end{aligned} \tag{8-10}$$

$\underset{\sim}{B}$ 矩阵中的各元素 b_j 就是信息分析产品单层次评价指标的模糊综合评价结果。该结果是由模糊矩阵 $\underset{\sim}{W}$ 与 $\underset{\sim}{R}$ 进行乘法运算而得的。乘法运算的步骤与普通矩阵乘法运算的步骤类似，不同之处在于它并非两项相乘后相加，而是先取小后取大（即先交后并）。

上述结果通常要进行归一化处理。设处理后的结果为：

$$\underset{\sim}{B}' = (b'_1 \quad b'_2 \quad \cdots \quad b'_m) \tag{8-11}$$

其中，$\underset{\sim}{B}'$ 矩阵中的各元素 b'_j 是经过归一化处理的信息分析产品单层次评价指标的模糊综合评价结果，且满足

$$b'_j = \frac{b_j}{\sum_{j=1}^{m} b_j}$$

在具体实践中，信息分析产品评价指标体系往往是多层次的。因此，在单层次模糊综合评价的基础上还应当进行多层次的模糊综合评价。其具体操作因层次多寡而异。总的做法是：在单层次模糊综合评价的基础上，自下而上（即从低层次向高层次）把每层的评价结果作为上一层的输入，逐层计算，直至最后得出总的模糊综合评价结果。

此外，上述结果仅仅是针对某一信息分析产品进行模糊综合评价的结果。为了进行一批信息分析产品的比较和选优，人们常将式（8-11）的结果用一个总得分值来直观地表示。总的做法是：首先将评语集 V 的各元素取以相应的量化值 v'_j，然后将每个评价结果 b'_j 乘以相应的分值 v'_j，并求总分 S，即

$$S = \sum_{j=1}^{m} b'_j \cdot v'_j \tag{8-12}$$

例如，如果采用9分制对5种评语评分，则可将量化分值做出如表8-3的规定。由此，我们可以计算出某一信息分析产品模糊综合评价结果的总分为：

$$S = 9b'_1 + 7b'_2 + 5b'_3 + 3b'_4 + b'_5 \tag{8-13}$$

表8-3　　评语的分值

评语	优	良	中	差	劣
分值	9	7	5	3	1

思 考 题

1. 试述信息分析产品评价的意义。
2. 试述信息分析产品评价的内容和程序。
3. 信息分析产品评价指标体系的设计应遵循哪些原则?
4. 试述信息分析产品评价的方法。

参考文献

[1] 包昌火，刘诗章. 我国情报研究工作的回顾与展望 [J]. 情报学报，1996，15（5）.

[2] 包昌火，缪其浩，谢新洲. 对我国情报研究工作的认识和对策研究（下）[J]. 情报理论与实践，1997（4）.

[3] 包昌火，谢新洲主编. 企业竞争情报系统 [M]. 北京：华夏出版社，2002.

[4] 包昌火，等. 情报研究的国内外比较研究总报告 [R]. 北京：中国兵器工业情报研究所，1994.

[5] 包昌火主编. 情报研究方法论 [M]. 北京：科学技术文献出版社，1990.

[6] 蔡玉俊，王敏杰，王建玲. 基于数字化反求工程的快速模具设计 [J]. 电加工与模具，2003（6）.

[7] 陈峰，梁战平. 构建竞争优势：竞争情报与企业战略管理的互动与融合 [J]. 情报学报，2003（5）.

[8] 陈翔宇，等编著. 企业竞争情报研究 [M]. 北京：兵器工业出版社，1995.

[9] 陈序. 对知识经济下的信息分析研究的再认识 [J]. 现代情报，2000，（6）.

[10] 陈禹，等. 知识经济的测度理论与方法 [M]. 北京：中国人民大学出版社，1998.

[11] 崔源声，吕裕清. 未来情报研究模式的发展趋势 [J]. 中国信息导报，1998（12）.

[12] 丁学东编著. 文献计量学基础 [M]. 北京：北京大学出版社，1993.

[13] 董素音，蔡莉静. 图书馆竞争情报服务［M］. 北京：海洋出版社，2009.
[14] 顾镜清编著. 未来学概论［M］. 贵州：贵州人民出版社，1985.
[15] 国家科学技术委员会. 国家科学技术情报发展政策（中国科学技术蓝皮书第6号）［M］. 北京：科学技术文献出版社，1991.
[16] 贺德方，等编著. 数字时代情报学理论与实践：从信息服务走向知识服务［M］. 北京：科学技术文献出版社，2006.
[17] 贾仁安，丁荣华编著. 系统动力学：反馈动态性复杂分析［M］. 北京：高等教育出版社，2002.
[18] 蒋沁，王昌亚. 情报研究［M］. 武汉：武汉大学出版社，1989.
[19] 蒋沁，王昌亚编著. 情报研究［M］. 武汉：武汉大学出版社，1989.
[20] 李映州，张宇. 论竞争情报的特点［J］. 情报学报，1996（6）.
[21] 李正中，吴伟农. 试论我国情报研究学科发展的国际化［J］. 情报学报，1994，13（2）.
[22] 栗莉. 90年代我国竞争情报研究综述［J］. 图书与情报，2001（3）.
[23] 廖剑岚. 数据仓库环境下的信息分析［J］. 情报杂志，2003（12）.
[24] 刘焕成. 21世纪竞争情报研究的发展趋势［J］. 情报理论与实践，2002，25（3）.
[25] 卢泰宏. 信息分析［M］. 广州：中山大学出版社，1998.
[26] 卢小宾. 信息分析［M］. 北京：科学技术文献出版社，2008.
[27] 璐子. 美国咨询业发展概况［N］. 中国市场经济报，［1996-03-09］.
[28] 马费成，陈锐. 面向高速信息网络的信息资源管理（二）［J］. 中国图书馆学报，1998（2）.
[29] 苗杰，倪波. 面向集成竞争情报系统的数据挖掘应用研究［J］. 情报学报，2001（8）.
[30] 缪其浩主编. 市场竞争和竞争情报［M］. 北京：军事医学科学出版社，1996.
[31] 潘金虎. 浅谈情报研究的改革和发展［J］. 情报探索，1998（2）.
[32] 彭靖里. 国内外竞争情报研究发展综述［J］. 情报科学，1998，16（3）.
[33] 彭靖里. 论中国情报研究的现状和发展趋势［J］. 情报杂志，1999，18（4）.
[34] 钱欣，王德，孙烨. 交叉影响分析在战略规划决策研究中的应用［J］. 城市规划学刊，2009（2）.

[35] 秦铁辉，王国庄，高宇晶. 日本情报研究工作探微 [J]. 情报探索，1997（2）.
[36] 秦铁辉，张晶. 美国信息研究工作的源起及其特点 [J]. 情报杂志，1996，15（1）.
[37] 秦铁辉. 英国信息研究工作探微 [J]. 情报探索，1996（4）.
[38] 秦铁辉编著. 情报研究概论 [M]. 北京：北京大学出版社，1991.
[39] 荣烈润. 面向21世纪的反求工程技术 [J]. 机电一体化，2006（6）.
[40] 沙勇忠，牛春华，等. 信息分析 [M]. 北京：科学出版社，2009.
[41] 沙勇忠，肖仙桃，赵波. 计算机辅助信息分析论略 [J]. 情报杂志，2005（7）.
[42] 苏瑞林. 竞争情报定义浅析 [J]. 津图学报，1999（2）.
[43] 孙宇军. 信息化与情报研究 [J]. 情报理论与实践，1998，21（1）.
[44] 唐炜，刘细文. 专利分析法及其在企业竞争对手分析中的应用 [J]. 现代情报，2005（9）.
[45] 陶翔. 国家竞争情报 [M]. 上海：上海科学技术文献出版社，2008.
[46] 汪言炯. 苏联之行 [J]. 情报理论与实践，1989（1）.
[47] 王超主编. 竞争战略 [M]. 北京：中国对外经济贸易出版社，1999.
[48] 王胜利. 信息分析研究的现状和发展策略 [J]. 情报杂志，2003，（11）.
[49] 王向斌. 情报研究的方法体系 [J]. 情报理论与实践，1996，19（6）.
[50] 蔚林巍. 项目动力学：系统动力学方法在项目管理中的应用 [J]. 项目管理技术，2004（8）.
[51] 魏同悟. 把握企业竞争情报的本质特征，提高企业竞争能力与水平 [J]. 冶金信息导刊，1998（6）.
[52] 吴永臻. 竞争情报的基本特点分析 [J]. 情报资料工作，1996（5）.
[53] 谢妩扬. 信息分析的研究现状 [J]. 情报理论与实践. 1997，22（5）.
[54] 谢新洲主编. 企业信息化与竞争情报 [M]. 北京：北京大学出版社，2006.
[55] 徐鸿德. 用交叉影响分析法预测废水处理技术的发展方向 [J]. 贵州环保科技，1988（1）.
[56] 徐跃权，徐兆英. 从情报研究到现代咨询：理念的碰撞与整合 [J]. 情报科学，2003，21（6）.
[57] 玄兆国，等编著. 情报分析与预测 [M]. 北京：科学技术文献出版社，1988.

[58] 薛澜. 美国的思想库及对中国的借鉴 [J]. 科技导报，1996 (11).
[59] 鄢百其，刘三萍，金晓祥. 竞争情报：企业竞争的有效手段 [J]. 情报理论与实践，1999 (5).
[60] 曾蕾，等. 信息检索技术及应用 [M] //张力治主编. 情报学进展 (第1卷). 北京：中国国防科学技术信息学会，1995.
[61] 查先进. 论企业竞争对手 [J]. 情报科学，2000 (2).
[62] 查先进. 论新形势下情报研究的学科名称 [J]. 图书情报工作，1998 (8).
[63] 查先进. 信息分析与预测 [M]. 武汉：武汉大学出版社，2000.
[64] 张帆. 对知识经济时代信息分析发展方向的看法 [J]. 现代情报，2000 (1).
[65] 张左之. Benchmarking：竞争情报的一种重要手段 [C]. 见：全国竞争情报与企业发展研讨会会议录. 北京：北京科学技术情报学会，1996.
[66] 钟沛彪. 开展竞争情报研究工作的思考 [J]. 广西地质，1999 (3).
[67] 周涛. 基于内容分析法的网站隐私声明研究 [J]. 杭州电子科技大学学报 (社科版)，2009 (3).
[68] 朱庆华. 信息分析：基础、方法及应用 [M]. 北京：科学出版社，2004.
[69] 邹志仁. 情报研究定量方法 [M]. 南京：南京大学出版社，1992.
[70] 邹志仁编著. 情报研究与预测 [M]. 南京：南京大学出版社，1990.
[71] [德] 爱因斯坦等. 物理学的进化 [M]. 上海：上海科学技术出版社，1962.
[72] [德] 恩格斯. 反杜林论 [M]. 北京：人民出版社，1970.
[73] [德] 马克思、恩格斯. 马克思恩格斯选集 (第2卷) [M]. 北京：人民出版社，1974.
[74] [德] 马克思、恩格斯. 马克思恩格斯选集 (第4卷) [M]. 北京：人民出版社，1974.
[75] [韩] 钱·金，[美] 勒妮·莫博涅著，吉宓译. 蓝海战略 [M]. 北京：商务印书馆，2005.
[76] [美] 艾瑟顿著. 情报系统和服务机构手册 [M]. 北京：科学技术文献出版社，1982.
[77] [美] 贝尔纳. 科学研究的战略 [M] //科学译文集. 北京：科学出版社，1980.

[78] [美] 比尔·盖茨著. 未来时速：数字神经系统与商务新思维 [M]. 蒋显明，等译. 北京：北京大学出版社，1999.

[79] [美] 柯克. W. M. 泰森著. 竞争情报完全指南 [M]. 王玉，等译. 北京：中国人民大学出版社，2005.

[80] [美] 迈克尔·波特著. 竞争战略 [M]. 陈小悦，译. 北京：华夏出版社，2001.

[81] [美] 斯特曼著. 商务动态分析方法：对复杂世界的系统思考与建模 [M]. 朱岩，钟永光，译. 北京：清华大学出版社，2008.

[82] [美] 约翰·奈斯比特，[德] 多丽丝·奈斯比特著. 中国大趋势：新社会的八大支柱 [M]. 魏平，译. 长春：吉林出版集团，中华工商联合出版社，2009.

[83] [美] 约翰·奈斯比特著. 世界大趋势：正确观察世界的 11 个思维模式 [M]. 魏平，译. 北京：中信出版社，2010.

[84] [美] 约翰·奈斯比特著. 大趋势：改变我们生活的十个新方向 [M]. 北京：科学普及出版社，1985.

[85] Pritchard. Statistical Bibliography or Bibliometrics? [J]. *Journal of Document*, 1969, 25 (4).

[86] Amrik S. Sohal, Simon Moss. Comparing IT Success in Manufacturing and Service Industries International [J]. *Journal of Operations & Production Management*, 2001, 21 (1/2).

[87] Aziz, Emanue, Lawom. Bank Predication: An Investigation of Cash Flow Based Models [J]. *Journal of Management Studies*. 1988 (5).

[88] B. Berelson. *Content Analysis in Communication Research* [M]. Glencoe, Ill: Free Press, 1952.

[89] P. A. Biju, D. M. Soumyo. Innovation Assessment through Patent Analysis [J]. *Technovation*, 2001 (21).

[90] J. Bullivant. *Benchmarking for Continuous Improvement in the Public Sector* [M]. Longman: Harlow, 1994.

[91] J. L. Calof, B. Skinner. Government's Role in Competitive Intelligence: What's Happening in Canada? [J]. *Competitive Intelligence Magazine*, 1999, 2 (2).

[92] Chittipa Ngamkroeckjoti, Lalit M. Johri. Management of Environmental Scanning Processes in Large Companies in Thailand [J]. *Business Process Management*, 2000, 6 (4).

[93] Constantinos-Vasilios Priporas, Lampros Gatsoris, Vassilis Zacharis. Competitive intelligence activity: evidence from Greece [J]. *Marketing Intelligence & Planning*, 2005, 23 (7).

[94] P. Garrod, M. Kinnell. Benchmarking Development Needs in the LIS Sector [J]. *Journal of Information Science*, 1997, 23 (2).

[95] P. Garrod, M. Kinnell. Benchmarking Development Needs in the LIS Sector [J]. *Journal of Information Science*, 1997, 24 (3).

[96] Gianfranco Walsh, Vincent-Wayne Mitchell. Demographic Characteristics of Consumers Who Find it Difficult to Decide [J]. *Marketing Intelligence & Planning*, 2005, 23 (3).

[97] A. Gohlke. Benchmark for Strategic Performance Improvement [J]. *Information Outlook*, 1997 (8).

[98] Z. Griliches. Patent Statistics as Economic Indicators: A Survey [J]. *Journal of Economic Literature*, 1990, 28 (12).

[99] H. Dou, V. Leveillé, S. Manullang, JM Dou Jr. Patent Analysis for Competitive Technical Intelligence and Innovative Thinking [J]. *Data Science Journal*, 2005 (4).

[100] M. Hirschy, V. Richardson. Valuation Effects of Patent Quality: A Comparison for Japanese and U. S. Firms [J]. *Pacific-Basin Finance Journal*, 2001 (9).

[101] O. R. Holsti. Content Analysis for the Social Sciences and Humanities [J]. *Reading*. MA: Addison-Wesley, 1969.

[102] Huang Muhsuan, Chian Liyun, Chen Darzen. Constructing a Patent Citation Map Using Bibliographic Coupling: A Study of Taiwan's High-tech Companies [J]. *Scientometrics*, 2003, 58 (3).

[103] Isabel Gallego, Luis Rodriguez. Situation of Intangible Assets in Spanish Firms: An Empirical Analysis [J]. *Journal of Intellectual Capital*, 2005, 6 (1).

[104] K. Krippendorff. *Content Analysis: An Introduction to Its Methodology* [M]. Newbury Park, CA: Sage. 1980.

[105] Liu Ping, Zhang Jing, Qi Chang Wen. Demonstration of Patent Technology Maps Facture [J]. *Science Research Manttgement*, 2006, 27 (6).

[106] Liu Yuqin, Wang Xuefeng, Lei Xiaoping. Quality Estimation of Patent Based on Text Mining and Its Empirical Research [J]. *Computer Engineering and Applications*, 2007, 43 (33).

[107] M. Mogee. Using Patent Data for Technology Analysis and Planning [J]. *Research-Technology Management*, 1991 (34).

[108] M. L. Pao. An Empirical Examination of Lotka's Law [J]. *Journal of the American Society for Information Science*, 1986 (37) .

[109] Patrick De Pelsmacker, Marie-Luce Muller, Wilma Viviers, Andrea Saayman, Ludo Cuyvers and Marc Jegers. Competitive Intelligence Practices of South African and Belgian Exporters [J]. *Marketing Intelligence & Planning*, 2005, 23 (6).

[110] Pierre Berthon, James Mac, Hulbert. Leyland Pitt. Innovation or Customer Orientation? An Empirical Investigation [J]. *European Journal of Marketing*, 2004, 38 (9/10).

[111] J. F. Preble. Towards a Comprehensive System of Strategic Control [J]. *Management Studies*, 1992, 29 (4).

[112] J. Prescott. How Business Uses Intelligence [J]. *Business Review*, 1991, 2 (8).

[113] Reinhold Decker, Ralf Wagner, Sören W. Scholz. An Internet-based Approach to Environmental Scanning in Marketing Planning [J]. *Marketing Intelligence & Planning*, 2005, 23 (2).

[114] M. Rodriguez-Salvador, et al.. Industry/University Cooperative Research in Competitive Technical Intelligence: A Case of Identifying Technological Trends for a Mexican Steel Manufacturer[J].*Research Evaluation*, 2002, 11(3).

[115] C.L.Saxby, K.L.Parker, P.S.Nitse, P.L.Dishman.Environmental Scanning and Organizational Culture[J].*Marketing Intelligence & Planning*, 2002, 20 (1).

[116] T. J. Gordon, H. Hayward. Initial Experiment with the Cross Impact Matrix Method of Forecasting [J]. *Futures*. 1968 (1).

[117] Vannever Bush. As We may Think [J]. *The Atlantic Monthly*, 1945 (7).

[118] B. A. Walters, J. J. Jiang, G. Klein. Strategic Information and Strategic Decision Making: the EIS/CEO Interface in Smaller Manufacturing Companies[J].*Information & Management*, 2003 (40).

[119] R. P. Weber. Basic Content Analysis [J]. *Newbury Park*, CA. 1990.
[120] T.L.Wheelen, J.D.Hunger.*Strategic Management and Business Policy*[M]. Addison-Wesley Longman, Reading, MA, 1998.
[121] Yong-Gil Lee, Yong-Il Song. Selecting the Key Research Areas in Nano-technology Field Using Technology Cluster Analysis: A Case Study Based on National R&D Programs in South Korea [J]. *Technovation*, 2007 (27).
[122] Zha Xianjin, Jao Ran. Study on the Mode of Consultative Service of Governmental Competitive Intelligence Oriented to Crisis Management [C]. International Conference on Public Administration, 2005.
[123] Zha Xianjin, Yan Yalan. Study on System Dynamics Model of Internet Information Resources Sharing in China [C]. Proceedings of 2004 International Conference on Management Science & Engineering, 2004.
[124] http://159. 226. 100. 20: 8080/ [EB/OL].
[125] http://news. sina. com. cn/w/2010-12-29/144121727967. shtml [EB/OL].
[126] http://sysdyn. clexchange. org/sdep/papers/ D-4434-3. pdf [EB/OL].
[127] http://sysdyn. clexchange. org/ sdep/Roadmaps/RM1/D -4665-4. pdf [EB/OL].
[128] http://sysdyn. clexchange. org/sdep/ papers/D-4165-1. pdf [EB/OL].
[129] http://w2. laes. tp. edu. tw/rebecca/old _ index/U4/u4122. htm [EB/OL].
[130] http://wiki. mbalib. com/wiki/% E7% AB% 9E% E4% BA% 89% E5% 9C% B0% E4% BD% 8D [EB/OL].
[131] http://www. askform. cn/ [EB/OL].
[132] http://www. benchmarking. com/ [EB/OL].
[133] http://www. bjstinfo. com. cn/iticti08/index. htm [EB/OL].
[134] http://www. brookings. edu [EB/OL].
[135] http://www.drcnet.com.cn/drcnet.common.web/DocView.aspx? docid=-130650&chnid=191&leafid=276[EB/OL].
[136] http://www.gangguan114.cn/info/gangguan114/1736813.html[EB/OL].
[137] http://www. govyi. com/lunwen/2009/200907/326108 _ 6. shtml [EB/OL].
[138] http://www.indiainfoline. com/bisc/ari/coin. pdf [EB/OL].